## 内容简介

本书[illegible]SAS[illegible]

[illegible]SAS[illegible]

[illegible]

[illegible]

# 内容简介

本书介绍一些实用的统计方法，并以国际上著名软件SAS系统作为典型工具，介绍如何用统计软件处理数据分析中的各种实际问题。

本书正文共分十章。第一、二章介绍基础统计分析；第三、四章介绍一般线性模型(方差与回归)；第五章介绍属性数据分析；第六、七章介绍分类问题(判别与聚类)；第八、九、十章介绍降维的多变量方法(主分量、因子分析和典型相关分析)。另有附录1介绍SAS入门：包括Windows环境下SAS系统的用法、使用SAS系统8版本的两个菜单系统进行统计分析的方法等；附录2给出部分习题的参考解答。

本书的特色是将实用统计方法的介绍与在计算机上实现这些方法的软件紧密地结合起来，不仅介绍每种统计方法的实际背景、统计思想、统计模型和解题的思路，并结合实例介绍应用统计软件解决问题的步骤和计算结果的分析。本书不侧重严格的数学推导。

本书的读者对象是高等院校文理科各专业学习应用统计的大学生、研究生，以及社会上各个领域特别是经济、管理、科技等领域中需要进行数据分析处理的实际工作者。本书可作为高等院校文理科各专业开设公共选修课的教材或参考书，对于应用统计工作者，本书也是较好的学习参考书。

# 实用统计方法与SAS系统

高惠璇　编著

北京大学出版社
·北　京·

**图书在版编目(CIP)数据**

实用统计方法与 SAS 系统/高惠璇编著. —北京:北京大学出版社,2001.10

ISBN 978-7-301-04582-4

Ⅰ.实… Ⅱ.高… Ⅲ.①统计-方法-高等学校-教材 ②统计分析-应用软件,SAS-高等学校-教材 Ⅳ.C81

中国版本图书馆 CIP 数据核字(2001)第 065280 号

**书　　　名: 实用统计方法与 SAS 系统**
著作责任者: 高惠璇　编著
责 任 编 辑: 刘　勇
标 准 书 号: ISBN 978-7-301-04582-4/O·0470
出 版 发 行: 北京大学出版社
地　　　址: 北京市海淀区成府路 205 号　100871
网　　　址: www.pup.cn　　电子邮箱: zpup@pup.pku.edu.cn
电　　　话: 邮购部 62752015　发行部 62750672　理科编辑部 62752021
出版部 62754962
印　刷　者: 北京大学印刷厂
经　销　者: 新华书店
850×1168　32 开本　13.125 印张　320 千字
2001 年 10 月第 1 版　2016 年 1 月第 7 次印刷
印　　　数: 20001—23000 册
定　　　价: 30.00 元

# 前　言

编写本书的目的是介绍一些实用的统计方法,并以国际上著名软件 SAS 的统计分析系统作为典型工具,介绍如何用统计软件处理数据分析中的各种实际问题。

分析处理数据的各种统计方法,在自然科学和社会科学的各个领域中得到越来越广泛的应用,随着计算机的不断普及和广泛使用,要求我们的大学生、工程技术人员、科研人员、经济管理人员等不仅要了解各种统计方法,还要能够熟练地使用计算机,并且能够用现有的统计软件(如 SAS 系统)进行分析计算,解决实际问题。

SAS 系统是大型集成软件系统,具有完备的数据访问、管理、分析和呈现及应用开发功能。在数据处理和统计分析领域,SAS 系统已经成为国际上的标准软件系统,本书以 SAS 系统作为统计软件的样板给出介绍,将使得大学生和实际工作者了解世界上最先进的统计软件技术,对掌握其他统计软件也将起到举一反三的作用。本书中大部分例题是使用 SAS 系统(6.12 版本)计算完成;另有小部分例题使用 2000 年 2 月推出的 SAS 系统(8 版本)计算完成①。

本书正文共分十章。第一、二章介绍基础统计分析;第三、四章介绍一般线性模型(方差与回归);第五章介绍属性数据分析;第六、七章介绍分类问题(判别与聚类);第八、九章介绍降维的多变量方法(主分量与因子分析);第十章介绍典型相关分析。另有附

---

① 本书在临出版前考虑到 SAS 系统 8 版本已正式推出,故使用了新版本的部分功能。8 版本的更全面的功能请查阅该软件的帮助系统。

录1介绍SAS入门(包括Windows环境下SAS系统的用法、使用两个菜单系统进行统计分析的方法及SAS编程基础)。读者如果不熟悉Windows环境下的SAS及菜单系统,阅读本书时请先看附录1。为方便读者学习与掌握本书内容,我们另准备了《实用统计方法与SAS系统》附盘(3寸软盘)一张,其内容包括正文所有例题的SAS程序、各章所有习题的原始数据及用编程方法解答的SAS程序,以供读者参考。需要此附盘的读者请与北京大学数学科学学院概率统计系作者联系。

本书的特色是将实用统计方法的介绍与在计算机上实现这些方法的软件紧密地结合起来,使读者不仅掌握分析处理数据的各种统计方法,且学到如何在计算机上应用统计软件来解决实际问题的知识。具体地说,本书将介绍每种统计方法的实际背景、统计思想、模型及解决问题的思路和步骤,并结合实例介绍统计软件的使用方法和计算结果的分析。本书不侧重严格的数学推导。

本书是作者为全校开设的公共选修课"实用统计方法与SAS系统"所编写的教材。国内目前虽有一些介绍统计方法的教材,但这些书均侧重于介绍数学方法和理论,并不涉及如何使用统计软件来完成统计分析。另有一些介绍软件及应用统计的书籍也不适合作为大学教材。本书的对象是文理科各专业学习应用统计的学生,以及社会上各个领域中需要进行数据分析处理的实际工作者。本书适用于每周3~4学时,约讲授54~72学时,有些内容可供任课教师酌情选用。

本书由中国人民大学信息学院的李燕琛教授审阅,她在百忙中抽出时间认真审阅全书,提出修改意见,作者在此表示衷心的感谢。限于编者的水平,书中难免有不妥之处,恳请广大读者批评指正。

高 惠 璇

2001年9月于北京大学

# 目　录

# 第一章 描述统计

统计的方法，通常包括描述统计和推断统计两方面．本章介绍描述统计，而后几章介绍包括统计推断、统计预测等应用更广泛的推断统计．

描述统计是把观测数据本身包含的信息加以总结概括、整理简化．例如频数表、频率分布直方图及描述统计量的计算都属于描述性统计．

## §1.1 描述统计量

已知一组试验(或观测)数据为：$x_1, x_2, \ldots, x_n$．以下介绍描述这组数据的几类特征量．

### 一、表示位置的特征量

表示取值位置的特征量有均值、众数、中位数和百分位数等．

**均值** $\bar{x}$ 定义为：

$$\bar{x} = \frac{1}{n}\sum_{i=1}^{n} x_i,$$

它描述数据取值的平均位置．

**众数**是观测值中出现最频繁的数值，常记为 $m_o$．

设 $n$ 个数据按从小到大的顺序排列为

$$x_{(1)} \leqslant x_{(2)} \leqslant \cdots \leqslant x_{(n)},$$

即最小值为 $x_{(1)}$，最大值为 $x_{(n)}$，而**中位数** $m_e$ 是将数据排序后属于中间位置的值：

$$m_e = \begin{cases} x_{(\frac{n+1}{2})}, & \text{当 } n \text{ 为奇数时}, \\ \frac{1}{2}\left[x_{(\frac{n}{2})} + x_{(\frac{n}{2}+1)}\right], & \text{当 } n \text{ 为偶数时}. \end{cases}$$

**百分位数**(Percentile)是中位数的推广.把数据按从小到大的顺序排列后,处于 $p\%$ 位置的值称为第 $p$ 百分位数.如中位数是第50百分位数.最小值 $x_{(1)}$ 是第0百分位数;最大值 $x_{(n)}$ 是第100百分位数.第 $t$ 百分位数 $y_t$ 的计算公式一般采用

$$y_t = \begin{cases} x_{(j+1)}, & \text{当 } j \neq \dfrac{nt}{100} \text{ 时}, \\ \dfrac{1}{2}[x_{(j)} + x_{(j+1)}], & \text{当 } j = \dfrac{nt}{100} \text{ 时}, \end{cases}$$

其中 $j = \left[\dfrac{nt}{100}\right]$,即 $j$ 为$\dfrac{nt}{100}$的整数部分.

第25百分位数又称为四分之一分位数(或下四分位数),记为 $Q1$;第75百分位数又称为四分之三分位数(或上四分位数),记为 $Q3$.

例如15名学生的体重为(单位为 kg):75.0, 64.0, 47.4, 66.9, 62.2, 62.2, 58.7, 63.5, 66.6, 64.0, 57.0, 69.0, 56.9, 50.0, 72.0,则均值为 $\bar{x} = 62.36$;众数为 $m_o = 62.2$ 或 64.0;中位数为 $m_e = 63.5$;第20百分位数为$\frac{1}{2}[x_{(3)} + x_{(4)}] = 56.95$ kg,它表示这些学生中有20%的学生体重不超过56.95 kg.

## 二、表示分散程度的特征量

表示数据分散(或变异)程度的特征量有方差、标准差、极差、四分位极差、变异系数和标准误(即均值的标准差)等.

**方差**:$s^2 = \dfrac{1}{n-1}\sum_{i=1}^{n}(x_i - \bar{x})^2 \quad \left(\text{或 } s^2 = \dfrac{1}{n}\sum_{i=1}^{n}(x_i - \bar{x})^2\right)$;

**标准差**:$s = \sqrt{\dfrac{1}{n-1}\sum_{i=1}^{n}(x_i - \bar{x})^2}$;

**极差**:$R = x_{(n)} - x_{(1)}$(或 $R = x_{\max} - x_{\min}$);

**四分位极差**:$Q_v = Q3 - Q1$;

**变异系数**:$C_v = \dfrac{s}{\bar{x}} \times 100(\%)$;

**标准误**：$s_m = \sqrt{\dfrac{1}{n(n-1)}\sum_{i=1}^{n}(x_i - \bar{x})^2} = \dfrac{s}{\sqrt{n}}$.

对上述 15 名学生体重的数据，经计算可得：

$$s^2 = 56.4726,\quad s = 7.5148,\quad R = 27.6,$$
$$C_v = 12.0507,\quad s_m = 1.9403.$$

以上这几个特征量都是用于度量观测数据的分散性.标准差、极差及均值的标准差等的单位与体重 $X$ 的单位相同；而变异系数是无量纲的量，它便于比较均值不等或量纲不同的两组数据的分散性.

## 三、表示分布形状的特征量

偏度和峰度是用于描述分布形状的特征量.它们的定义如下：

**偏度**：$g_1 = \dfrac{n}{(n-1)(n-2)}\dfrac{\sum(x_i - \bar{x})^3}{s^3}$；

**峰度**：$g_2 = \dfrac{n(n+1)}{(n-1)(n-2)(n-3)}\dfrac{\sum(x_i - \bar{x})^4}{s^4} - \dfrac{3(n-1)^2}{(n-2)(n-3)}$

研究分布形状是否对称，要通过计算偏度 $g_1$.若 $g_1 \approx 0$，则可认为分布是对称的；若 $g_1 > 0$ 称为有右偏态(正偏)，此时在均值右边的数据更为分散，或者说偏离均值位置的数据右边比左边更为延伸；若 $g_1 < 0$ 称为有左偏态(负偏)，此时在均值左边的数据更为分散.

峰度是另一种度量分布形状的量.它是以正态分布为标准(假设正态分布的方差与所研究分布的方差相等)，比较两侧极端数据分布情况的指标.对于正态分布，$g_2 = 0$；若 $g_2 > 0$，表示数据中含有较多远离均值的极端数值，此时分布有一沉重的尾巴(或称粗尾)；若 $g_2 < 0$，表示均值两侧的极端数据较少.故 $g_2$ 也可以作为偏离正态分布的尺度.

说明　以上偏斜度和峰度的计算公式是 SAS 系统提供的.度量分布形状的类似统计量还有标准偏度系数和标准峰度系数，计算公式同上稍有差别.

**例 1.1.1** 用 SAS 菜单系统 INSIGHT 模块或编程方法(MEANS过程)计算 15 名学生体重的常规统计量.

使用 SAS 系统计算上述 15 名学生体重数据的描述统计量,可以用 SAS 系统提供的一组样本统计函数计算;也可以利用 SAS 系统的 MEANS 过程(均值过程)来计算.下面重点介绍使用更方便的菜单系统来计算.

SAS/INSIGHT(见参考文献[15]第二部分或[17])是一个可视化的数据探索和分析的工具.它将常用的统计方法(比如常规统计量的计算,分布拟合,回归、方差及一般线性模型,多变相关分析和主分量分析)与交互式的图形显示结合在一起,对数据进行探索研究;并通过多个窗口连续进行分析.SAS/INSIGHT 的特色是强有力地图形表现功能.

在 INSIGHT 环境下,分析过程中始终可以浏览被分析的数据,统计分析的结果和相应的图形.它为用户提供一个全新的使用统计分析方法的环境.

**解** (1) 启动 SAS/INSIGHT.使用下拉菜单:Globals[①]⇒Analyze(在 SAS 系统 8 版本使用下拉菜单:Solution⇒Analysis)⇒Interactive data analysis 或在命令框或命令行中提交命令INSIGHT.

(2) 生成包含一个变量 15 个观测的 SAS 数据集.方法有两种:一是启动 INSIGHT 后按窗口下方的键 New[①],并用表格方式输入数据生成 SAS 数据集(数据集名为 W15,变量名用 W 表示).另一种方法是在进入 INSIGHT 之前先用编程方法由 DATA 步生成 SAS 数据集 W15.SAS 程序如下:

---

① 本书介绍使用 SAS 菜单系统的操作时,菜单栏、下拉(或弹出)菜单的菜单项用虚线框起来;而窗口的按钮(按键)用实线框起来,以示区别.以下同.

```
data W15;
     input w @@;
     cards;
75.0  64.0  47.4  66.9  62.2  62.2  58.7  63.5
66.6  64.0  57.0  69.0  56.9  50.0  72.0
;
proc means data=W15;   /* MEANS过程的计算结果省略了 */
     var w;
run;
```

(3) 打开 SAS 数据集 W15. 如果用上述 DATA 步生成 W15, 启动 INSIGHT 后先从 WORK 数据库中选中 W15, 然后按窗口下方的 Open 来打开数据集. 如果在 INSIGHT 环境下用表格方式输入数据, 数据窗口已打开.

(4) 选择 Analyze ⇒ Distribution (Y). 在 Distribution (Y) 窗口的变量表(见图示 1.1)中选 W⇒Y: 用鼠标左键单击在变量名字 W 上使之加亮(选中该变量), 然后点击 Y, 指定 W 为分析的 Y 变量.

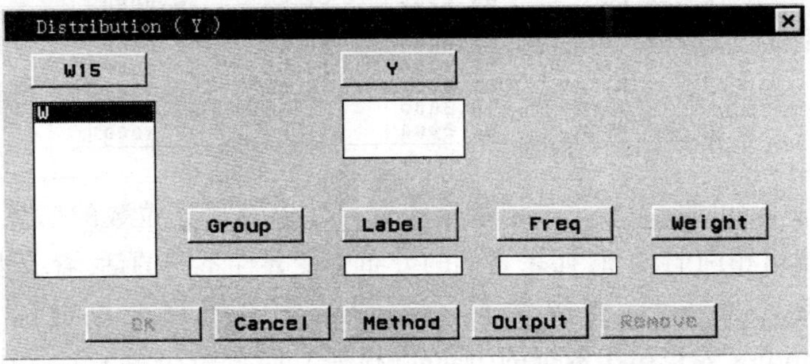


**图示 1.1 Distribution (Y)窗口的变量表**

(5) 在 Distribution (Y)窗口中, 按下 Output 键, 在显示的窗口中有 4 项输出前方划勾"√"(系统设置的缺省时的输出项), 我们只要求输出 Moments 表和 Quantiles 表, 故把另两项(盒形图和直方图)用鼠标左键单击前方的小方框让"√"消失. 然后⇒ OK ⇒ OK. 由显示的这两张表, 用户可以看到我们需要的常规统计量.

(6) 查看矩和分位数表：Moments 和 Quantiles 表(见输出1.1.1)给出变量的描述信息. 在 Moments 表里, N 是非缺失的观测个数; Mean 是平均值; Std Dev 是标准差; Variance 是方差; Skewness 和 Kurtosis是两个度量分布形状的量.

偏度 Skewness 是度量关于均值的偏差趋势是否在某个方向大于另一个方向. Skewness 的值为负值(-0.4300)指出数据偏向于左边, 即变量 W 的分布稍微向左边偏斜. 峰度 Kurtosis 是分布在均值两侧极端数据有多少的度量. 这里 Kurtosis 值为0.0965, 表明 W 的分布与正态分布相似.

**输出 1.1.1　输出的矩统计量和分位数表**

Moments

| | | | |
|---|---|---|---|
| N | 15.0000 | Sum Wgts | 15.0000 |
| Mean | 62.3600 | Sum | 935.4000 |
| Std Dev | 7.5148 | Variance | 56.4726 |
| Skewness | -0.4300 | Kurtosis | 0.0965 |
| USS | 59122.1600 | CSS | 790.6160 |
| CV | 12.0507 | Std Mean | 1.9403 |

Quantiles

| | | | |
|---|---|---|---|
| 100% Max | 75.0000 | 99.0% | 75.0000 |
| 75% Q3 | 66.9000 | 97.5% | 75.0000 |
| 50% Med | 63.5000 | 95.0% | 75.0000 |
| 25% Q1 | 57.0000 | 90.0% | 72.0000 |
| 0% Min | 47.4000 | 10.0% | 50.0000 |
| Range | 27.6000 | 5.0% | 47.4000 |
| Q3-Q1 | 9.9000 | 2.5% | 47.4000 |
| Mode | 62.2000 | 1.0% | 47.4000 |

Quantiles 表给出关于数据的变异性以及百分位数的信息. 两个均值相同的分布, 如果它们的分布中变异性不同的话, 看上去有可能完全不同. 变异性用 Quantiles 表中的百分位数给出. Quantiles 表也给出数据的 Range(极差), 四分位极差 Q3 - Q1 和 Mode(众数).

## §1.2　用图表概括数据

观测数据的均值、标准差等特征量概括地描述了数据的基本统计特征, 为了进一步研究数据取值的分布情况, 可以通过频数表及频数或频率分布图(即直方图)进行分析.

## 一、频数表

为了进一步了解数据取值的分布情况,希望列出数据在取值范围的若干区间间隔内的频数、累计频数等,即列出**频数表**.

**例 1.2.1** 用编程方式(FREQ 过程)或菜单系统“分析员应用”来产生 100 名学生体重数据的频数表(100 名学生的体重数据见 SAS 程序的数据行).

**解** (1) 首先创建包含 100 名学生体重数据的 SAS 数据集(以下数据集 WH100 包含学生的身高和体重的数据);并由体重 W 生成分组变量 wc 或 wgroup,它把体重根据我们的愿望分为几个组.此例中体重的最小值为 46.5、最大值为 77.0,假设分为 8 个区间段,每个区间间距为 $d=(77.0-46.5)/8\approx3.8$ kg.以下 SAS 程序产生的输出结果见输出 1.2.1.

```
data WH100;
    input h w @@;
    if w<=50.3 then wc= '    <=50.3';
    else if w>50.3 and w<=54.1 then wc= '50.4-54.1';
    else if w>54.1 and w<=57.9 then wc= '54.2-57.9';
    else if w>57.9 and w<=61.7 then wc= '58.0-61.7';
    else if w>61.7 and w<=65.5 then wc= '61.8-65.5';
    else if w>65.5 and w<=69.3 then wc= '65.6-69.3';
    else if w>69.3 and w<=73.1 then wc= '69.4-73.1';
    else wc= '>=73.2';
    wgroup=int((w-46.5)*8/(77-46.5)-0.001)+1;
    cards;
172.4 75.0   169.3 54.8   169.3 64.0   171.4 64.8   166.5 47.4
171.4 62.2   168.2 66.9   165.1 52.0   168.8 62.2   167.8 65.0
165.8 62.2   167.8 65.0   164.4 58.7   169.9 57.5   164.9 63.5
160.3 55.2   175.0 66.6   172.5 73.5   172.0 64.0   168.4 57.0
155.0 57.0   175.5 63.9   172.3 69.0   168.6 58.0   176.4 56.9
173.2 57.5   167.5 50.0   169.4 52.2   166.7 72.0   169.5 57.0
```

```
165.7 55.4    161.2 48.5    172.8 57.0    175.1 75.5    157.5 50.5
169.8 62.9    168.6 63.4    172.6 61.0    163.8 58.5    165.1 61.5
166.7 52.5    170.9 61.0    166.1 69.5    166.2 62.5    172.4 52.6
172.8 60.0    177.8 63.9    162.7 56.8    168.8 54.0    169.1 66.2
177.5 60.0    177.0 66.2    169.9 55.9    167.4 54.4    169.3 58.4
172.8 72.8    169.8 58.0    160.0 65.3    179.1 62.2    172.3 49.8
163.3 46.5    172.9 66.7    165.4 58.0    175.8 63.2    162.3 52.2
165.4 65.7    171.5 59.3    176.6 66.3    181.7 68.6    175.2 74.9
169.5 59.5    169.6 61.5    169.1 63.1    185.5 77.0    173.9 65.5
162.5 50.0    171.5 58.5    175.6 59.8    166.0 75.5    167.2 63.3
171.9 57.0    176.6 58.4    177.3 67.0    169.2 71.8    166.2 49.8
181.7 63.0    175.8 68.3    172.3 55.5    172.7 58.5    174.3 64.0
171.2 59.0    174.8 68.0    165.4 55.5    169.1 64.8    167.9 62.0
176.8 64.0    183.5 69.9    165.5 48.6    171.0 70.5    170.3 58.5
;
proc freq;
    tables wc;                              /* 或 tables wgroup; */
     title '100 名学生的体重分为 8 个组的频数表';
run;
```

由输出 1.2.1 的频数表可以看出:学生的体重在[61.8kg, 65.5kg]范围内最多,其次是[58.0 kg, 61.7 kg];而体重≤50.3kg 或 ≥73.2kg 的学生为少数.

**输出 1.2.1　学生体重数据的频数表**

100 名学生的体重分为 8 个组的频数表

The FREQ Procedure

| W | Frequency | Percent | Cumulative Frequency | Cumulative Percent |
|---|---|---|---|---|
| <=50.3 | 8 | 8.0 | 8 | 8.0 |
| 50.4-54.1 | 7 | 7.0 | 15 | 15.0 |
| 54.2-57.9 | 16 | 16.0 | 31 | 31.0 |
| 58.0-61.7 | 20 | 20.0 | 51 | 51.0 |
| 61.8-65.5 | 25 | 25.0 | 76 | 76.0 |
| 65.6-69.3 | 12 | 12.0 | 88 | 88.0 |
| 69.4-73.1 | 6 | 6.0 | 94 | 94.0 |
| >=73.2 | 6 | 6.0 | 100 | 100.0 |

(2) 菜单系统“分析员应用”是为了完成基本统计分析功能而

设计的一个类似于 SAS/INSIGHT 的菜单系统."分析员应用"还可提供自动形成的 SAS 程序,在统计分析方面的功能比 SAS/INSIGHT强.

① 启动"分析员应用". 使用下拉菜单: Globals ⇒ Analyze ⇒ Statistical analysis (在 SAS 系统 8 版本使用下拉菜单: Solution ⇒ Analysis ⇒ Analyst ) 或在命令框或命令行中提交命令 ANALYST.

② 打开 SAS 数据集 WH100. 在"分析员应用"菜单栏目中选择 File ⇒ Open by SAS Name... ⇒ 在弹出的窗口中选择相应的 SAS 数据库和数据集名 ⇒ OK (或用鼠标左键双击数据集名).

③ 在"分析员应用"菜单栏目中选择 Statistics ⇒ Descriptive ⇒ Frequency Counts... ⇒ 在弹出的窗口中选择字符变量 WC 作为 Frequencies(频数)变量(见图示 1.2) ⇒ OK . 在输出结果窗口中可看到与输出 1.2.1 相同的结果(见图示 1.3).

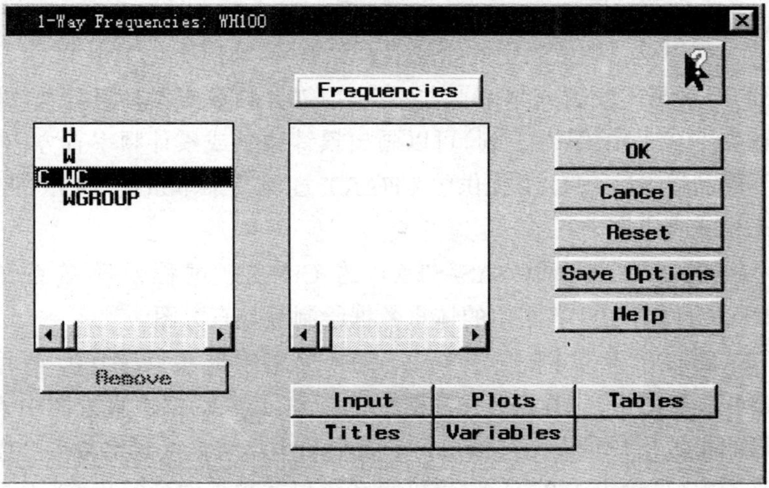


**图示 1.2 "分析员应用"的一维频数表:WH100 窗口**

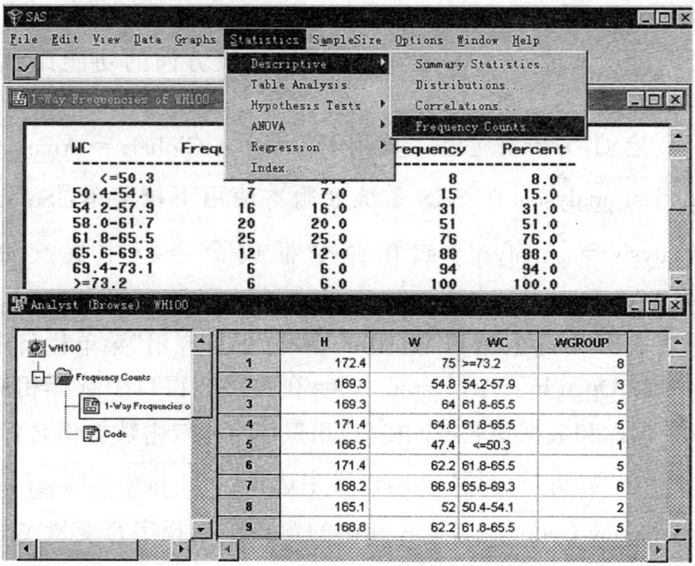

图示 1.3 "分析员应用"的菜单栏目及计算结果窗口

## 二、直方图

利用以上频数表中的频数或百分数(即输出 1.2.1 中第二、三列)可以画出频数或频率直方图;利用累计频数或累计百分数(即输出 1.2.1 中第四、五列)可以画出累计频数或累计频率直方图.下面利用 SAS/STAT 提供的 CHART 过程及菜单系统 INSIGHT 来生成直方图.

**例 1.2.2** 用 SAS/STAT 的 CHART 过程及菜单系统 INSIGHT对 100 名学生的体重数据绘制频数直方图.

**解** (1) 对例 1.2.1 生成的 SAS 数据集 WH100, 调用 CHART(图表)过程来画体重数据的频率分布直方图.直方图中条形的个数用户可以通过给出每个条形的中点或直接规定条形个数来确定(见输出 1.2.2).也可以由系统根据数据的情况确定(即没有规定选项或称缺省时).

```
proc chart data = WH100;
    vbar w / midpoints = 48 to 76 by 4;
    title '对学生体重数据使用选项 MIDPOINTS= 产生的条形图';
proc chart data = WH100;
    vbar wgroup / discrete;                /* 或 vbar wc;  */
    title '把输出 1.2.1 的频数表用条形图表示';
run;
```

在 vbar 语句的斜线(/)后面也可加上选项 levels = 或什么选项也不加,输出的频数直方图的分组数可能稍有不同. 如果在vbar 语句的斜线(/)后面加上选项 type = pct, 则生成频率(百分数)直方图;若加上选项 type = cpct, 则生成累计频率直方图;若加上选项 type = cfreq, 则生成累计频数直方图. 缺省时相当于type = freq, 即生成频数直方图.

**输出 1.2.2　学生体重数据的频数直方图**

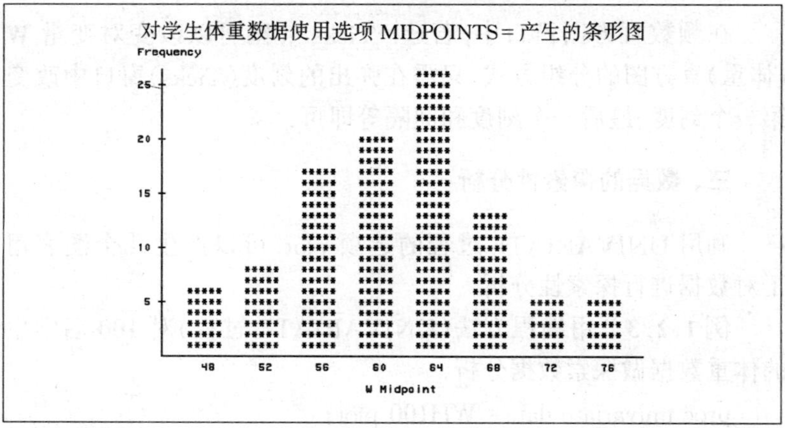


(2) 启动 INSIGHT 并打开数据集 WH100 后, 选择 Analyze ⇒ Histogram/Bar Chart (Y) ⇒在弹出的直方图/条形图窗口中选 W 为分析变量 Y⇒ OK . 在显示的直方图窗口(见图示 1.4)中, 用鼠标左键点击在直方图图框左下角小三角尖头上, 并在弹出的菜单中选 Values , 则各条形的频数即显示在图形上.

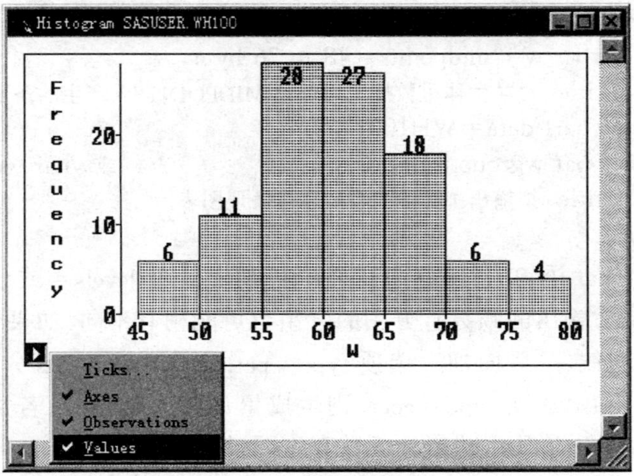


图示 1.4 频数直方图窗口

在频数直方图窗口中,若选 Ticks ,则可以改变对变量 W(体重)直方图的分组方式.只需在弹出的刻度(Ticks)窗口中改变第一个刻度、最后一个刻度和间隔等即可.

## 三、数据的探索性分析

利用 UNIVARIATE 过程的选项 plot,可以产生几个图表用于对数据进行探索性分析.

**例 1.2.3** 用编程方法(UNIVARIATE 过程)对 100 名学生的体重数据做探索数据分析.

```
proc univariate data=WH100 plot;
    var w;
run;
```

以上 SAS 程序执行后,除输出详细的描述统计量外,还生成三张简单的图表:茎叶图、盒形图(见输出 1.2.3)和正态概率图(省略了).这些图表可用于直观地分析数据的取值分布和分布特征.

**输出 1.2.3　学生体重数据的茎叶图和盒形图**

```
Stem Leaf                            #              Boxplot
  76 0                               1                 |
  74 9055                            4                 |
  72 085                             3                 |
  70 58                              2                 |
  68 036059                          6                 |
  66 2236790                         7                 |
  64 00008800357                    11              +-----+
  62 022225901234599                15              |     |
  60 000055                          6              *--+--*
  58 00044555570358                 14              |     |
  56 890000055                       9              +-----+
  54 04824559                        8                 |
  52 02256                           5                 |
  50 005                             3                 |
  48 5688                            4                 |
  46 54                              2                 |
     ----+----+----+----+
```

## 习　题　一

**1-1**　试用编程方法(MEANS 或 UNIVARIATE 过程、FREQ 过程和 CHART 过程)计算某学校 100 名学生身高数据(见例 1.2.1)的常规统计量(均值、标准差、变异系数、偏度和峰度)和频数直方图.

**1-2**　试用 SAS/INSIGHT 和"分析员应用"计算某学校 100 名学生身高数据(见例 1.2.1)的常规统计量(均值、标准差、变异系数、偏度和峰度)和频数直方图.

**1-3**　试用产生标准正态分布的随机数函数 NORMAL(seed) 产生均值为 170,方差为 30 的正态随机数 1000 个,并按 1-1 和 1-2 中的要求对这组随机数进行分析计算.

# 第二章　估计和检验

## §2.1　基本统计概念

### 一、随机变量与概率分布

在自然界中,有些变量在每次观察之前,不可能事先确定取什么数值;经大量反复地观察,其取值又有一定的规律,这种变量称为**随机变量**.例如:

某射手每次击中目标的概率为0.8,如果该射手射击30次,则击中目标的次数 $X$ 是一个随机变量.

某路公共汽车每隔10分钟发一趟车,如果某人到达公共汽车站的时刻是随机的,那么,一般说来,等车时间 $X$ 是一个随机变量.

随机变量 $X$ 通常分为两类,如 $X$ 的所有可能取值是有限个或可列个,则称 $X$ 为**离散型随机变量**.比如击中次数 $X$ 是离散型随机变量.另一类是非离散型随机变量,其中最重要也是实际问题中最常见的是**连续型随机变量**.比如等车时间 $X$ 是连续型随机变量,它的可能取值为区间[0,10]内所有的值.对非离散型随机变量,以后我们只讨论最常见的连续型随机变量.

对以上两类随机变量,其规律性可用不同的方式来描述它.离散随机变量 $X$(如击中次数),常用一串概率值:

$$P\{X = x_i\} = p_i \quad (i = 1,2,\cdots) \tag{2.1}$$

来描述随机变量 $X$ 取各个可能值的分布情况,故称(2.1)为 $X$ 的**概率分布列**.

对连续型随机变量,我们考察事件 $\{a < X < b\}$ 的概率.如果

存在非负可积函数 $p(x)$，使得对任意 $a,b(a<b)$，都有

$$P\{a<X<b\}=\int_a^b p(x)\mathrm{d}x, \tag{2.2}$$

则称 $p(x)$ 为随机变量 $X$ 的**概率密度函数**.

对所有随机变量，其规律性还可以统一地用以下定义的概率分布函数 $F(x)$ 来描述：

$$F(x)=P\{X\leqslant x\}. \tag{2.3}$$

## 二、总体和样本

我们常把研究对象的全体组成的集合称为**总体**. 在总体中选取部分有代表性的成员组成的子集称为(随机) **样本**. 总体和样本的定义与所研究问题的范围有关系. 例如某学校有 6000 名学生，从中随机地抽取 100 名进行体检. 如果研究的问题就是这 100 名学生的健康情况，则这 100 名学生构成总体. 如果我们的目的是想由这 100 名学生的健康状况来推断全校 6000 名学生的健康情况，那么全校 6000 名学生是总体；而这 100 名学生是来自总体的一个样本.

身体健康状况的指标有很多，不可能逐个加以研究. 比如我们当前最关心的是学生的体重是否超重，则所有学生的体重值组成的集合就是总体. 确切地说，总体是研究对象的某种特征值的全体，常用一个随机变量 $X$ 来表示总体(其实是研究对象全体的某个特征值). 一个样本是来自总体 $X$ 的一组相互独立同 $X$ 分布的随机变量；而**样本值**是由总体 $X$ 随机抽取的一组观测值. 常用 $x_1, x_2, \cdots, x_n$ 来表示样本或样本值.

## 三、参数和统计量

总体的数字特征(如刻画取值位置的均值，刻画取值分散程度的方差等) 称为**参数**，常用记号 $\mu$ 表示**总体均值**；用 $\sigma^2$ 表示**总体方差**等.

利用样本值来推断总体的性质时，首先考虑参数的估计问题，比如用 $\bar{x}$ 和 $s^2$：

$$\bar{x} = \frac{1}{n}\sum x_i, \quad s^2 = \frac{1}{n-1}\sum (x_i - \bar{x})^2$$

作为 $\mu$ 和 $\sigma^2$ 的估计. 通常称样本 $x_1, x_2, \cdots, x_n$ 的函数为**统计量**. $\bar{x}$ 和 $s^2$ 都是统计量，它们分别用于估计均值和方差，故称 $\bar{x}$ 为**样本均值**，$s^2$ 为**样本方差**.

## 四、参数估计和假设检验

利用样本对总体进行统计推断，主要有两类问题：一类是估计的问题，另一类是检验问题.

估计的问题是多种多样的，如总体参数的估计，分布函数、密度函数的估计等. 估计的方法也很多，如最大似然法、矩估计法、最小二乘法等.

统计推断的另一类问题与估计问题的提法不同，它是从样本值出发去判断关于总体分布的某种“看法”是否成立. 例如从 6000 名学生中随机地抽取 100 名学生测量体重 $X$，利用 100 名学生的体重数据来判断看法“平均体重 $E(X) = 62$kg”是否成立？“看法”又叫做“假设”，这就是所谓的**假设检验问题**.

下面通过一个简单例子——投币的例子来介绍假设检验的基本思想.

**例 2.1.1** 为了验证一硬币是否匀称(即正反两面出现的机会是否相同)，做投掷硬币的试验. 假如试验结果有以下两种：

(1) 出现 55 次正面，45 次反面；

(2) 出现 40 次正面，60 次反面，

试问如何判断此硬币是否匀称？

**解** 用假设检验思想来判断此硬币是否匀称的基本步骤如下：

① 首先提出原假设(或称零假设)和备择假设(或称对立假

设),原假设是最初考虑的(这里就是认为硬币是匀称的,出现正反面机会是公平的),原假设和备择假设这两者在逻辑上是对立的.

② 指定一个显著性水平 $\alpha$(常取 $\alpha = 0.05, 0.01$ 等).$\alpha$ 值是一个衡量否定(或拒绝)原假设时所需证据多少的指标.$\alpha$ 值越小,表示要否定原假设的条件越高(即不容易否定原假设);$\alpha$ 值越大,表示要否定原假设的条件越低(即比较容易否定原假设).

③ 构造检验统计量 $W$.此例先引入 $X_i$ 表示第 $i$ 次试验的结果:$X_i = 1$ 表示第 $i$ 次出现正面;$X_i = 0$ 表示第 $i$ 次出现反面.令 $Y = \sum_{i=1}^{100} X_i$(100 次试验中出现正面的次数);$Z = 100 - Y$(100 次试验中出现反面的次数);检验统计量 $W = |Y - Z|$($W$ 为100次试验中出现正反面之差的绝对值).

④ 进行统计试验——收集数据(或称收集证据),并计算检验统计量及显著性概率 $p$ 值.此例我们假定有 2 种试验结果,比如对试验结果(1),显然 $W = 10$,还可以得到当硬币匀称的假设成立时,出现正反面次数相差在 10 次或 10 次以上的概率 $p$ 为

$$p = P\{W \geqslant 10 \mid 硬币匀称\} = 0.27.$$

⑤ 作出判断:因 $p = 0.27 > \alpha$(取 $\alpha = 0.05$),故没有足够的证据否定原假设,则认为所提出的这个假设是相容的(或者说只好接受硬币为匀称的假设).

这里因 $p$ 值较大($p = 0.27$),表示在硬币为匀称的假设下,100 次投币试验中还是经常可能出现正反面的次数相差不小于 10 次.显著水平取为 0.05,表示仅当显著性概率值($p$ 值)比 0.05 还小时,才有足够的证据否定原假设.

对试验结果(2),$W = 20$,类似可得:

$$p = P\{W \geqslant 20 \mid 硬币匀称\} = 0.04.$$

$p$ 值($p = 0.04$)小于0.05,表示在硬币为匀称的假设下,100 次投币试验中很少出现正反面的次数相差在 20 次以上.故在 0.05 的水平下,有足够的证据否定原假设,即认为硬币为不匀称.

如果显著性水平 $\alpha$ 取为0.01,因 $p = 0.04 > \alpha = 0.01$,故在0.01 水平下没有足够的证据否定原假设,则认为所提出的这个假设是相容的(即只好接受硬币为匀称的假设).

假设检验首先提出原假设和备择假设,原假设不仅是最初考虑的,并且是受保护的——假设检验一方面限制了原假设成立时而否定它的概率(即以真当假的错误)$\leqslant$ 显著性水平 $\alpha$;另一方面当证据不足(即 $p$ 值 $> \alpha$)时不能否定原假设.

然后检验这组观测数据是否支持这个假设.根据这组数据,计算检验统计量以及衡量观测数据"极端性"或"罕见性"的 $p$ 值(显著性概率值).如果 $p$ 值很小,表示一组很少发生的"罕见性"数据在这一个样本中出现了,则所提出的假设是非常可疑的;$p$ 值的大小提供了否定这个假设的证据多少.例如 $p$ 值 $\leqslant 0.05$(指定的显著性水平),则认为在0.05的显著性水平上否定所提出的假设.如果 $p$ 值较大,找不到足够的证据否定所提出的假设,则认为所提出的这个假设是相容的.

## 五、正态分布

在实际问题中,我们考虑的总体特征量(即随机变量 $X$)的规律性有很多都可以用正态分布来描述.正态分布是总体的一种理论分布,有严格的数学定义.

如果随机变量 $X$ 的概率分布密度函数为

$$p(x) = \frac{1}{\sqrt{2\pi}\sigma}\exp\left\{\frac{(x-\mu)^2}{2\sigma^2}\right\},$$

则称随机变量 $X$ **服从**均值为 $\mu$,方差为 $\sigma^2$ 的**正态分布**,记为 $X \sim N(\mu,\sigma^2)$.当 $\mu = 0, \sigma^2 = 1$ 时的正态分布称为**标准正态分布**,记为 $X \sim N(0,1)$.

**正态分布的一些性质和特点:**

(1) 正态分布完全由其均值 $\mu$ 和方差 $\sigma^2$ 决定;

(2) 正态分布的密度函数曲线是中间高两边低、对称、光滑的

"钟形" 曲线(见图示 2.1);

(3) 正态分布的位置特征量均值、众数和中位数相等;

(4) 正态分态的偏度和峰度均为 0. 偏度是刻画总体分布是否对称;峰度用于衡量"分布的尾重".

如果数据来自正态分布总体,经验规则($3\sigma$ 准则) 给出(见图示 2.1):

- 68% 的值落在距均值($\mu$) 一个标准差($\sigma$) 的范围内;
- 95% 的值落在距均值($\mu$) 二个标准差($\sigma$) 的范围内;
- 99% 以上的值落在距均值($\mu$) 三个标准差($\sigma$) 的范围内.

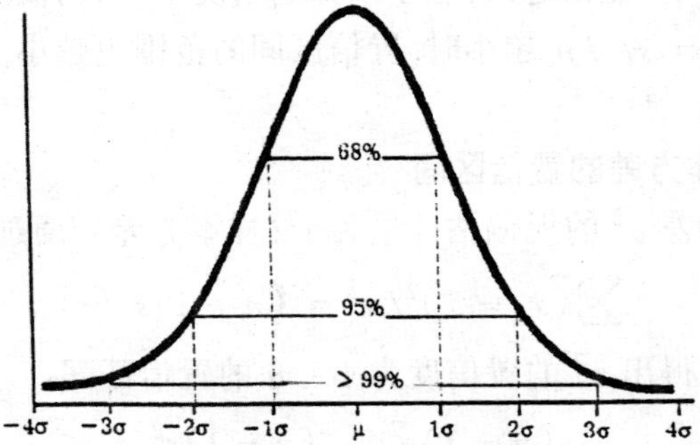


**图示 2.1 正态分布和经验规则**

## §2.2 均值和方差的区间估计和检验

如果观测数据是来自某总体 X 的样本值,在第一章 §1 给出的三类描述统计量是相应总体特征量的点估计. 本节讨论均值、方差的区间估计以及有关均值、方差的检验问题.

### 一、区间估计

#### 1. 总体均值的区间估计

设来自正态总体 $N(\mu,\sigma^2)$ 的随机样本和样本值均记为 $x_1$, $x_2, \cdots, x_n$. 样本均值 $\bar{x}$ 是总体均值 $\mu$ 的一个很好的估计量. 利用 $\bar{x}$

的分布,还可以得出 $\mu$ 的置信度为 $1-\alpha$ 的置信区间(常取 $\alpha=0.05$):

$$\left[\bar{x}-u_{1-\frac{\alpha}{2}}\frac{\sigma_0}{\sqrt{n}},\bar{x}+u_{1-\frac{\alpha}{2}}\frac{\sigma_0}{\sqrt{n}}\right]\quad(\text{当 }\sigma=\sigma_0\text{ 已知时})$$

或

$$\left[\bar{x}-t_{1-\frac{\alpha}{2}}\frac{s}{\sqrt{n}},\bar{x}+t_{1-\frac{\alpha}{2}}\frac{s}{\sqrt{n}}\right]\quad(\text{当 }\sigma\text{ 未知时}),$$

其中 $u_{1-\frac{\alpha}{2}}$(或 $t_{1-\frac{\alpha}{2}}$)是标准正态分布(或 $t$ 分布)的 $1-\frac{\alpha}{2}$ 分位数. 即 $P\{|U|\leqslant u_{1-\frac{\alpha}{2}}\}=1-\alpha$,其中 $U\sim N(0,1)$.

置信度 $1-\alpha$ 给定时,在 $\sigma$ 未知的情况下,当均值的标准差(即标准误)$s_m=s/\sqrt{n}$ 越小时,置信区间的范围也越小,这说明估计的精度越高.

**2. 总体方差的置信区间**

总体方差 $\sigma^2$ 的无偏估计量为 $s^2$(样本方差). 通过研究

$$\sum(x_i-\bar{x})^2/\sigma^2=(n-1)s^2/\sigma^2$$

的分布可以得出 $\sigma^2$ 的置信度为 $1-\alpha$ 的置信区间:

$$\left[\frac{(n-1)s^2}{\chi^2_{1-\frac{\alpha}{2}}(n-1)},\frac{(n-1)s^2}{\chi^2_{\alpha/2}(n-1)}\right],$$

其中 $\chi^2_{\alpha/2}(n-1)$ 是自由度为 $n-1$ 的 $\chi^2$ 分布的 $\frac{\alpha}{2}$ 分位数.

**例 2.2.1** 用 SAS 菜单系统“分析员应用”求学生体重的均值 $\mu$ 和方差 $\sigma^2$ 的置信区间($1-\alpha=0.95$). 假定例 1.2.1 中 100 名学生的体重数据是来自某校大学生的体重总体 $X$ 的样本值.

**解** 启动“分析员应用”,打开 SAS 数据集 WH100(具体作法见例 1.2.1). 求体重均值 $\mu$ 置信区间的步骤如下:

① 在“分析员应用”菜单栏目中选择 Statistics ⇒ Hypothesis Tests ▶ ⇒ One-Sample t-test for a Mean... ;

② 在弹出的窗口中选择变量:W⇒Variable;

③ 按 Tests ⇒在弹出的“One Sample t Test:Tests”窗口中选

择标签为 Confidence Intervals 的项⇒在 Confidence Intervals(置信区间)的框中指定所求的区间估计的类型(置信区间,置信下限或置信上限),并给定置信水平.此例选中 Interval(置信区间),置信水平通过下拉箭头⬇选出 95.0% ⇒ OK ⇒ OK .

④ 查看输出结果,即可得到关于 $\mu$ 的置信区间为[59.80, 62.53]:

```
95 % Confidence Interval for the Mean

        Lower Limit:              59.80
        Upper Limit:              62.53
```

求学生体重的方差 $\sigma^2$ 置信区间的步骤如下:

① 在“分析员应用”菜单栏目中选择 Statistics ⇒ Hypothesis Tests ▶ ⇒ One-Sample Test for a Variance... ;

② 在弹出的窗口中选择变量:W⇒Variable, 在 Hypotheses 框中的 Var= ______ 填入任一正数(此处在进行方差检验时必须填入零假设(Null)的方差值,考虑区间估计时任填一正数即可);

③ 按 Intervals ⇒在弹出的窗口中从 Confidence Intervals (置信区间)的框中指定求置信区间,并给定置信水平为 95% ⇒ OK ⇒ OK .

④ 查看输出结果,即可得到关于方差 $\sigma^2$ 的置信区间为[36.511, 63.914]:

```
95% Confidence Interval for the Variance

                   Lower Limit    Upper Limit
                   -----------    -----------
                      36.511         63.914
```

**注** 求参数的置信区间与对参数进行假设检验实质上是等价的.在“分析员应用”中置信区间的计算作为假设检验的一部分,故在求均值和方差的置信区间时要求填入参数检验的零假设值.

## 二、均值和方差的检验

设 $x_1, x_2, \cdots, x_n$ 是来自正态总体 $N(\mu, \sigma^2)$ 的样本. 下面讨论有关总体均值 $\mu$ 和方差 $\sigma^2$ 的几个假设检验的问题.

### 1. 均值的检验

检验的零假设 $H_0: \mu = \mu_0$; 对立假设为 $\mu \neq \mu_0$. 不妨设 $\mu_0 = 0$, 当 $\mu_0$ 不等于 0 时, 令 $y_i = x_i - \mu_0 (i = 1, 2, \cdots, n)$, 并对 $y_i$ 检验 $\mu_y = 0$ 的假设.

利用 $\bar{x}$ 可以构造检验统计量:

$$U = \frac{\bar{x}\sqrt{n}}{\sigma_0} \text{ (当 } \sigma^2 = \sigma_0^2 \text{ 已知时) 或 } T = \frac{\bar{x}\sqrt{n}}{s} \text{ (当 } \sigma^2 \text{ 未知时).}$$

由样本值计算 $U$(或 $T$)统计量值 $u$(或 $t$), 及相应的概率值:

$$p = P\{|U| > |u|\}, \text{ 其中 } U \sim N(0,1)$$

$$(\text{或 } p = P\{|T| > |t|\}, \text{ 其中 } T \sim t(n-1)),$$

并根据 $p$ 值的大小来判断以上的假设是否成立. 当 $p$ 值小于显著性水平值 $\alpha$(如 $\alpha = 0.05$), 则应否定以上的假设, 即总体均值 $\mu$ 与 0 有显著地差异. 否则认为总体均值 $\mu$ 与 0 没有显著差异.

**例 2.2.2** 用 SAS 系统的 MEANS 过程检验学生的体重数据的均值 $\mu = 62$kg, 并求 $\mu$ 的置信区间($\alpha = 0.05$).

**解** 在例 1.2.1 生成的 SAS 数据集 WH100 中包含从大学生中随机抽取 100 名学生的体重数据, 因要检验的假设中 $\mu_0 = 62$, 首先用 DATA 步对数据作变换: 令 $y_i = x_i - 62 (i = 1, 2, \cdots, n)$, 并用变换后的数据计算检验统计量, 即调用 MEANS(均值)过程, 并规定计算的统计量为 T, PRT(即检验统计量 T 和 $p$ 值)和 CLM(均值的置信区间). SAS 程序如下:

```
data Y100(keep=y);
     set WH100;
     y=w-62;
proc means data=Y100 t prt clm;
     var y ;
```

```
    title '检验学生体重的均值 μ=62kg 及求均值 μy 的置信区间';
run;
```

下面给出均值过程产生的输出结果：

```
                检验学生体重的均值 μ =62kg 及求均值 μy 的置信区间
Analysis Variable:Y
                T   Prob>|T|     Lower 95% CLM     Upper 95% CLM
-----------------------------------------------------------------
    -1.2147632          0.2273        -2.2015381          0.5295381
```

在以上输出的结果中，可以看出 $T$ 的值为 $-1.215$，而 Prob>$|T|$ 的 $p$ 值 $=0.2273$，由 $p$ 值$>0.05$ 即可推断学生体重的均值与 62kg 没有显著性差异. 而均值 $\mu_y$ 的置信区间 $[-2.2015, 0.5295]$，故而可得体重均值 $\mu$ 的置信区间 $[-2.2015+62, 0.5295+62]$，即 $[59.7985, 62.5295]$.

关于均值的检验问题，调用 UNIVARIATE(单变量)过程同样可以完成. 单变量过程还自动地对总体取值位置的中位数进行符号检验和符号秩检验(非参数检验).

**2. 方差的检验**

检验的零假设 $H_0$: $\sigma^2=\sigma_0^2$；对立假设为 $\sigma^2\neq\sigma_0^2$(其中 $\sigma_0^2$ 为给定值). 利用 $s^2$ 可以构造检验统计量：

$$\chi^2=\frac{\sum(x_i-\bar{x})^2}{\sigma_0^2}.$$

由样本值计算 $\chi^2$ 统计量值 $v$，及相应的概率值：

$$p=P\{\chi^2>v\},\quad 其中\ \chi^2\sim\chi^2(n-1),$$

并根据 $p$ 值的大小来判断以上的假设是否成立. 当 $p$ 值小于显著性水平值 $\alpha$ (如 $\alpha=0.05$)，则应否定以上的假设，即总体方差 $\sigma^2$ 与 $\sigma_0^2$ 有显著的差异. 否则认为总体方差 $\sigma^2$ 与 $\sigma_0^2$ 没有显著差异.

**例 2.2.3** 用 SAS 菜单系统“分析员应用”检验学生的体重数据的方差 $\sigma^2=50$ $(\alpha=0.05)$.

**解** 启动“分析员应用”，打开 SAS 数据集 WH100(具体作法

见例 1.2.1). 检验体重数据的方差 $\sigma^2=50$ 的步骤如下:

① 在"分析员应用"菜单栏目中选择 Statistics ⇒ Hypothesis Tests ▶ ⇒ One-Sample Test for a Variance... ;

② 在弹出的窗口中选择变量:W ⇒Variable, 在 Hypotheses 框的项目 Var= [ ] 中填入 [ 50 ] ⇒ [OK] ;

③ 查看输出结果,即可看到变量 W 的简单描述信息和检验方差 $\sigma^2=50$ 的结果(见输出 2.2.1). 由于 $p$ 值 $=0.7411>0.05$, 可推断出学生的体重数据的方差与 50 没有显著差异.

**输出 2.2.1 检验方差 $\sigma^2=50$ 的输出结果**

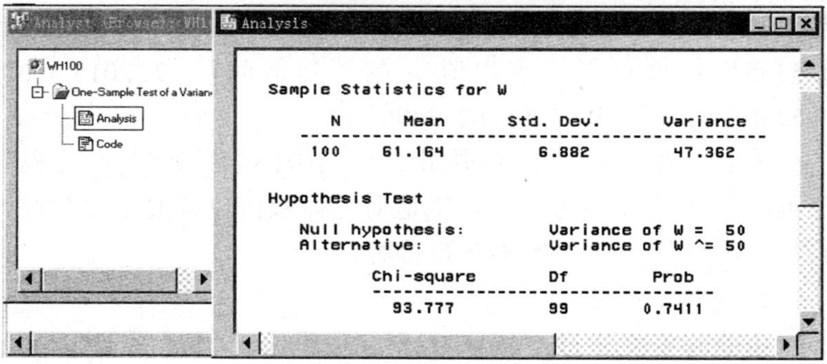


## §2.3 两 组 比 较

在现实生活中经常遇到这样的一类比较问题:男性会计师是否比女性会计师收入高? 男性的体脂(即身体脂肪)含量是否比女性低? 学生如果先修一门关于如何考试的特殊课程,再参加考试成绩是否会有提高? 职工们参加一年经常性锻炼活动后脉搏是否比原来变慢?

这些问题都与两组间的比较有关. 在某些情况中,各组是**独立的**(如男女会计师收入);在另外一些情况中各组是有**成对关系的**(如修完应试课程前后的考试成绩). 把数据分为两组的变量称为

**分类变量**(如性别).进行两组比较时,一般想知道两组的均值是否相同.我们首先要区分两组是独立的还是成对的.

## 一、独立组

两个独立组包含对两个独立样本的观测数据.例如男女体脂含量的随机样本,男女体脂含量构成两个不同的组,任一男性的体脂含量与任一女性的体脂含量都毫不相干,分析的目的是比较两组的平均体脂含量并判断他们是否有显著地差别.

### 1. 从两个独立组概括数据

概括两个独立组的简单方法是分别从两组得到概括信息,然后用此信息进行两组比较.这个过程可以通过例子来说明.

**例 2.3.1** 今有 13 个男子和 10 个女子的身体脂肪含量百分比的数据(见下面数据行).这些人参加了大约每周三次的无人监督的减肥训练,一年以后测量了身体脂肪含量.下列 SAS 语句产生包含体脂数据的数据集,列出此数据集,用 SORT 过程把数据分成两组(按分类变量 sex 的水平),然后用 MEANS 过程分别计算男女的平均体脂百分含量.

```
data BODYFAT;
     input sex $  fatpct @@;
     cards;
男 13.3 女 22 男 19 女 26 男 20 女 16 男 8 女 12
男 18 女 21.7 男 22 女 23.2 男 20 女 21 男 31 女 28
男 21 女 30 男 12 女 23 男 16 男 12 男 24
;
proc print data=BODYFAT;
     title '参加体型锻炼的男女体脂';
proc sort data=BODYFAT;
     by sex;
proc means data=BODYFAT;
     by sex;
     var fatpct;
run;
```

以上 SAS 程序的输出结果(省略了)给出女性的平均体脂百分比含量为 22.29. 男性的平均值小一些,为 18.18. 从这里可以直观地得出两组平均值不同的结论,但不知道这一差别是否由纯粹的随机误差引起的.

**2. 用 CHART 过程进行组间比较**

从独立组中概括数据的另一种直观方法是产生显示每组取值分布的条形图.

为了对每组分别产生条形图,使用带有 by 语句的 SORT 过程把数据分为不同组,然后使用带有相同 by 语句的 CHART 过程,可以产生垂直的或水平的条形图. 可以用 CHART 过程的缺省方式画图,也可以使用选项加以调整.

如果不希望对每组分别产生一张条形图,还可以产生一张并排条形图,即两个图并排放置,使用同一纵轴(水平条形图使用同一横轴). 为了产生并排条形图,只需在 vbar 语句中使用选项 group= . 对体脂数据,键入以下语句,将产生输出 2.3.1.

```
proc chart data=BODYFAT;
    vbar fatpct / group=sex;
    title '参加体型锻炼的男女体脂';
run;
```

**输出 2.3.1　使用选项 group= 产生并排条形图**

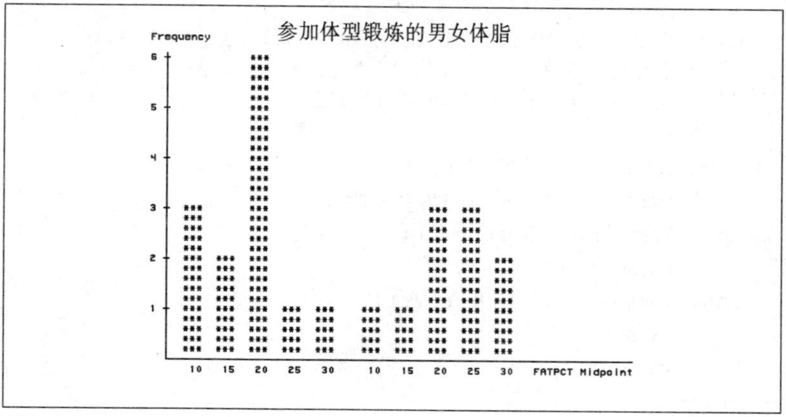

产生并排条形图不必预先对数据进行分组排序.对水平的并排条形图,只要把上面语句中的 vbar 换成 hbar 即可.在选项 group= 中只能使用一个变量.此变量可以是字符型的也可以是数值型的,但它只能取有限个值.若使用高度,重量,温度之类的变量作为分组变量是不合适的,因为这些变量都有许多个不同值.产生一系列只包含一个观测的并排条形图起不到概括数据的作用.

**3. 概括独立组的其他方法**

还可以用 UNIVARIATE 和 FREQ 过程来概括独立组. 这些过程的使用方法和 MEANS 过程相同.首先用 SORT 过程对数据排序分组, 然后使用带有同样的 BY 语句的另一过程. UNIVARIATE过程产生许多描述统计量,而且还有产生频数表和描述性图表的选项.FREQ 过程产生频数表.

使用 SAS 菜单系统(分析员应用或 INSIGHT)也可以通过描述统计量(使用 group 变量)或图表(频数表、直方图和条形图等)进行分组概括数据.

## 二、成对组

成对组(paired groups)的样本中每个个体包含成对测量值.也就是说,对每一个体进行两种测量.成对组的一个典型例子是所谓“以前——以后”的量测值,分析的目的是判断从“以前”到“以后”的均值变化是否比纯粹的偶然变化要大.例如某医生对参加戒烟活动的 30 个人分别在活动前和六个月后活动结束时测量他们的体重, 分析的目的是判断平均体重的变化是否比纯粹的偶然变化要大,即戒烟效果如何.

**概括成对观测数据**

如果得到的数据是“以前”和“以后”的成对数据,在概括数据以前,必须先求出差值,然后概括差值.

**例 2.3.2** 今有某基础统计学课程的两次测验成绩.两次测验考同样的知识,20 名学生都参加了两次测验.老师想知道两次测验难度是否相同;如果相同,两次分数的差值应该比较小.下列语句产生一个数据集,并用程序语句产生一个新变量;然后用MEANS和 CHART 过程概括差值.

```
data STA6207;
    input student exam1 exam2 @@;
    scordiff = exam2 - exam1;
    cards;
1 93 98 2 88 74 3 89 67 4 88 92 5 67 83 6 89 90 7 83 74
8 94 97 9 89 96 10 55 81 11 88 83 12 91 94 13 85 89 14 70 78
15 90 96 16 90 93 17 94 81 18 67 81 19 87 93 20 83 91
;
proc means data = STA6207;
    var scordiff;
    title '测验分数差值的概括';
proc chart data = STA6207;
    vbar scordiff;
    title '测验分数差值的条形图';
run;
```

以上 SAS 程序的输出结果(省略了)给出两次测验分数差值的平均值为 2.55. 垂直条形图显示了差值的分布. 注意频数最多的值在 −6 和 6 之间. 此区间包含 0, 因此可以直观地认为测验分数的变化在统计上是不显著的.

为了得到进一步的描述统计量、频数表、简单的概括性图表,可以使用 UNIVARIATE 过程或 FREQ 过程. 使用这些过程概括由成对观测得到的差值变量,只要像概括单个变量那样使用即可.

## 三、两组比较

### 1. 建立两组比较的假设检验

前面我们讲述了如何描述两组的差别. 但是在研究问题时,一般不满足于只描述差别,而是想知道差别是否大到显著的程度. 用统计术语来说,即想进行一个假设检验.

进行假设检验时用到两个假设. 在比较两个独立组时,零假设

通常为两组的均值相等,对立假设为均值不等.常用的记号是

$$H_0: \mu_A = \mu_B \quad \text{和} \quad H_1: \mu_A \neq \mu_B,$$

其中 $H_0$ 表示零假设,$H_1$ 表示对立假设,$\mu_A$ 和 $\mu_B$ 为 $A$ 组和 $B$ 组的均值.

在比较成对组时,零假设一般是差值的均值为零,对立假设是差值的均值不为零.常用记号为

$$H_0: \mu_D = 0 \quad \text{和} \quad H_1: \mu_D \neq 0,$$

其中 $H_0$ 表示零假设,$H_1$ 表示对立假设,$\mu_D$ 表示差值的均值.

由于对独立组和成对组要检验的假设不同,所以使用的检验也不同.此外,每种情况下检验的方法又有参数和非参数检验.为了决定使用哪种统计检验,首先要判断数据是独立组还是成对组,然后选择使用参数检验或非参数检验(见表 2.1).

**表 2.1　进行两组比较的统计检验**

| | | 组的类型 | |
|---|---|---|---|
| | | 独立组 | 成对组 |
| 检验的类型 | 参数检验 | 两样本 $t$ 检验 | 成对差值 $t$ 检验 |
| | 非参数检验 | Wilcoxon 秩和检验 | Wilcoxon 符号秩检验 |

表 2.1 的四种检验中的每一种都有两种可能结果: $p$ 值小于预先指定的显著性水平 $\alpha$(如 $\alpha = 0.05$),或 $p$ 值大于 $\alpha$.若 $p$ 值小于 $\alpha$(如 0.05),则结果为统计显著的,拒绝零假设.对独立组,结论是两组的均值显著不同.对成对组,结论是平均差值显著地不为零.若 $p$ 值大于 $\alpha$,则不能拒绝零假设.对独立组,结论是两组的均值无显著差异.对成对组,结论是平均差值与零的差异不显著.这种情况并不能说两组均值相等或平均差值为零,做出这样的结论没有充足的理由.

**2. 两独立组比较的假设检验**

(1) 两样本 $t$ 检验

两样本 $t$ 检验是比较独立组的一种参数检验. 此检验的一般假设是两组的均值相等(零假设)和均值不等(对立假设). 做此检验要求数据满足三个假定: ① 观测是独立的; ② 每组观测是来自正态总体的样本; ③ 两个独立组的方差相等.

设 $\{x_{i1}\}(i = 1,2,...,n_1)$ 和 $\{x_{j2}\}(j = 1,2,...,n_2)$ 是来自两个独立组 $X_1$ 和 $X_2$ 的随机样本(假定 $X_1 \sim N(\mu_1,\sigma_1^2)$, $X_2 \sim N(\mu_2,\sigma_2^2)$, 且 $\sigma_1^2 = \sigma_2^2$). 检验假设 $H_0: \mu_1 = \mu_2$.

两个独立组的样本均值分别记为 $\bar{x}_1$ 和 $\bar{x}_2$, 检验其总体均值是否相等的统计量为

$$t = (\bar{x}_1 - \bar{x}_2)/\sqrt{s^2(1/n_1 + 1/n_2)},$$

其中 $s^2$ 是合并方差:

$$s^2 = [(n_1 - 1)s_1^2 + (n_2 - 1)s_2^2]/(n_1 + n_2 - 2),$$

$s_1^2$ 和 $s_2^2$ 分别是两组的样本方差:

$$s_1^2 = \frac{1}{n_1 - 1}\sum_i (x_{i1} - \bar{x}_1)^2, \quad s_2^2 = \frac{1}{n_2 - 1}\sum_j (x_{j2} - \bar{x}_2)^2.$$

当两总体均值相等的假设成立时, 统计量 $t$ 服从自由度为 $n_1 + n_2 - 2$ 的 $t$ 分布.

上述这个 $t$ 统计量是建立在两总体方差相等($\sigma_1^2 = \sigma_2^2$) 基础上. 如何检验两总体方差相等呢? 使用以下形式的 $F$ 统计量 $F'$ 来检验方差相等的假设:

$$F' = \max(s_1^2, s_2^2)/\min(s_1^2, s_2^2).$$

$F'$ 是双边 $F$ 检验统计量, 因此用户不能要求指定哪个方差为最大. 输出的 Prob > F′ 的值给出在零假设 $\sigma_1^2 = \sigma_2^2$ 成立下大于 $F'$ 值的概率.

在两总体方差不等假设下, 使用以下近似 $t$ 统计量:

$$t' = (\bar{x}_1 - \bar{x}_2)/\sqrt{s_1^2/n_1 + s_2^2/n_2}.$$

(2) 进行两组 $t$ 检验

进行检验时, 首先是确定检验的显著性水平; 然后, 检查三个

假定是否成立;最后进行检验.观测独立的假定显然成立，因为每个人的体脂含量和他人的体脂含量毫无关系.关于正态性假定,可以对每一组做正态性检验(见本章§2.4),得知正态性假设是合理的.方差相等假定看起来也是合理的,因为两组的标准差相近(女性 $s = 5.32$,男性 $s = 6.03$).下面用 TTEST 过程来进行检验.

TTEST 过程首先检验两独立组的方差是否相等,然后给出方差相等假定满足时的精确两样本 $t$ 检验及方差相等条件不满足时的近似检验.对体脂数据,键入

```
proc ttest data=BODYFAT;
    class sex;
    var fatpct;
    title '参加体型锻炼的男女体脂';
run;
```

PROC TTEST 语句要求对数据集 BODYFAT 做两样本 $t$ 检验.class 语句指出把数据集分为两组的变量.var 语句给出要分析的变量.以上语句产生输出 2.3.2.

**输出 2.3.2　用 TTEST 过程比较两个独立组**

```
                          参加体型锻炼的男女体脂
                            TTEST PROCEDURE
   Vaiable: FATPCT
 SEX   N       Mean        Std Dev     Std Error    Minimum      Maximum
 -----------------------------------------------------------------------
 女    10   22.2900000   5.3196596   1.68222406  12.0000000   30.0000000
 男    13  18.17692308  6.03243371   1.67309608  8.00000000  31.00000000

          Variances        T       DF     Prob>|T|
          ----------------------------------------
          Unequal       1.7336    20.5     0.0980
          Equal         1.7042    21.0     0.1031

For H0: Variances are equal,   F'=1.29    DF=(12,9)    Prob>F'= 0.7182
```

比较两个独立组时,首先看输出 2.3.2 的最后一行,此行标记为 For H0:Varances are equal(方差相等).它给出方差相等假设的检验结果.找出“Prob>F′=”右边的数字,这就是方差相等假设检验的 $p$ 值.对体脂数据,$p$ 值为 0.7182,说明方差无显著差异.一般地,如果此 $p$ 值大于 0.10,就可以进行精确的两样本 $t$ 检验.

0.10就是方差相等检验的显著性水平.

得到方差相等假设检验的结果后，接着检验两组的均值是否相等.从标记为 Variances(方差)的列给出了两个统计检验的结果.标记为 Equal(相等)的一行为精确两样本 $t$ 检验的结果，如果可以认为两组方差相等的话就使用此行给出的结果；标记为 Unequal(不等)的一行为近似两样本 $t$ 检验的结果，如果不能假定两组方差相等就使用此行给出的结果.

对体脂数据，因为可以认为方差相等，只要看标记为 Equal(相等)的一行.精确两样本 $t$ 检验的 $p$ 值为 0.1031，大于 0.05.这说明在 5%显著性水平下参加体型锻炼活动的男女的体脂含量无显著差异.

对体脂的例子，在 5%水平下男女的体脂含量无显著差异.但在 15%的显著性水平下是有显著差异的.因这组数据的样本量太小，只测量了少数的几个人，观测数据如果取大一些的话就有可能更清楚地刻画两总体的差异.

(3) 进行 Wilcoxon 秩和检验

Wilcoxon 秩和检验是用于比较两个独立组的一种非参数检验，它提供了一种类似两样本 $t$ 检验的非参数方法，有时也称为 Mann-Whitney $U$ 检验.此检验只需假定观测独立.

**例 2.3.3** 考虑某个研究两组病人的胃液成分的试验. 病人被分成两组：患胃溃疡的病人与无胃溃疡的“正常”或对照组病人.要判断在 5%显著性水平下两组的平均溶菌酶(溶菌酶是一种能破坏某些细菌的细胞壁的酶)有无显著性差异.以下 SAS 程序生成数据集，proc npar1way 语句中的选项 Wilcoxon 表明要求做 Wilcoxon 秩和检验，class 语句指出把观测分为两个组的变量，var 语句指出用于两组比较的变量.这些语句产生输出 2.3.3.

```
data GASTRIC;
    input group $ lysolevl @@;
```

```
    cards;
溃疡  0.2 溃疡 10.4 溃疡  0.3 溃疡 10.9 溃疡  0.4 溃疡 11.3 溃疡  1.1
溃疡 12.4 溃疡  2.0 溃疡 16.2 溃疡  2.1 溃疡 17.6 溃疡  3.3 溃疡 18.9
溃疡  3.8 溃疡 20.7 溃疡  4.5 溃疡 24.0 溃疡  4.8 溃疡 25.4 溃疡  4.9
溃疡 40.0 溃疡  5.0 溃疡 42.2 溃疡  5.3 溃疡 50.0 溃疡  7.5 溃疡 60.0
溃疡  9.8 正常  0.2 正常  5.4 正常  0.3 正常  5.7 正常  0.4 正常  5.8
正常  0.7 正常  7.5 正常  1.2 正常  8.7 正常  1.5 正常  8.8 正常  1.5
正常  9.1 正常  1.9 正常 10.3 正常  2.0 正常 15.6 正常  2.4 正常 16.1
正常  2.5 正常 16.5 正常  2.8 正常 16.7 正常  3.6 正常 20.0 正常  4.8
正常 20.7 正常  4.8 正常 33.0
;
proc npar1way data=gastric wilcoxon;
    class group;
    var lysolevl;
    title '胃溃疡病人组与对照组的比较';
run;
```

**输出 2.3.3　用 PROC NPAR1WAY 进行 Wilcoxon 秩和检验**

```
                     胃溃疡病人组与对照组的比较
                      N P A R 1 W A Y P R O C E D U R E
            Wilcoxon Scores (Rank Sums) for Variable LYSOLEVL
                      Classified by Variable GROUP

                   Sum of     Expected      Std Dev          Mean
GROUP        N     Scores     Under H0      Under H0         Score

溃疡         29    976.0        870.0     65.9439284    33.6551724
正常         30    794.0        900.0     65.9439284    26.4666667
                  Average Scores were used for Ties
            Wilcoxon 2-Sample Test (Normal Approximation)
                (with Continuity Correction of .5)

       S= 976.000 Z= 1.59984 Prob > |Z| = 0.1096

             T-Test approx. Significance = 0.1151

          Kruskal-Wallis Test (Chi-Square Approximation)
        CHISQ= 2.5838 DF= 1 Prob > CHISQ= 0.1080
```

因为 Wilcoxon 秩和检验的假定(观测独立)是成立的，我们来解释输出结果.一般地,解释 Wilcoxon 秩和检验的输出结果主要看"Prob> |Z| ="后面的 $p$ 值,如果此 $p$ 值小于预先选定的显著性水平,结论是两组的均值有显著差异.如果此 $p$ 值大于预先选定的显著性水平 $\alpha$,则两个组的均值无显著差异.再强调一下,在不显著的情况下,不能说两个组的均值相等.对胃溃疡数据,此 $p$

值为0.1096,大于显著性水平0.05.因此,得出的结论是在5%显著性水平下对照组病人和溃疡病人的平均溶菌酶无显著差异.

除了Wilcoxon秩和检验的结果以外,NPAR1WAY过程还给出几种近似检验的结果,它们出现在Prob>|Z|这一行的下面,此例用其他近似检验的结果与Wilcoxon秩和检验是一致的,即在5%显著性水平下对照组病人和溃疡病人的平均溶菌酶无显著差异.

**3. 成对差值的 $t$ 检验和 Wilcoxon 符号秩检验**

成对差值的 $t$ 检验是比较成对组的一种参数检验.此检验所要求的两个假定为:① 每对观测与其他对观测独立;② 差值来自正态总体.把差值作为一个新变量,使用MEANS或UNIVARIATE过程都可以进行检验(见本章§2.2).

在SAS/STAT软件(8版本)的TTEST过程中,不必先求差值即可对成对数据直接进行检验。

**例2.3.4** 检验例2.3.2中某基础统计学课程的两次测验难度是否相同(20名学生的成绩见例2.3.2).

**解** 以下TTEST过程中使用8版本提供的paired语句来完成成对数据差值的 $t$ 检验问题,检验结果见输出2.3.4.

```
proc ttest data=STA6207;
    paired exam2 * exam1;
run;
```

**输出2.3.4 用PROC TTEST进行成对数据的检验**

T-Tests

| Difference | DF | t Value | Pr > \|t\| |
|---|---|---|---|
| exam1 - exam2 | 19 | -1.04 | 0.3116 |

从输出2.3.4可以得出,因显著性概率值($p$值)为0.3116>0.05(指定的显著性水平),两次测验平均分数相等的假设相容,因此可以认为两次测验难度没有显著性差别.

Wilcoxon符号秩检验是类似于成对差值 $t$ 检验的一种非参数

检验. Wilcoxon 符号秩检验假定每对观测与其他对观测独立. Wilcoxon符号秩检验由 UNIVARIATE 过程自动进行. 一般地,要解释 Wilcoxon 符号秩检验的输出结果,只要看 Prob> |S| 后面给出的值(参阅 § 2.4 例 2.4.1 的输出结果). 如果此 $p$ 值小于预先指定的显著性水平,结论为平均差值显著地不为零,如果此 $p$ 值大于显著性水平,结论为平均差值与零的差别不显著.

## § 2.4 正态性检验

讨论参数的区间估计及进行统计检验时,我们都是假定总体分布为正态分布. 后几章讨论的很多统计方法,也是假定总体分布为正态分布的前提下提出的. 正态性假定是否成立,对于数据分析结论的可靠性是至关重要的.

正态性检验的方法有很多种. 如分布的拟合优度检验( $\chi^2$ 检验法和柯氏检验法),专门用于正态性的检验法(偏峰检验法、Q-Q 图或 P-P 图检验法),还有 W 检验法或基于经验分布函数的另一些检验法.

在 SAS 系统的 UNIVARIATE(单变量)过程中,输出的统计量中有一些可用于粗略地判断正态性的假定是否成立(如偏度和峰度);特别地,当样本容量 $n \leqslant 2000$ 时,SAS 还利用 Shapiro-Wilks的 $W$ 统计量来检验正态性. $W$ 统计量是基于次序统计量线性组合平方的方差最佳估计与通常校正平方和估计之比($0 < W < 1$). 当样本来自正态总体,由样本构造的 $W$ 统计量的值应接近于1. $W$ 的值过小是一种极端的情况,若 $W < \lambda$($\lambda$ 远小于1),则否定正态性假定. 当样本容量 $n > 2000$ 时,采用 $D$ 统计量,若 $D < \lambda$($\lambda$ 远小于 1),则否定正态性假定.

在单变量过程中不仅计算 $W$ 统计量(或 $D$ 统计量)的值 $w$(或 $d$),还给出显著性概率 $p = P\{W < w\}$ 的值. 如 $p$ 值 $\leqslant 0.05$(显著性水平值),则否定正态性假定,即在 0.05 的显著性水

平上认为这组数据与正态总体的样本有显著的差异；若 $p$ 值 > 0.05，则在 0.05 的显著性水平上没有足够的证据认为这组数据与正态总体的样本有显著性差异. $p$ 值越接近 1，数据的正态性假定越能够肯定.

在 SAS 菜单系统 INSIGHT 和"分析员应用"中，也提供了进行几类分布(即正态、对数正态、指数和威布尔分布)的拟合检验. 使用的方法主要是经验分布拟合优度检验法，由样本计算得到的经验分布函数 $F_n(x)$ 可作为总体累计分布 $F(x)$ 的估计，所以考虑 $F_n(x)$ 与原假设指定的分布 $F_0(x)$ 间的差异用以检验原假设. 以下几个统计量都是用以度量指定分布 $F_0(x)$ 与经验分布 $F_n(x)$ 这两个函数之间的差异：

Kolmogorov-Smirnov 统计量：

$$D = \operatorname*{Sup}_x |F_n(x) - F_0(x)|.$$

Anderson-Darling 统计量：

$$A^2 = n\int_{-\infty}^{+\infty}(F_n(x) - F_0(x))^2[F_0(x)(1 - F_0(x))]^{-1}\mathrm{d}F_0(x).$$

Cramer-von Mises 统计量：

$$W^2 = n\int_{-\infty}^{+\infty}(F_n(x) - F_0(x))^2\mathrm{d}F_0(x).$$

当原假设成立时，这几个统计量应取较小的值. 这几个统计量取很大数值是极端情况，故度量这几个统计量取极端情况的相应的 $p$ 值若小于给定的显著性水平 $\alpha$，则有足够证据否定正态性假定.

在 SAS 菜单系统 INSIGHT 6.12 版本中只提供 Kolmogorov-Smirnov统计量；而在"分析员应用"及 INSIGHT 的 8 版本中提供了以上提到的所有正态性检验统计量.

**例 2.4.1** 用 SAS 系统的 UNIVARIATE 过程对 100 名学生的体重数据进行正态性检验.

**解** 对例 1.2.1 生成的 SAS 数据集 WH100，调用单变量

(UNIVARIATE)过程,并规定选项 normal 要求进行正态性检验.
SAS 程序如下:

```
proc univariate data=WH100 normal;
    var w ;
    title '100 名学生体重数据的正态性检验';
run;
```

**输出 2.4.1 UNIVARIATE 过程产生的部分输出结果**

100 名学生体重数据的正态性检验

Moments

| | | | |
|---|---|---|---|
| N | 100 | Sum Wgts | 100 |
| Mean | 61.164 | Sum | 6116.4 |
| Std Dev | 6.882 | Variance | 47.36192 |
| Skewness | 0.111134 | Kurtosis | -0.30921 |
| USS | 378792.3 | CSS | 4688.83 |
| CV | 11.25172 | Std Mean | 0.6882 |
| T:Mean=0 | 88.87533 | Pr>\|T\| | 0.0001 |
| Num ^= 0 | 100 | Num > 0 | 100 |
| M(Sign) | 50 | Pr>=\|M\| | 0.0001 |
| Sgn Rank | 2525 | Pr>=\|S\| | 0.0001 |
| W:Normal | 0.973346 | Prob<W | 0.2324 |

在输出 2.4.1 中,首先看最后一行给出的 W:Normal 值(W=0.9733)和 Prob<W 的值($p=0.2324$),由 $p$ 值>0.05 即可推断学生的体重数据与来自正态总体的样本没有显著性差异.另从偏度值(Skewness=0.1111)和峰度值(Kurtosis=-0.3092)都接近于 0,也可以看出数据的正态性.

**例 2.4.2** 用 SAS/INSIGHT 模块对 100 名学生的体重数据的分布进行检验.

**解** (1) 启动 SAS/INSIGHT, 打开 WH100 数据集,并在数据窗口上用鼠标单击在变量名字 W 上,表示选中该变量.

(2) 选择 Analyze ⇒ Distribution (Y),则生成一个分布窗口(省略)。该窗口中包括一个盒形图、直方图、Moments 表和 Quantiles表.利用这些图和表,用户可以检验分布的主要特性.

(3) 检验分布的正态性.在 Distribution(Y)窗口下为了检验分布,用户可以增加用于检验累计分布函数的图形,而且可以用

Kolmogorov统计量来检验分布.具体步骤如下:

① 选择 Curves ⇒ CDF Confidence Band ⇒ 95%,则增加输出一个带有95%置信限的累计分布函数的图形(见输出2.4.2).

**输出 2.4.2　正态分布的检验**

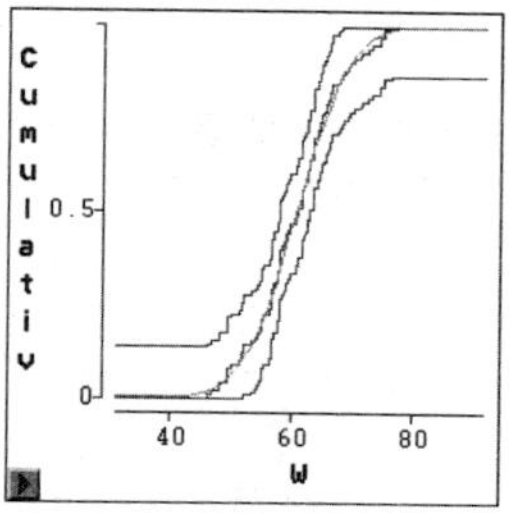


Test for Distribution

| Curve | Distribution | Mean/Theta | Sigma | Kolmogorov D | Prob > D |
|---|---|---|---|---|---|
| ———— | Normal | 61.1640 | 6.8820 | 0.0507 | >.15 |

② 选择 Curves ⇒ Test for Distribution...,则显示分布检验的对话窗(见图示2.2).该对话窗设置的值(缺省值)为检验数据是否来自正态分布.

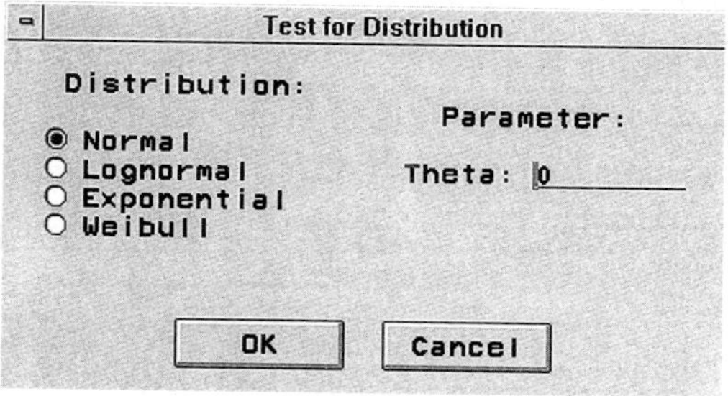


**图示 2.2　分布检验的对话窗**

③ 当选定要检验的分布后,在对话窗中用鼠标左键单击 OK,则在上述的累计分布函数图的窗口中又添加一条曲线,还有一张分布检验表(见输出2.4.2).

在输出2.4.2中光滑的曲线表示被拟合的正态分布的累计分布函数.它与表示经验分布函数的阶梯曲线相当靠近.在输出

2.4.2的下方“Test for Distribution”表中包括这组数据的均值(Mean/Theta)和标准差(Sigma),接着是关于正态性的Kolmogorov检验的结果.检验的零假设是数据来自均值和方差分别为样本均值和样本方差的正态分布. $p$ 值(Prob＞D)也称为显著性概率值,它是当零假设为真时检验统计量大于由观测计算得到的 $D$ 统计量值(0.0507)的概率.较小的 $p$ 值将用强有力的证据否定零假设.此例中得到的 $p$ 值＞0.15,于是没有理由否定这组数据服从正态分布(即可认为这组数据来自正态分布的总体).

④ 在 SAS 系统 8 版本中,从菜单项 Tables ⇒ Tests for Normality,则输出几种正态性检验的结果(见输出 2.4.3).这些结果从不同角度给出体重数据与正态样本没有显著差异.

**输出 2.4.3 正态性检验(8 版本)**

Tests for Normality

| Test Statistic | Value | p-value |
|---|---|---|
| Shapiro-Wilk | 0.987383 | 0.4639 |
| Kolmogorov-Smirnov | 0.050658 | >.1500 |
| Cramer-von Mises | 0.037406 | >.2500 |
| Anderson-Darling | 0.275028 | >.2500 |

## 习 题 二

**2-1** 假设某学校大学生的身高为 $X$(记总体 $X$ 的均值为 $\mu$,方差为 $\sigma^2$),今从全校随机地抽取 100 名学生,测量身高(数据见例 1.2.1).

(1) 试用“分析员应用”计算身高均值 $\mu$ 和方差 $\sigma^2$ 的 90%的置信区间.

(2) 试用 CHART 过程对 100 名学生的身高数据作频率直方图(垂直和水平的).

(3) 试用 SAS 菜单系统检验关于身高的假设 $H_0$:均值 $\mu$ =

170 cm 和方差 $\sigma^2 = 30\ cm^2$.

(4) 试用 UNIVARIATE 过程和 SAS 菜单系统检验身高数据是否来自正态总体?

**2-2** 试用产生标准正态分布的随机数函数 NORMAL(seed)产生均值为 170,方差为 30 的正态随机数 1000 个,并计算 2-1 中的几个问题.

**2-3** 为考察化疗是否对人体的蛋白质含量有否影响,记录了以下 10 个癌症病人化疗前后蛋白质含量(Alb mg/L)的数据:

化疗前 Alb 含量:

3.3, 11.7, 9.4, 6.8, 2.0, 3.1, 5.3, 3.7, 21.8, 17.6

化疗后 Alb 含量:

33.0, 30.8, 8.8, 11.4, 42.6, 5.8, 1.6, 19.0, 22.4, 30.2

(1) 试概括化疗前后的蛋白质含量;

(2) 试用直方图概括化疗前后的蛋白质含量;

(3) 试分析化疗对蛋白质含量是否有显著的影响($\alpha = 0.05$)?

**2-4** 为了检验在体育课上男生的高尔夫球得分和女生的高尔夫球得分是否有明显地差异,记录了某次体育课上高尔夫球得分的数据如下:

| 性别 | 女 | 女 | 女 | 女 | 女 | 女 | 女 | 男 | 男 | 男 | 男 | 男 | 男 | 男 |
|---|---|---|---|---|---|---|---|---|---|---|---|---|---|---|
| 得分 | 75 | 76 | 80 | 77 | 80 | 77 | 73 | 82 | 80 | 85 | 85 | 78 | 87 | 82 |

试检验男女生的得分是否有显著差异($\alpha = 0.01$)?

# 第三章　方差分析

方差分析是分析试验(或观测)数据的一种统计方法.在工农业生产和科学研究中,经常要分析各种因素及因素间的交互作用对研究对象某些指标值的影响.在方差分析中,我们把实验数据的总波动(总变差或总方差)分解为由所考察因素引起的波动(各因素的变差)和随机因素等引起的波动(误差的变差),然后通过分析比较这些变差来推断哪些因素对所考察指标的影响是显著的,哪些是不显著的.

## §3.1　单因子方差分析

**例 3.1.1**　为了比较五种牌子的合成木板的耐久性,对每个牌子取四个样品做摩擦试验,测量磨损掉的板材量,磨损量小的牌子质量是较好的.木板磨损数据见以下数据行.根据磨损程度我们从以下几个方面来比较五种牌子.

### 一、概括多组数据

**1. 比较各组的常规统计量——使用 SORT 和 MEANS 过程**

从几个组分别概括数据的方法之一是求出各个组的均值、方差、标准差等常用描述统计量.下列语句对木板数据生成一个 SAS 数据集,打印数据并概括数据,产生的输出结果省略了.

```
data VENEER;
     input brand $  wear @@;
     cards;
ACME  2.2  ACME  2.1  ACME  2.4  ACME  2.5  CHAMP  2.2
CHAMP  2.3  CHAMP  2.4  CHAMP  2.6  AJAX  2.2  AJAX  2.0
```

```
AJAX 1.9 AJAX 2.1 TUFFY 2.4 TUFFY 2.7 TUFFY 2.6
TUFFY 2.7 XTRA 2.3 XTRA 2.5 XTRA 2.3 XTRA 2.4
;
proc print data=VENEER;
    title '木板数据';
proc sort data=VENEER;
    by brand;
proc means data=VENEER;
    by brand;
    var wear;
    title '木板数据的概括';
run;
```

PRINT 过程输出了木板数据，以便检查是否有错. MEANS过程的输出给出了每个牌子的简单概括性统计量. 从计算结果可知，AJAX 牌子的平均磨损量(WEAR)值最低(2.05)，TUFFY 牌子的平均磨损量值最高(2.6)，其他三个牌子的平均磨损量值在 2.3 到 2.4 之间. 从这些结果直观地可以看到各种牌子之间的一些总体差别. 如果只凭耐久性来选择一种牌子，应该选择 AJAX 牌. 但是只凭以上的概括结果不能确定磨损量平均值的差别是否真正存在差异，还是纯粹由于偶然误差引起的. 为此，需要使用统计检验的方法.

如果你想得到各组的详细的概括信息，可以同时使用 SORT 过程与 UNIVARIATE 过程. 换句话说，先使用 SORT 过程把数据按 by 变量分组，然后使用带有同样的 by 语句的UNIVARIATE过程. 如果每一组都有许多观测(如 30 个以上)时，往往使用 by 变量分组的方法，还可以用图表(如盒形图和茎叶图)来概括数据.

**2. 用直观图形比较几个组——使用 PROC CHART 过程**

从几个组概括数据的另一种方法是产生一张显示各组取值分布的条形图. 如何对每个组分别产生条形图及如何产生并排条形图可参见第二章 §2.3 .

**3. 使用 SAS 菜单系统“分析员应用”概括多组数据**

用“分析员应用”概括多组数据不仅可以分组计算统计量，且可绘制并列盒形图、条形图及均值标准差图等,直观地给出各组的分布特征(具体步骤见例 3.1.2).

## 二、多组比较——单因子方差分析

### 1. 建立多组比较的假设检验

从概括多组数据的方法中,已经讨论了如何描述组之间的差别.但是,研究问题时仅简单地描述差别是远远不够的.你可能还想知道差别有多大,是否具有统计显著性;也可能想检验一些在进行研究及收集数据以前就有的猜想.用统计术语来说,即进行假设检验.

建立假设检验时提出两个假设(零假设和对立假设).比较几个组时,零假设通常为各组均值相同,对立假设为各组均值不同.对木板数据,这两个假设可记为

$H_0$: $\mu_A = \mu_B = \mu_C = \mu_D = \mu_E$和 $H_1$: 至少有两个均值不同,

其中零假设 $H_0$ 表示各个组的总体均值相同,对立假设 $H_1$ 表示总体均值不全相等. $\mu_A, \mu_B, \mu_C, \mu_D, \mu_E$ 分别表示五个组(如五个牌子)的总体均值.注意对立假设并没有指定哪些均值彼此不等,而是说存在某些差异.

在进行比较几个组的假设检验时,检验上述假设的方法是把数据中总的变差分解为不同组之间的差别引起的变差以及由随机误差和试验中没有考虑到的其他因素引起的"误差"变差.因为多组比较的检验是分析数据中的变差,所以称之为**方差分析**,简记为 ANOVA.

在方差分析中当只考虑单个因素的组间变差和误差变差时称为**单因子方差分析**.若考虑两个或两个以上因素的组间变差和误差变差时称为**多因子方差分析**.

ANOVA(方差分析)判断由各组之间的不同引起的变差是否比纯粹由随机因素引起的变差要大,具体作法是比较组间变差与误差变差,这里是用误差变差代表由随机性引起的正常变差.如果

组间变差和误差变差的比值较大,则认为各组均值是不同的.

在这里,ANOVA(方差分析)指的是一种参数方差分析,只有当关于数据的某些假定满足时才能使用它.如果这些假定不满足,则可用方差分析的非参数方法,如 Kruskal-Wallis 检验.虽然这种检验也需要一些假定,但它不像 ANOVA 的假定那样严格.这两种检验都可以用 SAS 系统完成,参数方差分析用 ANOVA 过程完成,Kruskal-Wallis检验用 NPAR1WAY(单因子非参数)过程完成.也可以用 SAS 菜单系统完成.

如果各组数据的样本量相同则称数据为**均衡的**,反之则称为**非均衡的**.

不论是 ANOVA 还是 Kruskal-Wallis 检验都可能有两种结果:得到的显著性概率( $p$ 值) 小于预定的显著性水平(即临界概率值 $\alpha$),或相反.

若 $p$ 值小于临界概率值则拒绝零假设,得出结论为各组均值有显著差异.注意这里并没有给出哪些均值彼此不同,只知道这几个均值间存在显著差异.接着可以用多重比较方法来进一步研究组间差异.也可以不做多重比较而是做某些预先安排好的比较——在你进行研究和考察数据之前决定要做的比较.比如,比较三种美国产的木板与其他二种木板的耐磨性有无差异时,应比较特定的的检验 $H_0$: $\frac{1}{3}(\mu_A + \mu_B + \mu_C) = \frac{1}{2}(\mu_D + \mu_E)$.再比如在医学研究中,把新药和安慰剂做比较.用 SAS 系统可以设计并检验你想做的一些特定比较.

若 $p$ 值大于临界概率值则不能拒绝零假设,结论为各组均值无显著差异.但不能说接受零假设并作出各组均值相同的结论.各组均值无显著性差异和各组均值相等的这两种不同说法的区别是十分重要的,因为在检验组间差异时不可能有足够的证据作出各组均值相同的结论.当用更大的样本时还有可能导致各组均值不同的结论.这可能是存在其他未被控制的因素,它们对试验的影响足以掩盖组间差异.

**2. 用编程方法进行单因子方差分析**

方差分析要求数据满足以下假定:① 观测是独立的;② 观测为正态总体的样本.如果存在组间差异,则对每组可以有不同的正态分布;③ 各组的方差相等(即方差齐性).

进行方差分析的第一步为判断 ANOVA 要求的假定是否合理.第一个假定即观测独立一般可以满足;第三个假定即方差相等多数问题也是合理的.

第二个假定即正态性假定比较棘手.比如木板例子,为检验这个假定就必须对每一组进行正态性检验,而在每组只有四个观测的情况下根本没有足够的数据进行充分的检验.如果有另外的信息(如其他数据集)给出总体是正态分布的并且本数据是此总体的一个随机样本,则可以认为正态性假定是合理的.

进行方差分析时使用 SAS/STAT 软件的 ANOVA 过程.在单因子方差分析这种特殊情况下,均衡数据和非均衡数据都可使用 ANOVA过程(多因子方差情况下,非均衡数据不能使用ANOVA过程,而必须使用 GLM 过程).首先应该选择检验的显著性水平.对于木板数据,假设要在 10% 显著性水平下比较各个组,于是临界概率值为 0.10.为了对木板数据进行单因子方差分析,键入:

```
proc anova data = VENEER;
     class brand;
     model wear = brand;
     title '木板数据的方差分析';
run;
```

在以上 SAS 程序的 ANOVA 过程步中,class 语句列出把数据分组的变量,model 语句描述你想要研究的关系.在本例中,想知道磨损量(WEAR)的差异中有多少是由于木板的牌子(BRAND)不同引起的. 这些语句产生部分输出见输出 3.1.1 .

从输出 3.1.1 中最后一行(标有 BRAND 的一行)的最右边(标有 Pr > F 列的下方)的数值给出了比较各组的 $p$ 值是

0.0017.把它和临界概率 0.10 相比,可以得出各个牌子的平均磨损有显著差异的结论.

**输出 3.1.1 PROC ANOVA 产生的方差分析表**

```
                         木板数据的方差分析
                  Analysis of Variance Procedure

    Dependent Variable: WEAR
                                Sum of          Mean
  Source             DF        Squares        Square   F Value   Pr > F
  Model               4     0.61700000    0.15425000      7.40   0.0017
  Error              15     0.31250000    0.02083333
  Corrected Total    19     0.92950000

            R-Square          C. V.     Root MSE     WEAR Mean
            0.663798       6.155120    0.1443376    2.34500000

  Source             DF      Anova SS  Mean Square   F Value   Pr > F
  BRAND               4    0.61700000   0.15425000      7.40   0.0017
```

还可以用非参数方法对五个牌子木板磨损量的差异进行检验.Kruskal-Wallis检验是类似于单因子方差分析的非参数检验,如果各组数据的正态性假定不能满足,可以使用与 ANOVA 功能相同的非参数 Kruskal-Wallis 检验,用 NPAR1WAY 过程执行.

```
proc npar1way data=VENEER Wilcoxon;
    class brand;
    var wear;
    title '木板数据的非参数检验';
run;
```

以上 class 语句给出对数据分组的分类变量.var 语句给出分析变量.从产生的输出(见输出 3.1.2)中最后一行'Prob>CHISQ='右边的数值为 0.0175,该值小于临界概率值 0.10,故结论为在 10%显著性水平下五种牌子的平均磨损有显著差异.此例用参数和非参数方法,得到的结论是相同的.

## 三、多重比较

如果进行方差分析后发现各组之间有显著差异,那么也只能知道有某些均值彼此不同,但无法知道哪些均值不同.下面将给出在进行方差分析时如何找出哪几个均值是不同的.

**输出 3.1.2 用 PROC NPAR1WAY 进行 Kruskal-Wallis 检验**

木板数据的非参数检验

N P A R 1 W A Y P R O C E D U R E

Wilcoxon Scores (Rank Sums) for Variable WEAR
Classified by Variable BRAND

| BRAND | N | Sum of Scores | Expected Under H0 | Std Dev Under H0 | Mean Score |
|---|---|---|---|---|---|
| ACME | 4 | 40.0 | 42.0 | 10.4830691 | 10.0000000 |
| AJAX | 4 | 12.0 | 42.0 | 10.4830691 | 3.0000000 |
| CHAMP | 4 | 44.0 | 42.0 | 10.4830691 | 11.0000000 |
| TUFFY | 4 | 69.0 | 42.0 | 10.4830691 | 17.2500000 |
| XTRA | 4 | 45.0 | 42.0 | 10.4830691 | 11.2500000 |

Average Scores were used for Ties

Kruskal-Wallis Test (Chi-Square Approximation)
CHISQ= 11.982 DF= 4 Prob > CHISQ= 0.0175

**1. 几个统计术语**

所谓多重比较方法是指在因变量的三个或更多个水平下均值之间进行比较的检验.在最初引入假设检验概念时,我们曾把显著性水平 $\alpha$ 与第一类错判概率相联系.为了理解多重比较方法,需要决定是要控制所有比较的总错判(当均值相同时判断为不同)概率,还是要控制每个单独比较的错判概率.

以木板数据为例.共有 5 种牌子,均值两两比较有 10 种组合.如果想要控制 10 种比较的总错判(当两个均值相同时判为不同)概率,就称为控制"试验错误率",或称对整个试验的总错判概率,简记为 MEER.另一方面,如果想对 10 种比较中的每一种控制错判概率,就称为控制"比较错误率",或称对每一种比较的错判概率,简记为 CER.

进行多重比较的方法有多种,有的是控制 CER 的,有的是控制 MEER 的.每一种方法均可在 ANOVA 过程中使用 means 语句并规定选项来指定一种检验.

**2. 用重复 $t$ 检验控制 CER**

从以上的介绍我们已经知道比较一对均值时如何控制比较错误率:只要在适当的 $\alpha$ 水平下使用两样本 $t$ 检验即可. 在比较几对均值时要控制 CER,只要进行重复 $t$ 检验,每对做一次,通过控制每个检验的错误率来控制 CER.

为了在方差分析中进行多重比较,在 ANOVA 过程中使用 means 语句并加上一个选项指定要进行的检验. 如执行多重 $t$ 检验时使用选项 T. 以下 SAS 程序产生的输出见输出 3.1.3 .

```
proc anova data = VENEER;
     class brand;
     model wear = brand;
     means brand / t;
     title '木板数据的方差分析';
run;
```

输出 3.1.3 显示了每种牌子木板的均值和样本量. 因样本量相等,故进行 Fisher LSD 检验. 标有 T Grouping 的一列指出了哪些均值彼此不同(用相同字母连起来的水平表示没有显著差异). 由这些检验,可得出以下结论:

(1) AJAX 牌的平均磨损情况明显的比其余四种牌子的平均磨损情况要好.

(2) TUFFY 牌的平均磨损情况明显的比其余四种牌子的平均磨损情况要差.

(3) 从平均磨损情况看,XTRA 牌,CHAMP 牌和 ACME 牌彼此无显著差异,但比 TUFFY 牌明显的好,比 AJAX 牌明显的差.

这些差异直观上看是合理的,因为在最初概括数据时就已经注意到了. 但现在你可以知道这些差异比纯粹的随机误差要大. 如果不做统计检验就只能知道他们似乎不同,但不知道有多大把握说明真的有差异.

可以在同一个 means 语句中列出几个选项. 比如,以下语句

```
means brand / t bon regwf alpha = 0.05;
```

要求进行多重 $t$ 检验，Bonferroni $t$ 检验和 REGWF 检验，并指定显著性水平 $\alpha=0.05$.

**输出 3.1.3 PROC ANOVA 中的多重 $t$ 检验**

木板数据的方差分析

Analysis of Variance Procedure

T tests (LSD) for variable: WEAR

NOTE: This test controls the type I comparisonwise error rate not the experimentwise error rate.

Alpha= 0.05 df= 15 MSE= 0.020833
Critical Value of T= 2.13
Least Significant Difference= 0.2175

Means with the same letter are not significantly different.

| T Grouping | Mean | N | BRAND |
|---|---|---|---|
| A | 2.600 | 4 | TUFFY |
| B | 2.375 | 4 | XTRA |
| B | | | |
| B | 2.375 | 4 | CHAMP |
| B | | | |
| B | 2.325 | 4 | ACME |
| C | 2.050 | 4 | AJAX |

方差分析要求的第③个假定是各组方差相等，此假定可以进行检验．只需在 means 语句中加上选项 hovtest 或hovtest = levene，表示进行方差齐性检验(检验的方法用户可以选择)．也可以使用不加任何选项的 means 语句，此时将给出每组的样本量和均值．ANOVA 过程还提供了许多其他的多重比较方法，请看参考文献[11]中的 ANOVA 过程．

## 四、用 SAS 菜单系统“分析员应用”进行单因子方差分析

下面仍以五种牌子的合成木板的耐磨性数据为例，介绍如何用“分析员应用”进行多组概括和进行单因子方差分析．

**例 3.1.2** 用“分析员应用”对数据集 VENEER 进行多组概括和单因子方差分析．

**解** 数据集 VENEER 中有两个变量、20 个观测，字符变量 BRAND给出五种牌子的名称，数值变量 WEAR 给出每个木板的磨损量. 首先启动“分析员应用”，并打开 SAS 数据集 VENEER. 进行多组概括和单因子方差分析的步骤如下：

① 在“分析员应用”菜单栏目中选择 Statistics ⇒ ANOVA ▶ ⇒ One-Way ANOVA... .

② 在弹出的主窗口中选择因变量和自变量：WEAR ⇒ Dependent, BRAND⇒Independent(见图示 3.1).

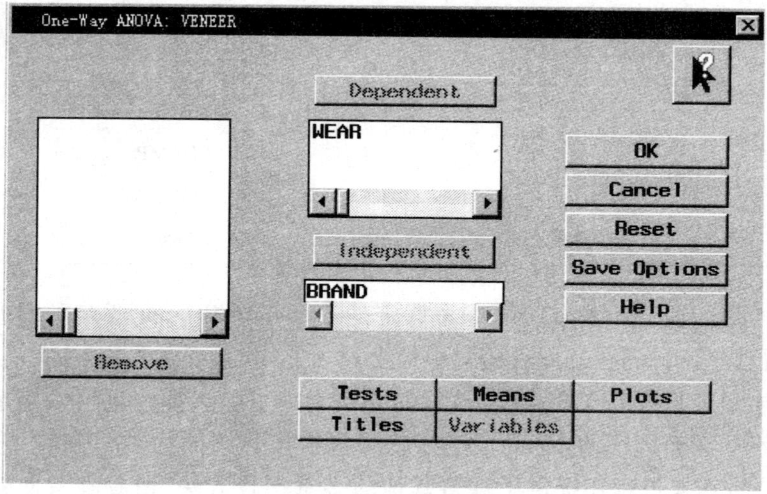


**图示 3.1　单因子方差分析的主窗口**

③ 为了直观地比较五种牌子的质量，绘制盒形图和条形图. 按 Plots 键(见图示 3.1)⇒在弹出的“Plots Options”窗口中(见图示 3.2)由“Types of Plots”项选中 Box-&-Whisker Plot 和 Bar Chart (使前方小方框划√)⇒ OK ；还可以根据各组的均值和标准差绘制 5 种牌子的均值、标准差图(见图示 3.2).

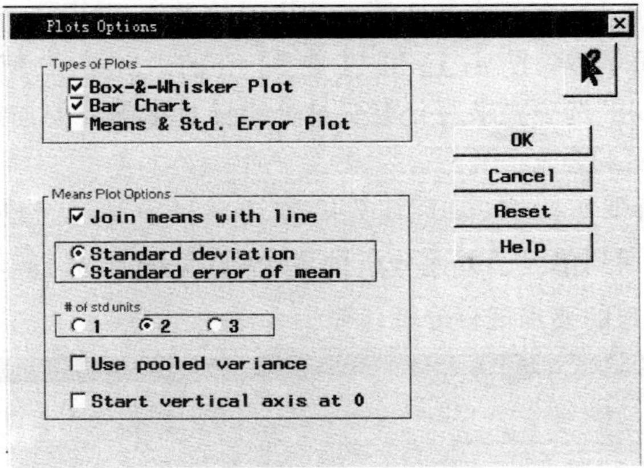


**图示 3.2　单因子方差分析的 Plots(图形选项)窗口**

④ 为了检验方差分析中关于方差齐性的假定，以及进行其他检验，按 Tests 键(见图示 3.1)⇒在弹出的“One-Way ANOVA: Tests”窗口的下方由“Tests for Equal Variance”框中选择 Levene's Test (使前方小方框划√)⇒ OK ；由该检验窗口(见图示 3.3)还可以选择用多种非参数方法进行检验(当方差分析的正态性假定不能成立时)及进行功效分析.

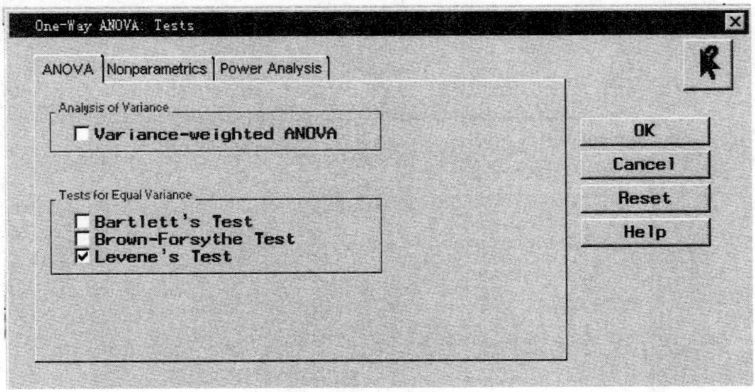


**图示 3.3　单因子方差分析的 Tests(检验)窗口**

⑤ 为了进行多重比较，按 Means 键(见图示 3.1)⇒在弹出的“Means”窗口中由“Comparisons”选项上方的“Comparisons

Method"项从向下箭头⬇选择多重比较的方法(共有 10 种),然后选择显著性水平 α;还可以在弹出的"Means"窗口中由"Breakdown"选项要求对分类变量分组计算你需要的描述统计量(见图示 3.4).

⑥ 将要求绘图、分析计算的项选择完毕后,从相应窗口按 OK 键返回到单因子方差分析的主窗口(见图示 3.1)⇒ OK ,系统将按用户的要求进行分析计算.

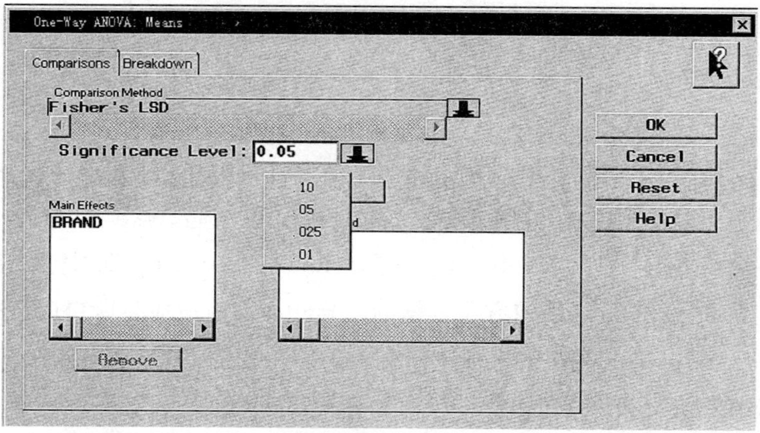


**图示 3.4 单因子方差分析的 Means(均值比较)窗口**

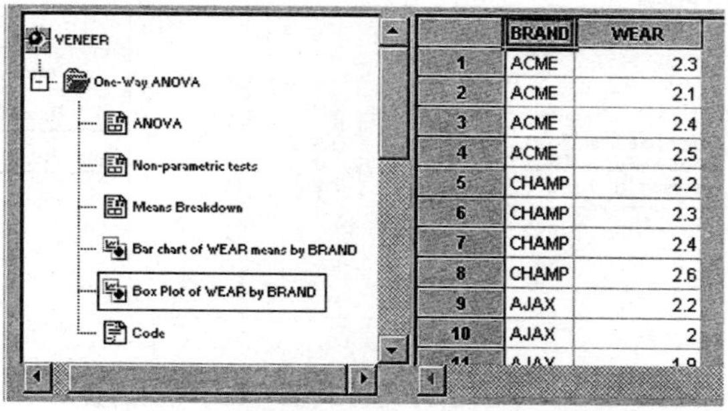


**图示 3.5 单因子方差分析产生的输出树状图窗口**

⑦ 查看输出结果,从图示 3.5 左边的树状表可以选择你想查

看的各类计算结果.输出 3.1.4 是五种牌子的条形图;输出3.1.5 是五种牌子的盒形图.其他输出结果可查看例 3.1.1 中有关结果.

**输出 3.1.4　五种牌子木板磨损量的条形图**

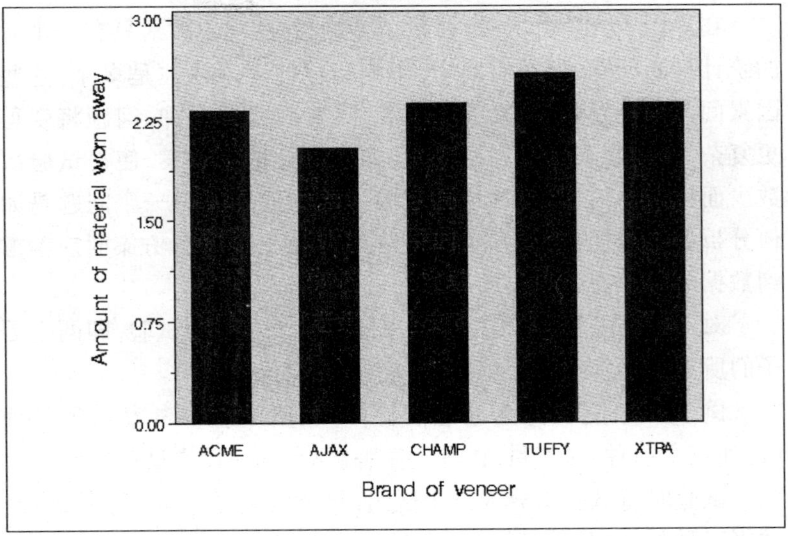


**输出 3.1.5　五种牌子木板磨损量的盒形图**

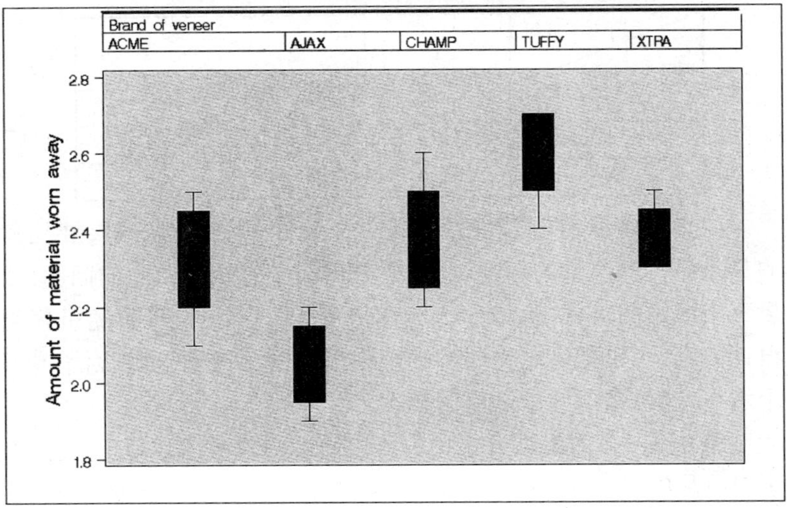

## §3.2 两因子方差分析

在单因子方差分析中,讨论了影响指标 $Y$ 的因素只有一个时的统计推断问题.但在实践中,影响指标的因素往往是多个,这些因素间又有相互联系(交互作用).随着因素的增加,问题将变得更复杂.归结起来有两方面问题:如何设计试验方案,使得试验次数少而得到的信息又多(这是试验设计的问题);另一个问题是如何分析处理数据.这两方面问题是有联系的,在设计方案时应考虑到数据分析的需要.

对于两因子情况,采用最简单的设计——全面试验,即两个因子的所有可能水平搭配都做 $n$ 次试验($n \geqslant 1$).

**例 3.2.1(随机完全区组设计)** 农田试验中考察三种处理(比如三个品种)对产量 $Y$ 有无显著影响,哪一种产量最高?

试验时将试验田分为三个区组,每个区组又分为三小块区田,并将三种处理(品种)随机地安排在每个区组的小区田上种植.试验数据如下表:

| 因子B(区组)<br>因子A(处理) | 1 | 2 | 3 |
|---|---|---|---|
| $A_1$ | 32.6 | 42.7 | 35.3 |
| $A_2$ | 36.4 | 47.1 | 40.1 |
| $A_3$ | 29.5 | 32.9 | 33.6 |

如果每个区组(试验田)的各方面条件可认为都一样,要比较的只是品种对产量的影响,此问题是单因子有重复试验的问题.如果三个区组的条件(土壤、采光、灌溉等)不尽相同,采用随机区组设计方案,可以把区组也作为一个因子,三个区组表示该因子有三个水平,这就是两因子试验问题.

**例 3.2.2** 为提高合金钢的强度 $Y$,同时考虑碳(C)含量(因子 $A$)及钛(Ti)与铝(Al)的含量和(因子 $B$)对强度 $Y$ 的影响.目的是找出最佳的含量组合,使强度 $Y$ 达最大.

设计的方案及试验数据如下:

| 因子 $A$ \ 因子 $B$ | $B_1$ (3.3%) | $B_2$ (3.4%) | $B_3$ (3.5%) | $B_4$ (3.6%) |
|---|---|---|---|---|
| $A_1$ (0.03%) | 63.1 | 63.9 | 65.6 | 66.8 |
| $A_2$ (0.04%) | 65.1 | 66.4 | 67.8 | 69.0 |
| $A_3$ (0.05%) | 67.2 | 71.0 | 71.9 | 73.5 |

以上两个例子都是两因子无重复试验的方差分析问题.

## 一、两因子方差分析的模型(无重复试验)

设因子 $A$ 有 $r$ 个水平,因子 $B$ 有 $c$ 个水平,指标 $Y$ 在 $A_iB_j$ 条件下的试验数据 $y_{ij}$ 满足以下模型:

$$\begin{cases} y_{ij} = \mu + a_i + b_j + \varepsilon_{ij} (i = 1, \ldots, r,\ j = 1, \ldots, c), \\ \sum_{i=1}^{r} a_i = 0,\ \sum_{j=1}^{c} b_j = 0, \\ \varepsilon_{ij} \sim N(0, \sigma^2)\ (i = 1, \ldots, r,\ j = 1, \ldots, c)\text{ 且相互独立}. \end{cases}$$

检验的假设为

$H_0^{(a)}$: $a_1 = a_2 = \ldots = a_r = 0$ (因子 $A$ 对指标 $Y$ 没有影响),

$H_0^{(b)}$: $b_1 = b_2 = \ldots = b_c = 0$ (因子 $B$ 对指标 $Y$ 没有影响).

当因子 $A$ 或因子 $B$ 对指标 $Y$ 有显著性的影响时,进一步可对因子 $A$ 或因子 $B$ 逐个进行多重比较, 找出最佳的生产条件.

## 二、方差分析方法

我们采用与单因子方差分析相同的方法——方差分析方法来检验以上两个假设.设指标 $Y$ 的总偏差平方和 $SS_T$ 可分解为

$$\begin{aligned} SS_T &= \sum_{i=1}^{r}\sum_{j=1}^{c}(y_{ij} - \bar{y})^2 \\ &= \sum_{i=1}^{r}\sum_{j=1}^{c}[(y_{ij} - \bar{y}_{i\cdot} - \bar{y}_{\cdot j} + \bar{y}) + (\bar{y}_{i\cdot} - \bar{y}) + (\bar{y}_{\cdot j} - \bar{y})]^2 \end{aligned}$$

$$= \sum_{i=1}^{r}\sum_{j=1}^{c}(\bar{y}_{i\cdot} - \bar{y})^2 + \sum_{i=1}^{r}\sum_{j=1}^{c}(\bar{y}_{\cdot j} - \bar{y})^2$$

$$+ \sum_{i=1}^{r}\sum_{j=1}^{c}(y_{ij} - \bar{y}_{i\cdot} - \bar{y}_{\cdot j} + \bar{y})^2$$

$$\stackrel{\text{def}}{=\!=\!=} \mathrm{SS}_A + \mathrm{SS}_B + \mathrm{SS}_E,$$

其中 $\bar{y} = \dfrac{1}{r \times c}\sum_{i=1}^{r}\sum_{j=1}^{c} y_{ij}$， $\bar{y}_{i\cdot} = \dfrac{1}{c}\sum_{j=1}^{c} y_{ij}(i = 1, \ldots, r)$，

$$\bar{y}_{\cdot j} = \frac{1}{r}\sum_{i=1}^{r} y_{ij}(j = 1, \ldots, c).$$

$\mathrm{SS}_A$ 称为因子 $A$ 的偏差平方和，它反映因子 $A$ 的不同水平对指标 $Y$ 的影响大小；$\mathrm{SS}_B$ 称为因子 $B$ 的偏差平方和，它反映因子 $B$ 的不同水平对指标 $Y$ 的影响大小；$\mathrm{SS}_E$ 称为误差(或剩余)的平方和，它反映除因子 $A$ 和因子 $B$ 以外其余因素及随机误差对指标 $Y$ 的影响大小.

直观地看，如果因子 $A$ 对指标 $Y$ 的影响是显著的(即否定假定 $H_0^{(a)}$)，$\mathrm{SS}_A$ 相对于误差的平方和 $\mathrm{SS}_E$ 就应该大；类似地，若 $\mathrm{SS}_B$ 相对于误差的平方和 $\mathrm{SS}_E$ 大，也应该否定假定 $H_0^{(b)}$. 下面分别是检验假定 $H_0^{(a)}$ 和 $H_0^{(b)}$ 的检验统计量：

$$F_A = \frac{\mathrm{SS}_A/f_A}{\mathrm{SS}_E/f_E}, \quad F_B = \frac{\mathrm{SS}_B/f_B}{\mathrm{SS}_E/f_E},$$

其中：$f_A = r - 1$ 是 $\mathrm{SS}_A$ 的自由度(即平方和 $\mathrm{SS}_A$ 中独立的项数)，$f_B = c - 1$ 是 $\mathrm{SS}_B$ 的自由度，$f_E = (r-1)(c-1)$ 是 $\mathrm{SS}_E$ 的自由度.

在假定成立时，这两个统计量分别服从 $F(f_A, f_E)$ 和 $F(f_B, f_E)$ 分布. 利用试验数据，计算统计量 $F_A$ 和 $F_B$ 的值及假定成立时检验统计量大于这两个值的概率($p$ 值)，若 $p$ 值是小概率(小于给定的显著性水平 $\alpha$)，则否定前提假设；否则认为假设相容.

## 三、使用 ANOVA 过程进行方差分析

用 SAS/STAT 软件中的 ANOVA 过程对以上两个例子进行方差分析. 因 SAS 程序和输出结果是类似的, 我们只介绍例 3.2.2. 以下 SAS 程序首先创建 SAS 数据集 D322, 然后调用 ANOVA过程对数据集 D322 进行方差分析. class 语句指出分类变量(即两个因子)为 $A$ 和 $B$ ; model 语句给出两因子方差分析模型, 等号(=)左边是考察的指标(因变量或响应变量), 右边是影响该指标的因子(自变量). means 语句是当因子 $A$ 或 $B$ 对指标 $Y$ 有显著影响时进行多重比较. 产生的部分输出见输出3.2.1.

```
data D322;
    do a='a1', 'a2', 'a3';
        do b='b1', 'b2', 'b3', 'b4';
            input y @@; output;
    end; end;
    cards;
63.1  63.9  65.6  66.8  65.1  66.4
67.8  69.0  67.2  71.0  71.9  73.5
;
proc print data=D322;
run;
proc anova data=D322;
    class a b;
    model y=a b;
    means a b / t;
run;
```

输出 3.2.1 的方差分析表给出两因子方差分析模型是显著的 ($F=41.17, p=0.0001$). 中间二行给出因变量 $Y$ 的一些信息(如 $R^2$ 、变异系数 C.V.、均方根和均值). 下面一张表给出两因子的检验结果. 由最后一列“Pr > F”的两个值都很小(0.0001 和 0.0012), 可以看出两个因子对指标 $Y$ 的影响都是非常显著的. 还可以得出因子 $A$(碳含量) 比因子 $B$(钛铝含量和) 对 $Y$ 的影响更

显著(因 0.0001<0.0012).

**输出 3.2.1　合金钢强度数据的方差分析**

```
                    Analysis of Variance Procedure
Dependent Variable: Y
                                  Sum of            Mean
      Source              DF     Squares          Square   F Value   Pr > F
      Model                5 110.0808333    22.0161667     41.17   0.0001
      Error                6   3.2083333     0.5347222
      Corrected Total     11 113.2891667

               R-Square          C.V.      Root MSE             Y Mean
               0.971680      1.081593      0.731247         67.6083333

Dependent Variable: Y
        Source          DF    Anova SS  Mean Square  F Value   Pr > F
        A                2 74.91166667  37.45583333    70.05   0.0001
        B                3 35.16916667  11.72305556    21.92   0.0012
```

由 means 语句要求的多重比较的结果(输出省略了)说明因子 $A$ 的三个水平两两之间对 $Y$ 的影响均有显著性差异,碳的含量取为 0.05%($A_3$)时合金钢的强度最大;而因子 $B$ 的四个水平之间(用多重 $T$ 检验法)除 $B_4$ 和 $B_3$,$B_3$ 和 $B_2$ 之外也均有显著性差异($\alpha=0.05$),且钛铝含量和为 3.6%($B_4$)时强度最大.

由以上分析,可以得出最佳组合的生产条件为:$A_3$ 和 $B_4$ 的组合.因 $B_4$ 和 $B_3$ 没有显著差异,考虑节约的原则,也可以采用 $A_3$ 和 $B_3$ 的组合.

## 四、交互作用

有些两因子的试验设计中,在试验的范围内,两因子单独对指标产生影响,即两因子不同水平的交叉搭配对指标没有产生特殊的影响.但在另一些试验中考虑的两个因子不同水平的交叉搭配可能对指标有显著的影响.这种联合作用称为因子间的**交互作用**.交互作用是否存在,除了根据经验作出判断外,也可以通过对试验数据的分析给出回答.为此必须在 $A_iB_j(i=1,2,\ldots,r,\ j=1,2,\ldots,c)$ 条件下进行 $n(n\geqslant 2)$ 次重复试验,并假定两因子方差分析的模型为:

$$
\begin{cases}
y_{ijt} = \mu + a_i + b_j + (ab)_{ij} + \varepsilon_{ijt} \\
\qquad (i = 1, \ldots, r; j = 1, \ldots, c; t = 1, \ldots, n), \\
\sum_{i=1}^{r} a_i = \sum_{j=1}^{c} b_j = 0, \ \sum_{i=1}^{r} (ab)_{ij} = 0 \ (j = 1, \ldots, c), \\
\sum_{j=1}^{c} (ab)_{ij} = 0 \ (i = 1, \ldots, r), \\
\varepsilon_{ijt} \sim N(o, \sigma^2) \ (i = 1, \ldots, r; \ j = 1, \ldots, c; \ t = 1, \ldots, n) \\
\qquad \text{且相互独立};
\end{cases}
$$

检验的假设为

$H_0^{(a)}: a_1 = a_2 = \ldots = a_r = 0$ (因子 $A$ 对指标 $Y$ 没有影响),

$H_0^{(b)}: b_1 = b_2 = \ldots = b_c = 0$ (因子 $B$ 对指标 $Y$ 没有影响),

$H_0^{(ab)}: (ab)_{11} = (ab)_{12} = \ldots = (ab)_{rc} = 0$

(因子 $A$ 和 $B$ 没有联合作用).

对考虑交互作用的两因子模型的分析方法仍使用方差分析方法. 请看下面例子.

**例 3.2.3** 考虑合成纤维收缩率(因子 $A$) 和总拉伸倍数(因子 $B$) 对纤维弹性 $Y$ 的影响. 收缩率取 4 个水平: $A_1 = 0, A_2 = 4, A_3 = 8, A_4 = 12$; 因子 $B$ 也取 4 个水平: $B_1 = 460, B_2 = 520, B_3 = 580, B_4 = 640$. 在每个组合 $A_iB_j$ 下重复做二次试验, 弹性 $y_{ijt}$ 的数据如下:

| 因子 $B$ / 因子 $A$ | $B_1$ (460) | $B_2$ (520) | $B_3$ (580) | $B_4$ (640) |
|---|---|---|---|---|
| $A_1(0)$ | 71, 73 | 72, 73 | 75, 73 | 77, 75 |
| $A_2(4)$ | 73, 75 | 76, 74 | 78, 77 | 74, 74 |
| $A_3(8)$ | 76, 73 | 79, 77 | 74, 75 | 74, 73 |
| $A_4(12)$ | 75, 73 | 73, 72 | 70, 71 | 69, 69 |

试用编程方法和"分析员应用"分析合成纤维数据, 并回答以下问题:

(1) 收缩率(因子 $A$)、拉伸倍数(因子 $B$) 对弹性 $Y$ 有无显著性影响?

(2) 因子 $A$ 和因子 $B$ 是否有交互作用?

(3) 使纤维弹性达到最大的生产条件是什么?

**解** 首先使用 ANOVA 过程分析合成纤维的试验数据. 以下 SAS 程序先创建 SAS 数据集 D323, 然后调用ANOVA过程对数据集 D323 进行方差分析. model 语句给出两因子考虑交互作用的方差分析模型. 产生的部分输出结果见输出 3.2.2 .

```
data D323;
      do a=0 to 12 by 4;
         do b=460 to 640 by 60;
            do i=1 to 2;
               input y @@; output;
      end; end; end;
      cards;
71  73  72  73  75  73  77  75  73  75  76  74
78  77  74  74  76  73  79  77  74  75  74  73
75  73  73  72  70  71  69  69
;
proc anova data=D323;
      class a b;
      model y=a b a*b;
      means a a*b /t bon;
run;
```

输出 3.2.2 的方差分析表给出两因子考虑交互作用的方差分析模型是显著的( $F = 7.87, p = 0.0001$). 最下面一张表给出两个因子和交互作用的检验结果. 由最后一列"Pr > F"的三个 $p$ 值可以看出因子$A$ 及因子$A$ 与$B$ 的交互作用($A * B$) 对指标 $Y$ 的影响是高度显著的, 而因子 $B$ 在$\alpha = 0.05$ 的水平上对指标 $Y$ 的影响是不显著($p = 0.1363 > 0.05$).

由 means 语句要求的多重比较的结果(输出省略了)说明因子 $A$ 的 4 个水平之间除 $A_2(4)$ 和 $A_3(8)$ 外均有显著性差异;从因子 $A$ 和$B$ 的所有水平搭配对纤维弹性$Y$ 的均值的估计表中可以看出

弹性 $Y$ 的最大值为 78，它是在 $A_3(8)$ 和 $B_2(520)$ 的条件下得到，这就是最佳生产条件.

**输出 3.2.2　考虑交互作用的方差分析**

Analysis of Variance Procedure

Dependent Variable: Y

| Source | DF | Sum of Squares | Mean Square | F Value | Pr > F |
|---|---|---|---|---|---|
| Model | 15 | 158.7187500 | 10.5812500 | 7.87 | 0.0001 |
| Error | 16 | 21.5000000 | 1.3437500 | | |
| Corrected Total | 31 | 180.2187500 | | | |

| R-Square | C.V. | Root MSE | Y Mean |
|---|---|---|---|
| 0.880701 | 1.569804 | 1.159202 | 73.8437500 |

Dependent Variable: Y

| Source | DF | Anova SS | Mean Square | F Value | Pr > F |
|---|---|---|---|---|---|
| A | 3 | 70.59375000 | 23.53125000 | 17.51 | 0.0001 |
| B | 3 | 8.59375000 | 2.86458333 | 2.13 | 0.1363 |
| A * B | 9 | 79.53125000 | 8.83680556 | 6.58 | 0.0006 |

使用 SAS 菜单系统“分析员应用”分析合成纤维的试验数据的步骤如下：

① 首先启动“分析员应用”，并打开 SAS 数据集 D323. 在“分析员应用”菜单栏目中选择 Statistics ⇒ ANOVA ▶ ⇒ Factorial ANOVA ... .

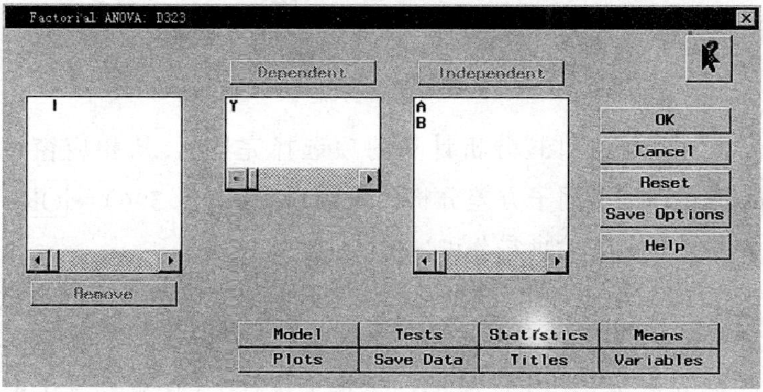


**图示 3.6　多因子方差分析的主窗口**

② 在弹出的主窗口中选择因变量和自变量：Y⇒Dependent，A 和 B⇒Independent（见图示 3.6）.

③ 需考虑因子间的交互作用，按 Model 键（见图示 3.6）⇒在弹出的窗口中选中自变量 A 和 B，然后按 Cross 键，即把交叉项 A * B 作为两因子方差分析模型的效应⇒ OK .

④ 在图示 3.6 中类似地还可通过按 Tests 键、 Statistics 键、 Means 键、 Plots 键等来设定用户希望计算的统计量或绘制的图形. 下面我们让菜单系统绘制各因子不同水平下均值差异的连线图. 先按 Plots 键⇒选择画两因子效应的因变量均值连线图，并附加上以均值为中心的二倍标准差为长度的竖线图（见图示 3.7）.

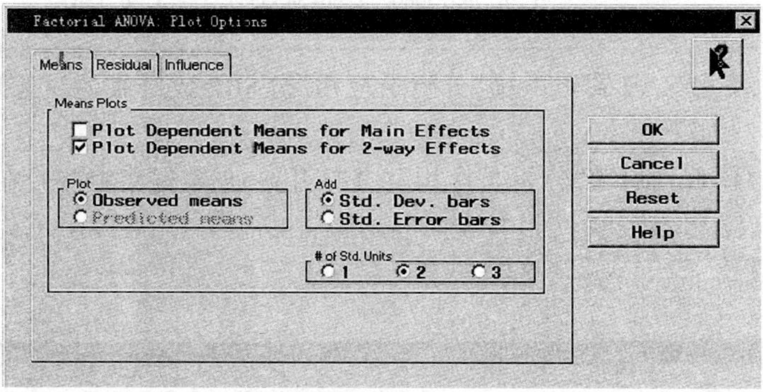


**图示 3.7　多因子方差分析的 Plot Options 窗口**

⑤ 将要求绘图、分析计算的项选择完毕后，从相应窗口按 OK 键返回到多因子方差分析的主窗口（见图示 3.6）⇒ OK，系统将按用户的要求进行分析计算.

⑥ 查看输出结果，输出 3.2.3 是两因子不同水平下因变量均值差异的连线图；方差分析的结果见输出3.2.2.

输出 3.2.3 在因子 $A$ 的四个水平位置上（收缩率为 0，4，8，12）有 4 条竖线，还有对应于因子 $B$ 四个水平的 4 条不同颜色的连线.在每条连线与竖线的交点纵坐标是因子 $A$ 在竖线上的水平与连线对应的因子 $B$ 水平的条件下因变量 $Y$ 的均值.每条竖线上还标出因变量 $Y$ 的均值的二倍标准差的位置.由连线图可以得出:

- 从因子 $B$(总拉伸倍数)的 $B1$、$B2$ 和 $B3$ 这三个水平对应的连线可以看出:因变量 $Y$(纤维弹性)随收缩率(因子 $A$)的增大先增加而后下降;这表明在总拉伸倍数取为 $B1$, $B2$ 和 $B3$ 的情况下,为使弹性好,收缩率要选适当.
- 由因子 $B$(总拉伸倍数)的 $B4$ 水平对应的连线可以看出:因变量 $Y$(纤维弹性)随收缩率(因子 $A$)的增大而一直下降;这表明在总拉伸倍数取得太大时(640),收缩率越大弹性越不好.
- 从 $B4$ 的连线与其他三条连线的交叉可直观地看出因子 $A$ 与因子 $B$ 有交互作用.
- 直观地可以看出使纤维弹性达最大的最佳生产条件是 $A3$ 和 $B2$;其次是 $A2$ 和 $B3$.

**输出 3.2.3 两因子不同水平下均值差异的连线图**

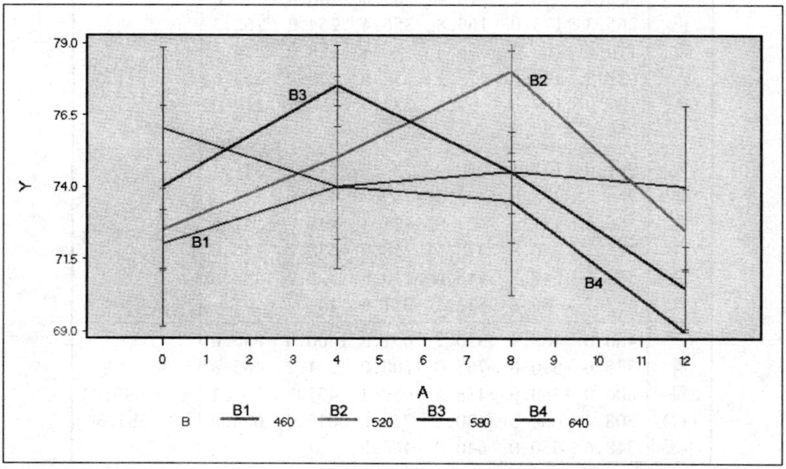

## 习 题 三

**3-1** 以下是三个地区家庭人口数的抽样调查数据：

甲地：2,6,4,13,5,8,4,6；

乙地：6,4,4,1,8,2,12,1,5,2；

丙地：2,1,3,3,1,7,1,4,2.

试用方差分析(ANOVA)过程或“分析员应用”分析三个地区的家庭平均人口数是否有显著差异( $\alpha=0.10$)?

**3-2** 在对比研究中观察正常人、萎缩性胃炎和胃癌三个不同群体(用 TYPE = A, B 和 C 表示)，记录的资料见表 3.1 .试用编程方法或“分析员应用”分析该组数据，并回答以下问题：

(1) 检验三个群体中 CEA 含量的分布是否为正态分布，方差是否相等( $\alpha=0.01$)?

(2) 试用方差分析(ANOVA)过程比较这三个群体 CEA 含量有无显著差异( $\alpha=0.05$)? 若有显著差异，请指出哪些群体间 CEA 的平均含量有显著差异.

**表 3.1 胃液癌胚抗原(CEA)含量 $X$(mg/ml)**

| | | | | | | | |
|---|---|---|---|---|---|---|---|
| 正常人($A$) | 20.4 | 30.2 | 210.4 | 365.0 | 56.8 | 37.8 | $n=32$<br>$\bar{x}=175.59$<br>$s=123.02$ |
| | 265.3 | 175.0 | 169.8 | 356.4 | 254.0 | 262.3 | |
| | 170.5 | 360.0 | 78.4 | 86.4 | 128.0 | 24.1 | |
| | 28.5 | 108.5 | 472.5 | 158.6 | 238.7 | 253.6 | |
| | 57.0 | 189.6 | 59.3 | 259.3 | 380.2 | 210.5 | |
| | 64.6 | 87.3 | | | | | |
| 萎缩性胃炎($B$) | 281.0 | 377.1 | 230.0 | 537.9 | 248.7 | 571.4 | $n=35$<br>$\bar{x}=378.53$<br>$s=182.34$ |
| | 766.2 | 495.0 | 87.3 | 389.8 | 423.9 | 577.3 | |
| | 66.8 | 521.3 | 327.8 | 421.4 | 149.7 | 47.5 | |
| | 425.7 | 270.8 | 378.5 | 228.0 | 538.7 | 245.6 | |
| | 584.1 | 648.8 | 485.6 | 110.8 | 398.7 | 452.6 | |
| | 587.7 | 86.8 | 532.1 | 311.6 | 442.2 | | |
| 胃癌($C$) | 480.0 | 488.9 | 350.7 | 652.8 | 1400.0 | 850.0 | $n=28$<br>$\bar{x}=649.25$<br>$s=285.66$ |
| | 725.6 | 590.0 | 765.0 | 1200.0 | 231.2 | 485.3 | |
| | 600.0 | 1380.0 | 438.5 | 652.4 | 432.8 | 296.1 | |
| | 608.4 | 688.5 | 630.5 | 750.0 | 815.0 | 664.0 | |
| | 348.6 | 550.0 | 640.0 | 464.8 | | | |

**3-3** 水稻试验问题.考察的因子有水稻品种 $A$ 和施肥量 $B$;考察的指标为水稻的产量 $Y$.设因子 $A$ 有三个水平:$A_1$(窄叶青),$A_2$(珍珠矮)和 $A_3$(江二矮);因子 $B$ 有四个水平:$B_1$(无肥),$B_2$(低肥),$B_3$(中肥)和 $B_4$(高肥).对这 12 种搭配的每一种,在两块试验田上做试验.每一块试验田分为 12 块面积相同小田,随机地安排 12 种搭配条件进行试验.得数据如下表(小田的产量):

| 因子 $B$ / 因子 $A$ | $B_1$ (无肥) | $B_2$ (低肥) | $B_3$ (中肥) | $B_4$ (高肥) |
|---|---|---|---|---|
| $A_1$(窄叶青) | 19.3,19.2 | 24.0,27.3 | 26.0,28.5 | 27.8,28.5 |
| $A_2$(珍珠矮) | 21.7,22.6 | 27.5,30.3 | 29.0,28.7 | 30.2,29.8 |
| $A_3$(江二矮) | 20.0,20.1 | 24.2,27.3 | 24.5,27.1 | 28.1,27.7 |

试用编程方法或“分析员应用”分析水稻试验数据,并回答以下问题:

(1) 不同稻种的产量是否有显著的差别?哪些稻种更好些?

(2) 不同的施肥量对产品是否有明显的影响?最合适的施肥量是多少?

(3) 稻种和施肥量对产量的影响哪个更大些?

(4) 稻种和施肥量有无交互作用?

(5) 使产量达到最高的生产条件是什么?

**3-4**(广告的效果) 为研究广告的效果,考察 4 种广告方式:当地报纸(paper)、当地广播(radio)、店内销售员(people)和店内展示(display)的效果.共设有 144 个销售点,每种广告方式随机地抽取 36 个销售点记录销售额,分布在 6 个地区的 144 个销售点的销售情况生成的数据集 ADS(见表 3.2).数据集 ADS 中有 3 个变量:AD 表示广告的类型,AREA 表示地区,SALES 表示销售额(单位:仟美元).试用 SAS 菜单系统“分析员应用”完成以下练习:

(1) 概括多组数据:①用盒形图、条形图、均值标准差连线图直观地呈现四种广告方式下销售量的分布情况;② 计算四种广告方式下销售量的均值、方差、标准差、最大和最小值;

**表 3.2 ADS 数据集中的数据**

| 广告方式(变量 AD) | 销售额(单位:仟美元)(变量 SALES) | | | | | |
|---|---|---|---|---|---|---|
| | 地区 1 | 地区 2 | 地区 3 | 地区 4 | 地区 5 | 地区 6 |
| 当地报纸(paper) | 75 57 76<br>68 75 83 | 77 75 72<br>66 66 76 | 76 81 63<br>70 86 62 | 94 54 70<br>88 56 86 | 87 65 65<br>84 77 78 | 79 62 75<br>80 62 70 |
| 当地广播(radio) | 69 51 100<br>54 78 79 | 90 77 60<br>83 74 69 | 33 79 73<br>68 75 65 | 100 61 68<br>70 53 73 | 68 63 83<br>79 66 65 | 76 73 74<br>81 57 65 |
| 店内销售员(people) | 63 67 85<br>58 82 78 | 80 87 62<br>87 70 77 | 70 75 40<br>68 61 55 | 64 40 67<br>76 70 77 | 51 61 75<br>42 71 65 | 64 50 62<br>78 37 83 |
| 店内展示(display) | 52 61 61<br>41 44 86 | 76 57 52<br>75 75 63 | 33 69 60<br>52 61 43 | 61 66 41<br>69 43 51 | 65 58 50<br>60 52 55 | 44 45 58<br>52 45 60 |

(2) 进行单因子方差分析:① 检验四种广告方式下销售量数据是否服从正态分布,方差是否相等;② 检验四种广告方式下的销售量是否有显著性差异($\alpha=0.01$);③ 若四种广告方式下的销售量有显著性差异,请进行多重比较(LSD),然后指出哪些类型的广告效果有显著的不同?

(3) 在设计广告效果的试验时,虽地区差异对销售量的影响并不是我们感兴趣的,但希望排除这一因素的影响.数据集 ADS 记录了各个销售点所在的地区 AREA(数据见表 3.2).① 试用两因子方差分析方法分析销售数据,并指出广告方式和地区对销售量是否有显著性影响($\alpha=0.01, 0.10$)? ② 广告方式(AD)与地区(AREA)之间有无交互作用?

# 第四章　回归与回归诊断

方差分析是处理试验数据的一类统计方法.这类统计方法的特点是所考察的指标(因变量) $Y$ 是测量得到的数值变量(连续变量),而影响指标的因子(自变量)水平是试验者安排的几个不同值(称这种因子为分类变量或离散变量).试验的目的是找出影响指标的主要因子及水平.

在实际问题中,还经常遇到这样一些数据,它们不是有意安排的试验得到的数据,而是对生产过程测量记录下来的数据.对它们进行分析,目的是想找出对我们所关心的指标(因变量) $Y$ 有影响的因素(也称自变量或回归变量) $x_1, x_2, \cdots, x_m$,并建立用 $x_1, x_2, \cdots, x_m$ 预报 $Y$ 的经验公式:

$$\widehat{Y} = f(x_1, x_2, \cdots, x_m) = b_0 + b_1x_1 + b_2x_2 + \cdots + b_mx_m,$$

以便于用以上公式进行预报或控制,达到指导生产的目的.请看下面的例子:

**例 1(用电量的例子)**　房主对空调器在他家电量消耗方面的影响是很关注的,因此他记录了 21 天中每天空调器使用的小时数.他还监测了这些天的电表并计算出使用的千瓦时(度)数.同时还记录了烘干器每天使用的次数(数据见表 4.1).试建立用电量 KWH 与空调器使用的小时数 AC 和烘干器每天使用的次数 DRYER的经验公式.

**例 2(发动机性能例子)**　表 4.2 的数据是一组检验某种工业用的发动机性能试验的数据.该试验使用的原料是柴油和从有机原料中通过蒸馏产生的气体的混合物.在各种不同的速度SPEED(用每分钟转几百转度量)下,测量发动机产生的马力POWER,试建立马力 POWER 与转速 SPEED 的关系式.

表 4.1 用电量数据

| 序号 | KWH | AC | DRYER |
|---|---|---|---|
| 1 | 35 | 1.5 | 1 |
| 2 | 63 | 4.5 | 2 |
| 3 | 66 | 5.0 | 2 |
| 4 | 17 | 2.0 | 0 |
| 5 | 94 | 8.5 | 3 |
| 6 | 79 | 6.0 | 3 |
| 7 | 93 | 13.5 | 1 |
| 8 | 66 | 8.0 | 1 |
| 9 | 94 | 12.5 | 1 |
| 10 | 82 | 7.5 | 2 |
| 11 | 78 | 6.5 | 3 |
| 12 | 65 | 8.0 | 1 |
| 13 | 77 | 7.5 | 2 |
| 14 | 75 | 8.0 | 2 |
| 15 | 62 | 7.5 | 1 |
| 16 | 85 | 12.0 | 1 |
| 17 | 43 | 6.0 | 0 |
| 18 | 57 | 2.5 | 3 |
| 19 | 33 | 5.0 | 0 |
| 20 | 65 | 7.5 | 1 |
| 21 | 33 | 6.0 | 0 |

表 4.2 发动机马力与转速数据

| 序号 | SPEED | POWER |
|---|---|---|
| 1 | 22.0 | 64.03 |
| 2 | 20.0 | 62.47 |
| 3 | 18.0 | 54.94 |
| 4 | 16.0 | 48.84 |
| 5 | 14.0 | 43.73 |
| 6 | 12.0 | 37.48 |
| 7 | 15.0 | 46.85 |
| 8 | 17.0 | 51.17 |
| 9 | 19.0 | 58.00 |
| 10 | 21.0 | 63.21 |
| 11 | 22.0 | 64.03 |
| 12 | 20.0 | 59.63 |
| 13 | 18.0 | 52.90 |
| 14 | 16.0 | 48.84 |
| 15 | 14.0 | 42.74 |
| 16 | 12.0 | 36.63 |
| 17 | 10.5 | 32.05 |
| 18 | 13.0 | 39.68 |
| 19 | 15.0 | 45.79 |
| 20 | 17.0 | 51.17 |
| 21 | 19.0 | 56.65 |
| 22 | 21.0 | 62.61 |
| 23 | 23.0 | 65.31 |
| 24 | 24.0 | 63.89 |

表 4.3 水泥数据

| 序号 | $x_1$ | $x_2$ | $x_3$ | $x_4$ | $Y$ |
|---|---|---|---|---|---|
| 1 | 7 | 26 | 6 | 60 | 78.5 |
| 2 | 1 | 29 | 15 | 52 | 74.3 |
| 3 | 11 | 56 | 8 | 20 | 104.3 |
| 4 | 11 | 31 | 8 | 47 | 87.6 |
| 5 | 7 | 52 | 6 | 33 | 95.9 |
| 6 | 11 | 55 | 9 | 22 | 109.2 |
| 7 | 3 | 71 | 17 | 6 | 102.7 |
| 8 | 1 | 31 | 22 | 44 | 72.5 |
| 9 | 2 | 54 | 18 | 22 | 93.1 |
| 10 | 21 | 47 | 4 | 26 | 115.9 |
| 11 | 1 | 40 | 23 | 34 | 83.8 |
| 12 | 11 | 66 | 9 | 12 | 113.3 |
| 13 | 10 | 68 | 8 | 12 | 109.4 |

**例 3(水泥数据)** 某种水泥在凝固时单位质量所释放的热量为 $Y$ 卡 / 克与水泥中下列四种化学成分有关:

$x_1$ —— $3CaO\cdot Al_2O_3$ 的成分(%);

$x_2$ —— $3CaO \cdot SiO_2$ 的成分(%);

$x_3$ —— $4CaO \cdot Al_2O_3 \cdot Fe_2O_3$ 的成分(%);

$x_4$ —— $2CaO \cdot SiO_2$ 的成分(%).

共观测了 13 组数据(见表 4.3),试求出 $Y$ 与 $x_1, x_2, x_3, x_4$ 的关系式.

在这些例子中都是研究一个(或几个)因变量 $Y$ 与另一些变量的相互依赖关系.具体地说,我们研究以下几方面问题:

① 建立因变量 $Y$ 与 $x_1, x_2, \cdots, x_m$ 的经验公式(回归方程);

② 对经验公式的可信度进行检验;

③ 判断每个自变量 $x_i(i = 1, \cdots, m)$ 对 $Y$ 的影响是否显著?

④ 利用经验公式进行预报、控制及指导生产;

⑤ 诊断经验公式是否适合这组数据.

## §4.1 多元线性回归

### 一、多元线性回归模型

假定因变量 $Y$ 与 $x_1, x_2, \cdots, x_m$ 线性相关.收集到的 $n$ 组数据 $(x_{t1}, x_{t2}, \cdots, x_{tm}, y_t)(t = 1, 2, \cdots, n)$ 满足以下回归模型:

$$\begin{cases} Y_t = \beta_0 + \beta_1 x_{t1} + \cdots + \beta_m x_{tm} + \varepsilon_t (t = 1, 2, \cdots, n), \\ \varepsilon_t \sim N(0, \sigma^2), \text{相互独立} (t = 1, 2, \cdots, n). \end{cases}$$

在经典回归分析中,我们讨论模型中参数($\beta_0, \beta_1, \beta_2, \cdots, \beta_m$ 和 $\sigma^2$)的估计和检验问题.近代回归中讨论变量筛选、估计的改进及对模型中的一些假定进行诊断.

回归模型中假定因变量 $Y$ 与自变量线性相关.当自变量只有 $x_1$ 一个时(一元回归),可以通过散点图直观检查.散点图是以 $x_1$ 为横轴,$Y$ 为纵轴,每一对数据 $(x_{1t}, y_t)$ 为坐标系中一个点 $(t = 1, 2, \cdots, n)$ 而得出的直观图形.

## 二、参数估计方法——最小二乘准则

当自变量只有一个时($m=1$),回归模型假定 $Y$ 与 $x_1$ 满足直线关系:$E(Y_t)=\beta_0+\beta_1 x_{t1}$.求参数 $\beta_0$ 和 $\beta_1$ 的估计问题,就是找一条直线 $l$,使得散点图中所有散点与直线 $l$ 最靠近.这里采用"最靠近"的准则是求以下平方和

$$Q(\beta_0,\beta_1)=\sum_{t=1}^{n}[y_t-(\beta_0+\beta_1 x_{t1})]^2$$

达极小的最小值点,记为 $b_0$ 和 $b_1$.这种准则称为**最小二乘准则**,它是使因变量 $Y$ 的实测值与估计值之差的平方和达最小的原则.

$b_0$ 和 $b_1$ 是参数 $\beta_0$ 和 $\beta_1$ 的最小二乘估计.由 $y=b_0+b_1x_1$ 可画出一条直线,并称 $b_0$ 为**截距**(intercept),$b_1$ 为**斜率**或**回归系数**.

$Q=\sum_{t=1}^{n}[y_t-(b_0+b_1x_{t1})]^2=\sum_{t=1}^{n}[y_t-\hat{y}_t]^2$ 称为残差平方和,且取 $s^2=\dfrac{Q}{n-m-1}$ 作为 $\sigma^2$ 的估计(此时 $m=1$ 为自变量的个数).

当自变量的个数 $m>1$ 时,类似地采用最小二乘准则可得到参数的估计:$b_0,b_1,b_2,\cdots,b_m$ 和 $s^2$.

## 三、假设检验问题

### 1. 回归方程的显著性检验

由最小二乘准则求回归系数的计算过程中,并不一定知道 $Y$ 与自变量 $x_1,x_2,\cdots,x_m$ 是否有线性关系.如果不存在线性关系,那么得到的回归方程是毫无意义的.在一元回归中,若 $\beta_1=0$,则平均地说 $Y$ 并没有随 $x_1$ 的变化而线性的变化.因此对回归方程的显著性检验就是检验以下假设是否成立:

$$H_0:\beta_1=\beta_2=\cdots=\beta_m=0. \tag{4.1}$$

检验的方法仍是采用方差分析法.从分析引起 $y_t(t=1,\cdots,n)$ 变

化的总变差$\sum(y_t - \bar{y})^2$的原因入手.显然使得 $Y$ 变化的原因有二个:第一,因 $Y$ 与 $x_i(i = 1, \cdots, m)$ 线性相关,由 $x_i$ 的变化引起 $Y$ 的变化;第二,其他因素或误差引起的.若 $Y$ 的变化主要是由 $x_i$ 的变化引起的,则模型中的自变量 $x_i$ 的系数$\beta_i \neq 0$.用方差分析的思想,把 $y_t(t = 1, \cdots, n)$ 的总变差进行分解:

$$\sum_{t=1}^{n}[y_t - \bar{y}]^2 = \sum_{t=1}^{n}[y_t - \hat{y}_t]^2 + \sum_{t=1}^{n}[\hat{y}_t - \bar{y}]^2 \xlongequal{\text{def}} \text{ESS} + \text{MSS}.$$

直观地看,若 MSS(模型平方和)比 ESS(误差平方和)大得多,则总变差主要由 $x_i$ 的变化引起的,即考察的这些自变量对 $Y$ 的影响是显著的,也就是假设(4.1)不成立.故检验假设(4.1)的检验统计量为

$$F = \frac{\text{MSS}/f_m}{\text{ESS}/f_e} = \frac{\text{MMS(模型均方)}}{\text{EMS(误差均方)}},$$

在 $H_0$ 成立时,统计量 $F$ 的分布规律是确定的($F \sim F(f_m, f_e)$, $f_m$ 和 $f_e$ 分别称为模型和误差的自由度).

利用 $n$ 组观测数据,计算检验统计量 $F$ 的值(记为 $F_0$)及显著性概率($p$ 值),$p$ 值是指在$H_0$下,利用 $F$ 的分布规律,计算出检验统计量 $F$ 大于等于$F_0$的概率.若得出的 $p$ 值很小(小于显著性水平 $\alpha$),依统计思想,小概率事件在一次实践中一般不会发生.如果发生小概率事件,将否定前提假定 $H_0$.

**2. 回归系数的显著性检验**

对回归方程的显著性检验,若否定 $H_0$,仅表示 $\beta_1, \beta_2, \cdots, \beta_m$ 不全为0,但并不排除有某个 $\beta_i$ 为0.若 $\beta_i = 0$,说明自变量 $x_i$ 对因变量 $Y$ 的影响不明显,应从回归模型中删除.因此对回归系数 $\beta_i(i = 1, 2, \cdots, m)$ 是否为0逐个进行检验是很必要的,即检验以下的假设:

$$H_0^{(i)}: \beta_i = 0 \quad (i = 1, 2, \cdots, m). \tag{4.2}$$

类似地,可构造检验以上假设的检验统计量 $T$,并由 $n$ 组观测计算$T$值和显著性概率($p$值).从而对 $H_0^{(i)}$ 是否成立进行统计推断.

## 四、使用 REG 过程进行多元线性回归计算

下面通过对例 1 中的用电量数据进行回归分析计算来介绍多元线性回归分析方法.

**例 4.1.1** 使用 SAS/STAT 软件中提供的回归过程 REG 和 SAS 菜单系统"分析员应用"来建立用电量 KWH 与空调器每天使用的小时数 AC 和烘干器每天使用的次数 DRYER 的经验公式.

**解** (1) 首先用 REG 过程来建立经验公式. 以下 SAS 程序中 REG 过程产生的部分输出结果见输出 4.1.1.

```
data KILOWATT;            /* 用 DATA 步创建 SAS 数据集 */
    input kwh ac dryer @@;
    cards;
35  1.5  1  63  4.5  2  66  5.0  2  17  2.0  0  94  8.5  3
79  6.0  3  93 13.5  1  66  8.0  1  94 12.5  1  82  7.5  2
78  6.5  3  65  8.0  1  77  7.5  2  75  8.0  2  62  7.5  1
85 12.0  1  43  6.0  0  57  2.5  3  33  5.0  0  65  7.5  1
33  6.0  0
;
/* 以下用 PLOT 过程画 KWH 随 AC 变化的散布图(输出省略了) */
proc plot data=KILOWATT;
    plot kwh*ac='*';
    title '用电量 KWH 与空调器使用小时数 AC 的散布图';
run;          /* 以下用 REG 过程对用电量数据进行回归计算 */
proc reg data=KILOWATT;
    model KWH=ac dryer;
    title 'KWH 与 AC 和 DRYER 的二元回归模型';
run;
```

输出 4.1.1 中包括三个常见的部分:

① 模型信息——左上角有两行标签分别为 Model(模型)和 Dependent Variable(因变量). 在这里, 因变量是以上 REG 过程的 model 语句中等号左边的变量 KWH. Model 是用户对每个 model 语句指定的标签. 缺省时对第一个 model 语句中的模型标签为 MODEL1, 第二个 model 语句中的模型标签为 MODEL2 等等. 这

里使用缺省的标签.

② 方差分析——输出结果中的第一张表是方差分析表,给出用二元线性回归式拟合这组数据效果如何的信息.包括以下几个方面:

**输出 4.1.1 REG 过程产生的部分输出**

KWH 与 AC 和 DRYER 的二元回归模型

Model: MODEL1
Dependent Variable: KWH

Analysis of Variance

| Source | DF | Sum of Squares | Mean Square | F Value | Prob>F |
|---|---|---|---|---|---|
| Model | 2 | 9299.80154 | 4649.90077 | 300.241 | 0.0001 |
| Error | 18 | 278.76989 | 15.48722 | | |
| C Total | 20 | 9578.57143 | | | |

| | | | |
|---|---|---|---|
| Root MSE | 3.93538 | R-square | 0.9709 |
| Dep Mean | 64.85714 | Adj R-sq | 0.9677 |
| C.V. | 6.06777 | | |

Parameter Estimates

| Variable | DF | Parameter Estimate | Standard Error | T for H0: Parameter=0 | Prob > \|T\| |
|---|---|---|---|---|---|
| INTERCEP | 1 | 8.105385 | 2.48085116 | 3.267 | 0.0043 |
| AC | 1 | 5.465903 | 0.28075519 | 19.469 | 0.0001 |
| DRYER | 1 | 13.216600 | 0.85621937 | 15.436 | 0.0001 |

Source, DF(方差来源,自由度)

用于识别这组数据中方差(或称变差)的来源及相应的自由度.总方差的标签为 C Total, DF 为样本容量减 1(例如,用电量数据 DF=21-1).由该模型解释的变差标签为 Model,它的自由度对于二元回归模型为 2. Error 的自由度是这两个自由度的差(18=20-2).

Sum of Squares(SS)(平方和)

因变量 $Y$ 的变差可分解为归因于模型和误差的两部分.每天消耗电量的总变差一部分是由于空调器使用时间和烘干机使用次数的变化,另一部分或者归因于随机误差或者归因于使用其他电器等引起的.注意到以下分解式:9578.57=9299.80

+278.77;一般形式为:Total SS=Model SS+Error SS,即总变差分解为由模型引起的变差和由误差引起的变差两部分.

Mean Square (MS)(均方)

均方等于平方和除以自由度.如误差的均方为 Error MS=278.76989/18=15.48722,它是模型中误差方差 $\sigma^2$ 的估计.

F Value, Prob>F(F 值,显著性概率 Prob>F)

给出检验统计量 $F$ 的值和 $p$ 值.它用于检验这样的假设:该回归模型是显著的(也就是该模型解释了因变量 $Y$ 的观测数据中变差的显著部分).对于用电量数据,$p$ 值为 0.0001 表示拟合的模型解释了这组数据总变差中的主要部分.

R-square(R 平方)

它等于 Model SS 除以 Total SS.因 Total SS 是 Model SS 与 Error SS 的和,R 平方是 Total SS 中由 Model SS 决定的比值.换句话说,R 平方是总变差中由模型里那些变量引起的变差的百分比.R 平方在 0 到 1 范围内取值;它愈接近 1,表示该模型愈能解释这组数据的变差.

③ 参数估计——这部分给出回归方程的系数,并进行检验以便确定这个系数是否显著地不为 0.

Variable, Parameter Estimate(变量,参数估计)

标签为 Variable(变量)的列识别参数估计(即回归系数)对应的变量.标签为 Parameter Estimate(参数估计)的列给出这些系数的估计值.截距 $b_0$ 在 Variable 列中用关键词INTERCEP标识.回归系数 $b_i$ 通过 model 语句中的变量名字标识.故二元回归方程式为:

$$\text{KWH}=8.105+5.466(\text{AC})+13.217(\text{DRYER})$$

因此,当空调器和烘干机都没有使用(AC=0, DRYER=0)时预测每天的用电量为 8.105(度).当烘干机没有使用而空调器使用一小时消耗电量的估值为 5.466(度).当空调器没有使用而烘干机使用一次消耗电量的估值为 13.217(度).

DF(自由度)

给出参数估计的自由度.对于每个参数其自由度都是1.

Standard Error(标准误差)

度量这些参数估计当它们是由收集的某组资料得到或者由另一组资料得到时有多大偏差.标准误差可用于构造参数估计的置信区间.

T for H0:Parameter=0(检验 $H_0$:参数为0的T统计量)

给出检验参数为0的零假设的 $t$ 值.该值等于参数估计除以它们的标准误差(例如,3.267=8.105/2.481).它们用于检验参数估计是否显著地不为0.

Prob>|T|

给出对应于这个 $t$ 值的显著性概率 $p$ 值.参数AC和DRYER的 $p$ 值均为0.0001,它给出强有力的证据说明这些回归系数不为0.换句话说,AC或DRYER的增加一定会引起用电量KWH的增加.截距也是显著地不为0,它说明即使你不开空调器和烘干机,你也要用一些电量.

有了回归方程,接着可以讨论预测问题,只需在以上SAS程序之后加上语句:

```
print cli;  (或 print clm;)
run;
```

选项cli表示要求计算 $y_i(i=1,2,\cdots,n)$ 的预测值和95%置信限;选项clm表示要求计算估计均值 $E(y_i)(i=1,2,\cdots,n)$ 及95%置信限.还可以在REG过程中用plot语句要求画出置信限的图形(产生的输出这里省略了):

```
plot kwh*ac='o' pred.*ac='-'
     l95.*ac='L' u95.*ac='U'/overlay;
run;
```

(2) 用SAS菜单系统进行回归计算.首先启动"分析员应用",并打开SAS数据集KILOWATT.进行多元线性回归分析的步骤如下:

① 在“分析员应用”菜单栏目中选择 Statistics ⇒ Regression ▶ ⇒ Linear... .

② 在弹出的线性回归主窗口中选择因变量和自变量：KWH ⇒Dependent，AC 和 DRYER⇒Quantitative(见图示 4.1).

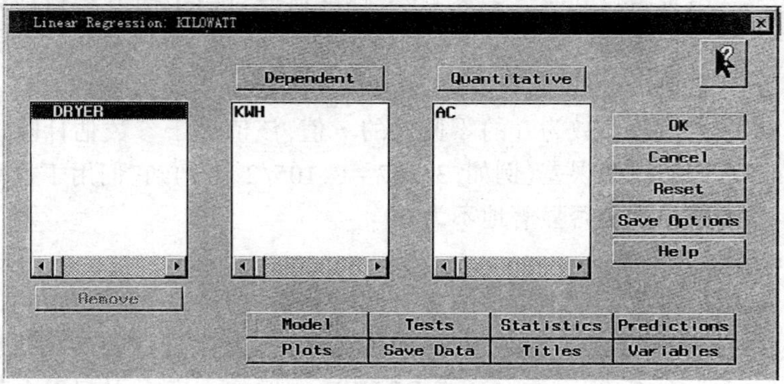


**图示 4.1 线性回归分析的主窗口**

③ 在线性回归主窗口的下方有几个键：Model 键让用户选择筛选自变量的方法；Plots 键供用户选择想绘制的各类图形，如散点图、残差图或影响图等；Tests 键供用户选择是否进行检验或功效分析；Statistics 键让用户选择希望计算的统计量，如参数估计、标准回归系数、估计的相关阵或协差阵等；Predictions 键供用户由预测选项选择预测内容. 按 Plots 键(见图示 4.1)⇒在弹出的“Plot Options”窗口中(见图示 4.2)选择绘制因变量对自变量的散布图，并要求附加上预测的置信限⇒ OK .

④ 将要求绘图、分析计算的项选择完毕后，从相应窗口按 OK 键返回到线性回归的主窗口(见图示 4.1)⇒ OK ，系统将按用户的要求进行分析计算.

⑤ 查看输出结果，从“分析员应用”的数据窗口左边的树状表可以选择你想查看的各类计算结果. 输出 4.1.2 是因变量 KWH

对第一个自变量 AC 的散点图和预测置信限图形. 回归的主要输出结果可参看输出 4.1.1 .

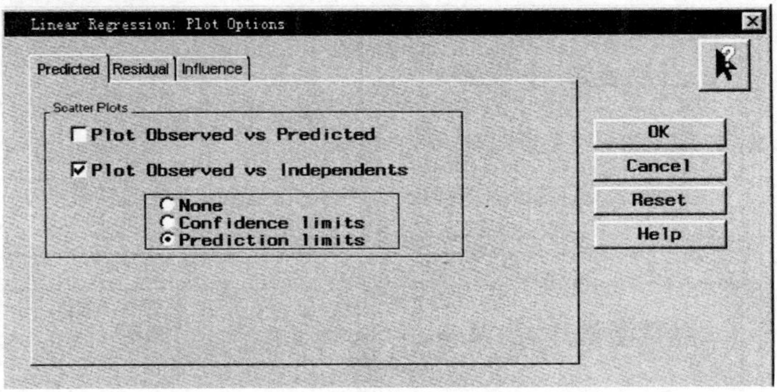


**图示 4.2　线性回归分析的图形选项窗口**

**输出 4.1.2　因变量 KWH 对自变量 AC 的散点图和预测置信限图**

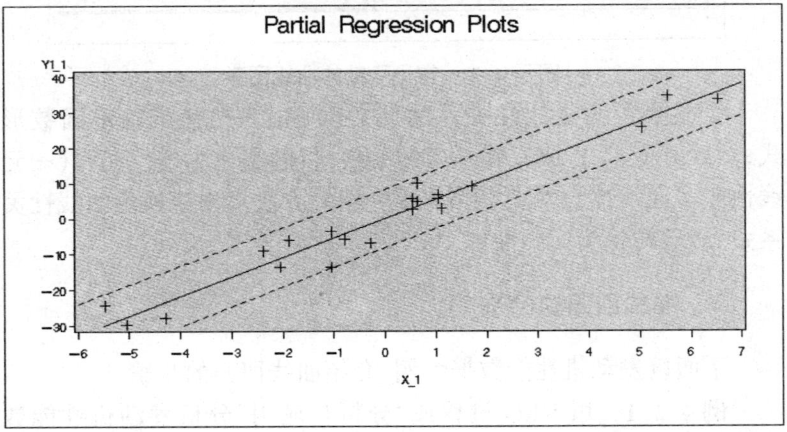


# §4.2　曲 线 回 归

## 一、可化为线性的曲线回归

在有些实际问题中, 因变量 $Y$ 与 $x$ 的关系不是线性关系. 它们之间的关系有时可根据专业知识知道; 有时通过画散点图可猜

测 $Y$ 与 $x$ 的函数形式. 这里要求我们了解常见函数的曲线图形(见图示 4.3).

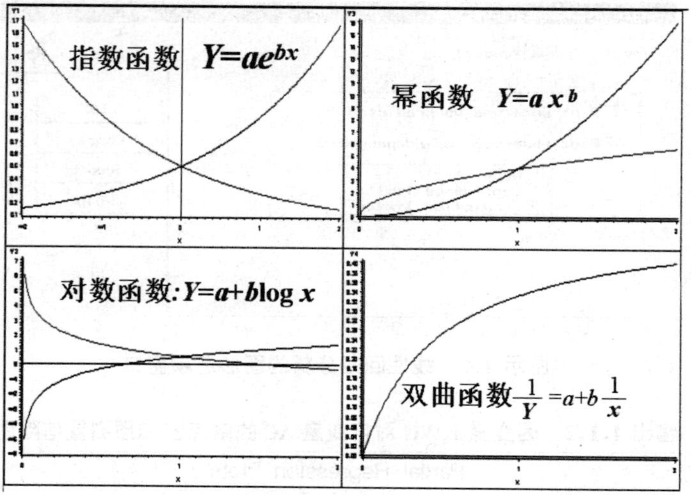


**图示 4.3　常见函数的曲线图形**

对这类不满足线性关系的回归问题, 首先初步确定函数形式; 然后对变量 $Y$ 或 $x$ 作适当的变换, 目的是化为线性回归(一元线性或多元线性); 然后用 §4.1 介绍的方法求出变换后的线性关系式, 最后转化为回归曲线.

## 二、曲线回归的例子

下面以发动机性能数据为例, 介绍曲线回归的步骤.

**例 4.2.1**　用 REG 过程或"分析员应用"分析发动机性能数据, 并建立最适合这组数据的回归关系式; 然后进行预测.

**解**　(1) 用 DATA 步或进入"分析员应用"后由表格方式输入数据(数据见表 4.2), 并生成 SAS 数据集 ENGINE.

(2) 画因变量 POWER(马力)对自变量 SPEED(转速)的散布图并建立简单线性回归式.

① 在"分析员应用"菜单栏目中选择 Statistics ⇒

Regression ▶ ⇒ Simple...

② 在弹出的简单线性回归主窗口(见图示 4.4)中选择因变量和自变量:POWER⇒Dependent, SPEED⇒Independent.

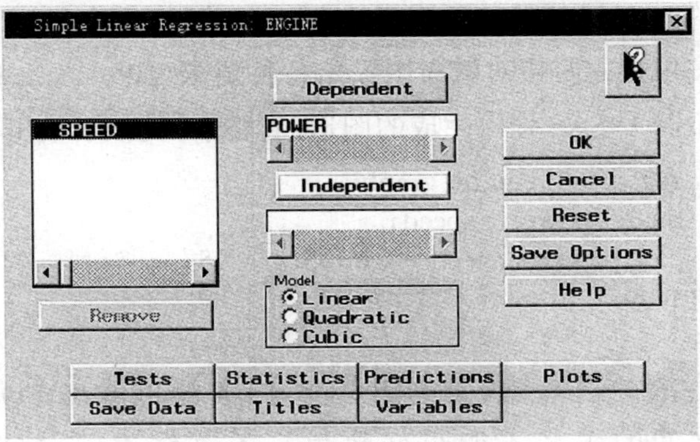


**图示 4.4　简单线性回归的主窗口**

③ 在简单线性回归主窗口的下方,按 Plots 键⇒在弹出的"Plots Options"窗口中选择绘制因变量对自变量的散布图,并要求附加上预测的置信限⇒ OK ⇒ OK . 简单回归的结果省略了,而生成的散布图见输出4.2.1.

**输出 4.2.1　因变量 POWER 对自变量 SPEED 的散点图和预测置信限图**

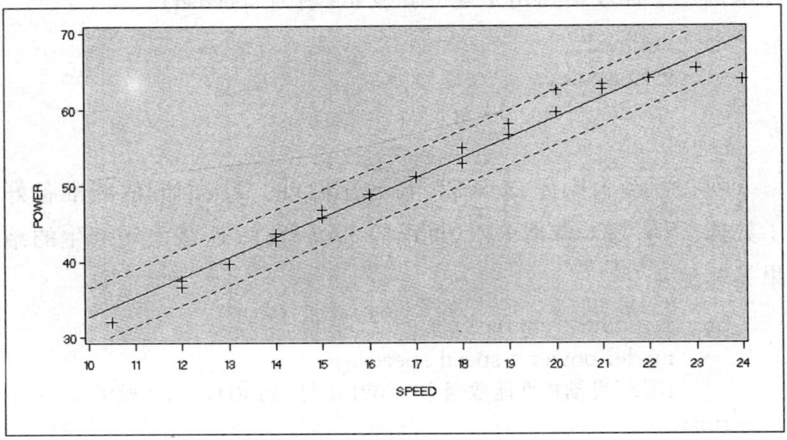

在 SAS 系统 8 版本或 6.12 版本中，用 REG 过程可以绘制高分辨的图形，只需在 REG 语句中加上选项 graphics；另在 plot 语句的斜杠(/)后面可用选项 conf95 和 pred95 要求在散布图上附加上均值的 95%置信限和预测值的 95%置信限，用全局语句symbol 还可以按用户的希望对散布图提出各种要求(如 v = star要求散点用星号).以下 SAS 程序生成的图形(省略了)类似于输出4.2.1.

```
proc reg data = engine graphics;
    model power = speed;
    plot power * speed / conf95 pred95;
    symbol v = star;
run;
```

从生成的散点图(见输出 4.2.1)大概可看出 POWER 和 SPEED之间的关系不能很好地用一条直线表示. POWER 随 SPEED的增加而增加，但增加到某个位置时它看来似乎趋于平衡并有向下弯曲的趋势.由散点图可看出应该用一条曲线(比如二次曲线)拟合这组数据.

(3) 曲线回归(二次多项式回归).对数据进行二次曲线拟合之前，首先需要生成一个存放SPEED平方值的新变量.在 DATA 步增加一个程序语句用于建立新变量(名为 speedsq).

```
data engine2;
    set engine;
    speedsq = speed * speed;
run;
```

现在已经为拟合 POWER 与 SPEED 的二次回归曲线准备好了数据.下面键入调用 REG 过程的 SAS 程序(这些语句产生的结果见输出 4.2.2)：

```
proc reg data = engine2;
    model power = speed speedsq;
    title '发动机性能数据中 POWER 与 SPEED 的二次模型';
run;
```

从输出 4.2.2 的计算结果可以得到:

① 回归方程是显著的(显著性概率 $p$ 值=0.0001).

② 回归系数都是显著的,一次项 SPEED 的 $p$ 值=0.0001,二次项 SPEEDSQ 的 $p$ 值=0.0002.因此二次项的系数 $b_2$ 是显著地不为 0,这说明二次回归模型比一元线性回归模型能够更好地表示 POWER 和 SPEED 间的实际关系.

③ 拟合的回归曲线方程式为:

$$\text{POWER} = -17.66 + 5.54(\text{SPEED}) - 0.08(\text{SPEEDSQ})$$

④ 决定系数 $R^2 = 0.9862$;模型中误差方差 $\sigma^2$ 的估计为 $s^2 = 1.5241$.

除了通过检验来考察二次项的系数是否显著之外,还可以用其他方法来判断这个二次项是否是必需的(参见§4.4 基本回归诊断).

**输出 4.2.2 POWER 对 SPEED 的二次多项回归**

发动机性能数据中 POWER 与 SPEED 的二次模型

Model: MODEL1
Dependent Variable: POWER

Analysis of Variance

| Source | DF | Sum of Squares | Mean Square | F Value | Prob>F |
|---|---|---|---|---|---|
| Model | 2 | 2285.64535 | 1142.82268 | 749.837 | 0.0001 |
| Error | 21 | 32.00598 | 1.52409 | | |
| C Total | 23 | 2317.65133 | | | |

| | | | |
|---|---|---|---|
| Root MSE | 1.23454 | R-square | 0.9862 |
| Dep Mean | 52.19333 | Adj R-sq | 0.9849 |
| C.V. | 2.36533 | | |

Parameter Estimates

| Variable | DF | Parameter Estimate | Standard Error | T for H0: Parameter=0 | Prob > \|T\| |
|---|---|---|---|---|---|
| INTERCEP | 1 | -17.663771 | 5.43597741 | -3.249 | 0.0038 |
| SPEED | 1 | 5.537760 | 0.64485316 | 8.588 | 0.0001 |
| SPEEDSQ | 1 | -0.084072 | 0.01852030 | -4.539 | 0.0002 |

若使用“分析员应用”来完成回归曲线的计算更简单.只需在简单线性回归主窗口(见图示 4.4)的中间位置标签为 Model 的方框中选择做二次多项回归(Quadratic),系统将自动生成新变量并完成相应的计算.

(4) 预测值和预测值的置信界限.类似地,可以从二次回归模型中得到预测值、预测值的置信界限.还可以对二次回归模型绘制回归曲线的图形(要求附加上预测值的 95%置信限).只需在上述程序之后加上下面这些语句(产生的输出都省略了):

```
print cli;
plot   power * speed  = 'a' pred. * speed = 'p'
       l95. * speed u95. * speed / overlay symbol = 'L';
run;
```

其中 plot 语句中的 pred., l95., u95. 分别表示 REG 过程拟合回归模型后产生的统计量:预测值,95%置信下限,95%置信上限.

**输出 4.2.3　二次回归模型的散点图和预测置信限图**

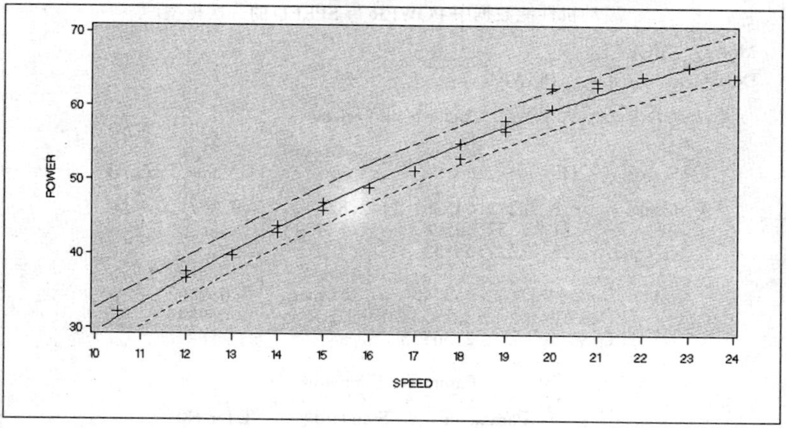


若使用“分析员应用”来绘制回归曲线及置信限,只需在简单线性回归主窗口的下方按 Plots 键和 Predictions 键,在弹出的窗口中选择所需选项,系统将自动完成相应的计算并生成所要求的

图形. 输出 4.2.3 是二次回归的散点图和预测置信限图; 输出 4.2.4是生成的预测值和 95% 的置信上下限.

**输出 4.2.4 二次回归模型的预测值和置信上下限**

Predictions

| OBS | SPEED | POWER | 2nd power of SPEED | Predicted Value of POWER | Lower Bound of 95% C.I. for Mean | Upper Bound of 95% C.I. for Mean | Residual |
|---|---|---|---|---|---|---|---|
| 1 | 22.0 | 64.03 | 484.00 | 63.4763 | 62.5829 | 64.3698 | 0.55365 |
| 2 | 20.0 | 62.47 | 400.00 | 59.4628 | 58.7788 | 60.1468 | 3.00717 |
| 3 | 18.0 | 54.94 | 324.00 | 54.7767 | 54.0435 | 55.5100 | 0.16325 |
| 4 | 16.0 | 48.84 | 256.00 | 49.4181 | 48.6924 | 50.1438 | -0.57809 |
| 5 | 14.0 | 43.73 | 196.00 | 43.3869 | 42.6633 | 44.1104 | 0.34314 |
| 6 | 12.0 | 37.48 | 144.00 | 36.6831 | 35.5937 | 37.7724 | 0.79694 |
| 7 | 15.0 | 46.85 | 225.00 | 46.4865 | 45.7820 | 47.1910 | 0.36346 |
| 8 | 17.0 | 51.17 | 289.00 | 52.1815 | 51.4398 | 52.9231 | -1.01149 |
| 9 | 19.0 | 58.00 | 361.00 | 57.2039 | 56.4995 | 57.9082 | 0.79614 |
| 10 | 21.0 | 63.21 | 441.00 | 61.5537 | 60.8251 | 62.2822 | 1.65634 |
| 11 | 22.0 | 64.03 | 484.00 | 63.4763 | 62.5829 | 64.3698 | 0.55365 |
| 12 | 20.0 | 59.63 | 400.00 | 59.4628 | 58.7788 | 60.1468 | 0.16717 |
| 13 | 18.0 | 52.90 | 324.00 | 54.7767 | 54.0435 | 55.5100 | -1.87675 |
| 14 | 16.0 | 48.84 | 256.00 | 49.4181 | 48.6924 | 50.1438 | -0.57809 |
| 15 | 14.0 | 42.74 | 196.00 | 43.3869 | 42.6633 | 44.1104 | -0.64686 |
| 16 | 12.0 | 36.63 | 144.00 | 36.6831 | 35.5937 | 37.7724 | -0.05306 |
| 17 | 10.5 | 32.05 | 110.25 | 31.2138 | 29.5290 | 32.8987 | 0.83617 |
| 18 | 13.0 | 39.68 | 169.00 | 40.1190 | 39.2773 | 40.9608 | -0.43903 |
| 19 | 15.0 | 45.79 | 225.00 | 46.4865 | 45.7820 | 47.1910 | -0.69654 |
| 20 | 17.0 | 51.17 | 289.00 | 52.1815 | 51.4398 | 52.9231 | -1.01149 |
| 21 | 19.0 | 56.65 | 361.00 | 57.2039 | 56.4995 | 57.9082 | -0.55386 |
| 22 | 21.0 | 62.61 | 441.00 | 61.5537 | 60.8251 | 62.2822 | 1.05634 |
| 23 | 23.0 | 65.31 | 529.00 | 65.2309 | 64.0394 | 66.4223 | 0.07911 |
| 24 | 24.0 | 63.89 | 576.00 | 66.8173 | 65.2112 | 68.4233 | -2.92729 |

## 三、回归曲线拟合好坏的度量

线性回归的效果可用决定系数 $R^2$ 和误差均方 $s^2$ 来判断. 如例 4.1.1(用电量数据) 的回归中, $R^2 = 0.9709$, 误差均方 $s^2 = 15.4872$. 对于曲线回归也有类似的统计量用于度量回归曲线的拟合效果.

(1) 相关指数 $R^2$

在曲线回归中, 称 $R^2 = 1 - \dfrac{\sum_{t=1}^{n}[y_t - \hat{y}_t]^2}{\sum_{t=1}^{n}[y_t - \bar{y}]^2}$ 为曲线回归模型的**相关指数**. $R^2$ 愈靠近 1 表示曲线回归的效果愈好. 在发动机性能的例子中, 所考虑的二次曲线回归的相关指数就等于二元线性回归的决定系数(0.9862). 有些曲线回归(比如对因变量 $Y$ 作变换的曲线回归) 相关指数和决定系数不相等. 一般说来, 当化为线性回归后的决定系数愈大, 曲线回归的相关指数也大.

(2) 剩余标准差 $s$

在一元曲线回归中($m=1$),称 $s=\sqrt{\dfrac{\sum_{t=1}^{n}[y_t-\hat{y}_t]^2}{n-2}}$ 为曲线回归模型的**剩余标准差**. $s$ 值愈小表示拟合的曲线回归模型愈好. 在发动机性能的例子中, $s=\sqrt{32.00598/(24-2)}=1.2062$ .

如果对某组数据可能拟合几种不同形式的曲线回归,为了确定哪条曲线更适合这组数据,可以比较相关指数 $R^2$ 或剩余标准差 $s$, 哪个模型的 $R^2$ 最大(或 $s$ 最小),该模型最适合这组数据.

## §4.3 逐步回归

### 一、变量选择问题

在实际问题中,影响因变量 $Y$ 的因素(自变量)可能很多,人们希望从中挑选出影响显著的自变量来建立回归关系式,这就涉及到变量选择问题.

在回归方程中若漏掉对 $Y$ 影响显著的变量,那么建立的回归式用于预测时会产生大的偏差.但回归式中若包含的变量太多,且其中有些对 $Y$ 影响不大,显然这样的回归式不仅使用不方便,而且反而会影响预测的精度.因而适当选择变量用于建立一个"最优"的回归方程是十分重要的问题.

什么是"最优"回归方程?直观考虑应该是方程中包含的所有变量对因变量 $Y$ 的影响都是显著的;而不包含在方程中的变量对 $Y$ 的影响是不显著的(可忽略). 也就是从自变量集 $\{x_1, x_2, \cdots, x_m\}$ 中选出适当的子集 $\{x_{i_1}, x_{i_2}, \cdots, x_{i_l}\}$ $(l \leqslant m)$, 使得建立 $Y$ 与 $x_{i_1}, x_{i_2}, \cdots, x_{i_l}$ 的回归方程就是这样的"最优"回归方程.这就是回归变量的选择问题.

回归变量的选择问题在实用上和理论上都是十分重要的.这个问题最大的困难就是如何比较不同选择(即不同子集)的优劣,

即最优选择的标准.从不同的角度出发,可以有不同的比较准则,在不同的准则下,“最优”回归方程也可能不同.

**1.最优选择的标准**

比较不同子集优劣的标准常见的有以下几种(记 $n$ 为观测个数,$l$ 为子集模型中自变量个数):

(1) 均方误差 $s^2$ 最小

选择子集 $A = \{x_{i_1}, x_{i_2}, \cdots, x_{i_l}\}$,使均方误差:$s^2(A) = \mathrm{ESS}(A)/(n-l-1)$ 达最小,其中 $\mathrm{ESS}(A)$ 是 $Y$ 与子集 $A$ 回归模型的误差平方和,$l$ 是子集 $A$ 中自变量的个数.

(2) 预测均方误差最小

选择子集 $A$,使得 $J(A) = \dfrac{n+l+1}{n-l-1}\mathrm{ESS}(A)$ 达最小.

(3) $C_p$ 统计量最小准则

选择子集 $A$,使得 $C_p(A) = \dfrac{\mathrm{ESS}(A)}{\mathrm{ESS}/(n-m-1)} + 2l - n$ 达最小,其中 ESS 是包含所有 $m$ 个自变量的回归模型中误差平方和.

(4) AIC 或 BIC 准则

选择子集 $A$,使得 $\mathrm{AIC}(A) = \ln(\mathrm{ESS}(A)) + \dfrac{2l}{n}$ 或 $\mathrm{BIC}(A) = \ln(\mathrm{ESS}(A)) + \dfrac{l\ln n}{n}$ 达最小.

(5) 修正 $R^2$ 准则

选择子集 $A$,使得修正 $R^2 = 1 - \dfrac{n-i}{n-l}(1-R^2)$ (当模型含截距项时 $i = 1$,否则 $i = 0$) 达最大.

**2.选择“最优”子集回归的方法**

在 SAS/STAT 软件的 REG 过程中,选择变量子集的方法有 8 种,可分为三类:

(1) 选择“最优”子集的简便方法:包括逐步筛选法(STEPWISE)、向前引入法(FORWARD)和向后剔除法(BACKWARD).

(2) 计算量最大的全子集法：通过计算所有可能回归子集后按最优选择的标准选择最优回归方程. 包括 $R^2$ 选择法(RSQUARE)、$C_p$ 选择法(CP)和修正 $R^2$ 选择法(ADJRSQ).

(3) 计算量适中的选择法:没有计算所有可能回归子集,但比较的子集个数多于(1)中提到的逐步筛选等一些选择法,如最小 $R^2$ 增量法(MINR)和最大 $R^2$ 增量法(MAXR).

**3. 逐步回归的基本思想和步骤**

以上介绍的选择回归子集的几种方法中,最常用的是逐步筛选法.逐步回归的基本思想和基本步骤如下:

基本思想：逐个引入自变量,每次引入对 $Y$ 影响最显著的自变量,并对方程中的老变量逐个进行检验,把变为不显著的变量逐个从方程中剔除掉.最终得到的方程中既不漏掉对 $Y$ 影响显著的变量,又不包含对 $Y$ 影响不显著的变量.

基本步骤:首先给出引入变量的显著性水平 $\alpha_{in}$和剔除变量的显著水平 $\alpha_{out}$,然后按图示 4.5 的框图筛选变量.

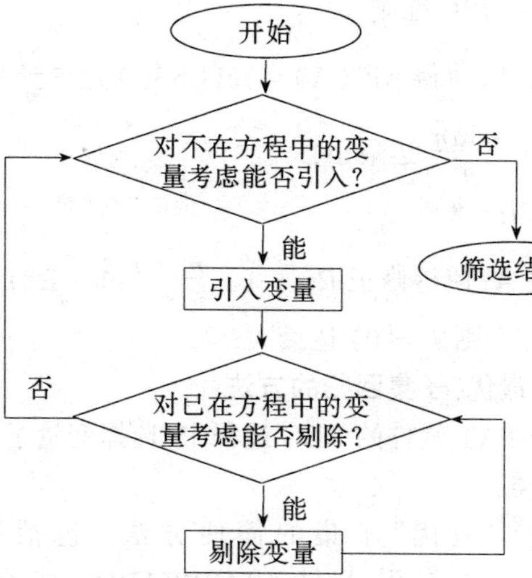


**图示 4.5　逐步回归的基本步骤**

## 二、用 REG 过程或“分析员应用”进行逐步回归的例子

下面以水泥数据(表 4.3)为例，介绍用逐步回归计算的步骤.

**例 4.3.1** 用 REG 过程或“分析员应用”分析水泥数据，并用逐步筛选方法建立“最优”的回归关系式；然后进行预测.

**解** (1) 创建 SAS 数据集 D431(DATA 步省略了)，调用 REG 过程完成逐步回归计算.

假设引入变量的显著性水平 $\alpha_{in}=0.10$，剔除变量的显著水平 $\alpha_{out}=0.10$(一般取 $\alpha_{in}=\alpha_{out}$，也可取为不等). 要求计算预测值和 95% 置信界限. SAS 程序如下：

```
proc reg data=D431;
    model y=X1-X4 / selection=stepwise
                    sle=0.10 sls=0.10;
    print cli;
run;
```

以上 SAS 程序产生很多输出结果(完整的输出省略了). 首先给出筛选变量的过程：第一步引入 $x_4$，一元回归模型的 $R^2=0.6745$；第二步引入 $x_1$，$Y$ 与 $x_4, x_1$ 的二元回归模型的 $R^2=0.9725$；第三步引入 $x_2$，$Y$ 与 $x_4$，$x_1$ 和 $x_2$ 的三元回归模型的 $R^2=0.9823$；因引入新变量后原变量 $x_4$ 变得不重要了，故第四步剔除 $x_4$，$Y$ 与 $x_1, x_2$ 的二元回归模型的 $R^2=0.9787$. 经过四步，筛选变量的过程结束后，“最优”回归方程中包含两个变量. 回归方程式为：

$$Y=52.5773+1.4683x_1+0.6623x_2 .$$

(2) 用 SAS 菜单系统“分析员应用”进行逐步回归计算的具体步骤：

① 首先启动“分析员应用”，并打开 SAS 数据集 D431. 在“分析员应用”菜单栏目中选择 Statistics ⇒ Regression ▶ ⇒ Linear... .

② 在弹出的线性回归主窗口中选择因变量和自变量：Y⇒Dependent，X1，X2，X3 和 X4⇒Quantitative.

③ 按线性回归主窗口的下方的 Models 键⇒在弹出的模型选择窗口中(见图示 4.6)选择标签为 Method(方法)的项目⇒从显示的八种方法中选择逐步回归方法⇒在模型选择窗口中选择标签为Criteria(显著性准则)的项目⇒从显著性水平框中指定引入模型和保留在模型中的显著性水平(如选引入模型的显著性水平为 0.10，保留在模型里的显著性水平也取为 0.10). 在模型选择窗口中还可以指定总是包含在模型里的变量以及对几个全子集法选择输出的统计量等⇒ OK .

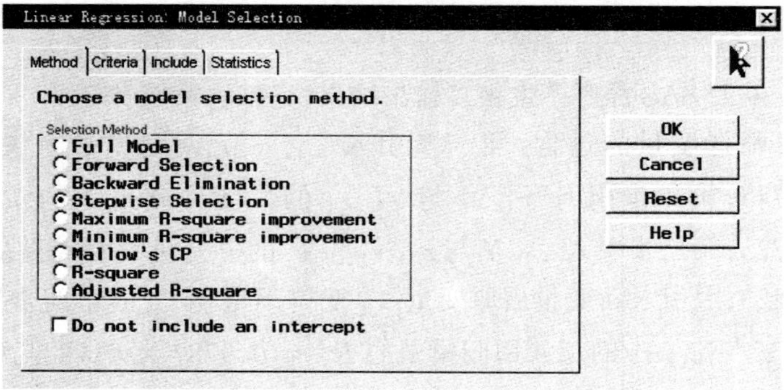


**图示 4.6　线性回归分析的模型选择窗口**

④ 选择完毕后，从相应窗口按 OK 键返回到线性回归的主窗口⇒ OK ，系统将按用户的要求进行分析计算.

⑤ 查看输出结果，从"分析员应用"的数据窗口左边的树状表可以选择你想查看的各类计算结果. 输出 4.3.1 是逐步回归最后一步(第四步)的结果和筛选过程的汇总结果.

**输出 4.3.1　水泥数据逐步回归的最后部分结果**

```
Step 4   Variable X4 Removed          R-square = 0.97867837   C(p) =  2.67824160

                      DF          Sum of Squares        Mean Square          F    Prob>F

      Regression       2           2657.85859375      1328.92929687     229.50    0.0001
      Error           10             57.90448318         5.79044832
      Total           12           2715.76307692

                      Parameter       Standard           Type II
      Variable         Estimate          Error      Sum of Squares          F    Prob>F

      INTERCEP      52.57734888     2.28617433     3062.60415609      528.91    0.0001
      X1             1.46830574     0.12130092      848.43186034      146.52    0.0001
      X2             0.66225049     0.04585472     1207.78226562      208.58    0.0001

Bounds on condition number:       1.055129,       4.220516
--------------------------------------------------------------------------------------------

All variables left in the model are significant at the 0.1000 level.
No other variable met the 0.1000 significance level for entry into the model.

                  Summary of Stepwise Procedure for Dependent Variable Y

             Variable           Number    Partial     Model
      Step   Entered Removed        In       R**2      R**2       C(p)           F    Prob>F

         1   X4                      1     0.6745    0.6745   138.7308     22.7985    0.0006
         2   X1                      2     0.2979    0.9725     5.4959    108.2239    0.0001
         3   X2                      3     0.0099    0.9823     3.0182      5.0259    0.0517
         4           X4              2     0.0037    0.9787     2.6782      1.8633    0.2054
```

## §4.4　基本回归诊断

在多元线性回归模型中我们做了以下假定:

(1) $\mathrm{E}(Y)=\beta_0+\beta_1x_1+\cdots+\beta_mx_m$,即 $\mathrm{E}(Y)$ 与 $m$ 个自变量线性相关;

(2) 误差 $\varepsilon_1,\varepsilon_2,\cdots,\varepsilon_n$ 相互独立, 且 $\mathrm{E}(\varepsilon_i)=0,\mathrm{Var}(\varepsilon_i)=\sigma^2$(方差齐性) $(i=1,\cdots,n)$;

(3) $\varepsilon_i\sim N(0,\sigma^2)$(正态性) $(i=1,2,\cdots,n)$.

在实际问题中这些假定是否成立?如果成立,那么在 §4.1 经典回归分析中讨论的估计和检验问题的结论是可靠的;否则前几节的讨论结果将是根据不足.

具体地说,如何确定所选择的回归模型是否能够恰当地拟合你的数据?你怎样知道什么时候需要增加一些项(如二次项或其他变量) 到这个模型中?如何识别异常点,也就是不能同其余数据一起拟合模型的那些观测点?这些问题都是本节讨论的关于回归诊断的问题，可以通过检查残差(即观测值与预测值之差)得到回答.残差分析是回归诊断的一个重要部分.本节主要讨论残差分析，在进行残差分析时，一个最有效的方法是画残差图(残差对各种变量的散点图).

基本回归诊断和拟合回归模型总是搅合在一起.首先拟合模型，然后用回归诊断检验这个模型.诊断结果可能导致你接着拟合第二个模型，再用回归诊断方法检验它.这个过程一直进行，直到求出拟合这组数据的最佳模型为止.

可以使用许多诊断方法来判定回归模型是拟合得好还是不好.本节集中介绍使用简单的残差图；不过，还有很多更高级的诊断方法，尤其是对多元回归模型，这里省略了.

## 一、残差分析

### 1. 残差图

残差 $r_i = y_i - \hat{y}_i (i = 1, 2, \cdots, n)$，它是模型中误差项 $\varepsilon_i$ 的估计.经标准化的残差(或学生化残差) $e_i = r_i / \sqrt{\mathrm{Var}(r_i)}$.

凡是以残差为纵坐标，而以观测值 $y_i$，预测值 $\hat{y}_i$，自变量 $x_{ij}$ $(j = 1, \cdots, m)$ 或序号、观测时间等为横坐标的散点图，均称为残差图.

如果多元线性回归模型的假定成立，从理论上可以证明 $e_1, e_2, \cdots, e_n$ 相互独立且近似服从 $N(0,1)$，故关于预测值等的残差图中散点应随机地分布在 $-2$ 到 $+2$ 的带子里.这样的残差图称为正常的残差图(见图示 4.7——残差图的几种模式中的图形 1).

### 2. 方差齐性的诊断及修正方法

从图示 4.7 的残差图可以看出，当残差的绝对值随预测值的增加也有明显增加的趋势(或减少的趋势，或先增加后减少的趋势)时，表示关于方差齐性(即误差方差 $\sigma_1^2 = \sigma_2^2 = \cdots = \sigma_n^2$) 的假定不成立.

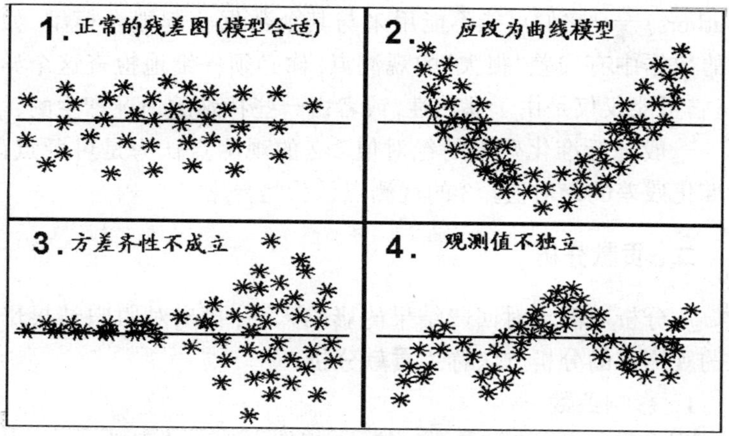


图示 4.7　残差图的几种模式

误差方差非齐性时,可以通过对因变量作适当的变换:令 $Z = f(Y)$,使得关于因变量 $Z$ 的回归中误差的方差接近齐性.理论上根据观测向量 $Y$ 的性质(如均值 $\mathrm{E}(Y)$ 和方差 $\mathrm{D}(Y)$ 的关系等)可以判断出应做什么样的变换合适.实用上,常选用一些常用的变换,变换后重新做回归及残差图,如残差图有改善或已属正常,则该变换是合适的;否则改变变换函数重新计算,直到找到合适的变换.常见的方差稳定性变换有:

$$Z = \sqrt{Y}(Y > 0),$$
$$Z = \ln Y \ (Y > 0),$$
$$Z = 1/Y \ (Y \neq 0).$$

**3. 异常点的识别**

如果拟合的模型能够很好地描述这组数据,那么残差对预测值的散点图看来应该像一些随机散布的点.可是,若某个观测不能和其他数据一起用这个模型表示,那么那个观测的残差通常很大,因为预测值存在与实际观测不同的趋势."很大"指的是残差的绝对值,因此一个"很大"的残差可能是正的也可能是负的.如果只有占很小百分比的观测出现大的残差,那么这些观测可能是异常点

(outliers)——它们可能不能用来与其余数据一起拟合模型.如果你的数据中有残差“很大”的观测点,你必须仔细地检查这个异常点;它可能仅仅是由于偶然性,或者由一些特殊的情况产生的.

一般把标准化残差的绝对值≥2 的观测点认为是可疑点;而标准化残差的绝对值≥3 的观测点认为是异常点.

## 二、贡献分析

从分析观测点对回归结果的影响入手,找出对回归结果影响大的观测点的分析方法称为**贡献分析**.

**1. 影响函数**

称向量 $IF_i = b(i) - b$ 为第$i$个观测点的影响函数($i = 1, \cdots, n$),其中 $b = (b_0, b_1, \cdots, b_m)'$ 是回归模型中参数向量$\beta$的最小二乘估计;$b(i)$ 是去掉第 $i$ 个观测点重新计算得出$\beta$的最小二乘估计.直观地看,若 $b$ 与$b(i)$ 相差大,第 $i$ 个观测点对回归结果的影响就大.

**2. Cook 距离**

Cook 距离是从估计角度提出的一种度量第 $i$ 个观测点影响大小的统计量.对每个观测点 $i$,由 $IF_i$ 定义的一种距离:Cook $D$ 为

$$D_i(M, C_0) = \frac{(b(i) - b)'M(b(i) - b)}{C_0}.$$

一般取 $M$ 为观测数据的离差阵,$C_0$ 为回归模型中误差均方 EMS. $D_i$ 大的观测点称为强影响点. 一般建议使用的判别标准是当 $|D_i| > 4/n$ 时,认为是强影响点.

**3. WK 统计量**

WK 统计量 是从预测角度提出的一种度量第 $i$ 个观测点影响大小的统计量.对每个观测点 $i$ 定义 $W_i$

$$W_i = \frac{\hat{y}_i - \hat{y}_i(i)}{C_i} = \frac{\text{第 } i \text{ 个观测的预测残差}}{C_i},$$

其中 $\hat{y}_i(i)$ 是用去掉第 $i$ 个观测后重新计算的回归式对第$i$ 个观测

进行预测的预测值. $C_i$ 是与新回归模型方差及数据有关的数值. 在 SAS 系统的 REG 过程中计算的 DFFITS 统计量取 $C_i$ 为第 $i$ 个观测的预测值标准差 $s(\hat{y}_i)$.

### 三、共线性诊断

共线性问题是指拟合多元线性回归时, 自变量之间存在线性关系或近似线性关系. 自变量之间的线性关系将会隐蔽变量的显著性, 增加参数估计的方差, 还会产生一个很不稳定的模型.

共线性诊断的方法是基于对自变量的观测数据构成的矩阵 $X'X$ 进行分析, 使用各种反映自变量间相关性的指标. 共线性诊断常用统计量有方差膨胀因子 VIF(或容限 TOL)、条件指数和方差比例等.

方差膨胀因子 VIF 是指回归系数的估计量由于自变量共线性使得方差增加的一个相对度量. 对第 $j$ 个回归系数($j = 1, 2, \ldots, m$), 它的方差膨胀因子定义为

$$\mathrm{VIF}_j = \frac{\text{第 } j \text{ 个回归系数的方差}}{\text{自变量不相关时第 } j \text{ 个回归系数的方差}} = \frac{1}{1 - R_j^2} = \frac{1}{\mathrm{TOL}_j},$$

其中 $R_j^2$ 是自变量 $x_j$ 对模型中其余自变量线性回归模型的 $R$ 平方. $\mathrm{VIF}_j$ 的倒数 $\mathrm{TOL}_j$ 也称为容限 (Tolerance).

. 一般建议: 若 VIF>10, 表明模型中有很强的共线性问题.

若自变量的交叉乘积矩阵 $X'X$ 的特征值为 $d_1^2 \geqslant d_2^2 \geqslant \cdots \geqslant d_k^2$, 则 $X$ 的条件数 $\frac{d_1}{d_k}$ 就是刻画矩阵的奇异性的一个指标, 故称 $\frac{d_1}{d_j}(j = 1, \cdots, k)$ 为**条件指数**.

一般认为, 若条件指数值在 10 与 30 间为弱相关; 在 30 与 100 间为中等相关; 大于 100 表明有强相关.

对于大的条件指数, 还需要找出哪些变量间存在强的线性关系. 因为每个条件指数对应一个特征向量, 而大的条件指数相应的

特征值较小,故构成这一特征向量的变量间有近似的线性关系.在统计中用方差比例来说明各个自变量在构成这个特征向量中的贡献.

一般建议:在大的条件指数中由方差比例超过0.5的自变量构成的变量子集就认为是相关变量集.

## 四、时间序列趋势

当数据是按时间采集时,这组数据经常有一种随时间变化而产生的趋势.为了帮助检查出这种趋势,可以绘制残差对时间的散点图.在回归分析中,主要的兴趣是研究因变量和几个自变量之间的相关关系.但不可能总是在相同的时间上收集到所有数据,于是在这组数据内经常出现一种时间序列趋势.把这种序列趋势同在时间改变中所感兴趣的那种情况(例如原料市场随时间的变化)相对比,第二种情况时间作为模型中的一个自变量,它使用其他方法(如时间序列分析方法)而不是简单回归进行分析,这里不讨论这种情况.

## 五、应用的例子

### 1. 要求增加其他变量的例子

在例4.1.1(用电量数据)中,若只考虑用电量WHK与空调器使用小时数AC的相关关系,对建立的回归模型进行回归诊断,将发现在残差对DRYER(烘干机使用次数)的残差图中,残差明显地随烘干机使用次数而增加,这表明模型中应加上变量DRYER.以下SAS程序产生的部分结果见输出4.4.1.

```
proc reg data=KILOWATT;
    model kwh=ac/p;
    var dryer;
    plot residual.* pred.='*' r.* dryer='+';
    title '在模型中只包含AC的用电量数据的残差图';
run;
```

**输出 4.4.1　仅包含变量 AC 的模型中残差对 DRYER 的散点图**

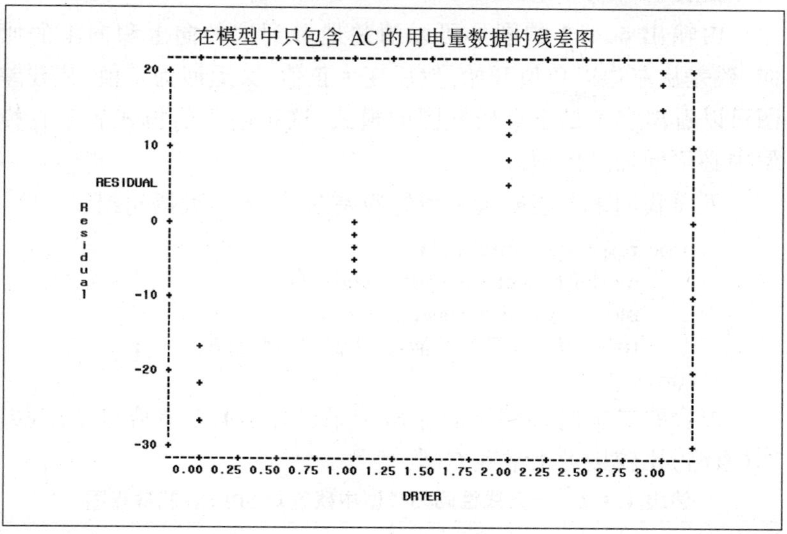


在以上 SAS 程序中，PLOT 语句要求生成两张残差图，RESIDUAL.(或 R.)表示建立一元回归模型后的残差，PRED.表示预测值.输出 4.4.1 给出的残差对变量 DRYER 的散点图，从图中明显看出应该增加变量 DRYER 到回归模型中.

加上变量 DRYER 后，重新建立二元回归模型，并做残差分析，可以看出残差图趋于正常.

**2. 需要考虑二次项的例子**

在例 4.2.1(发动机性能数据)中，若建立马力 POWER 与转速 SPEED 的一元简单线性回归，关于回归方程和回归系数的显著性检验都是可通过的，且决定系数 $R^2=0.9726$，似乎拟合效果不错.但若进行残差分析，将发现模型中有非线性关系，应考虑二次项.以下 SAS 程序产生的残差图见输出 4.4.2：

```
proc reg data=ENGINE;
     model power=speed / p;
     plot residual.* speed='*';
     title '发动机性能数据:一元回归模型的残差图';
```

```
run;
```

由输出 4.4.2 的图形可以清楚地看到这种向上和向下的倾向,残差从左边以负值开始,然后变为正值,又返回为负值.从残差图可以看出它不是正常残差图的模式.这种明显的模式表示在模型中必须增加二次项.

下面我们来考察二次模型的残差图.键入下列语句组:

```
proc reg data=engine2;
     model power=speed speedsq/p;
     plot residual.* speed='*';
     title '发动机数据性能:二次回归模型的残差图';
run;
```

拟合的二次回归模型的输出结果已在§4.2中给出了,残差图(省略)比较接近正常残差图.

**输出 4.4.2　一元线性回归模型中残差对 SPEED 的散点图**

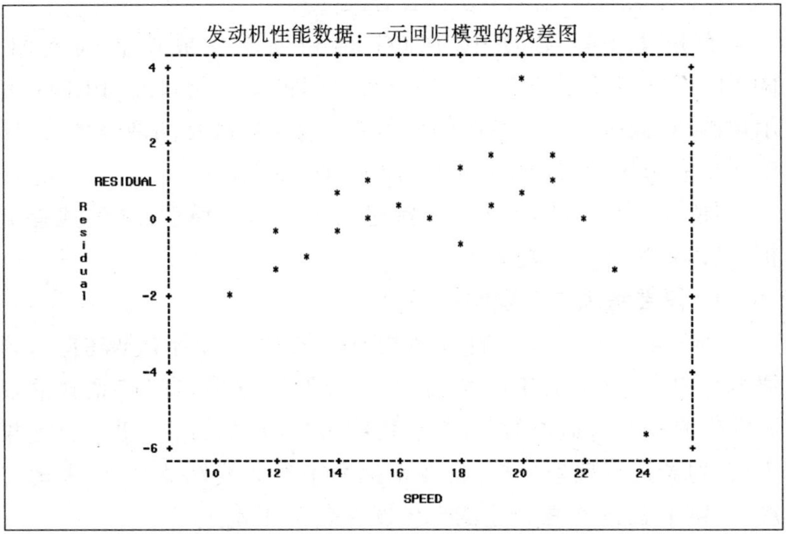


若使用"分析员应用"进行回归诊断,只需在线性回归主窗口下方,按 [Plots] 键 ⇒ 在弹出的图形选项窗口中可选择 Residual 项,并给出要绘制的哪一类残差图,或选择 Infuence

项,并给出要生成的影响诊断的图形等⇒ OK .

若进行共线性诊断,在线性回归主窗口下方,按 Statistics 键⇒在弹出的统计量窗口中选择 Tests 项,并指出要进行共线性检验等⇒ OK .

使用 SAS 系统的另一菜单系统—— INSIGHT 模块,同样可以完成回归分析的计算.只是“分析员应用”的输出结果与编程方法的结果完全一致,而 INSIGHT 模块的输出结果稍有不同.本章虽只涉及“分析员应用”,读者类似可以使用 INSIGHT 模块来完成相应的分析计算.

## §4.5 处理多元线性回归中自变量共线性的几种方法

回归分析是数理统计中应用最广泛的方法之一.在长期大量的实际应用中人们也发现:建立回归方程后,因为自变量(回归变量)存在相关性,使得回归方程变得不稳定;有些自变量对因变量(指标)影响的显著性被隐藏起来;某些回归系数的符号与实际意义不符合等等不正常的现象.这些问题的出现原因就在于自变量的共线性,在§4.4 讨论了自变量共线性的诊断方法.本节通过两个典型的例子来介绍使用 SAS 系统的 REG 等过程处理自变量共线性的一些方法.

### 一、筛选变量的方法

在§4.3 中介绍了变量筛选的方法.这些方法除了把对因变量 $Y$ 影响不显著的自变量删除之外,还可以从有共线性关系的变量组中筛选出对因变量 $Y$ 影响显著的少数几个变量.

**例 4.5.1** 用 REG 过程分析水泥数据(见表 4.3),首先对自变量的共线性进行诊断,并用筛选变量的方法从有共线性的变量组中筛选出对因变量 $Y$ 影响显著的少数变量来建立回归式.

**解** (1) 用 REG 过程对自变量的共线性进行诊断,只需在 MODEL语句的斜杠(/)后使用选项 VIF 和 COLLINOINT(或 COLLIN),以下 SAS 程序输出的部分结果见输出 4.5.1 .

```
proc reg data=D431;
    model y=X1-X4 / vif collinoint;
run;
```

由输出 4.5.1 的参数估计部分,可以得出:① 4 个自变量的方差膨胀因子(VIF)均大于 10,最大为 282.51,这表示变量之间有严重的多重共线性关系. ② 回归方程的截距项=0 的假设是相容的($p$ 值 = 0.3991); ③ 所有自变量在 $\alpha$ = 0.05 的显著水平下对因变量的影响均不显著(有三个自变量的 $p$ 值大于 0.5),而回归方程是高度显著的($p$ 值 =0.0001,输出 4.5.1 没有显示),这说明自变量对因变量的显著影响均被变量间的多重相关性隐藏了.

由输出 4.5.1 的共线性诊断部分,可以得出:① 最大条件指数 37.1>30,说明 4 个自变量间有中等相关关系;② 与最大条件指数在一行的 4 个变量的方差比例均大于 0.5,这说明这 4 个变量就是一个具有中等相关的变量集.

**输出 4.5.1 水泥数据共线性诊断的部分结果**

Parameter Estimates

| Variable | DF | Parameter Estimate | Standard Error | T for H0: Parameter=0 | Prob > \|T\| | Variance Inflation |
|---|---|---|---|---|---|---|
| INTERCEP | 1 | 62.405369 | 70.07095921 | 0.891 | 0.3991 | 0.00000000 |
| X1 | 1 | 1.551103 | 0.74476987 | 2.083 | 0.0708 | 38.49621149 |
| X2 | 1 | 0.510168 | 0.72378800 | 0.705 | 0.5009 | 254.42316585 |
| X3 | 1 | 0.101909 | 0.75470905 | 0.135 | 0.8959 | 46.86838633 |
| X4 | 1 | -0.144061 | 0.70905206 | -0.203 | 0.8441 | 282.51286479 |

Collinearity Diagnostics(intercept adjusted)

| Number | Eigenvalue | Condition Index | Var Prop X1 | Var Prop X2 | Var Prop X3 | Var Prop X4 |
|---|---|---|---|---|---|---|
| 1 | 2.23570 | 1.00000 | 0.0026 | 0.0006 | 0.0015 | 0.0005 |
| 2 | 1.57607 | 1.19102 | 0.0043 | 0.0004 | 0.0050 | 0.0005 |
| 3 | 0.18661 | 3.46134 | 0.0635 | 0.0021 | 0.0465 | 0.0007 |
| 4 | 0.00162 | 37.10634 | 0.9296 | 0.9969 | 0.9471 | 0.9983 |

(2) 用逐步回归方法从相关变量集中选出“最优”回归子集,当引入和删除的显著性水平 $\alpha$ 取为 0.05 时,入选的自变量为 X1

和 X4;当显著性水平 $\alpha$ 取为 0.10 时(见例 4.3.1),则入选的自变量为 X1 和 X2.可见用逐步筛选的方法得到的回归子集与显著水平的选取有关,选出的子集是某个较优的回归方程.容易验证这里得到的两个子集中变量对 $Y$ 的影响都是高度显著的,且自变量的方差膨胀因子 VIF 值都小于 1.1,表明已没有共线性问题.

(3) 用全子集法计算所有可能回归,从中选出最优的回归方程.以下 SAS 程序中,model 语句斜杠(/)后的选项指出用 $R^2$ 选择法,要求对每种变量个数输出二个最佳的回归子集,并输出均方根误差、CP、AIC 和修正 $R^2$ 统计量,产生的结果见输出 4.5.2 .

```
proc reg data = D431;
     model y = X1-X4 / selection = rsquare
                       best = 2 cp aic rmse adjrsq;
run;
```

**输出 4.5.2　对水泥数据计算所有可能回归的部分结果**

N = 13　　Regression Models for Dependent Variable: Y

| Number in Model | R-square | Adjusted R-square | C(p) | AIC | Root MSE | Variables in Model |
|---|---|---|---|---|---|---|
| 1 | 0.67454196 | 0.64495487 | 138.73083 | 58.85164 | 8.963902 | X4 |
| 1 | 0.66626826 | 0.63592901 | 142.48641 | 59.17799 | 9.077126 | X2 |
| 2 | 0.97867837 | 0.97441405 | 2.67824 | 25.41999 | 2.406335 | X1 X2 |
| 2 | 0.97247105 | 0.96696526 | 5.49585 | 28.74170 | 2.734266 | X1 X4 |
| 3 | 0.98233545 | 0.97644727 | 3.01823 | 24.97388 | 2.308745 | X1 X2 X4 |
| 3 | 0.98228468 | 0.97637957 | 3.04128 | 25.01120 | 2.312061 | X1 X2 X3 |
| 4 | 0.98237562 | 0.97356343 | 5.00000 | 26.94429 | 2.446008 | X1 X2 X3 X4 |

在模型中变量个数固定为 2 的回归子集中选出的最优回归子集是 $x_1$ 和 $x_2$,其次是 $x_1$ 和 $x_4$.如果按均方根误差最小的准则、修正 $R^2$ 最大准则及 AIC 最小准则,选出的最优子集都是 $x_1, x_2$ 和 $x_4$.但在回归系数的显著性检验中,$x_4$ 对 $Y$ 的作用不显著($p = 0.2054$);且 $x_2$ 和 $x_4$ 的方差膨胀因子 VIF 值 $> 10$,共线性诊断的结论也说明 $x_2$ 和 $x_4$ 是相关的变量集.而按 CP 统计量最小准则选出的最优回归子集为 $x_1$ 和 $x_2$.综合以上分析可得出 $Y$ 与 $x_1, x_2$ 的回归方程是可用的最优方程.

用筛选变量的方法从有共线性的变量组中筛选出对因变量

$Y$ 影响显著的若干个变量来建立最优回归式，不仅克服了共线性问题，且使得回归式简化；但有些实际问题希望建立 $Y$ 与给定自变量的回归式，即使自变量有共线性问题，如经济分析中的问题．下面三种方法都是针对这类问题而给出的方法．

## 二、岭回归方法

在经典多元线性回归分析中，参数 $\beta = (\beta_0, \beta_1, \dots, \beta_m)'$ 的最小二乘估计 $b = (b_0, b_1, \dots, b_m)'$ 的均方误差为 $\mathrm{E}\{(b-\beta)'(b-\beta)\}$，当自变量存在多重共线性关系时，均方误差将变得很大，故从均方误差的角度看，$b$ 不是 $\beta$ 的好估计．

减少均方误差的方法就是用岭回归估计替代最小二乘估计．设 $k \geqslant 0$，则称

$$b(k) = (X'X + kI)^{-1}X'Y$$

为 $\beta$ 的**岭回归估计**．用岭回归估计建立的回归方程称为**岭回归方程**．当 $k = 0$ 时 $b(0) = b$ 就是 $\beta$ 的最小二乘估计．从理论上可以证明，存在 $k > 0$，使得 $b(k)$ 的均方误差比 $b$ 的均方误差小；但使得均方误差达到最小的 $k$ 值依赖于未知参数 $\beta$ 和 $\sigma^2$．因此 $k$ 值的确定是岭回归分析中的关键问题．

在实际应用中，通常确定 $k$ 值的方法有以下几种：(1) 岭迹图法，即对每个自变量 $x_i$，绘制随 $k$ 值的变化岭回归估计 $b_i(k)$ 的变化曲线图．一般选择 $k$ 使得各个自变量的岭迹趋于稳定．(2) 方差膨胀因子法，选择 $k$ 使得岭回归估计的 VIF $< 10$．(3) 控制残差平方和法，即通过限制 $b(k)$ 估计的残差平方和不能超过 $cQ$（其中 $c > 1$ 为指定的常数，$Q$ 为最小二乘估计的残差平方和）来找出最大的 $k$ 值．下面通过例子来介绍岭回归分析．

**例 4.5.2** 经济分析数据的岭回归分析．

考察进口总额 $Y$ 与三个自变量：国内总产值 $x_1$，存储量 $x_2$，总消费量 $x_3$（单位均为 10 亿法郎）有关．现收集了 1949 年至 1959 年共 11 年的数据（见表 4.4）．对表 4.4 的数据用 REG 过程求进口

总额与总产值、存储量和总消费量的定量关系式.

**表 4.4 经济分析数据**

| 序号 | $x_1$ | $x_2$ | $x_3$ | $Y$ |
|---|---|---|---|---|
| 1 | 149.3 | 4.2 | 108.1 | 15.9 |
| 2 | 161.2 | 4.1 | 114.8 | 16.4 |
| 3 | 171.5 | 3.1 | 123.2 | 19.0 |
| 4 | 175.5 | 3.1 | 126.9 | 19.1 |
| 5 | 180.8 | 1.1 | 132.1 | 18.8 |
| 6 | 190.7 | 2.2 | 137.7 | 20.4 |
| 7 | 202.1 | 2.1 | 146.0 | 22.7 |
| 8 | 212.4 | 5.6 | 154.1 | 26.5 |
| 9 | 226.1 | 5.0 | 162.3 | 28.1 |
| 10 | 231.9 | 5.1 | 164.3 | 27.6 |
| 11 | 239.0 | 0.7 | 167.6 | 26.3 |

**解** (1) 使用 REG 过程来建立 $Y$ 与 $x_1, x_2, x_3$ 的回归关系式.以下 SAS 程序产生的完整输出结果这里省略了(假设表 4.4 的数据已生成 SAS 数据集 D452).

```
proc reg data = D452 corr;
     model y = X1 - X3 / vif collin;
run;
```

由 REG 过程得到的回归方程为:

$$Y = -10.128 - 0.051\ x_1 + 0.587\ x_2 + 0.287\ x_3,$$

变量 $x_1$ 的系数为负值,这与实际情况不符.出现此现象的原因是变量 $x_1$ 与 $x_3$ 线性相关:相关系数 $\rho(x_1, x_3) = 0.997$.在 model 语句后加上选项 vif 和 collin 产生的输出(这里没有显示)可以更清楚地看出 $x_1$ 和 $x_3$ 是多重相关的变量集.为了消除变量之间的多重共线性关系,岭回归就是一个有效的方法.

(2) 在 model 语句的斜杠(/)后由选项 ridge= 指定一组 $k$ 值来完成岭回归分析.在 plot 语句中由选项 ridgeplot 要求绘制岭迹图.PROC REG 语句的选项 outest = O452 要求把这一组 $k$ 值的岭回归估计送到输出数据集 O452 中,选项OUTVIF还要求把岭回归估计的方差膨胀因子(VIF)送到输出集中.以下 SAS 程序产生的部分结果见输出 4.5.3 和输出 4.5.4 .

```
proc reg data = D452 outest = O452 graphics outvif;
     model y = X1 - X3 / ridge = 0.0 to 0.1 by 0.01
```

```
                                    0.2 0.3 0.4 0.5;
    plot /ridgeplot;
run;
proc print data=O452;
run;
```

**输出 4.5.3　经济分析数据的岭迹图**

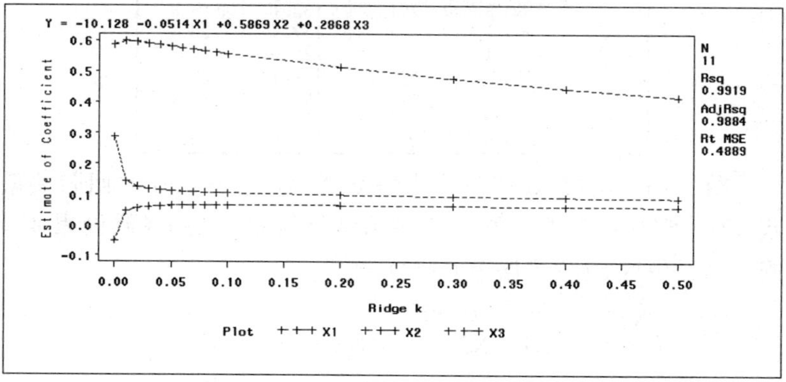


**输出 4.5.4　经济分析数据的输出数据集(部分)**

| OBS | _MODEL_ | _TYPE_ | _DEPVAR_ | _RIDGE_ | _PCOMIT_ | _RMSE_ | INTERCEP | X1 | X2 | X3 | Y |
|---|---|---|---|---|---|---|---|---|---|---|---|
| 1 | MODEL1 | PARMS | Y | . | . | 0.48887 | -10.1280 | -0.051 | 0.58695 | 0.287 | -1 |
| 2 | MODEL1 | RIDGEVIF | Y | 0.00 | . | . | . | 185.997 | 1.01891 | 186.110 | -1 |
| 3 | MODEL1 | RIDGE | Y | 0.00 | . | 0.48887 | -10.1280 | -0.051 | 0.58695 | 0.287 | -1 |
| 4 | MODEL1 | RIDGEVIF | Y | 0.01 | . | . | . | 8.599 | 0.98192 | 8.604 | -1 |
| 5 | MODEL1 | RIDGE | Y | 0.01 | . | 0.55323 | -9.1805 | 0.046 | 0.59886 | 0.144 | -1 |
| 6 | MODEL1 | RIDGEVIF | Y | 0.02 | . | . | . | 2.858 | 0.96219 | 2.859 | -1 |
| 7 | MODEL1 | RIDGE | Y | 0.02 | . | 0.57016 | -8.9277 | 0.057 | 0.59542 | 0.127 | -1 |
| 8 | MODEL1 | RIDGEVIF | Y | 0.03 | . | . | . | 1.502 | 0.94345 | 1.502 | -1 |
| 9 | MODEL1 | RIDGE | Y | 0.03 | . | 0.57959 | -8.7337 | 0.061 | 0.59080 | 0.120 | -1 |
| 10 | MODEL1 | RIDGEVIF | Y | 0.04 | . | . | . | 0.979 | 0.92532 | 0.979 | -1 |
| 11 | MODEL1 | RIDGE | Y | 0.04 | . | 0.58745 | -8.5583 | 0.064 | 0.58591 | 0.116 | -1 |
| 12 | MODEL1 | RIDGEVIF | Y | 0.05 | . | . | . | 0.723 | 0.90773 | 0.723 | -1 |
| 13 | MODEL1 | RIDGE | Y | 0.05 | . | 0.59520 | -8.3919 | 0.065 | 0.58095 | 0.113 | -1 |
| 14 | MODEL1 | RIDGEVIF | Y | 0.06 | . | . | . | 0.579 | 0.89065 | 0.578 | -1 |
| 15 | MODEL1 | RIDGE | Y | 0.06 | . | 0.60337 | -8.2309 | 0.065 | 0.57600 | 0.111 | -1 |

由输出 4.5.3 的岭迹图可以看出，当 $k \geqslant 0.02$ 后，岭迹曲线趋于稳定．取 $k = 0.02$ 的岭回归估计来建立岭回归方程，由输出 4.5.4 中 OBS 为 7 的行后面几个相应数值可以写出岭回归方程式为：

$$Y = -8.9277 + 0.057\,x_1 + 0.59542\,x_2 + 0.127\,x_3 .$$

这时得到的岭回归方程回归系数的符号都是有意义的；各个回归系数的方差膨胀因子均小于 3(见输出 4.5.4 中 OBS 为 6 的那一

行台头为 X1, X2, X3 的列对应的数值)；岭回归方程的均方根误差(_RMSE_ = 0.57016)虽比普通最小二乘回归方程的均方根误差(_RMSE_ = 0.48887)有所增大，但增加并不多.

### 三、主分量回归法

在本书的第八章将详细介绍主分量分析.主分量分析是将具有多重相关的变量集综合得出少数几个互不相关的综合变量(即主分量)的统计方法.主分量回归首先找出自变量集的主分量，然后建立 $Y$ 与互不相关的前几个主分量的回归关系式，最后还原为原自变量的回归方程式——主分量回归式.

下面仍用经济分析数据为例来介绍主分量回归.

**例 4.5.3** 经济分析数据的主分量回归分析.

**解** 使用 REG 过程做主分量回归.在 SAS/STAT 软件的 6.11以上的版本中，用 REG 过程提供的选项可完成主分量回归的计算.SAS 程序如下：

```
proc reg data = D452 outest = O453 ;
     model y = X1 - X3 / pcomit = 1, 2 outvif;
run;
proc print data = O453;
run;
```

在 model 语句的斜杠(/)后通过选项 pcomit = 1, 2 表示要求删去最后面(即最不重要)的 1 个或 2 个主分量之后，用前面 $m-1$ 个主分量或前面 $m-2$ 个主分量($m$ 为自变量的个数，此例中 $m = 3$)进行主分量回归.主分量回归的结果存放在 SAS 数据集 O453 中.

由输出 4.5.5 可以得出删去第三个主分量(pcomit = 1)后的主分量回归方程(见输出 4.5.5 中 OBS 为 3 的那一行)为

$$Y = -9.1301 + 0.07278\ x_1 + 0.60922\ x_2 + 0.10626\ x_3.$$

这个主分量回归方程中回归系数的符号都是有意义的；各个

回归系数的方差膨胀因子均小于 1.1(见输出 4.5.5 中 OBS 为 2 的那一行);主分量回归方程的均方根误差( _RMSE_ = 0.55)虽比普通回归方程的均方根误差( _RMSE_ = 0.48887)有所增大,但增加并不多.

**输出 4.5.5　经济分析数据主分量回归的结果**

| OBS | _MODEL_ | _TYPE_ | _DEPVAR_ | _RIDGE_ | _PCOMIT_ | _RMSE_ | INTERCEP | X1 | X2 | X3 | Y |
|---|---|---|---|---|---|---|---|---|---|---|---|
| 1 | MODEL1 | PARMS | Y | . | . | 0.48887 | -10.1280 | -0.05140 | 0.58695 | 0.28685 | -1 |
| 2 | MODEL1 | IPCVIF | Y | . | 1 | . | . | 0.25083 | 1.00085 | 0.25038 | -1 |
| 3 | MODEL1 | IPC | Y | . | 1 | 0.55001 | -9.1301 | 0.07278 | 0.60922 | 0.10626 | -1 |
| 4 | MODEL1 | IPCVIF | Y | . | 2 | . | . | 0.24956 | 0.00095 | 0.24971 | -1 |
| 5 | MODEL1 | IPC | Y | . | 2 | 1.05206 | -7.7458 | 0.07381 | 0.08269 | 0.10735 | -1 |

## 四、偏最小二乘回归法

偏最小二乘(PLS)回归是近年来应实际需要而产生和发展的一种有广泛适用性的多元统计分析方法,最先产生于化学领域.当多个因变量间以及多个自变量间存在严重的多重相关时,PLS 是构造预测模型的一种有效方法.

偏最小二乘回归的基本作法是首先在自变量集中提取第一潜因子 $t_1$($t_1$ 是 $x_1, x_2, \cdots, x_m$ 的线性组合,且尽可能多地提取原自变量集中的变异信息,比如第一主分量);同时在因变量集中也提取第一潜因子 $u_1$,并要求 $t_1$ 与 $u_1$ 相关程度达最大.然后建立因变量 $Y$ 与 $t_1$ 的回归,如果回归方程已达到满意的精度,则算法终止.否则继续第二轮潜在因子的提取,直到能达到满意的精度为止.若最终对自变量集提取 $l$ 个潜因子 $t_1, t_2, \cdots, t_l$,偏最小二乘回归将通过建立 $Y$ 与 $t_1, t_2, \cdots, t_l$ 的回归式,然后再表示为 $Y$ 与原自变量的回归方程式.

SAS/STAT 软件 8 版本提供的 PLS 过程(在 SAS 系统6.12版本中 PLS 作为试验性过程提供给用户)可完成偏最小二乘回归.以下仍以经济分析数据为例介绍偏最小二乘回归.

**例 4.5.4**　经济分析数据的偏最小二乘回归分析.

**解**　使用 PLS 过程做偏最小二乘回归.以下 SAS 程序中选项

method＝规定抽取因子的方法为 simpls，这是一个比标准 PLS 更有效的算法；选项 cv＝one 要求用删去一个观测的交叉确认方法决定抽取潜在因子的个数；outmodel＝命名存放模型信息的输出数据集为 O454（输出的部分结果见输出 4.5.6）.

```
proc pls data = D452 outmodel = O454
        cv = one method = simpls ;
    model y = X1 - X3 ;
run;
proc print data = O454;
run;
```

输出 4.5.6 的第一部分给出抽取潜在变量的个数及相应的用于度量拟合效果的预测残差平方和（PRESS）的均方根值，并指出在 L＝2 时预测残差平方和的均方根达最小．输出的第二部分给出第一、二个潜在变量所解释的变差的百分数（包括自变量和因变量两方面）；输出的第三部分给出所拟合的模型的信息（数据集 O454 的内容），其中 OBS 为 2 和 3 的行给出自变量和因变量的均值和标准差；OBS 为 7 的行给出抽取二个潜在因子时的偏最小二乘估计，由估计值可以写出标准化回归方程为（$\widetilde{Y}$ 和 $\tilde{x}$ 表示 $Y$ 和 $x$ 的标准化变量）：

$$\widetilde{Y} = 0.477\ \tilde{x}_1 + 0.2212\ \tilde{x}_2 + 0.486\ \tilde{x}_3,$$

用原始变量可表示为

$$Y = -8.2486 + 0.0677\ x_1 + 0.6094\ x_2 + 0.1070\ x_3.$$

以上偏最小二乘回归方程中回归系数的符号都是有意义的．偏最小二乘回归的均方根误差（0.5872）比普通最小二乘回归的均方根误差（_RMSE_＝0.48887）有所增大，但增加不多．

偏最小二乘回归对研究很多因变量及很多自变量的相依关系时更能显示其特点，此例变量个数少，故没能看出太多的优点．

**输出 4.5.6　经济分析数据偏最小二乘回归的结果**

```
                        The PLS Procedure
        Cross Validation for the Number of Latent Variables

                    Number of        Root
                     Latent          Mean
                    Variables        PRESS
                    ----------------------
                        0           1.1000
                        1           0.1901
                        2           0.1495
                        3           0.1523

      Minimum Root Mean PRESS = 0.149527 for 2 latent variables

                        The PLS Procedure
                 Percent Variation Accounted For

   Number of
    Latent         Model Effects          Dependent Variables
   Variables     Current      Total        Current      Total
   ------------------------------------------------------------
       1         66.3223    66.3223       97.9216     97.9216
       2         33.5879    99.9102        0.9091     98.8307

OBS  _LV_  _TYPE_       X1        X2        X3       _X_        Y        _Y_

  1    2   SIM           .         .         .        .         .         .
  2    .   CENTER    194.591   3.30000   139.736      .      21.8909      .
  3    .   SCALE      30.000   1.64924    20.634      .       4.5437      .
  4    1   R           0.695   0.18049     0.700      .         .         .
  5    2   R          -0.108   0.99576    -0.052      .         .         .
  6    1   B           0.487   0.12662     0.491   1.00000      .         .
  7    2   B           0.477   0.22120     0.486   1.00000      .         .
  8    1   PQ          0.702   0.11228     0.703      .       1.0000      .
  9    2   PQ         -0.132   0.98363    -0.122      .       1.0000      .
 10    0   V           1.000   1.00000     1.000   1.00000    1.0000   1.00000
 11    1   V           0.981   0.02508     0.984   0.66322    0.9792   0.97922
 12    2   V           0.999   1.00000     0.999   0.99910    0.9883   0.98831
```

## 习　题　四

**4-1**　某厂生产的一种电器的年销售量 $Y$ 与竞争对手的价格 $x_1$ 及本厂的价格 $x_2$ 有关. 表 4.5 是 10 个城市中记录的资料.

**表 4.5　10 个城市某种电器的年销售量和竞争对手价格**

| $x_1$ (单位:元) | $x_2$ (单位:元) | $Y$ (单位:个) | $x_1$ (单位:元) | $x_2$ (单位:元) | $Y$ (单位:个) |
|---|---|---|---|---|---|
| 120 | 100 | 102 | 140 | 110 | 100 |
| 190 | 90 | 120 | 130 | 150 | 77 |
| 155 | 210 | 46 | 175 | 150 | 93 |
| 125 | 250 | 26 | 145 | 270 | 69 |
| 180 | 300 | 65 | 150 | 250 | 85 |

试用编程方法或 SAS 菜单系统对以上数据进行回归分析, 并回答以下问题:

(1) 建立销售量 $Y$ 与竞争对手价格 $x_1$ 和本厂价格 $x_2$ 的回归关系式，说明回归方程式在 $\alpha = 0.05$ 的水平上是否显著？并解释回归系数的含义.

(2) 对回归模型进行初步诊断，并指出有无可疑点或异常点？

(3) 已知某城市中本厂电器的售价 $x_2 = 160$ 元，竞争对手售价 $x_1 = 170$ 元. 试用上述建立的回归模型预测该城市的年销售量.

(4) 您能否建立决定系数 $R^2 > 0.68$，模型中所有回归系数在 0.10 水平上是显著的回归模型(考虑二次项和交叉项，用逐步回归方法)？

**4-2** 某地区对某种消费品的销售量 $Y$ 进行调查，它与以下四个量有关：$x_1$ = 居民可支配的收入；$x_2$ = 该类消费品的平均价格指数；$x_3$ = 社会上该消费品的保有量；$x_4$ = 其他消费品的平均价格指数(记录的历史资料请见表 4.6).

试用编程方法或 SAS 菜单系统对以上数据建立销售量 $Y$ 与四个变量 $x_1 \sim x_4$ 的回归关系式，说明回归方程式和各回归系数在 $\alpha = 0.05$ 的水平上是否显著？

**表 4.6 某种消费品的销售量及有关指标的数据**

| 序号 | $x_1$ | $x_2$ | $x_3$ | $x_4$ | $Y$ |
|---|---|---|---|---|---|
| 1 | 82.9 | 92.0 | 17.1 | 94.0 | 8.4 |
| 2 | 88.0 | 93.0 | 21.3 | 96.0 | 9.6 |
| 3 | 99.9 | 96.0 | 25.1 | 97.0 | 10.4 |
| 4 | 105.3 | 94.0 | 29.0 | 97.0 | 11.4 |
| 5 | 117.7 | 100.0 | 34.0 | 100.0 | 12.2 |
| 6 | 131.0 | 101.0 | 40.0 | 101.0 | 14.2 |
| 7 | 148.2 | 105.0 | 44.0 | 104.0 | 15.8 |
| 8 | 161.8 | 112.0 | 49.0 | 109.0 | 17.9 |
| 9 | 174.2 | 112.0 | 51.0 | 111.0 | 19.6 |
| 10 | 184.7 | 112.0 | 53.0 | 111.0 | 20.8 |

**4-3** 电影院老板调查电视广告的费用 $x_1$ 和报纸广告的费用 $x_2$ 对每周总收入 $Y$ 的影响(单位：元)，数据见表 4.7.

试用编程方法或 SAS 菜单系统对以上数据进行回归分析，并完成以下练习：

表 4.7 电视广告和报纸广告费用与收入的数据

| $x_1$ | $x_2$ | $Y$ | $x_1$ | $x_2$ | $Y$ |
|---|---|---|---|---|---|
| 1500 | 5000 | 96000 | 2000 | 2000 | 90000 |
| 1500 | 4000 | 95000 | 2500 | 2500 | 92000 |
| 3300 | 3000 | 95000 | 2300 | 3500 | 95000 |
| 4200 | 2500 | 94000 | 2500 | 3000 | 94000 |

(1) 试建立每周总收入 $Y$ 与电视广告的费用 $x_1$ 和报纸广告的费用 $x_2$ 的回归关系式,说明回归方程式在 $\alpha=0.02$ 的水平上是否显著? 并解释回归系数的含义.

(2) 对回归模型进行初步诊断,并指出有无可疑点或异常点、有无强影响点?

(3) 写出回归模型的决定系数 $R^2$ 、均方误差 MSE 和均方根误差(Root MSE);并说明 $R^2$ 的含义?

(4) 假设某周计划投入电视广告的费用 $x_1=3500$ 元,报纸广告的费用 $x_2=2000$ 元,试预测该周的总收入.

**4-4**(钢包侵蚀数据) 炼钢厂出钢时所用的盛钢水的钢包,在使用过程中由于钢液及炉渣耐火材料的侵蚀,其容积不断增大.经试验得钢包的容积 $Y$(因容积不易测量,故以钢包盛满时钢水的重量表示)与相应使用的次数 $X$ 的数据见表 4.8.

表 4.8 钢包侵蚀数据

| 序号 | $X$ | $Y$ | 序号 | $X$ | $Y$ |
|---|---|---|---|---|---|
| 1 | 2 | 106.42 | 8 | 11 | 110.59 |
| 2 | 3 | 108.20 | 9 | 14 | 110.60 |
| 3 | 4 | 109.58 | 10 | 15 | 110.90 |
| 4 | 5 | 109.50 | 11 | 16 | 110.76 |
| 5 | 7 | 110.00 | 12 | 18 | 111.00 |
| 6 | 8 | 109.93 | 13 | 19 | 111.20 |
| 7 | 10 | 110.49 | | | |

试用编程方法或 SAS 菜单系统对钢包侵蚀数据进行分析,并回答以下问题:

(1) 绘制 $Y$ 对 $X$ 的散点图,从图形能否看出 $Y$ 与 $X$ 的函数关系 $y=f(x)$?

(2) 假定 $Y$ 与 $X$ 的函数关系为 ① 双曲函数:$\frac{1}{y}=a+\frac{b}{x}$;

② 对数函数：$y = a + b\log x$；③ 幂函数：$y = a + b\sqrt{x}$；④ 负指数函数：$y = a\mathrm{e}^{-b/x}$，试作变量变换化非线性回归为线性，并建立回归方程；

(3) 比较以上四种函数关系，找出最佳的拟合曲线.

**4-5**(Anscombe 数据)　表 4.9 给出两个变量 $Y$ 与 $X$ 的四组数据，每组数据有 11 对观测$(x_i, Y_i)$. 前三组数据 $X$ 的 11 次观测值相同(见表 4.9 的第二列)，而 $Y$ 取不同值(见表 4.9 的第三、四和五列)；第四组数据见表 4.9 的最后两列.

**表 4.9　Anscombe 数据**

| 序号 | $X^{(1,2,3)}$ | $Y^{(1)}$ | $Y^{(2)}$ | $Y^{(3)}$ | $X^{(4)}$ | $Y^{(4)}$ |
|---|---|---|---|---|---|---|
| 1 | 10.0 | 8.04 | 9.14 | 7.46 | 8.0 | 6.58 |
| 2 | 8.0 | 6.95 | 8.14 | 6.77 | 8.0 | 5.76 |
| 3 | 13.0 | 7.58 | 8.74 | 12.74 | 8.0 | 7.71 |
| 4 | 9.0 | 8.81 | 8.77 | 7.11 | 8.0 | 8.84 |
| 5 | 11.0 | 8.33 | 9.26 | 7.81 | 8.0 | 8.47 |
| 6 | 14.0 | 9.96 | 8.10 | 8.84 | 8.0 | 7.04 |
| 7 | 6.0 | 7.24 | 6.13 | 6.08 | 8.0 | 5.25 |
| 8 | 4.0 | 4.26 | 3.10 | 5.39 | 19.0 | 12.50 |
| 9 | 12.0 | 10.84 | 9.13 | 8.15 | 8.0 | 5.56 |
| 10 | 7.0 | 4.82 | 7.26 | 6.44 | 8.0 | 7.91 |
| 11 | 5.0 | 5.68 | 4.74 | 5.73 | 8.0 | 6.89 |

试用编程方法或 SAS 菜单系统对表 4.9 的四组数据进行分析，并完成以下练习：

(1) 请绘制这四组数据的散点图，从图中可否看出哪几组数据之间不是线性相关？

(2) 试建立这四组数据的回归方程式？并比较之；

(3) 对这四组数据分别进行回归诊断，从残差图中能否得出该组数据不符合线性回归模型的某些假定？

**4-6**　在对 27 个企业单位的研究中，记录了企业管理人员数 $Y$ 与工人数 $X$ 的资料(见表 4.10).

试用编程方法或 SAS 菜单系统对表 4.10 的数据进行分析，并完成以下练习：

(1) 试建立 Y 与 X 的回归模型，并计算预测值和残差；

**表 4.10　27 个企业单位中企业管理人员数与工人数**

| 序号 | $X$ | $Y$ | 序号 | $X$ | $Y$ | 序号 | $X$ | $Y$ |
|---|---|---|---|---|---|---|---|---|
| 1 | 294 | 30 | 10 | 697 | 78 | 19 | 700 | 106 |
| 2 | 247 | 32 | 11 | 688 | 80 | 20 | 850 | 128 |
| 3 | 267 | 37 | 12 | 630 | 84 | 21 | 980 | 130 |
| 4 | 358 | 44 | 13 | 709 | 88 | 22 | 1025 | 160 |
| 5 | 423 | 47 | 14 | 627 | 97 | 23 | 1021 | 97 |
| 6 | 311 | 49 | 15 | 615 | 100 | 24 | 1200 | 180 |
| 7 | 450 | 56 | 16 | 999 | 109 | 25 | 1250 | 112 |
| 8 | 534 | 62 | 17 | 1022 | 114 | 26 | 1500 | 210 |
| 9 | 438 | 68 | 18 | 1015 | 117 | 27 | 1650 | 135 |

(2) 进行回归诊断,检验残差的正态性;

(3) 进行回归诊断,试问方差齐性的假定是否成立?

(4) 对 $Y$ 作变换:$Y^* = \sqrt{Y}$,重新建立 $Y^*$ 与 $X$ 的回归模型后进行回归诊断,并与模型(1) 的结果比较.

# 第五章　属性数据分析

为了某种目的通过调查表进行社会调查得到的数据——调查数据,一般都是属性数据.即在许多调查研究中,所得到的信息是样本中个体的分类,而不是定量变量的值.例如,在某次调查中,根据人们的性别、对颜色的喜好等,将他们分类.在某次政府调查中,根据公司的产品类型、公司的所在地区、及产品是否出口,将这些公司分为不同组.在市场研究中,为了了解一种新产品的吸引力,根据顾客是否已看到这种新产品的广告及是否已购买了该新产品,将顾客分为不同组.这种类型的数据可以方便地汇总在一张表格中,用来表示每个组中的观测个数.下面看两个例子.

**例 1**　性别与所喜爱颜色的调查表.

假定随机地抽取 100 个人,提问每个人下面的问题:红、蓝、绿三色中,你最喜欢那种颜色?那么将结果整理为以下最简单的一张调查汇总表:

**表 5.1　简单频数表**

| | 喜爱的颜色 | | | |
|---|---|---|---|---|
| | 红 | 蓝 | 绿 | 总和 |
| 频数 | 52 | 31 | 17 | 100 |
| 比率 | .52 | .31 | .17 | 1.00 |

在该抽样调查中,随机地挑选一位成员,他将选择某种颜色的概率是未知的.为了估计这个概率,可使用样本比率:$p_j = \dfrac{n_j}{n}$ $(j = 1,2,3)$ 来估计,其中 $n_j$ 是选第 $j$ 种颜色的频数,$n$ 是总频数.

假定随机地抽取 50 位男性和 50 位女性,并且问上面同样的问题.数据如表 5.2 所示.

表 5.2　双向列联表：性别×颜色

| 性别 | 喜爱的颜色 红 | 蓝 | 绿 | 总和 |
|---|---|---|---|---|
| 男 | 30 | 10 | 10 | 50 |
| 女 | 20 | 10 | 20 | 50 |
| 总和 | 50 | 20 | 30 | 100 |

我们关心的问题是性别不同是否与所喜爱的颜色有关.

**例 2**　为了比较两种治疗方法的效果，将患者随机地分为两个处理组，每组 50 人.分别用两种方法治疗一段时间后，记录患者的状态(痊愈、未愈).假定得到表 5.3 的结果.

表 5.3　双向表：处理×状态

| 处理 | 状态 痊愈 | 未愈 | 总和 |
|---|---|---|---|
| 1 | 36 | 14 | 50 |
| 2 | 22 | 28 | 50 |
| 总和 | 58 | 42 | 100 |

我们关心的问题是两种方案的疗效是否有显著的差别？哪种治疗方案更好些.

类似于这两个例子所涉及的问卷调查结果分析和医疗研究资料分析等问题，经常遇到许多属性数据，这类数据正是本章所研究的对象.

## §5.1　属性数据

### 一、变量的类型

根据变量的取值情况可以分为以下几种：

(1) **名义变量**——变量值是几个没有次序之分的不同状态，它给变量值赋予名称.例如，性别就是一个名义变量，用“男”和“女”作为其取值.也可以用“1”和“2”代表取值，但这二个数字只是取值的名称，它们在数值上没有任何意义.人们驾驶的汽车类型是名义变量的又一个例子,可以把“Toyota”,“Chevrolet”,“Volkswagens”等作为变量值的代码;也可以用“1”代表 Toyota 牌,“2”代表Chevrolets牌,“3”代表 Volkswagens 牌等等.但是这些数字除了把该变量的一个值与一个名称联系起来之外没有任何其他的意义.还有职业、血型、是否患病、喜爱的颜色等等都是名义变量.

(2) **有序变量**——变量值是有严格次序的不同状态.例如民意测验中常用到以下取值的有序尺度:坚决拥护、拥护、弃权、反对、坚决反对,比如:“我认为新的税法比老税法有改进”的一种陈述,要求在有序尺度中选择代表自己意见的回答.又如按治疗效果,把病人分为治愈(1)、显效(2)、好转(3)、无效(4)等四类.把产品按质量分为:不好、一般、好、很好.文化程度分为高、中、低等.在以上几个例子中,变量的取值有内在的顺序.同名义数据一样,你可以给这些值赋予不同数字,而你赋给变量的具体数字并不重要,但规定的这些数字与取值顺序必须相匹配.对于治疗效果的例子,既可以规定变量值为 1,2,3 和 4,也可以规定为 1,10,20 和 100.如果选择的分析方法适用于该变量,那么该方法只依赖变量值的顺序而与变量的数值无关.

(3) **区间变量**(或**间隔变量**)——区间变量是有顺序大小的数值变量,且数值间的差值是有意义的.例如考虑温度,40 度比 10 度热 30 度,而 40 度和 10 度是相对于人们取定的 0 度而言的.这类变量对减法:两值之差是有意义的;但对两值的比率是没有意义的.例如由 $40/10=4$,而认为 40 度比 10 度热 3 倍的说法是不合适的.

区间变量与有序变量相对比,有序变量值之差是没有什么意义,如治疗效果是有序变量,2 和 1 之间的差与 3 和 2 之间的差不具有同样的意义.

(4) **比率变量**(或**比例变量**) ——比率变量也是数值变量,不仅数值之差有意义,而且要求有绝对的零点,两数值的比率也是很重要.例如,金子的重量就是一个比率变量;还有食物中的卡路里数也是比率变量,含有2000卡路里的食物是含有1000卡路里的食物的两倍;与温度相比较,我们不能说40度是20度的两倍,因为温度的0度只是一个任选的参考点.

以上这四类变量中,名义变量和有序变量也称为**属性变量**(或**定性变量**),有时也称为**离散变量**;而区间变量和比率变量称为**定量变量**,有时也称为**连续变量**.

### 二、属性数据

来自社会调查、医学、心理学等领域中,由属性变量得到的数据都是属性数据.例如问卷调查结果的分析,医药和流行病研究资料的分析等,都是对属性数据进行分析.属性数据一般都是汇总为表格(即列联表)后再进一步地进行分析.

在方差分析和回归分析中,研究因变量与一些自变量的相关关系.在方差分析中,自变量就是属性变量,它们都只取几个离散的值.在回归分析中,自变量是连续变量.但方差分析和回归分析中的因变量都必须是连续变量.

当我们研究的指标是一个属性变量,并希望用其他变量来说明或预测这个属性变量的取值时,不管用以说明的变量是属性的或连续的,使用的统计方法统称为**属性数据分析**,所以属性数据分析是一种有着广泛实际应用的统计方法.

对属性数据进行分析,将达到以下几方面的目的:

(1) 产生汇总分类数据——列联表;

(2) 检验属性变量间的独立性(无关联性);

(3) 计算属性变量间的关联性统计量;

(4) 对高维数据进行分层分析和建模.

## §5.2 列联表分析

在SAS系统中把一些对数据进行分类的变量称为分类变量

(即属性变量),并且将使用一张表格来汇总这些数据的情况.为了便于讨论,这一节首先介绍一些基本记号.

具有两个或多个分类变量的列联表称为交叉表.具有两个变量的列联表通常称为双向表,具有三个变量的表称为三向表,依次类推.当双向表中的两个变量都仅有两个水平时,这种特殊的表称为2×2表.尽管本章给出了怎样生成具有多个变量的交叉表,但是所讨论的分析方法仅适用于双向表.图示5.1给出了交叉表的基本形式.

| | | 列 | | | |
|---|---|---|---|---|---|
| | | 第1列 | 第2列 | … | 第 $c$ 列 |
| | 第1行 | 单元$_{11}$ | 单元$_{12}$ | … | 单元$_{1c}$ |
| 行 | 第2行 | 单元$_{21}$ | 单元$_{22}$ | … | 单元$_{2c}$ |
| | … | … | … | … | … |
| | 第 $r$ 行 | 单元$_{r1}$ | 单元$_{r2}$ | … | 单元$_{rc}$ |

**图示5.1　交叉表的形式**

正如想象的那样,这张表由行和列组成.图示5.1是一张具有 $r$ 行和 $c$ 列的一般列联表,称它为 $r\times c$ 表.这些行和列的分类形成了许多单元(cells).表中的每个单元可以惟一地由它所在的行和列来表示.例如,第一行第一列的单元表示为单元$_{11}$.交叉表常给出在所有行变量和列变量的组合中的观测个数.表中的总观测个数用 $n$ 表示.每个单元中的观测个数的表示形式如同图示5.1中的单元表示.例如,在单元$_{11}$中的观测个数表示为 $n_{11}$.有时称在一个单元的观测个数为单元频数.

图示5.1中的交叉表中有两个变量,所以是一张双向表."双向"这个词不是指行数和列数,而是指该表所包括的变量个数.

对于分类成组的数据,通常需要求出分类变量各个水平的每种组合中有多少观测.有时数据是以表格形式收集的,并且已经得到了一张表;但是,需要进一步分析这张表.针对这两种情况,下面由例子来介绍怎样生成数据集和怎样使用PROC FREQ生成列联表.

## 一、由原始数据生成列联表

**例 5.2.1** 下面数据(见数据行)是某个"统计入门"课程的数据,记录了该课程中所有学生的性别和专业('是'为统计专业,'非'为其他专业).试用编程方法或菜单系统生成列联表.

**解** (1) 使用 FREQ 过程来生成列联表.

下面的 DATA 步用来生成该数据集,然后使用 FREQ 过程来生成列联表,其中 tables 语句要求用分类变量性别(SEX)和主修专业(MAJOR)来生成列联表.这些语句产生输出 5.2.1.

```
data STATCLAS;
     input student sex $ major $ @@;
     cards;
1 男 是 2 男 非 3 女 是 4 男 非 5 女 是 6 女 是 7 男 非 8 男 非
9 男 是 10 女 是 11 男 非 12 女 是 13 男 是 14 男 是 15 男 非
16 女 是 17 男 是 18 男 非 19 女 非 20 男 是
;
proc freq data=STATCLAS;
     tables sex*major;
     title '统计课程中学生的专业和性别';
run;
```

输出 5.2.1 中每个单元里有四个数字.表的左上角说明了每个数字的含义.Frequency(频数)是单元频数,Percent(百分数)是该单元频数占总观测个数的百分数.该表显示出这个统计课程有一名非统计专业的女学生,她占该课程总人数的 5%.

Row Pct(行百分数)表示该单元频数在该行中所占的观测数的百分数.例如,这一名非统计专业女生占该课程女生总数的 14.29%.注意每行的行百分数之和为 100%.

Col Pct(列百分数)表示该单元频数在该列中所占的观测数的百分数.例如,这一名非统计专业女生占该课程非统计专业学生总数的 12.5%.其余的 87.5%的非统计专业学生是男生.注意每列的列百分数之和为 100%.

**输出 5.2.1　由原始数据生成的性别对专业的列联表**

```
                    统计课程中学生的专业和性别
                    TABLE OF SEX BY MAJOR

         SEX              MAJOR

         Frequency |
         Percent   |
         Row Pct   |
         Col Pct   | 非       | 是       |    Total
         ----------+----------+----------+
         男        |        7 |        6 |      13
                   |    35.00 |    30.00 |   65.00
                   |    53.85 |    46.15 |
                   |    87.50 |    50.00 |
         ----------+----------+----------+
         女        |        1 |        6 |       7
                   |     5.00 |    30.00 |   35.00
                   |    14.29 |    85.71 |
                   |    12.50 |    50.00 |
         ----------+----------+----------+
         Total              8         12        20
                        40.00      60.00    100.00
```

表的右边和下边是行总和及列总和. 它们分别表示行和列中观测的总频数. 并给出这些频数在总观测数中所占的百分数. 例如,7 名学生(占学生总数的 35%)是女生,13 名学生(占学生总数的 65%)是男生. 8 名学生(40%)不是统计专业,12 名学生(60%)是统计专业.

最后在右下角给出,该课程中学生总数为 20 名. 由于没有缺失观测,表中总频数 20 与数据集中的观测个数相符. 假定有一名学生,仅知道其性别不知道其专业,那么所得到的列联表将仅包含 19 个观测.

(2) 使用 SAS 菜单系统"分析员应用"生成列联表.

首先启动"分析员应用",并打开 SAS 数据集 STATCLAS. 进行列联表分析的步骤如下:

① 在"分析员应用"菜单栏目中选择 Statistics ⇒ Table Analysis... .

② 在弹出的列联表分析主窗口中选择行变量和列变量:SEX ⇒Row, MAJOR⇒Column(见图示 5.2).

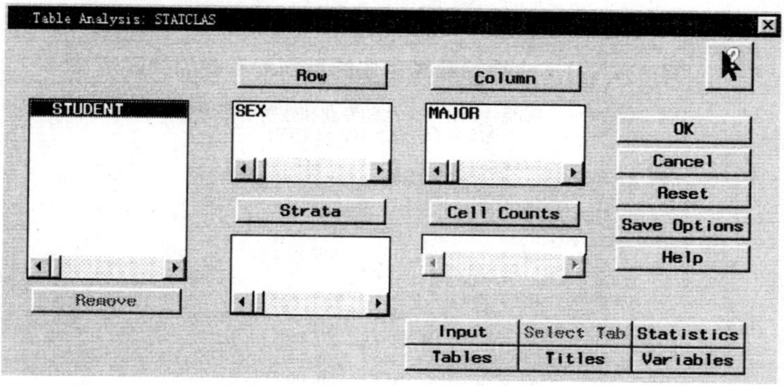


**图示 5.2 列联表分析的主窗口**

③ 在列联表分析主窗口的下方有几个键：Tables 键让用户选择所要求的计算结果，如观测频数、期望频数及两者的偏差，还有单元百分数、行百分数和列百分数；Input 键让用户指定输出的列联表中分类变量各个水平的排列次序，是按 DATA 步的输入顺序还是按分类变量内部值的次序等；Statistics 键让用户选择希望计算的统计量. 按 Tables 键(见图示 5.2)⇒在弹出的窗口中选择计算观测频数、单元百分数、行百分数和列百分数⇒OK.

④ 将要求分析计算的项选择完毕后，从相应窗口按 OK 键返回到列联表分析的主窗口(见图示 5.2)⇒OK，系统将按用户的要求进行分析计算.

⑤ 查看输出结果，从"分析员应用"的数据窗口左边的树状表可以选择你想查看的各类计算结果. 输出的列联表分析的结果见输出 5.2.1.

## 二、由现有的汇总表生成列联表

在某些情况下，已经汇总并得出表格中每个单元有多少个观测. 在收集数据时，也许是先建立一张表，然后将观测记到每个单元中；或许是使用以表格形式发表的数据. 在这种情况下，没有给出样本中每一个个体的观测数据. 为了由这种类型的数据生成一张列联表，首先生成一个包含所有单元观测个数的数据集，然后使用带有 weight 语句的 PROC FREQ.

**例 5.2.2** 杀人犯的种族是否会影响判处死刑的问题. 对 1976 至 1977 年美国佛罗里达州 20 个地区杀人案件中的 326 个被告进行调查. 考虑的种族有白人与黑人；用“是”或“否”表示是否判处死刑. 调查后已把数据整理成表格形式(见表 5.4). 试用编程方法或 SAS 菜单系统生成列联表.

**表 5.4 杀人犯的种族与是否判处死刑的数据**

| | 白人 | 黑人 |
|---|---|---|
| 是 | 19 | 17 |
| 否 | 141 | 149 |

**解** (1) 下面的语句首先用 DATA 步生成一个数据集. 然后由带有 weight 语句的 FREQ 过程步来生成列联表，结果见输出 5.2.2.

```
data penalty;
    input decision $ defrace $ numcell @@;
    cards;
是 白人 19 是 黑人 17 否 白人 141 否 黑人 149
;
proc freq data=penalty;
    tables decision * defrace;
    weight numcell;
    title '死刑数据的列联表';
run;
```

输出 5.2.2 的每个单元中，数字的含义如同由原始数据生成的列联表一样. 例如，判处死刑的白种被告人数为 19 人；占总杀人犯的比例为 5.83%；占被判死刑总人数中的比例为 52.78%；占白种被告总人数的比例为 11.88%.

注意这种情况下，数据步中除输入行变量和列变量外，还要键入另一变量(这里为numcell)来给出各单元的观测个数. 因为这个列联表仅有四个单元，所以该数据集仅包含四个观测. weight语句指出用来说明每个单元中有多少观测的变量为numcell.如果使用tables语句而不用weight语句的话,将会得到一张每个单元只有一个观测的列联表.

**输出 5.2.2　利用 weight 语句产生的列联表**

死刑数据的列联表

TABLE OF DECISION BY DEFRACE

| DECISION / Frequency / Percent / Row Pct / Col Pct | DEFRACE 白人 | 黑人 | Total |
|---|---|---|---|
| 否 | 141<br>43.25<br>48.62<br>88.12 | 149<br>45.71<br>51.38<br>89.76 | 290<br>88.96 |
| 是 | 19<br>5.83<br>52.78<br>11.88 | 17<br>5.21<br>47.22<br>10.24 | 36<br>11.04 |
| Total | 160<br>49.08 | 166<br>50.92 | 326<br>100.00 |

在输出 5.2.1 和 5.2.2 中,每个单元都有四个统计量.在许多情况下,仅需要观测个数,而不需要百分数,行百分数或列百分数.在另一些情况下,也许还需要打印单元中另外一些统计量.在TABLES语句中有四个选项用来取消四个统计量的打印:

NOCOL　取消打印列百分数.

NOFREQ　取消打印单元内的观测个数(即单元频数).

NOPERCENT　取消打印单元百分数.

NOROW　取消打印行百分数.

(2) 使用 SAS 菜单系统"分析员应用"生成列联表的步骤与例 5.2.1 类似.只是在步骤②中除了指定行变量和列变量外,还要给出频数变量:numcell⇒Cell Counts(参见图示 5.2).输出的列联表分析的结果见输出 5.2.2.

### 三、生成多个变量的交叉表

为了生成多个变量的交叉表，如同前两节那样使用 DATA 步和 PROC FREQ 或用“分析员应用”．用编程方法时，在 tables 语句中，用星号将形成该列联表的所有变量连接起来．变量列表中最后两个变量定义一张双向表的行和列，而对其他变量各个水平的每种组合(称为层)产生一张这样的双向表．

例如，对七个城市进行一项关于福利改革的意见调查．除了询问意见(opinion)和记录每人的所在城市(city)之外，还询问他们的政治党派(politic)，并询问就业情况(employ：就业，失业，学生或退休)．下面的语句对城市和就业情况的 28(＝7×4)种组合中的每一种(每一层)产生一张关于政治党派与所持意见的双向表．

```
proc freq data= welfare page;
     tables city * employ * politic * opinion;
     ……
run;
```

在键入一长串由星号连接的变量时应谨慎，因为这将会导致生成非常多的列联表．如上例中，生成了 28 张表．假如 city 和 employ都有 10 个水平，这将会导致生成 100 张表！另在 PROC FREQ语句中使用了选项 page，表示要求每张表占一页．如果没有 page 选项，每页纸将尽可能多地输出几张表．

使用“分析员应用”也可以很方便地生成多个变量的交叉表．只需在列联表分析主窗口中除规定行变量和列变量外，还规定形成层的几个变量．如上例在步骤②，由弹出的列联表分析主窗口中选择：politic ⇒Row，opinion ⇒Column，city 和 employ ⇒Strata(参见图示 5.2)．

## §5.3 属性变量的无关联性检验

### 一、属性变量无关联性的卡方检验

在收集属性数据时，通常不仅仅是为了要了解每个单元中出现多少观测. 例如，也许想知道形成列联表的行和列变量间是否有某种相关. 对死刑数据来说，被告人的种族是否与判决有关？换句话说，当知道被告人的种族后，是否能看到任何关于被告人将被判处死刑的迹象？

用统计的术语来说，提出的零假设 $H_0$ 为行变量与列变量无关联性；对立假设是它们相关. 假设两属性变量的列联表为

| | 1 | 2 | $\cdots$ | $c$ | SUM |
|---|---|---|---|---|---|
| 1 | $n_{11}$ | $n_{12}$ | $\cdots$ | $n_{1c}$ | $n_{1+}=\sum_j n_{1j}$ |
| 2 | $n_{21}$ | $n_{22}$ | $\cdots$ | $n_{2c}$ | $n_{2+}=\sum_j n_{2j}$ |
| $\vdots$ | $\vdots$ | $\vdots$ | $\vdots$ | $\vdots$ | $\vdots$ |
| $r$ | $n_{r1}$ | $n_{r2}$ | $\cdots$ | $n_{rc}$ | $n_{r+}=\sum_j n_{rj}$ |
| SUM | $n_{+1}$ | $n_{+2}$ | $\cdots$ | $n_{+c}$ | $n_{++}=\sum_{i,j} n_{ij}$ |

其中 $n_{+j}=\sum\limits_i n_{ij}$, $n_{++}=n$ 为观测总个数. 如果行变量与列变量无关联性的零假设成立，则列联表中各行的相对分布应近似相等，即对不同的 $i(i=1,2,\ldots,r)$，以下频率应近似相等：

$$\frac{n_{ij}}{n_{i+}} \approx \frac{n_{+j}}{n} \quad (j=1,2,\ldots,c),$$

或等价地有

$$n_{ij} \approx \frac{n_{i+}n_{+j}}{n} \xlongequal{\text{def}} m_{ij} \quad (j=1,2,\ldots,c).$$

上式右端的 $m_{ij}$ 也称为列联表中第$(i,j)$单元在无关联性假设下的期望频数，而 $n_{ij}$ 是列联表中第$(i,j)$单元的观测频数. 为了检验无关联性，将观测的单元频数与无关联的零假设为真时期望的单元频数进行比较. 一个通常使用的检验是卡方检验，它用于检验属性变量无关联性的假设. 卡方统计量为：

$$\chi^2 = \sum_{i=1}^{r}\sum_{j=1}^{c}\frac{(n_{ij} - m_{ij})^2}{m_{ij}}.$$

当零假设成立时，观测频数 $n_{ij}$ 与期望频数 $m_{ij}$ 应该比较接近，大的 $\chi^2$ 值是极端情况. 在零假设成立时，当观测数据较大时，$\chi^2$ 统计量的分布近似服从自由度为 $(r-1)\times(c-1)$ 的 $\chi^2$ 分布. 通过计算 $\chi^2$ 统计量及显著性概率值($p$ 值)，即可对零假设进行检验.

**例 5.3.1** 试用 STAT 软件的 FREQ 过程检验死刑数据的无关联性假设(显著水平 $\alpha = 0.1$).

**解** 为了使用卡方检验来检验无关联性，只需在 PROC FREQ的tables语句中加上选项 chisq. 为了更好地了解这个检验，还可以加选项 expected 来要求输出期望频数，并限制输出列百分数、行百分数和百分数. 对于死刑数据，键入

```
proc freq data= penalty;
    tables decision*defrace / expected chisq
                              nocol norow nopercent;
    weight numcell;
    title '死刑数据:统计检验';
run;
```

这些语句产生输出 5.3.1. 注意对于这组数据必须使用weight语句，这是因为在该数据集中的所有观测给出的是单元频数.

在输出 5.3.1 的每个单元中的第二个数字是零假设下期望的单元频数. 使用选项 expected 时才输出该数字. 注意期望的单元频数非常接近实际观测的单元频数. 可以得到直观的结论：被告人的种族与判决(死刑或不是死刑)无关. 由统计检验的结果也可以证实这个直观结论. 请看标题 Statistic 下标记为 Chi-Square那行. 这行给出无关联性卡方检验的结果，$p$ 值(标记为Prob)是0.638，这就明确地支持零假设. 故而能得到结论：没有足够的证据来拒绝被告人的种族与死刑判决无关联性的假设.

在卡方检验的同一行里,可以看到标记为 DF、Value和 Prob 的列. Value 指检验统计量的值(0.221),Prob 列的 $p$ 值(0.638) = $P\{\chi^2 > 0.221\}$,而 DF 给出 $\chi^2$ 统计量服从的 $\chi^2$ 分布的自由度. 自由度是该表的行数和列数的函数. 如果是 $r$ 行和 $c$ 列的表, 那么卡方检验的自由度是 $(r-1)\times(c-1)$. 对于死刑数据来说,这个表有 2 行和 2 列,因此自由度是 $(2-1)\times(2-1)=1$.

**输出 5.3.1 死刑数据的卡方检验**

```
                 死刑数据:统计检验
           TABLE OF DECISION BY DEFRACE

    DECISION     DEFRACE

    Frequency  |
    Expected   |   白人    |   黑人    |    Total
    -----------+-----------+-----------+
    否         |      141  |      149  |     290
               |   142.33  |   147.67  |   88.96
    -----------+-----------+-----------+
    是         |       19  |       17  |      36
               |   17.669  |   18.331  |   11.04
    -----------+-----------+-----------+
    Total             160         166       326
                    49.08       50.92    100.00


     STATISTICS FOR TABLE OF DECISION BY DEFRACE

  Statistiic                        DF   Value      Prob
  -------------------------------------------------------
  Chi-Square                         1   0.221      0.638
  Likelihood Ratio Chi-Square        1   0.221      0.638
  Continuity Adj. Chi-Square         1   0.086      0.769
  Mantel-Haenszel Chi-Square         1   0.221      0.638
  Fisher's Exact Test (Left)                        0.741
                      (Right)                       0.384
                      (2-Tail)                      0.725
  Phi Coefficient                        0.026
  Contingency Coefficient                0.026
  Cramer's V                             0.026
  Sample Size = 326
```

在零假设下,期望的单元频数可以如下确定:先将对应的行总和与列总和相乘,然后除以列联表中观测的总个数. 对于"黑人-否"单元,有下式:

$$\frac{(\text{“否”的行总和})\times(\text{“黑人”的列总和})}{\text{表的总和 N}}$$

$=(290\times 166)/326=147.67.$

注意单元期望频数的值.如果没有空单元(所有单元频数都不为零),并且所有单元的期望频数均大于等于 5,那么这个卡方检验总是合理的.因为死刑数据满足这些条件,所以卡方检验是一个合理的检验.如果这两个条件不满足,PROC FREQ 打印一条警告信息,告诉用户这个卡方检验也许是不合理的.

输出 5.3.1 还给出其他几个统计量.Sample Size 给出列联表的总样本容量.标记为 Fisher′s Exact Test 的那一段提供代替卡方检验的一个检验,将在下面讨论.其他的输出相应于其他的检验,我们不再讨论.可是,如果数据不满足卡方检验的条件,用户应使用 Fisher 精确检验,或者使用其余的检验.

## 二、属性变量无关联性的 Fisher 精确检验

Fisher 精确检验最初是针对 $2\times 2$ 这种特殊的列联表而提出的.当卡方检验的条件不满足时,这个精确检验经常是非常有用的.Fisher 精确检验建立在概率论中超几何分布的基础上.对于单元频数小的表来说,它是特别适合的.

例如,为比较两种工艺对产品的质量是否有影响,对其产品进行抽样检查,结果见表 5.5.

**表 5.5　两种工艺下产品质量的抽查结果**

| | 合格 | 不合格 | 小计 |
|---|---|---|---|
| 工艺一 | 3 | 4 | 7 |
| 工艺二 | 6 | 4 | 10 |
| 小计 | 9 | 8 | 17 |

因抽查的产品数量 $n$ 少,虽单元频数 $n_{ij}$ 均大于 0,但期望频数 $m_{ij}$ 多数小于 5,故 $\chi^2$ 检验不适合,应使用 Fisher 精确检验.

在假设 $H_0$:工艺和产品质量无关联性下,当总频数和边缘小计固定时,即两种工艺的产品分别抽取 7 件和 10 件不变,17 件产品的抽查结果共有 9 个合格品和 8 个不合格品也固定时,抽查的结果(即观测频数 $n_{ij}$)总共有 8 种可能:

$$\begin{pmatrix} a & b \\ c & d \end{pmatrix} = \begin{pmatrix} 0 & 7 \\ 9 & 1 \end{pmatrix}, \begin{pmatrix} 1 & 6 \\ 8 & 2 \end{pmatrix}, \begin{pmatrix} 2 & 5 \\ 7 & 3 \end{pmatrix}, \begin{pmatrix} 3 & 4 \\ 6 & 4 \end{pmatrix}, \begin{pmatrix} 4 & 3 \\ 5 & 5 \end{pmatrix}, \begin{pmatrix} 5 & 2 \\ 4 & 6 \end{pmatrix}, \begin{pmatrix} 6 & 1 \\ 3 & 7 \end{pmatrix}, \begin{pmatrix} 7 & 0 \\ 2 & 8 \end{pmatrix}.$$

利用超几何分布,可以计算每一种可能结果出现的概率:

$$P\left\{\begin{pmatrix} a & b \\ c & d \end{pmatrix}\right\} = \frac{n!}{a!\ b!\ c!\ d!}\Big/ C_n^{a+b} \cdot C_n^{a+c}$$

$$= \frac{(a+b)!\ (c+d)!\ (a+c)!\ (b+d)!}{n!\ a!\ b!\ c!\ d!}.$$

计算结果如下:

$p_1 = 0.0004113$, $p_2 = 0.0129580$, $p_3 = 0.103660$, $p_4 = 0.302343$,
$p_5 = 0.362812$, $p_6 = 0.181406$, $p_7 = 0.034554$, $p_8 = 0.001851$.

由以上结果直观地可以看出,结果 1,2,7 和 8 出现的概率都是小概率($< 0.05$).由假设检验的基本思想,对于一次抽样检查,小概率事件认为是不可能发生的.若出现小概率事件,则否定原假设.现在抽查的结果是$\begin{pmatrix} 3 & 4 \\ 6 & 4 \end{pmatrix}$,且 $p_4 = 0.302343$,出现的机会是较大的,故可接受工艺和产品质量无关联性的假设.

用 FREQ 过程进行 Fisher 精确检验时,系统计算两侧检验和单侧检验的 $p$ 值.两侧检验(2-Tail) 的 $p$ 值为

$$p = \sum_{p_i \leqslant p_4} p_i = p_1 + p_2 + p_3 + p_4 + p_6 + p_7 + p_8$$

$$= 1 - p_5 = 0.637;$$

而左侧检验(Left) 的 $p$ 值为

$$p = \sum_{a \leqslant n_{11}} p_i = \sum_{a \leqslant 3} p_i = p_1 + p_2 + p_3 + p_4 = 0.419;$$

右侧检验(Right) 的 $p$ 值为

$$p = \sum_{a \geqslant n_{11}} p_i = \sum_{a \geqslant 3} p_i = p_4 + p_5 + p_6 + p_7 + p_8 = 0.883.$$

以上的 $p$ 值都支持工艺和产品质量无关联性的假设.

Fisher 精确检验较适用于观测频数不大的情况.当观测总频数 $n$ 较大,或对于一般的 $r \times c$ 列联表,Fisher 精确检验的计算量非常之大,以至于无法承受.

FREQ 过程对于 $2 \times 2$ 的列联表,自动地进行 Fisher 精确检

验.如例 5.3.1 检验死刑数据的无关联性假设时,自动地执行 Fisher精确检验.请看输出 5.3.1 中标记为 Fisher′s Exact Test 下的那几行.标记为(2-Tail)的行给出前面描述的零假设和对立假设的 $p$ 值.对于死刑数据,$p$ 值是 0.725,因此不能拒绝独立的零假设(回顾卡方检验,同样不能拒绝零假设).

属性变量无关联性(或独立性)的两个常用检验是卡方( $\chi^2$ )检验和 Fisher 精确检验.它们都可以用 PROC FREQ 来执行.只需在 tables 语句的斜杠(/)后面加上选项:chisq, expected 或exact.对于 2×2 表,加上选项 chisq 即可完成这两个检验;一般的 $r \times c$ 表若要求 Fisher 精确检验,必须在斜杠(/)后加上选项exact.选项 expected 不是必须的,但它有助于了解各单元的观测频数和期望频数的差异.另还可以使用语句:

```
exact pchi;
```

来要求计算卡方( $\chi^2$) 检验的精确 $p$ 值.

**例 5.3.2** 试用菜单系统"分析员应用"对表 5.5 中的数据检验工艺和产品质量是否有关联性(显著性水平 $\alpha=0.1$).

**解** 首先启动"分析员应用",并对表 5.5 的数据生成 SAS 数据集(命名为 D532).检验工艺和产品质量是否有关联性的步骤如下:

① 在"分析员应用"菜单栏目中选择 Statistics ⇒ Table Analysis... .

② 在弹出的列联表分析主窗口中选择行变量和列变量:A(工艺 A1 和 A2)⇒Row, B(质量合格或不合格)⇒Column.

③ 在列联表分析主窗口的下方,按 Tables 键来选择所要求的计算内容,这里选择计算观测频数、期望频数及两者的偏差;按 Statistics 键,并在弹出的菜单中 Statistics(统计量)栏目下选择 Chi-square statistics(使前面方框中打勾),同时选择不输出列联表而仅计算统计量⇒ OK ⇒回到列联表分析主窗口后按 OK ,系统

将按用户的要求进行分析计算.

④ 查看输出结果,从“分析员应用”的数据窗口左边的树状表可以选择你想查看的各类计算结果.输出的检验工艺和产品质量是否有关联性的结果见输出 5.3.2.输出 5.3.2 下方的 WARNING(警告)信息指出有 75%的单元其期望频数<5,故 $\chi^2$ 检验可能不是一个有效的检验.

**输出 5.3.2 工艺和产品质量是否有关联性的检验结果**

```
                  STATISTICS FOR TABLE OF A BY B

Statistic                       DF      Value       Prob
--------------------------------------------------------
Chi-Square                       1      0.486      0.486
Likelihood Ratio Chi-Square      1      0.487      0.485
Continuity Adj. Chi-Square       1      0.041      0.839
Mantel-Haenszel Chi-Square       1      0.457      0.499
Fisher's Exact Test (Left)                         0.883
                    (Right)                        0.419
                    (2-Tail)                       0.637
Phi Coefficient                         0.169
Contingency Coefficient                 0.167
Cramer's V                              0.169

Sample Size = 17
WARNING: 75% of the cells have expected counts less
         than 5. Chi-Square may not be a valid test.
```

## §5.4 有序变量的关联性分析

### 一、有序变量的无有序关联检验—— Mentel-Haenszel 检验

前节介绍的两种检验方法适用于一般的属性变量.如果属性变量是有序的,有时还关心有序变量间是否存在有序关联性,即随着一个变量取值的增加,另一个变量的取值是否也有变大(或变小)的趋势.比如随着学历的提高,犯罪率是否减少.Mentel-Haenszel 检验法就是针对以下假设的一种检验方法:

$H_0$:行列变量无有序关联, $H_1$:行列变量存在有序关联.

该检验方法在发现有序关联方面比 $\chi^2$ 检验法要敏感.

## 二、有序变量的关联性度量

前面所谈到的检验方法只检验属性变量是否无关联性,如果属性变量有关联性的话,这些检验并没有提供任何关于属性变量关联性的信息.如果属性变量是有序的,在分析中应能利用这一事实.使用有序变量,能回答的问题应比使用名义变量回答的问题更明确,可用各种关联性量度给出这种信息.

用来度量有序变量关联程度的统计量有 $\gamma$ 统计量、$\tau_b$ 和 $\tau_c$ 等.这几个统计量均由以下定义的观测对一致或不一致的个数(即 $P$ 和 $Q$)来计算.

**定义(一致对和不一致对)** 设$(A_1,B_1)$和$(A_2,B_2)$是一对观测,若 $A_1 > A_2$ 且 $B_1 > B_2$ 或 $A_1 < A_2$ 且 $B_1 < B_2$,则称该对观测是**一致的**;若 $A_1 > A_2$ 且 $B_1 < B_2$ 或 $A_1 < A_2$ 且 $B_1 > B_2$,则称该对观测是**不一致的**.

例如变量 $A$ 表示牛群的大小,$A_1 = L$(大),$A_2 = M$(中),$A_3 = S$(小);变量 $B$ 表示患病程度,$B_1 = 0$(无),$B_2 = 1$(低),$B_3 = 2$(高),则观测对(小,0)和(大,1)是一致的,而(中,2)和(大,1)是不一致的.用 $P$ 表示所有观测对中一致对的个数;$Q$ 表示所有观测对中不一致对的个数.则表 5.6 中一致对的总数 $P$ 和不一致对的总数 $Q$ 为

$$P = 9\times(4+88+19+136)+5\times(19+136)$$
$$+18\times(88+136)+4\times136 = 7574,$$
$$Q = 9\times(18+4+11+88)+5\times(18+11)$$
$$+19\times(11+88)+4\times11 = 3159.$$

$\gamma$ 统计量、$\tau_b$ 和 $\tau_c$ 定义如下:

$$\gamma = \frac{P-Q}{P+Q},\quad \tau_b = \frac{P-Q}{\sqrt{w_r w_c}},\quad \tau_c = \frac{P-Q}{n^2(m-1)m},$$

其中 $w_r = n^2 - \sum_{i=1}^{r} n_{i+}^2$, $w_c = n^2 - \sum_{j=1}^{c} n_{+j}^2$, $r$ 是行变量

的水平数，$c$ 是列变量的水平数，$m = \min(r,c)$. 若用 $n_{ij}(i = 1,\ldots,r; j = 1,\ldots,c)$ 表示第 $i$ 行第 $j$ 列对应单元的观测频数，则

$$n_{i+} = \sum_{j=1}^{c} n_{ij}, \quad n_{+j} = \sum_{i=1}^{r} n_{ij}.$$

由以上公式可见，这几个关联性统计量（$\gamma$ 统计量、$\tau_b$ 和 $\tau_c$）的取值范围是 $-1.0$到 1.0，值接近 1.0 时表示正关联，值接近 $-1.0$时表示负关联. 下面通过例子介绍怎样使用 PROC FREQ 计算这几种关联性系数.

**例 5.4.1** 佛罗里达大学的一名动物流行病学家检验奶牛是否患有某种细菌性疾病. 通过分析血样检查这种疾病，每个动物的患病程度分为没有(0)、低(1)和高(2). 每头牛所属的牛群大小分为大(large)、中(medium)、小(small). 记录了根据患病程度和牛群大小划分的九个类中的动物的头数（见表 5.6）. 因为牛群的大小类别和患病程度类别是有顺序的，所以这两个变量都是有序的. 这种疾病由细菌从一头牛传染给另一头牛，因此流行病学家要知道患病的程度是否与牛群的大小有关？换句话说，随着牛群的增大，患病程度是有增加的趋势还是有减小的趋势？

**表 5.6 奶牛疾病与牛群大小的数据**

| | 没有(0) | 低(1) | 高(2) |
|---|---|---|---|
| 小 | 9 | 5 | 9 |
| 中 | 18 | 4 | 19 |
| 大 | 11 | 88 | 136 |

**解** 对于这些数据，可以使用卡方检验来检查牛群大小和患病的程度是否有关联性. 可是，这个检验不能回答是否存在与牛群增大有关的患病程度倾向. Kendall 的 Tau-b 等统计量能回答这个问题. 下面的语句生成 COWS 数据集并分析奶牛疾病数据.

```
data COWS;
    input herdsize $ disease n @@;
    cards;
small 0 9 small 1 5 small 2 9
medium 0 18 medium 1 4 medium 2 19
large 0 11 large 1 88 large 2 136
```

```
;
proc freq data=COWS;
    tables herdsize*disease /
            measures expected nopercent norow nocol;
    weight n;
    title '奶牛疾病数据';
run;
```

这些语句产生输出 5.4.1. 注意这组数据需要使用 weight 语句,这是因为提供的数据是每个单元的观测个数. 在 tables 语句中的选项 measures 要求计算几个关联性量度, 包括 Kendall 的 Tau-b. 其他的选项前面已讨论了.

在输出 5.4.1 中,首先可以看到 HERDSIZE 和 DISEASE 的交叉表. 每个单元包含两个数字:单元观测频数和单元期望频数. 单元期望频数由选项 expected 产生, 它给出当牛群大小与患病程度无关联性时在每个单元里牛的期望头数. 请看交叉表的第一行,对应 HERDSIZE = large. 还可以看到当 DISEASE = 0 时单元频数 11 小于期望频数 29.866, 但当 DISEASE = 2 时单元频数 136 大于期望频数 128.9. 再请看交叉表下面的行(即对应HERDSIZE = small 的行),可以看到与大牛群相反的倾向:当DISEASE = 0 时单元频数 9 大于期望频数 2.9231, 但当 DISEASE = 2 时单元频数 9 小于期望频数 12.615. 大体上的直观结论是大的牛群比小的牛群有更糟的疾病模式;换句话说, 随着牛群的增大患病程度也增加.

为了证实这个直观结论, 可用 Kendall 的 Tau-b 等统计量. 请看输出 5.4.1 中标记 STATISTICS FOR TABLE OF HERDSIZE BY DISEASE 的那段输出结果, 并找到 Kendall 的 Tau-b. 其值 −0.217是患病程度和牛群大小间的关联性量度. 负值意味着:随一个变量的减小, 另一变量增大, 这似乎与直观结论不符合. 可是 FREQ过程输出的列联表使用字符变量的字母顺序, 例如, HERDSIZE的"顺序"是 large⇒medium⇒small. 负的 Kendall 的

Tau-b 意味着随着牛群由小到中再到大,患病程度增加.这正是查看单元频数和期望频数得到的结论.

如果在 PROC FREQ 语句中加上选项 order = data,则列联表中属性变量取值的次序按数据读入的顺序(即 small⇒medium⇒large).此时计算的 Tau-b 统计量为 0.217.

**输出 5.4.1　COWS 数据集的关联性量度**

奶牛疾病数据

TABLE OF HERDSIZE BY DISEASE

HERDSIZE　　DISEASE

| Frequency<br>Expected | 0 | 1 | 2 | Total |
|---|---|---|---|---|
| large | 11<br>29.866 | 88<br>76.237 | 136<br>128.9 | 235 |
| medium | 18<br>5.2107 | 4<br>13.301 | 19<br>22.488 | 41 |
| small | 9<br>2.9231 | 5<br>7.4615 | 9<br>12.615 | 23 |
| Total | 38 | 97 | 164 | 299 |

STATISTICS FOR TABLE OF HERDSIZE BY DISEASE

| Statistic | Value | ASE |
|---|---|---|
| Gamma | −0.411 | 0.101 |
| Kendall's Tau-b | −0.217 | 0.061 |
| Stuart's Tau-c | −0.148 | 0.044 |
| Somers' D C\|R | −0.276 | 0.078 |
| Somers' D R\|C | −0.171 | 0.048 |
| Pearson Correlation | −0.282 | 0.066 |
| Spearman Correlation | −0.233 | 0.066 |
| Lambda Asymmetric C\|R | 0.000 | 0.000 |
| Lambda Asymmetric R\|C | 0.109 | 0.079 |
| Lambda Symmetric | 0.035 | 0.026 |
| Uncertainty Coefficient C\|R | 0.099 | 0.026 |
| Uncertainty Coefficient R\|C | 0.144 | 0.037 |
| Uncertainty Coefficient Symmertic | 0.117 | 0.030 |

Sample Size = 299

关于有序变量的"顺序",还有一点需要注意.在上例中,HERDSIZE 的"顺序"是 large⇒medium⇒small.还能将 large 编号为 1, medium 为 2, small 为 3, 那么会得到同样的结果. 可是如果值的顺序与增大或减小倾向不相符的话, 将得到不正确的结果. 例如, large 编号为 2, medium 为 1, small 为 3, 那么 Kendall 的 Tau-b 是无意义的. 一般地, 当使用 Kendall 的 Tau-b 时, 需要查看变量的值(不管是字符型还是数值型), 以确保值的"顺序"是有意义的.

标记 ASE 的列给出 Kendall 的 Tau-b 的标准差的估计. 这个估计仅适用于大样本. 由这个标准差估计, 能够生成 Tau-b 的 95%的近似置信区间, 其区间为 Tau-b 值加减 2 倍的 ASE. 对于 COWS数据, Kendall 的 Tau-b 的 95%置信区间为

$$[-0.217-(2\times0.061),\ -0.217+(2\times0.061)]$$
$$=[-0.339,\ -0.095].$$

因为该置信区间不包含零点, 能完全地确信患病程度和牛群大小之间的有序关联是显著的. 该置信区间可解释为 Kendall 的 Tau-b 落入 −0.339 和 −0.095 之间的机会是 95%. 为了计算关联性统计量的置信区间, 只需在 tables 语句中除使用measures外, 再加上选项 CL 即可.

## 习 题 五

**5-1** 试用编程方法或"分析员应用"对表 5.2 给出的表格数据生成二维列联表, 并检验性别和喜爱的颜色是否无关联性($\alpha=0.05$ 或 $0.10$).

**5-2** 试用编程方法或"分析员应用"对表 5.3 给出的表格数据生成二维列联表, 并检验不同的方案(处理)与治愈情况(状态)是否有联系($\alpha=0.01$).

**5-3** 下表是对外伤施行的两种不同治疗方法的效果. 试用编程方法或"分析员应用"生成恢复时间和治疗方法的列联表; 并检验恢复时间和治疗方法的无关联性($\alpha=0.05$).

**恢复时间和治疗方法的数据**

| | 第一年康复 | 第二年康复 |
|---|---|---|
| 方法一(理疗) | 38 | 12 |
| 方法二(药物+卧床) | 43 | 32 |

**5-4** 下表是对195位母亲喂养婴儿的哺育方式(牛奶、母乳和并用)的调查数据,同时记录了每位母亲的经济状况(分为:贫穷、下、中和上四等级).试用编程方法或“分析员应用”判断采用的哺育方式是否与母亲的经济状况相关($\alpha=0.01$).

**婴儿哺育方式和母亲经济状况的数据**

| | 贫穷 | 下 | 中 | 上 |
|---|---|---|---|---|
| 牛奶 | 30 | 15 | 11 | 12 |
| 母乳 | 7 | 18 | 19 | 29 |
| 并用 | 5 | 23 | 7 | 19 |

**5-5** 下表记录了某公司在过去6个月中的顾客信息,其中包括顾客的性别(sex:男和女),顾客的年收入(income:低、中和高)和购买价值(purchase:1=大于等于100元,0=小于100元),共记录了431位顾客的资料.试用编程方法或“分析员应用”完成以下练习:

(1) 生成购买价值与顾客年收入和顾客性别的列联表,并分析购买行为与性别及收入高低的联系;然后检验购买价值与顾客的年收入及顾客的性别是否有关联性.

(2) 把性别(sex)作为分层变量生成购买价值与顾客年收入的列联表,并分析比较男女顾客中收入高低的人群的购买行为;

(3) 对有序变量购买价值与顾客年收入检验是否有显著的有序关联性,并计算关联性统计量.

**某公司记录的顾客信息**

| | 价值<100元 | | 价值≥100元 | |
|---|---|---|---|---|
| | 男 | 女 | 男 | 女 |
| 低收入 | 35 | 55 | 8 | 34 |
| 中收入 | 58 | 40 | 15 | 31 |
| 高收入 | 37 | 44 | 38 | 36 |

# 第六章 判别分析

判别分析是用于判断样品所属类型的一种统计分析方法.在生产、科研和日常生活中经常遇到如何根据观测到的数据资料对所研究的对象进行判别归类的问题.例如:在医学诊断中,一个病人肺部有阴影,医生要判断他是肺结核、肺部良性肿瘤还是肺癌.这里肺结核病人、良性肿瘤病人、肺癌病人组成三个总体,病人来源于这三个总体之一,判别分析的目的是通过测得病人的指标(阴影的大小,边缘是否光滑,体温多少……)来判断他应该属哪个总体(即判断他生什么病).

在气象学中,根据已有气象资料(气温、气压、湿度等)来判断明天是阴天还是晴天,是有雨还是无雨.在经济学中,根据人均国民收入,人均工农业产值,人均消费水平等多种指标来判定一个国家的经济发展程度所属的类型.股票持有者根据某种股票近期的变化情况判断此种股票价格下一周是上升还是下跌.在市场预测中,根据以往调查所得的种种指标,判断下季度(或下个月)产品是畅销、平常或滞销.在考古学中,根据挖掘出来的人头盖骨的高、宽等特征来判别其民族或性别.在环境科学中,根据某地区的气象条件,大气污染元素浓度等来判断该地区是属严重污染,一般污染还是无污染.在地质勘探中,需要从岩石标本的多种特征来判断地层的地质年代,是有矿还是无矿,是富矿还是贫矿.在农林虫害预报中,根据以往的虫情及多种气象因子判别一个月后的虫情是大发生、中发生或正常.在体育运动中,根据运动员的多项运动指标来判定游泳运动员的"苗子"是适合练蛙泳,仰泳还是自由泳,等等.

总之,判别分析是应用性很强的一种多元统计方法,已渗透到各个领域.但不管是哪个领域,判别分析问题都可以这样描述:设

有 $k$ 个 $m$ 维总体 $G_1, G_2, \cdots, G_k$，其分布特征已知(如已知分布函数分别为 $F_1(x), F_2(x), \cdots, F_k(x)$，或知道来自各个总体的训练样本). 对给定的一个新样品 X，我们要判断它来自哪个总体.

在进行判别归类时，由假设的前提，判别的依据及处理的手法不同，可得出不同判别方法. 如距离判别，Bayes 判别，Fisher 判别或典型判别，逐步判别，序贯判别等. 本章介绍几个常用的判别方法.

## §6.1 距离判别

距离判别的基本思想是：样品和哪个总体距离最近，就判它属哪个总体. 距离判别也称为直观判别法.

### 一、马氏距离

已知有两个类 $G_1$ 和 $G_2$，比如 $G_1$ 是设备 $A$ 生产的产品，$G_2$ 是设备 $B$ 生产的同类产品. 设备 $A$ 的产品质量高(如考察指标为耐磨度 $X$)，其平均耐磨度 $\mu_1 = 80$，反映设备精度的方差 $\sigma_1^2 = 0.25$；设备 $B$ 的产品质量稍差，其平均耐磨度 $\mu_2 = 75$，反映设备精度的方差 $\sigma_2^2 = 4$. 今有一产品 $X_0$，测得耐磨度 $x_0 = 78$，试判断该产品是哪一台设备生产的？

直观地看，$x_0$ 与 $\mu_1$(设备 $A$)的绝对距离近些，按距离最近的原则是否应把该产品 $X_0$ 判断为设备 $A$ 生产的？

下面考虑一种相对于分散性的距离. 记 $X_0$ 与 $G_1$ 或 $G_2$ 的相对平方距离为 $d_1^2(x_0)$ 或 $d_2^2(x_0)$，则有：

$$d_1^2(x_0) = \frac{(x_0 - \mu_1)^2}{\sigma_1^2} = \frac{(78 - 80)^2}{0.25} = 16,$$

$$d_2^2(x_0) = \frac{(x_0 - \mu_2)^2}{\sigma_2^2} = \frac{(78 - 75)^2}{4.00} = 2.25.$$

因为 $d_2(x_0) = 1.5 < 4 = d_1(x_0)$，按这种距离准则应判 $X_0$ 为设

备 $B$ 生产的.从图示 6.1 可以看出,设备 $B$ 生产的产品质量较分散,出现 $x_0$ 为 78 的可能性仍较大;而设备 $A$ 生产的产品质量较集中,出现 $x_0$ 为 78 的可能性较小.判 $X_0$ 为设备 $B$ 的产品更合理.

一般地,我们假设 $G_1$ 的分布为 $N(\mu_1,\sigma_1^2)$,$G_2$ 的分布为 $N(\mu_2,\sigma_2^2)$,则利用相对距离的定义,可以找出分界点 $\mu^*$(不妨设 $\mu_2<\mu_1$),令

$$\frac{(x-\mu_1)^2}{\sigma_1^2}=\frac{(x-\mu_2)^2}{\sigma_2^2}\Rightarrow x=\frac{\mu_1\sigma_2+\mu_2\sigma_1}{\sigma_1+\sigma_2}\xlongequal{\text{def}}\mu^*,$$

而按这种距离最近的判别准则为: $\begin{cases}\text{判 } X\in G_1,\ \text{当 } x>\mu^* \text{ 时},\\ \text{判 } X\in G_2,\ \text{当 } x\leqslant\mu^* \text{ 时}.\end{cases}$

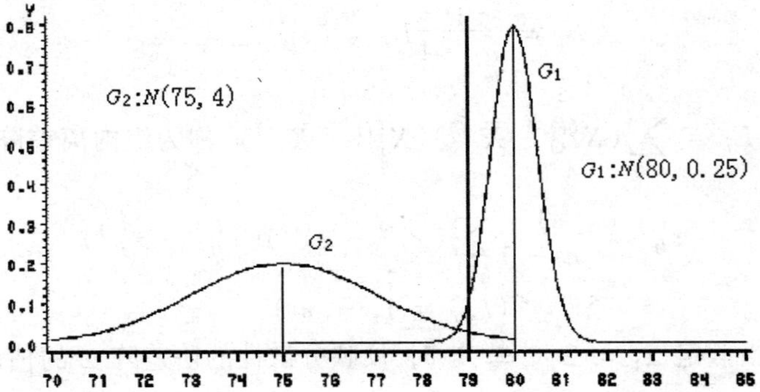


**图示 6.1　利用马氏距离对两个一维正态总体判别归类**

因只有一个指标,这时判别函数为:$Y=Y(x)=x$.此例中 $\mu^*=79$,因 $x_0=78<\mu^*$,故判 $X_0\in G_2$.下面给出一般 $m$ 维总体中这种相对距离——马氏(Mahalanobis)距离的定义:

**定义 6.1(马氏距离)**　设总体 $G$ 为 $m$ 维总体(考察 $m$ 个指标),均值向量为 $\mu=(\mu_1,\mu_2,\cdots,\mu_m)'$,协差阵为 $\Sigma=(\sigma_{ij})_{m\times m}$,则样品 $X=(x_1,x_2,\cdots,x_m)'$ 与总体 $G$ 的**马氏距离**定义为

$$d^2(X,G)=(X-\mu)'\Sigma^{-1}(X-\mu).$$

当 $m=1$ 时，$d^2(x,G)=\dfrac{(x-\mu)'(x-\mu)}{\sigma^2}=\dfrac{(x-\mu)^2}{\sigma^2}$.

## 二、两总体的距离判别

先考虑两个总体($k=2$)的情况. 设有两个总体 $G_1$ 和 $G_2$，已知来自 $G_i(i=1,2)$ 的训练样本为

$$X_{(t)}^{(i)}=(x_{t1}^{(i)},x_{t2}^{(i)},\cdots,x_{tm}^{(i)})' \quad (i=1,2;t=1,2,\cdots,n_i),$$

其中 $n_i$ 是取自 $G_i$ 的样品个数，则均值向量 $\mu_i$ 的估计量为

$$\overline{X}^{(i)}=\left(\frac{1}{n_i}\sum_{t=1}^{n_i}x_{t1}^{(i)},\cdots,\frac{1}{n_i}\sum_{t=1}^{n_i}x_{tm}^{(i)}\right)'=(\bar{x}_1^{(i)},\bar{x}_2^{(i)},\cdots,\bar{x}_m^{(i)})'.$$

总体 $G_i$ 的协差阵 $\Sigma_i$ 的估计 $S_i$(称为组内协差阵)为

$$S_i=\frac{1}{n_i-1}E_i=(s_{lj}^{(i)})_{m\times m},$$

其中 $E_i=\sum\limits_{t=1}^{n_i}(X_{(t)}^{(i)}-\overline{X}^{(i)})(X_{(t)}^{(i)}-\overline{X}^{(i)})'$ 称为组内离差阵，

$$s_{lj}^{(i)}=\frac{1}{n_i-1}\sum_{t=1}^{n_i}(x_{tl}^{(i)}-\bar{x}_l^{(i)})(x_{tj}^{(i)}-\bar{x}_j^{(i)})$$
$$(l,j=1,\cdots,m).$$

当假定 $\Sigma_1=\Sigma_2\overset{\text{def}}{=\!=}\Sigma$ 时，反映分散性的协差阵 $\Sigma$ 的估计为

$$S=\frac{1}{n-k}\sum_{i=1}^{k}E_i=(s_{lj})_{m\times m},$$

并称 $S$ 为**样本合并协差阵**，其中

$$s_{lj}=\frac{1}{n-k}\sum_{i=1}^{2}\sum_{t=1}^{n_i}(x_{tl}^{(i)}-\bar{x}_l^{(i)})(x_{tj}^{(i)}-\bar{x}_j^{(i)}) \quad (l,j=1,2,\cdots,m).$$

问题是对任给定的 $m$ 维样品 $X=(x_1,x_2,\cdots,x_m)'$，要判断它来自哪个总体.

### 1. $\Sigma_1=\Sigma_2$ 时的判别方法

一个最直观的想法是分别计算样品 $X$ 到两个总体的距离 $d_1^2(X)$ 和 $d_2^2(X)$(或记为 $d^2(X,G_1)$ 和 $d^2(X,G_2)$)，并按距离最

近准则判别归类,即判别准则为*:

$$\begin{cases} 判\ X \in G_1, & 当\ d^2(X,G_1) < d^2(X,G_2)\ 时, \\ 判\ X \in G_2, & 当\ d^2(X,G_1) \geqslant d^2(X,G_2)\ 时, \end{cases}$$

或

$$\begin{cases} 判\ X \in G_1, & 当\ d^2(X,G_1) < d^2(X,G_2)\ 时, \\ 判\ X \in G_2, & 当\ d^2(X,G_1) > d^2(X,G_2)\ 时, \\ 待判 & 当\ d^2(X,G_1) = d^2(X,G_2)\ 时, \end{cases}$$

这里的距离是指马氏距离.利用马氏距离的定义及两总体协差阵相等的假设,可以简化马氏距离的计算公式:

$$\begin{aligned} d^2(X,G_i) &= (X - \overline{X}^{(i)})' S^{-1} (X - \overline{X}^{(i)}) \\ &= X' S^{-1} X - 2\left[X'(S^{-1}\overline{X}^{(i)}) - \frac{1}{2}(\overline{X}^{(i)})' S^{-1} \overline{X}^{(i)}\right] \\ &= X' S^{-1} X - 2 Y_i(X) \quad (i = 1,2), \end{aligned}$$

其中 $Y_i(X)$ 是 $X$ 的线性函数.对给定样品 $X$,为计算 $X$ 到各总体的马氏距离,只需计算 $Y_i(X)$:

$$Y_i(X) = X'(S^{-1}\overline{X}^{(i)}) - \frac{1}{2}(\overline{X}^{(i)})' S^{-1} \overline{X}^{(i)} \quad (i = 1,2).$$

$Y_i(X)$ 称为**线性判别函数**, $a_i = S^{-1}\overline{X}^{(i)}$ 称为**判别系数向量**, $c_i = -\frac{1}{2}(\overline{X}^{(i)})' S^{-1} \overline{X}^{(i)}$ 称为**常数项**.

若考察这两个马氏距离之差,经计算可得:

$$d_2^2(X) - d_1^2(X) = 2\left(X - \frac{1}{2}(\overline{X}^{(1)} + \overline{X}^{(2)})\right)' S^{-1} (\overline{X}^{(1)} - \overline{X}^{(2)}) \xlongequal{\text{def}} 2W(X),$$

其中

$$W(X) = (X - X^*)' S^{-1} (\overline{X}^{(1)} - \overline{X}^{(2)}),$$

$$X^* = \frac{1}{2}(\overline{X}^{(1)} + \overline{X}^{(2)}),$$

则判别准则还可以写为:

$$\begin{cases} 判\ X \in G_1, & 当\ W(X) > 0\ 时, \\ 判\ X \in G_2, & 当\ W(X) \leqslant 0\ 时. \end{cases}$$

---

* 本章一般采用第一种形式的准则.

$W(X)$ 是 $X$ 的线性函数,即 $W(X)=a'(X-X^*)$,其中 $a=S^{-1}(\overline{X}^{(1)}-\overline{X}^{(2)})$. $W(X)$ 也称为**线性判别函数**, $a$ 为**判别系数**.

$W(X)$ 把 $m$ 维空间 $\boldsymbol{R}^m$ 划分为两部分: $D_1=\{X: W(X)>0\}$ 和 $D_2=\{X: W(X)\leqslant 0\}$,则 $D_1, D_2$ 是 $\boldsymbol{R}^m$ 的一个划分. 显然,判别方法的最终结果是得到 $\boldsymbol{R}^m$ 中的一个划分. 由判别函数 $W(X)$ 得到划分 $D_1, D_2$,当样品 $X$ 落入 $D_1$ 时判 $X\in G_1$,当 $X$ 落入 $D_2$ 时判 $X\in G_2$.

下面考察 $m=1$ 的特殊情况,并设两总体为正态总体,其分布已知为 $N(\mu_1,\sigma^2)$ 和 $N(\mu_2,\sigma^2)$(两总体的方差相同,记为 $\sigma^2$),这时判别函数为

$$W(x)=\left(x-\frac{\mu_1+\mu_2}{2}\right)\frac{1}{\sigma^2}(\mu_1-\mu_2)=a(x-\bar{\mu}),$$

其中 $\bar{\mu}=\dfrac{\mu_1+\mu_2}{2}$, $a=\dfrac{\mu_1-\mu_2}{\sigma^2}$. 不妨设 $\mu_1>\mu_2$,则 $a$ 为正数, $W(x)$ 的符号取决于 $x>\bar{\mu}$ 或 $x<\bar{\mu}$. 当 $x>\bar{\mu}$ 时判样品 $X\in G_1$,当 $x\leqslant\bar{\mu}$ 时判样品 $X\in G_2$. 从图示 6.2 可以看出,用这种判别法会发生错判,如 $X$ 来自 $G_1$,但却落入 $D_2$,被判为属 $G_2$. 错判的概率为图示 6.2 中阴影左半部分的面积,并记为 $P(2|1)$. 类似有 $P(1|2)$.

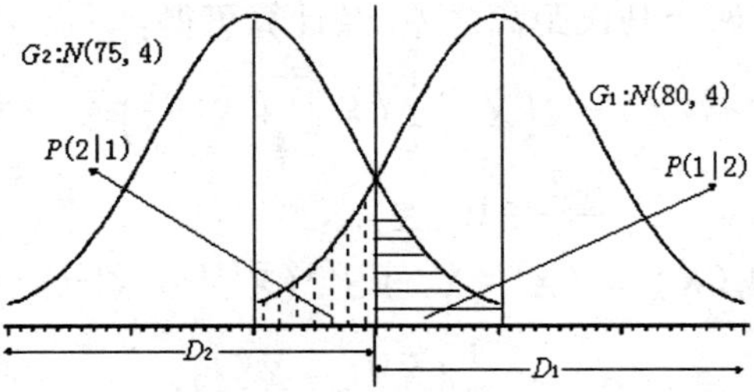


**图示 6.2 两个一维正态总体的距离判别法($\sigma_1=\sigma_2$)**

经计算可得 $P(2|1)=P(1|2)=1-\Phi\left(\dfrac{\mu_1-\mu_2}{2\sigma}\right)$. 比如当 $\mu_1=80, \mu_2=75, \sigma=2$ 时, $P(2|1)=0.1056$. 由错判概率的公式

及图示 6.2 可见,当两总体均值靠得很近(即$|\mu_1-\mu_2|$很小)时,则错判概率很大,这时作判别分析是没有意义的.因此只有当两总体的均值有显著性差异时,作判别分析才有意义.

**2. $\Sigma_1 \neq \Sigma_2$时的判别方法**

当两总体协差阵不等时,按距离判别准则先分别计算 $X$ 到两个总体的距离 $d^2(X,G_1)$ 和 $d^2(X,G_2)$,然后按距离最近准则判别归类,或者类似地计算判别函数 $W(X)$,并用于判别归类.令

$$W(X)=d^2(X,G_2)-d^2(X,G_1)=\cdots \overset{\text{def}}{=\!=} Z(X)-Z_0,$$

其中 $Z(X)$ 为 $X$ 的二次函数(因 $\Sigma_1 \neq \Sigma_2$),$Z_0$ 是一常数(具体表达式省略了).判别准则仍可以写为:

$$\begin{cases} \text{判 } X \in G_1, & \text{当 } W(X)>0 \text{ 时}, \\ \text{判 } X \in G_2, & \text{当 } W(X)\leqslant 0 \text{ 时}. \end{cases}$$

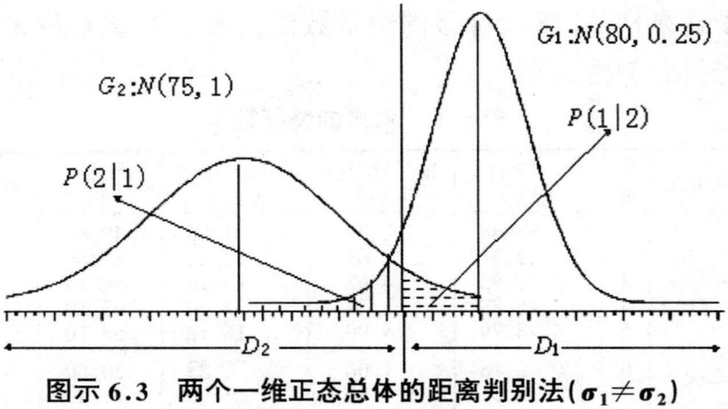


图示 6.3 两个一维正态总体的距离判别法($\sigma_1 \neq \sigma_2$)

当 $m=1$,两总体为正态总体时,记 $G_i$ 的均值为 $\mu_i$,方差为 $\sigma_i^2(i=1,2)$,这时马氏距离的平方根为

$$d_i(x)=\frac{|x-\mu_i|}{\sigma_i} \quad (i=1,2).$$

不妨设 $\mu_2<\mu_1, \sigma_1<\sigma_2$,观测值 $x$ 满足:$\mu_2<x<\mu_1$ 时,

$$d_2(x)-d_1(x)=\frac{x-\mu_2}{\sigma_2}-\frac{\mu_1-x}{\sigma_1}=\frac{\sigma_1+\sigma_2}{\sigma_1\sigma_2}(x-\mu^*),$$

其中

$$\mu^* = \frac{\mu_1\sigma_2 + \mu_2\sigma_1}{\sigma_1 + \sigma_2},$$

它是 $\mu_1, \mu_2$ 的加权平均值(见图示 6.3). 它把直线分为两部分: $D_1 = \{x > \mu^*\}$ 和 $D_2 = \{x \leqslant \mu^*\}$. 这时判别准则为

$$\begin{cases} 判\ X \in G_1, & 当\ x > \mu^*\ 时, \\ 判\ X \in G_2, & 当\ x \leqslant \mu^*\ 时. \end{cases}$$

当 $\sigma_1 = \sigma_2$ 时, $\mu^* = \bar{\mu}$. $\mu^*$ 或 $\bar{\mu}$ 常称为**阈值点**(分界点), 阈值如何选取很重要, 取得不当, 错判概率将明显增加.

**3. 应用简例**

**例 6.1.1(盐泉含钾性判别)** 某地区经勘探证明 $A$ 盆地是一个钾盐矿区, $B$ 盆地是一个钠盐矿区, 其他盐盆地是否含钾盐有待作出判断. 今从 $A, B$ 两盆地各抽取 5 个盐泉样品; 从其他盆地抽得 8 个盐泉样品, 18 个盐泉的特征数值见表 6.1. 试对后 8 个待判盐泉进行含钾性判别.

**表 6.1 盐泉的特征数值**

| 盐泉类别 | 序号 | $K \cdot 10^3/Cl$ ($X_1$) | $Br \cdot 10^3/Cl$ ($X_2$) | $K \cdot 10^3/\Sigma$ 盐 ($X_3$) | $K/Br$ ($X_4$) | 类别号 |
|---|---|---|---|---|---|---|
| 第一类: 含钾盐泉 ($A$ 盆地) | 1 | 13.85 | 2.79 | 7.80 | 49.60 | A |
| | 2 | 22.31 | 4.67 | 12.31 | 47.80 | A |
| | 3 | 28.82 | 4.63 | 16.18 | 62 15 | A |
| | 4 | 15.29 | 3.54 | 7.50 | 43.20 | A |
| | 5 | 28.79 | 4.90 | 16.12 | 58.10 | A |
| 第二类: 不含钾盐泉 ($B$ 盆地) | 6 | 2.18 | 1.06 | 1.22 | 20.60 | B |
| | 7 | 3.85 | 0.80 | 4.06 | 47.10 | B |
| | 8 | 11.40 | 0.00 | 3.50 | 0.00 | B |
| | 9 | 3.66 | 2.42 | 2.14 | 15.10 | B |
| | 10 | 12.10 | 0.00 | 5.68 | 0.00 | B |
| 待判盐泉 | 1 | 8.85 | 3.38 | 5.17 | 26.10 | |
| | 2 | 28.60 | 2.40 | 1.20 | 127.00 | |
| | 3 | 20.70 | 6.70 | 7.60 | 30.20 | |
| | 4 | 7.90 | 2.40 | 4.30 | 33.20 | |
| | 5 | 3.19 | 3.20 | 1.43 | 9.90 | |
| | 6 | 12.40 | 5.10 | 4.43 | 24.60 | |
| | 7 | 16.80 | 3.40 | 2.31 | 31.30 | |
| | 8 | 15.00 | 2.70 | 5.02 | 64.00 | |

**解法 1** $A$ 盆地和 $B$ 盆地看做两个不同的总体, 并假定两总体协差阵相等. 本例中变量个数 $m = 4$, 两类总体各有 5 个训练样品

($n_1 = n_2 = 5$),另有 8 个待判样品.下面用 SAS/STAT 软件中的 DISCRIM过程进行判别归类.

以下 SAS 程序首先生成 SAS 数据集 D611,然后调用 DISCRIM过程对含钾和不含钾的 $A$,$B$ 两类盆地的 10 个样品特征测量值用距离判别的方法,建立线性判别函数,并对已知类别的样品和待判样品进行判别归类.输出 6.1.1 至输出 6.1.3 是 SAS 程序输出的部分结果.

```
data D611;
    input X1 - X4 group $ ;
    cards;
  13.85   2.79    7.80    49.60   A
  22.31   4.67   12.31    47.80   A
  28.82   4.63   16.18    62.15   A
  15.29   3.54    7.50    43.20   A
  28.79   4.90   16.12    58.10   A
   2.18   1.06    1.22    20.60   B
   3.85   0.80    4.06    47.10   B
  11.40   0.00    3.50     0.00   B
   3.66   2.42    2.14    15.10   B
  12.10   0.00    5.68     0.00   B
   8.85   3.38    5.17    26.10   .
  28.60   2.40    1.20   127.00   .
  20.70   6.70    7.60    30.20   .
   7.90   2.40    4.30    33.20   .
   3.19   3.20    1.43     9.90   .
  12.40   5.10    4.43    24.60   .
  16.80   5.40    2.31    31.30   .
  15.00   2.70    5.02    64.00   .
;
proc discrim data = D611 simple wcov distance list;
    class group;
    var X1 - X4;
run;
```

以上 SAS 程序的 proc discrim 语句中,选项 simple 要求输出各类的简单描述统计量(如两类矿区各变量的均值、标准差等);选项 wcov 要求输出各类的组内协差阵(即 $S_1$ 和 $S_2$);选项distance 要求输出各组间的距离(见输出 6.1.1);选项 list 要求输出按距离准则的判别结果(见输出 6.1.3).对来自 $A$ 或$B$ 盆地的 10 个盐泉样品都判对了;对 8 个待判样品判别的结果为:第 2,3,6,7,8 五个盐泉为含钾盐泉,其余三个不含钾.

输出 6.1.1 给出两组间的平方距离(马氏距离)为 37.02876,检验 $H_0: \mu_1 = \mu_2$ 的 $F$ 统计量为 14.46436,相应的 $p$ 值 = 0.0059 < 0.01,这说明 $A$、$B$ 两盆地的盐泉特征有显著差异,讨论判别归类问题是有意义的.

**输出 6.1.1　组间距离及两总体均值差异的显著性检验**

```
Discriminant Analysis     Pairwise Squared Distances Between Groups

                   2                         -1
                  D (i|j) = (X̄  - X̄ )' COV    (X̄  - X̄ )
                              i    j              i    j

                           Squared Distance to GROUP
            From
            GROUP                  A              B

            A                      0       37.02876
            B               37.02876              0

                           F Statistics, NDF=4, DDF=5 for
                           Squared Distance to GROUP
            From
            GROUP                  A              B

            A                      0       14.46436
            B               14.46436              0

                           Prob > Mahalanobis Distance for
                           Squared Distance to GROUP
            From
            GROUP                  A              B

            A                 1.0000         0.0059
            B                 0.0059         1.0000
```

**输出 6.1.2　线性判别函数 $Y_i(X)(i=1,2)$**

```
        Discriminant Analysis     Linear Discriminant Function

                             -1                                        -1
    Constant = -.5 X̄' COV    X̄        Coefficient Vector = COV    X̄
                    j          j                                       j

                                  GROUP

                                     A                B

             CONSTANT          -42.24731        -5.16272
             X1                  7.67412         2.93107
             X2                  5.54881         1.35698
             X3                -13.96307        -5.37383
             X4                  1.18131         0.45583
```

由输出 6.1.2 可得出线性判别函数为:

$$Y_1(X) = -42.24731 + 7.67412\ X_1 + 5.54881\ X_2 - 13.96307\ X_3 + 1.18131\ X_4,$$

$$Y_2(X) = -5.16272 + 2.93107\ X_1 + 1.35698\ X_2 - 5.37383\ X_3 + 0.45583\ X_4.$$

**输出 6.1.3 由选项 LIST 要求而列出的回判结果**

```
Discriminant Analysis     Classification Results for Calibration Data: WORK.D611

            Resubstitution Results using Linear Discriminant Function

               Generalized Squared Distance Function:

                2                   -1
               D (X) = (X-X̄ )' COV  (X-X̄ )
                j          j             j

               Posterior Probability of Membership in each GROUP:

                                       2                 2
               Pr(j|X) = exp(-.5 D (X)) / SUM exp(-.5 D (X))
                                       j          k          k

                                         Posterior Probability of Membership in GROUP:
  Obs       From          Classified
            GROUP         into GROUP          A              B

    1       A             A                0.9999         0.0001
    2       A             A                1.0000         0.0000
    3       A             A                1.0000         0.0000
    4       A             A                1.0000         0.0000
    5       A             A                1.0000         0.0000
    6       B             B                0.0000         1.0000
    7       B             B                0.0000         1.0000
    8       B             B                0.0000         1.0000
    9       B             B                0.0000         1.0000
   10       B             B                0.0000         1.0000
   11                     B          *     0.0016         0.9984
   12                     A          *     1.0000         0.0000
   13                     A          *     1.0000         0.0000
   14                     B          *     0.0830         0.9170
   15                     B          *     0.0000         1.0000
   16                     A          *     1.0000         0.0000
   17                     A          *     1.0000         0.0000
   18                     A          *     1.0000         0.0000

               * Misclassified observation
```

**解法 2** 利用 SAS/STAT 软件中的 DISCRIM 过程进行判别归类计算时，也可以把 8 个待判样品生成一个检验数据集(D611TEST)；而用于建立判别函数的 10 个训练样品生成数据集 DS611. 以下 SAS 程序首先生成两个 SAS 数据集，然后调用 DISCRIM过程对数据集 DS611 中的 10 个样品特征测量值用距离判别的方法，建立线性判别函数，并对检验数据集 D611TEST 中的待判样品进行判别归类.

```
data DS611;
```

```
    input X1 - X4 group $ ;
    cards;
  13.85   2.79    7.80   49.60   A
  22.31   4.67   12.31   47.80   A
  28.82   4.63   16.18   62.15   A
  15.29   3.54    7.50   43.20   A
  28.79   4.90   16.12   58.10   A
   2.18   1.06    1.22   20.60   B
   3.85   0.80    4.06   47.10   B
  11.40   0.00    3.50    0.00   B
   3.66   2.42    2.14   15.10   B
  12.10   0.00    5.68    0.00   B
;
data D611TEST;
    input X1 - X4 group $ ;
    cards;
   8.85   3.38    5.17   26.10   .
  28.60   2.40    1.20  127.00   .
  20.70   6.70    7.60   30.20   .
   7.90   2.40    4.30   33.20   .
   3.19   3.20    1.43    9.90   .
  12.40   5.10    4.43   24.60   .
  16.80   5.40    2.31   31.30   .
  15.00   2.70    5.02   64.00   .
;
proc discrim data = DS611 testdata = D611test list testlist;
    class group;
    var X1 - X4;
run;
```

以上 SAS 程序的输出结果除格式上与解法 1 稍有差别外，基本结果是一致的，故这里省略了.

## 三、多总体的距离判别

设有 $k$ 个 $m$ 维总体：$G_1, G_2, \cdots, G_k (k > 2)$. 它们的均值、协差阵分别为 $\mu_i, \Sigma_i (i = 1, 2, \cdots, k)$. 对任给定的 $m$ 维样品 $X = (x_1, x_2, \cdots, x_m)'$，要判断它来自哪个总体.

多个总体的情况，按距离最近的准则对 $X$ 进行判别归类时，首先计算样品 $X$ 到 $k$ 个总体的马氏距离 $d_i^2(X) (i = 1, 2, \cdots, k)$，然后进行比较，把 $X$ 判归距离最小的那个总体.

设 $k = l$ 时,若 $d_l^2(X) = \min_{i=1,\cdots,k}\{d_i^2(X)\}$,则 $X \in G_l$.

计算马氏距离 $d_i^2(X)(i = 1,2,\cdots,k)$ 时,类似地可考虑 $\Sigma_1 = \Sigma_2 = \cdots = \Sigma_k$ 或 $\Sigma_i$ 不全相等的两种情况.并用样本统计量作为 $\mu_i$ 和 $\Sigma_i$ 的估计.

## §6.2 Bayes(贝叶斯)判别法及广义平方距离判别法

距离判别只要求知道总体的特征量(即参数)——均值和协差阵,不涉及总体的分布类型.当参数未知时,就用样本均值和样本协差阵来估计.距离判别方法简单,结论明确,是很实用的方法.但该方法也有缺点:一是该判别法与各总体出现的机会大小(先验概率)完全无关;二是判别方法没有考虑错判造成的损失,这是不合理的.Bayes 判别法正是为解决这两方面问题而提出的判别方法.

Bayes 的统计思想总是假定对研究的对象已有一定的认识,常用先验概率分布来描述这种认识.然后我们抽取一个样本,用样本来修正已有的认识(先验概率分布),得到后验概率分布.各种统计推断都通过后验概率分布来进行.将贝叶斯思想用于判别分析就得到贝叶斯判别法.

在正态总体的假设下,按 Bayes 判别的思想,在错判造成的损失认为相等情况下得到的判别函数其实就是马氏距离判别在考虑先验概率及协差阵是否相等情况下的推广,故在 SAS/STAT 软件的DISCRIM过程中称为**广义平方距离判别法**.

所谓判别方法,就是给出空间 $\boldsymbol{R}^m$ 的一种划分:$D = \{D_1, D_2, \cdots, D_k\}$.一种划分对应一种判别方法,不同的划分就是不同的判别方法.Bayes 判别法也是给出空间 $\boldsymbol{R}^m$ 的一种划分.

### 一、先验概率(先知知识)

设有 $k$ 个总体 $G_1, G_2, \cdots, G_k$.假设事先对所研究的问题有一定的认识,这种认识常用先验概率来描述,即已知这 $k$ 个总体各自出现的概率(验前概率)为 $q_1, q_2, \cdots, q_k$(显然 $q_i > 0, q_1 + q_2 + \cdots + q_k = 1$).比如研究人群中得癌($G_1$)和没有得癌($G_2$)两类群体的问题,由长期经验知:$q_1 = 0.001, q_2 = 0.999$.这组验前概率 $q_1, \cdots, q_k$ 称为**先验概率**.

先验概率是一种权重(比例).所谓"先验"是指先于我们抽取样品作判别分析之前.Bayes 判别准则要求给出 $q_i(i = 1,2,\cdots,k)$ 的值.$q_i$ 的赋值方法有以下几种:

(1) 利用历史资料及经验进行估计.例如某地区成年人中得癌症的概率为 $P(\text{癌}) = 0.001 \stackrel{\text{def}}{=\!=} q_1$,而 $P(\text{无癌}) = 0.999 \stackrel{\text{def}}{=\!=} q_2$.

(2) 利用训练样本中各类占的比例 $\frac{n_i}{n}$ 作为 $q_i$ 的值,即 $q_i = \frac{n_i}{n}(i = 1, \cdots, k)$,其中 $n_i$ 是第 $i$ 类总体的样品数,而 $n = \sum n_i$.这时要求训练样本是通过随机抽样得到的,各类样品被抽到的机会大小就是验前概率.

(3) 假定 $q_1 = q_2 = \cdots = q_k = \frac{1}{k}$.

## 二、广义平方距离

在马氏距离判别的基础上,进一步考虑先验概率及各组内协差阵的不同,定义样品 $X$ 到总体 $G_t(t = 1, ..., k)$ 的广义平方距离 $D_t^2(X)$ 或 $D^2(X, G_t)$ 为:

$$D_t^2(X) = D^2(X, G_t) = d_t^2(X) + g_1(t) + g_2(t),$$

其中

$$g_1(t) = \begin{cases} \ln|S_t|, & \text{若组内协差阵 } \Sigma_i \text{ 不全相等}, \\ 0, & \text{若组内协差阵 } \Sigma_i \text{ 全相等}; \end{cases}$$

$$g_2(t) = \begin{cases} -2\ln|q_t|, & \text{若先验概率不全相等}, \\ 0, & \text{若先验概率全相等}, \end{cases}$$

其中 $S_t$ 为第 $t$ 类的组内样本协差阵.由以上公式可见,当 $d_t^2(X)$ 不变,而某个 $q_t$ 大(即总体 $G_t$ 出现的机会大)时,则 $g_2(t)$ 变小,故广义平方距离 $D_t^2(X)$ 也变小,进而判 $X$ 为 $G_t$ 的可能性大.

利用广义平方距离的判别法为:

判 $X \in G_t$,当 $D_t^2(X) < D_i^2(X)$ 时 $(i \neq t, i = 1, \cdots, k)$.

### 三、后验概率(条件概率)

标准的 Bayes 方法应该计算后验概率分布.即计算当样品 $X$ 已知时,它属于 $G_t$ 的概率,记为 $P(G_t|X)$(或 $P(t|X)$),这个概率作为判别归类的准则,其概率意义更为直观.假定总体 $G_t$ 的概率密度函数 $f_t(x)(t = 1, \cdots, k)$ 给定,由条件概率的定义可以导出:

$$P(t|X) = P\{X \in G_t|X \text{ 已知}\} = \frac{q_t f_t(x)}{\sum_{i=1}^{k} q_i f_i(x)}.$$

若假设 $G_i(i = 1, \cdots, k)$ 为正态总体,其密度函数 $f_i(x)$ 为

$$f_i(x) = (2\pi)^{-m/2} |\Sigma_i|^{-1/2} \exp(-0.5\, d_i^2(x)),$$

则 $X$ 属于第 $t$ 组的后验概率为:

$$P(t|X) = \frac{\exp(-0.5\, D_t^2(x))}{\sum_{i=1}^{k} \exp(-0.5\, D_i^2(x))},$$

其中 $D_i^2(x)$ 是 $X$ 到第 $i$ 组的广义平方距离.采用后验概率的判别准则为

判 $X \in G_t$,当 $P(t|X) > P(i|X)$ 时 $(i \neq t, i = 1, \cdots, k)$.

在正态假设下按后验概率最大进行归类的原则,等价于按广义平方距离最小原则进行归类.而按后验概率最大原则归类的判别法就是 Bayes 判别的一种情况.一般 Bayes 判别即考虑先验概率的不同,还考虑了错判损失的大小,在这里我们假定错判损失相等.

**四、Bayes 判别准则**

所谓 Bayes 判别准则，就是给出空间 $\boldsymbol{R}^m$ 的一个划分 $D = \{D_1, D_2, \cdots, D_k\}$，使得当通过这个划分 $D$ 来判别归类时，所带来的平均损失达到最小.

**1. 错判概率和错判损失**

当样品 $X \in G_i$，但用判别法 $D$ 判别时，把 $X$ 判归 $G_j$（即 $X$ 落入区域 $D_j, j \neq i$），这时判错了. 用 $P(j|i;D)$（或简记为 $P(j|i)$）表示用判别法 $D$ 把实属 $G_i$ 的样品错判为 $G_j$ 的概率. 错判概率的估计方法有以下几种：

(1) 利用训练样本作为检验集，即用判别方法对已知类别的样品进行回判，统计判错的个数及占样品总数的比率，作为错判率的估计. 此法得出的估计一般偏低.

(2) 当训练样本的大小足够大时，可留出一些已知类别的样品不参加建立判别准则，而是作为检验集，并把错判的比率作为错判率的估计. 此法当检验集较小时，估计的方差大.

(3) 舍一法（或称交叉确认法），每次留出一个已知类别的样品，而用其余 $n-1$ 个样品建立判别准则，然后对留出的这一个已知类别的样品进行判别归类. 对训练样本中 $n$ 个样品逐个处理后，最后把错判的比率作为错判率的估计.

以上三种估计方法的估计结果在 SAS/STAT 软件的 DISCRIM 过程中都可以得到.

用 $L(j|i;D)$ 表示样品实属第 $i$ 个总体 $G_i$，今用判别法 $D$ 判别时被错判为 $G_j(j \neq i)$ 时所造成的损失. 在不会引起混淆时，简记为 $L(j|i)$.

在实际问题中，错判的损失可以给出定性的分析，但很难用数值来表示. 但应用 Bayes 判别准则时，要求定量地给出 $L(j|i)$. $L(j|i)$ 的赋值法常用的有以下两种：

(1) 由经验人为赋值. 例如 $L$(判癌|得肺结核) = 10, $L$(判肺

结核|得癌症) = 1000.

(2) 假定各种错判损失都相等.

**2. 关于先验概率的平均损失**

有了先验概率的概念后,判别法 $D$ 关于先验概率的错判平均损失 $g(D)$ 定义为

$$g(D) = \sum_{t=1}^{k} q_t \sum_{j=1}^{k} P(j|t)L(j|t) \stackrel{\text{def}}{=\!=} \sum_{t=1}^{k} q_t r_t(D),$$

其中 $r_t(D)$ 表示实属 $G_t$ 的样品被错判为其他总体的损失.

**3. 什么是 Bayes 判别准则**

**定义 6.2** 设有 $k$ 个总体:$G_1, G_2, \cdots, G_k$,相应的先验概率为 $q_1, q_2, \cdots, q_k(q_i > 0, q_1 + \cdots + q_k = 1)$.如果有判别法 $D^*$,使得 $D^*$ 带来的平均损失 $g(D^*)$ 达最小,即

$$g(D^*) = \min_{一切D} g(D),$$

则称判别法 $D^*$ **符合 Bayes 准则**,或称 $D^*$ 为 **Bayes 判别的解**.

**4. 符合 Bayes 准则的判别法(Bayes 判别的解)**

设有 $k$ 个总体:$G_1, G_2, \cdots, G_k$,已知 $G_i$ 的联合密度函数为 $f_i(X)$,先验概率为 $q_i(i = 1, \cdots, k)$,错判损失为 $L(j|i)$,则 Bayes 判别的解 $D^* = \{D_1^*, \cdots, D_k^*\}$ 为

$$D_t^* = \{X | h_t(X) < h_j(X), j \neq t, j = 1, 2, \cdots, k\} \quad (t = 1, 2, \cdots, k), \tag{6.1}$$

其中 $h_j(X) = \sum_{i=1}^{k} q_i L(j|i) f_i(X)$,它表示把样品 $X$ 判归 $G_j$ 的平均损失.根据定义 6.2,可以证明 $D^*$ 带来的平均损失最小.

以上给出了具体的判别方法:对样品 $X$,分别计算 $k$ 个 $h_j(X)$ $(j = 1, \cdots, k)$,选其最小者,即可判定样品来自相应的总体.

当错判损失都相等,根据 $h_j(X)$ 的公式,即得 Bayes 判别的解 $D^* = \{D_1^*, \cdots, D_k^*\}$ 为

$$D_t^* = \{X | q_t f_t(X) > q_j f_j(X), j \neq t, j = 1, 2, \cdots, k\}$$

$$(t = 1,2,\cdots,k), \tag{6.2}$$

其中 $f_j(X)$ 是 $G_j$ 的联合概率密度函数.

**5. 正态总体的 Bayes 判别法**

设 $G_i$ 来自正态总体 $N_m(\mu_i, \Sigma_i)(i = 1,\cdots,k)$,并假定错判损失相等,先验概率为 $q_1, q_2, \cdots, q_k$.

当 $\Sigma_1 = \Sigma_2 = \cdots = \Sigma_m \overset{\text{def}}{=\!=} \Sigma$ 时,设第 $i$ 个总体的样本均值为 $\overline{X}^{(i)}$,合并样本协差阵为 $S$.计算 $\ln q_j f_j(X)$,并把样本均值和协差阵代入,经整理由(6.2)式可得 Bayes 判别的解 $D^* = \{D_1^*,\cdots, D_k^*\}$ 为

$$D_t^* = \{X \mid Y_t(X) > Y_j(X), j \neq t, j = 1,2,\cdots,k\}$$

$$(t = 1,2,\cdots,k), \tag{6.3}$$

其中 $Y_j(X) = C_{0j} + C_j'X$,并称 $Y_j(X)$ 为线性判别函数,而 $C_j = S^{-1}\overline{X}^{(j)}$ 称为判别系数;$C_{0j} = \ln q_j - \frac{1}{2}[\overline{X}^{(j)}]'S^{-1}\overline{X}^{(j)}$ 为常数项.

与距离判别法比较可以看出,此时的 Bayes 判别法除线性判别函数的常数项增加考虑先验概率的部分($\ln q_j$)外,与协差阵相等情况下的马氏距离判别法是一致的.

当 $\Sigma_i(i = 1,\cdots,k)$ 不全相等时,设第 $i$ 个总体的样本均值为 $\overline{X}^{(i)}$,样本协差阵为 $S_i$.根据(6.2)式,可得 Bayes 判别的解 $D^* = \{D_1^*,\cdots,D_k^*\}$ 为

$$D_t^* = \{X \mid Z_t(X) > Z_j(X), j \neq t, j = 1,2,\cdots,k\}$$

$$(t = 1,2,\cdots,k), \tag{6.4}$$

其中

$$\begin{aligned} Z_j(X) &= \ln q_j f_j(X) + d_0 \\ &= -\frac{1}{2}[-2\ln q_j + \ln|S_j| + d_j^2(X)] \\ &= -\frac{1}{2}D_j^2(X) \quad \left(d_0 = \frac{m}{2}\ln(2\pi)\right). \end{aligned}$$

因 $Z_j(X)$ 是 $X$ 的二次型,故称 $Z_j(X)$ 为二次判别函数.可见,此

时的 Bayes 判别法与协差阵不全相等情况下的广义平方距离判别法是一致的.

## 五、应用例子

**例 6.2.1(胃癌的鉴别)** 表 6.2 是从病例中随机抽取的部分资料.这里有三个总体:胃癌、萎缩性胃炎和非胃炎患者.从每个总体抽 5 个病人,每人化验 4 项生化指标:血清铜蛋白($X_1$)、蓝色反应($X_2$)、尿吲哚乙酸($X_3$)和中性硫化物($X_4$).试用广义平方距离判别方法建立判别准则并对这 15 个样品进行判别归类.

**表 6.2 胃癌检验的生化指标值**

| 类别 | | 序号 | 血清铜蛋白 $X_1$ | 蓝色反应 $X_2$ | 尿吲哚乙酸 $X_3^*$ | 中性硫化物 $X_4^*$ |
|---|---|---|---|---|---|---|
| 胃癌患者 | 胃癌患者 | 1 | 228 | 134 | 20 | 11 |
| | | 2 | 245 | 134 | 10 | 40 |
| | | 3 | 200 | 167 | 12 | 27 |
| | | 4 | 170 | 150 | 7 | 8 |
| | | 5 | 100 | 167 | 20 | 14 |
| 非胃癌患者 | 萎缩性胃炎患者 | 6 | 225 | 125 | 7 | 14 |
| | | 7 | 130 | 100 | 6 | 12 |
| | | 8 | 150 | 117 | 7 | 6 |
| | | 9 | 120 | 133 | 10 | 26 |
| | | 10 | 160 | 100 | 5 | 10 |
| | 非胃炎患者 | 11 | 185 | 115 | 5 | 19 |
| | | 12 | 170 | 125 | 6 | 4 |
| | | 13 | 165 | 142 | 5 | 3 |
| | | 14 | 135 | 108 | 2 | 12 |
| | | 15 | 100 | 117 | 7 | 2 |

* $X_3, X_4$ 是原始数据的 100 倍.

**解** 此例中总体个数 $k = 3$,变量个数 $m = 4$,各组样品个数为:$n_1 = n_2 = n_3 = 5(n = 15)$.这是多总体的判别归类问题.

以下 SAS 程序中,选项 pool = no 表示三个总体的协差阵不能认为相等故而不使用合并协差阵,此时采用广义平方距离进行判别归类.在规定先验概率的 priors 语句中我们仍假定先验概率相等.产生的结果见输出 6.2.1 至输出 6.2.4.

```
data D621;
     input group X1 - X4 @@;
```

```
cards;
1    228   134   20   11     1    245   134   10   40
1    200   167   12   27     1    170   150    7    8
1    100   167   20   14     2    225   125    7   14
2    130   100    6   12     2    150   117    7    6
2    120   133   10   26     2    160   100    5   10
3    185   115    5   19     3    170   125    6    4
3    165   142    5    3     3    135   108    2   12
3    100   117    7    2
;
proc print;
run;
proc discrim data=D621 pool=no distance list;
    class group;
    priors '1'=0.3333 '2'=0.3333 '3'=0.33333;
    var X1-X4;
run;
```

在上述 priors 语句中,假定先验概率相等,都等于 1/3.此时该语句可以省略.如果使用 priors 语句,用法如上.因 1/3 用 0.3333 近似,SAS 系统在 LOG 窗口将输出一条信息,提示先验概率之和不为 1.

在实际应用中,先验概率是很难估计的.即使有历史资料可查,比如从普查资料分析可得出胃癌发病率 ($q_1$) 为十万分之一至十万分之五十之间.但该值在诊断疾病时并没有实用价值.所以在实际应用中还是把先验概率取为相等.

**输出 6.2.1 两两配对的组间马氏距离**

```
Discriminant Analysis      Pairwise Squared Distances Between Groups

                  2                      -1
                 D (i|j) = (X̄ - X̄ )' COV   (X̄ - X̄ )
                             i   j       j    i   j

                     Squared Distance to GROUP

   From GROUP              1                2                3

        1                  0        486.03104         84.75160
        2           22.12187                0          3.73027
        3           19.09508        284.77456                0
```

输出 6.2.1 给出三个总体间两两的组间平方距离,$D^2(2|1)$ 表示 $\overline{X}^{(2)}$ 到 $G_1$ 的平方距离.若 $\Sigma_1 = \Sigma_2$,则 $D^2(2|1) = D^2(1|2)$;

但此例中协差阵 $\Sigma_1$ 与 $\Sigma_2$ 不等，因此 $D^2(2|1) = 22.12187$，$D^2(1|2) = 486.03104$.

**输出 6.2.2 两两配对的组间广义平方距离**

Discriminant Analysis　　Pairwise Generalized Squared Distances Between Groups

$$D^2(i|j) = (\bar{X}_i - \bar{X}_j)' \, COV_j^{-1} (\bar{X}_i - \bar{X}_j) + \ln |COV_j|$$

Generalized Squared Distance to GROUP

| From GROUP | 1 | 2 | 3 |
|---|---|---|---|
| 1 | 20.94280 | 498.26812 | 100.06618 |
| 2 | 43.06467 | 12.23708 | 19.04485 |
| 3 | 40.03789 | 297.01164 | 15.31458 |

**输出 6.2.3 由选项 LIST 要求而列出的回判结果**

| Obs | From GROUP | Classified into GROUP | Posterior Probability of Membership in GROUP: 1 | 2 | 3 |
|---|---|---|---|---|---|
| 1 | 1 | 1 | 1.0000 | 0.0000 | 0.0000 |
| 2 | 1 | 1 | 1.0000 | 0.0000 | 0.0000 |
| 3 | 1 | 1 | 0.9525 | 0.0475 | 0.0000 |
| 4 | 1 | 1 | 0.9745 | 0.0000 | 0.0255 |
| 5 | 1 | 1 | 1.0000 | 0.0000 | 0.0000 |
| 6 | 2 | 2 | 0.0047 | 0.9824 | 0.0128 |
| 7 | 2 | 2 | 0.0000 | 0.8937 | 0.1063 |
| 8 | 2 | 2 | 0.0000 | 0.7799 | 0.2201 |
| 9 | 2 | 2 | 0.0000 | 1.0000 | 0.0000 |
| 10 | 2 | 2 | 0.0000 | 0.9968 | 0.0032 |
| 11 | 3 | 3 | 0.0000 | 0.0000 | 1.0000 |
| 12 | 3 | 3 | 0.0007 | 0.0000 | 0.9993 |
| 13 | 3 | 3 | 0.0092 | 0.0000 | 0.9908 |
| 14 | 3 | 3 | 0.0000 | 0.0000 | 1.0000 |
| 15 | 3 | 3 | 0.0000 | 0.0000 | 1.0000 |

**输出 6.2.4 判别矩阵和错判信息**

Number of Observations and Percent Classified into GROUP:

| From GROUP | 1 | 2 | 3 | Total |
|---|---|---|---|---|
| 1 | 5<br>100.00 | 0<br>0.00 | 0<br>0.00 | 5<br>100.00 |
| 2 | 0<br>0.00 | 5<br>100.00 | 0<br>0.00 | 5<br>100.00 |
| 3 | 0<br>0.00 | 0<br>0.00 | 5<br>100.00 | 5<br>100.00 |
| Total<br>Percent | 5<br>33.33 | 5<br>33.33 | 5<br>33.33 | 15<br>100.00 |
| Priors | 0.3333 | 0.3333 | 0.3333 | |

Error Count Estimates for GROUP:

| | 1 | 2 | 3 | Total |
|---|---|---|---|---|
| Rate | 0.0000 | 0.0000 | 0.0000 | 0.0000 |
| Priors | 0.3333 | 0.3333 | 0.3333 | |

输出 6.2.2 给出三个总体间两两的组间广义平方距离，仍用

记号 $D^2(2|1)$ 表示 $\bar{X}^{(2)}$ 到 $G_1$ 的广义平方距离.此例中协差阵 $\Sigma_1$ 与 $\Sigma_2$ 不等,因此 $D^2(2|1) = 43.06467$, $D^2(1|2) = 498.26812$,且知 $D^2(1|1) = 20.94280 = \ln|S_1|$.因协差阵 $\Sigma_1$ 与 $\Sigma_2$ 不等,这里无法检验 $H_0: \mu_1 = \mu_2$.

输出 6.2.3 和输出 6.2.4 给出回判的结果:三个类中 15 个样品都判对了;判别矩阵汇总了判别归类的结果,并指出错判的比率为 0.

## §6.3 非参数判别法及 DISCRIM 过程

### 一、非参数判别法

以上两节介绍的判别方法是使用马氏距离或广义平方距离的判别法,判别准则是基于各类样本均值、各个组内协差阵或合并协差阵,也考虑了各类出现的先验概率.在距离判别中不要求知道各总体的分布,只利用总体参数(如均值和协差阵等)来建立判别准则.在 Bayes 判别中,正态假设下使用的后验概率最大原则(实质上就是广义平方距离判别法)要求总体分布为正态分布.这些方法有时统称为参数方法.除参数方法外,本节将介绍另一类方法——非参数方法.

一般情况下各类总体的分布是否为正态分布是未知的,如果各类总体分布为正态的假设成立,采用广义平方距离判别法——参数方法是合适的.如果分布未知,可以使用本节将介绍的非参数判别法.

在上一节中,介绍了后验概率的概念,并给出由后验概率进行判别归类的判别法.在后验概率的计算公式

$$P(t|X) = \frac{q_t f_t(x)}{\sum_{i=1}^{k} q_i f_i(x)} \quad (t = 1, \cdots, k)$$

中只要知道各类的概率分布密度 $f_i(x)$ 及先验概率 $q_i(i = 1, \cdots,$

$k$),就能计算后验概率 $P(t|X)$,从而就可以按 $P(t|X)$ 最大的原则对样品进行判别归类.

非参数判别方法是基于各类概率密度 $f_i(x)$ 的非参数估计.关于概率密度函数 $f_i(x)$ 的非参数估计有多种方法, 在 SAS/STAT软件的DISCRIM过程中给出了核估计法和 $k$ 最近邻法.

马氏(Mahalanobis)距离或欧氏(Euclidean)距离能够用来确定接近的程度.采用 $k$ 最近邻方法时,马氏距离基于合并协差阵;采用核估计方法时,马氏距离基于单个组内协差阵或合并协差阵.马氏距离可使用协差阵或方差组成的对角阵计算.

第 $t$ 组内两个样品(观测向量)的平方距离为:

$$d_t^2(x,y) = (x-y)'V_t^{-1}(x-y),$$

这里 $V_t$ 具有以下形式之一:

| | |
|---|---|
| $V_t = S$, | 合并协差阵; |
| $V_t = \mathrm{diag}(S)$, | 合并协差阵的对角阵; |
| $V_t = S_t$, | 第 $t$ 组内的协差阵; |
| $V_t = \mathrm{diag}(S_t)$, | 第 $t$ 组内协差阵的对角阵; |
| $V_t = I$, | 单位阵 . |

观测向量 $X$ 的判别归类基于由训练集得到估计的各组密度.从这些估计密度, 可以计算得出 $X$ 属于各组的后验概率.观测 $X$ 判归第 $u$ 组,如果当 $t=u$ 时得到的 $P(t|X)$ 为最大值.如具有最大概率的组不止一个(存在一个"结"tie),或最大概率小于指定的阈值,则 $X$ 判归 OTHER 组.

使用 DISCRIM 过程中的非参数方法时,通过选项 pool= 和 metric= 来规定的平方距离公式.还必须规定核半径 $r$ 或 $k$ 值.$r$ 和 $k$ 的值确定密度估计的不规则程度,故称 $r$ 和 $k$ 为光滑参数.当 $r$ 或 $k$ 取小值时将生成锯齿型的密度估计;而 $r$ 或 $k$ 取大值将产生光滑的密度估计.目前虽提出了各种选择 $r$ 和 $k$ 的方法,但此问题至今仍没有简单的解决方法.

## 二、DISCRIM 过程(判别归类过程)

DISCRIM 过程根据几个定量变量(判别变量)计算出各种判别函数.如果假设每个组内样本的分布为多元正态分布,基于多元正态分布理论的参数法将导出一个线性或二次的判别函数.否则,将采用不基于关于分布任何假定的非参数方法.

### 1. 用于 DISCRIM 过程的语句

```
PROC DISCRIM <options>;        } 必需的语句
    CLASS variable;            }
    BY variables;              }
    FREQ variable;             }
    ID variable;               }
    PRIORS probabilities;      }
    TESTCLASS variable;        } 可选择语句
    TESTFREQ variable;         }
    TESTID variable;           }
    VAR variables;             }
    WEIGHT variable;           }
```

### 2. PROC DISCRIM 语句常用的选项

(1) 输入数据集选项

① DATA = *SAS-data-set* ——指定欲进行分析的输入数据集.它可以是一般 SAS 数据集或由 SAS/STAT 过程产生的几种特殊结构的数据集.如果 METHOD = NPAR,输入数据集必须是一般 SAS 数据集.如果选项 DATA = 省略,该过程采用最新生成的 SAS 数据集.

② TESTDATA = *SAS-data-set* ——指定欲进行归类的观测组成的输入 SAS 数据集(检验数据集).该数据集中定量变量的名字必须与 DATA= 的输入数据集相匹配.

(2) 输出数据集选项

① OUTSTAT = *SAS-data-set* ——生成一个输出 SAS 数据集,包含各种统计量,例如均值、标准偏差、相关及判别统计量等.

② OUT = *SAS-data-set* ——生成一个输出 SAS 数据集,包括输入数据,后验概率和每个观测重新被归入的类等.

③ OUTCROSS = *SAS-data-set* ——生成一个输出 SAS 数据集,包括输入数据,后验概率和每个观测通过交叉确认(舍一法)被分入的类等.

④ OUTD = *SAS-data-set* ——生成一个包含输入数据和每一观测的组密度估计的输出 SAS 数据集.

⑤ TESTOUT = *SAS-data-set* ——生成一个输出 SAS 数据集.包含检验数据集中的所有数据,后验概率和每个观测被归入的类等.

⑥ TESTOUTD = *SAS-data-set* ——生成一个包含检验数据集中的所有数据和对每一观测的组密度估计的输出 SAS 数据集.

(3) 选择判别分析方法的选项

① METHOD = NORMAL | NPAR —— 确定导出分类准则的方法,缺省值为 METHOD = NORMAL.当指定 METHOD = NORMAL时,假定各类样本服从多元正态分布,并导出线性或二次判别函数;当指定 METHOD = NPAR 时,采用非参数方法,并且必须指定选项 K = 或 R = 中的一个.

② POOL = NO | TEST | YES ——确定计算平方距离是根据合并协差阵还是组内协差阵.缺省值为 POOL = YES.当POOL = YES 时,采用样本合并协差阵得出线性判别函数;当 POOL = NO 时,采用各个组内的样本协差阵得出二次判别函数;当 POOL = TEST 时,要求对组内协差阵的齐性进行似然比检验,然后根据检验结果建立线性或非线性函数再进行判别归类.

③ SLPOOL = $p$ ——指定齐性检验的显著水平.只当POOL = TEST 时才规定此选项.缺省时显著水平为 0.10.

(4) 有关非参数法的选项

① K= $k$ ——为 $k$ 最近邻准则指定一个 $k$ 值.观测 $X$ 分入哪个组是基于与 $X$ 最邻近的 $k$ 个样品所得到的信息.

② R= $r$ —— 为核密度估计指定一个核半径 $r$ .

注意,以上两个选项 K= 与 R= 不能同时选用.

③ KERNEL=BIW|EPA|NOR|TRI|UNI ——为估计组密度指定一个核密度,缺省值为 KERNEL=UNI(UNIFORM).

④ METRIC=DIAGONAL|FULL|IDENTITY ——为计算平方距离指定所选用的矩阵.缺省值为 METRIC = FULL.当 METHOD=NORMAL 指定时,采用 METRIC=FULL.

(5) 有关典型判别分析的选项

① CANONICAL|CAN ——进行典型判别分析.

② CANPREFIX= *name* —— 为典型变量指定前缀,缺省时典型变量的名字为 CAN1,CAN2,…,CAN$m$ .

③ NCAN= *number* —— 指定将被计算的典型变量的个数.

使用这三个选项中任一个时,DISCRIM 过程除进行典型判别分析外,还总是导出一个线性判别准则.如果您只要做典型判别分析而不进行判别归类,应该用 CANDISC 过程.

(6) 重新分类的选项(仅当 DATA=为一般 SAS 数据集时使用)

① LIST ——对每个观测输出根据判别准则重新分类的结果.

② LISTERR —— 只输出错误归类的观测的分类结果.

③ NOCLASSIFY —— 不对 DATA=的输入数据集进行重新判别分类.

(7) 交叉确认(舍一法)分类选项

① CROSSLIST —— 对每个观测输出交叉确认的分类结果.

② CROSSLISTERR —— 只对错误分类的观测输出交叉确认的分类结果.

③ CROSSVALIDATE —— 要求对 DATA=的输入数据集进行交叉确认分类.

(8) 检验数据分类选项

① TESTLIST —— 列出 TESTDATA=的数据集中全部观测的分类结果.

② TESTLISTERR —— 仅当使用 TESTCLASS 语句给出检验集中各观测所属类别时,该选项要求列出TESTDATA=数据集中错误分类的观测.

(9) 其他选项

① 有关分类规则的选项:THRESHOLD= $p$ ——指定分类中可以接受的最小后验概率($0 \leqslant p \leqslant 1$),缺省值为 0. 如果对某个观测将判归某类的最大后验概率小于 THRESHOLD=规定的值,则该观测归入 OTHER 组.

② 确定奇异性的选项:SINGULAR= $p$ —— 指定矩阵奇异的准则,$0 < p < 1$ .缺省值为 SINGULAR=$10^{-8}$.

③ 错误率估计选项:POSTERR —— 打印基于分类结果的分类准则的后验概率错误率估计.

④ 控制输出的选项:如输出相关阵的选项(BCORR, PCORR, TCORR, WCORR);输出协方差的选项(BCOV, PCOV, TCOV, WCOV);输出 SSCP 矩阵的选项(BSSCP, PSSCP, TSSCP, WSSCP);输出的其他选项(ALL, ANOVA, DISTANCE, MANOVA, SIMPLE, STDMEAN).

⑤ 限制输出的选项:NOPRINT 和 SHORT.

**3. PRIORS 语句**

**PRIORS** EQUAL;

**PRIORS** PROPORTIONAL|PROP;

**PRIORS** *probabilities*;

该语句指定各组中成员出现的先验概率.如果规定先验概率相等,使用:

priors equal;

如果规定先验概率为各组样本出现的比例,使用:

priors proportional;

除以上两种情况外,还可以指定各个组(即分类变量的各个水平)的先验概率.每一个水平可以写为 SAS 名字或括起来的字符串,后面必须是等号和一个 0 与 1 之间的数值常数.分类变量的水平值为小写字符或数值时必须用括号括起来.

例如,如果分类变量 GRADE 的值为 A, B, C 和 D, 以下语句规定分类变量 GRADE 的先验概率:

priors A=0.1 B=0.3 C=0.5 D=0.1;

如果分类变量 GRADE 的值为 a, b, c 和 d, 在 PRIORS 语句中每个分类水平必须用单引号括起来:

priors 'a'=0.1 'b'=0.3 'c'=0.5 'd'=0.1;

如果分类变量 GRADE 是数值变量,其格式化值为'1','2','3'和'4',PRIORS 语句可以如下规定:

priors'1'=0.1 '2'=0.3 '3'=0.5 '4'=0.1;

指定的分类水平必须严格地与 CLASS 变量的格式化值匹配.比如,CLASS 变量 C 具有格式 4.2 且值为 5,则在 PRIORS 语句中必须规定为'5.00',而不是'5.0'或'5'.如果这些先验概率的和不等于 1,那么这些先验概率将按比例被重新标定,使得和为 1.

没有规定该语句时表示各组中的先验概率相等.

**4. CLASS 语句**

指定输入数据集中用于分类的变量名字.分类变量的不同值决定判别分析的组.类水平由 CLASS 变量的格式化值决定.指定的变量可以是数值的或字符的.

**5. 其他语句**

(1) 与 TESTDATA = 的检验数据集有关的语句有 TESTCLASS语句, TESTFREQ 语句和 TESTID 语句.

(2) 一般语句还有 BY 语句, FREQ 语句, ID 语句, VAR 语句和 WEIGHT 语句.

### 三、应用例子

**例 6.3.1** 对表 6.2 的资料试用非参数方法对 15 例病人进行判别归类.

**解** 以下 SAS 程序对表 6.2 生成的数据集 D621 用非参数方法进行判别归类. 选项 method = npar 表示使用非参数方法; r = 0.2 表示使用半径为 0.2 的核估计法, 输出的部分结果见输出 6.3.1.

```
proc discrim data = D621 method = npar r = 0.2 distance list;
    class group;    var X1 - X4;
run;
```

**输出 6.3.1 两两配对的组间距离及均值差异的显著性检验**

```
Discriminant Analysis      Pairwise Squared Distances Between Groups

                  2                        -1
                 D (i|j) = (X  - X )' COV   (X  - X )
                             i    j           i    j

                       Squared Distance to GROUP

   From GROUP             1                 2                 3

            1             0          10.15289          12.16322
            2      10.15289                 0           1.09463
            3      12.16322           1.09463                 0

                   F Statistics, NDF=4, DDF=9 for
                   Squared Distance to GROUP

   From GROUP             1                 2                 3

            1             0           4.75917           5.70151
            2       4.75917                 0           0.51311
            3       5.70151           0.51311                 0

                   Prob > Mahalanobis Distance for
                   Squared Distance to GROUP

   From GROUP             1                 2                 3

            1        1.0000            0.0244            0.0144
            2        0.0244            1.0000            0.7283
            3        0.0144            0.7283            1.0000
```

输出 6.3.1 给出三总体两两配对后的马氏距离, 并检验两两总体间的均值是否有显著性差异. 从计算结果可以看出第一个总体(胃癌)与另两个总体均有显著性差异( $p$ 值 $< \alpha = 0.05$); 而第二和第三个总体间没有显著性差异( $p$ 值为 0.7283).

当半径 r = 0.2 以及半径取为 0.01 至 0.9 时判别结果是一致

的,即用核估计方法对 15 例病人的判别结果都是正确的.当半径为大于等于 1.0 后,回判的结果就出现错判或出现判为“OTHER”(因后验概率相等而无法决定判归哪一类,故归为“其他”类)的情况.

若使用选项 $K=1$(即用最近邻法,且考虑用样本点邻近的 1 个观测点来估计密度函数),回判的结果也是全对了.但 $K$ 大于等于 2 后回判的结果就出现错判或出现判为“OTHER”的情况.输出 6.3.2 给出用 $K=3$ 的最近邻估计法的判别结果.

**输出 6.3.2　非参数(最近邻估计)方法的判别结果**

```
Discriminant Analysis      Classification Results for Calibration Data: WORK.D621

                    Resubstitution Results using 3 Nearest Neighbors

           Squared Distance Function:

            2                 -1
           D (X,Y) = (X-Y)' COV  (X-Y)

           Posterior Probability of Membership in each GROUP:

           m (X) = Proportion of obs in group k in 3 nearest neighbors of X
            k
                         /
           Pr(j|X) = m (X) PRIOR  / SUM ( m (X) PRIOR  )
                      j          j    k     k        k

                                              Posterior Probability of Membership in GROUP:
Obs          From        Classified
             GROUP       into GROUP                1              2              3

  1            1            1                  0.6667         0.3333         0.0000
  2            1            1                  0.6667         0.3333         0.0000
  3            1            1                  1.0000         0.0000         0.0000
  4            1            3 *                0.3333         0.0000         0.6667
  5            1            1                  0.6667         0.3333         0.0000
  6            2            3 *                0.0000         0.3333         0.6667
  7            2            2                  0.0000         0.6667         0.3333
  8            2            3 *                0.0000         0.3333         0.6667
  9            2            2                  0.0000         0.6667         0.3333
 10            2            2                  0.0000         1.0000         0.0000
 11            3            2 *                0.0000         0.6667         0.3333
 12            3            3                  0.0000         0.3333         0.6667
 13            3            3                  0.3333         0.0000         0.6667
 14            3            2 *                0.0000         0.6667         0.3333
 15            3            2 *                0.0000         0.6667         0.3333

                          * Misclassified observation
```

## §6.4　Fisher 判别与 CANDISC(典型判别)过程

### 一、Fisher 判别的基本思想

Fisher(费歇)判别的基本思想是投影.将 $k$ 组 $m$ 维数据投影到某一个方向,使得投影后组与组之间尽可能地分开.而衡量组与

组之间是否分开的方法借助于一元方差分析的思想.利用方差分析的思想来导出判别函数,这个函数可以是线性的,也可以是很一般的函数.因线性判别函数在实际应用中最方便,本节仅讨论线性判别函数的导出.

设从总体 $G_t(t=1,\cdots,k)$ 分别抽取 $m$ 维样品如下:

$$X_{(i)}^{(t)}=(x_{i1}^{(t)},\cdots,x_{im}^{(t)})'\ (t=1,\cdots,k;i=1,\cdots,n_t).$$

令 $a=(a_1,\cdots,a_m)'$ 为 $m$ 维空间的任一向量,$u(x)=a'X$ 为 $X$ 向以 $a$ 为法线方向的投影.上述 $k$ 个组中的 $m$ 维数据投影后为

$$G_1:\ a'X_{(1)}^{(1)},\cdots,a'X_{(n_1)}^{(1)},$$

$$\cdots\quad\cdots\quad\cdots\quad\cdots\quad\cdots$$

$$G_k:\ a'X_{(1)}^{(k)},\cdots,a'X_{(n_k)}^{(k)},$$

每个总体的数据投影后均为一维数据.对这 $k$ 组一维数据进行一元方差分析,其组间平方和为

$$\begin{aligned}B_0&=\sum_{t=1}^{k}n_t(a'\bar{X}^{(t)}-a'\bar{X})^2\\&=a'\Big[\sum_{t=1}^{k}n_t(\bar{X}^{(t)}-\bar{X})(\bar{X}^{(t)}-\bar{X})'\Big]a\\&=a'Ba,\end{aligned}$$

其中 $\bar{X}^{(t)}$ 和 $\bar{X}$ 分别为 $G_t$ 的样本均值和总样本均值,而 $B$ 为组间离差阵:

$$B=\sum_{t=1}^{k}n_t(\bar{X}^{(t)}-\bar{X})(\bar{X}^{(t)}-\bar{X})'.$$

合并的组内平方和为

$$\begin{aligned}E_0&=\sum_{t=1}^{k}\sum_{j=1}^{n_t}(a'X_{(j)}^{(t)}-a'\bar{X}^{(t)})^2\\&=a'\Big[\sum_{t=1}^{k}\sum_{j=1}^{n_t}(X_{(j)}^{(t)}-\bar{X}^{(t)})(X_{(j)}^{(t)}-\bar{X}^{(t)})'\Big]a\\&=a'Ea,\end{aligned}$$

其中合并的组内离差阵(或称叉积阵)$E$ 为

$$E = \sum_{t=1}^{k}\sum_{j=1}^{n_t}(X_{(j)}^{(t)} - \overline{X}^{(t)})(X_{(j)}^{(t)} - \overline{X}^{(t)})'.$$

若 $k$ 类的均值有显著差异,则比值

$$\frac{a'Ba}{a'Ea} \xlongequal{\text{def}} \Delta(a)$$

应充分大.利用方差分析的思想,问题化为求投影方向 $a$,使 $\Delta(a)$ 达极大值,显然使 $\Delta(a)$ 达极大的解 $a$ 不惟一.若 $a$ 使$\Delta(a)$ 达极大,则 $Ca$($C$ 是任意不为零常数)也使 $\Delta(\cdot)$ 达极大,故对 $a$ 加一约束条件,即选取 $a$ 使$a'Ea = 1$.问题化为求 $a$,使 $\Delta(a) = a'Ba$ 在 $a'Ea = 1$ 条件下达极大.

## 二、线性判别函数的求法

已知 $a$ 是在$a'Ea = 1$条件下使 $\Delta(a) = a'Ba$ 达极大的方向,称 $u(X) = a'X$ 为**线性判别函数**.以下利用 Lagrange 乘数法来求条件极值问题的解.令

$$\varphi(a) = a'Ba - \lambda(a'Ea - 1),$$

解方程组

$$\begin{cases} \dfrac{\partial\varphi}{\partial a} = 2(B - \lambda E)a = 0, \\ \dfrac{\partial\varphi}{\partial\lambda} = 1 - a'Ea = 0. \end{cases} \tag{6.5}$$

由(6.5)的第一式,可知 $\lambda$ 是$E^{-1}B$ 的特征根,$a$ 是相应的特征向量,且可以证明 $\lambda = \Delta(a)$.事实上由 $Ba = \lambda Ea$ 两边左乘$a'$ 得 $\Delta(a) = a'Ba = \lambda a'Ea = \lambda$.

以上条件极值问题化为求 $E^{-1}B$ 的最大特征值和相应特征向量问题.

设 $E^{-1}B$ 的非零特征值为$\lambda_1 \geqslant \lambda_2 \geqslant \cdots \geqslant \lambda_r > 0$,相应特征向量为 $l_1, l_2, \cdots, l_r$,取 $a = l_1$ 时可使 $\Delta(a)$ 达最大,且最大值为 $\lambda_1$,$\Delta(a)$ 的大小衡量判别函数 $u(X) = a'X$ 的判别效果,故称 $\Delta(a)$ 为**判别效率**.综上所述得如下结论.

**结论 6.4.1** 在 Fisher 准则下线性判别函数 $u(X)=a'X$ 的解 $a$ 为特征方程 $|E^{-1}B-\lambda I|=0$ 的最大特征根 $\lambda_1$ 所对应的满足 $l_1'El_1=1$ 的特征向量 $l_1$；且相应的判别效率 $\Delta(l_1)=\lambda_1$.

在有些问题中，仅用一个线性判别函数不能很好地区分各个总体，这时可用第二大特征值 $\lambda_2$ 对应的满足 $l_2'El_2=1$ 特征向量 $l_2$，建立第二个线性判函数 $l_2'X$；如还不够，还可建立第三个线性判别函数 $l_3'X$；依次类推.

## 三、Fisher 判别准则

设 $E^{-1}B$ 的非零特征值为 $\lambda_1\geqslant\lambda_2\geqslant\cdots\geqslant\lambda_r>0$，相应特征向量为 $l_1,l_2,,\cdots,l_r(r\leqslant\min(m,k-1))$.

### 1. 判别准则 Ⅰ（$r=1$ 情况）

如果只有一个判别函数 $u(X)=l'X$，它将 $m$ 维数据投影到一维直线上.例如 $k=2$ 情况，线性判别函数只有一个.

**例 6.4.1** 若 $k=2$，试求 Fisher 线性判别函数及相应的判别效率.

**解** 当 $k=2$ 时，两总体的组间离差阵 $B$ 为

$$B=n_1(\bar{X}^{(1)}-\bar{X})(\bar{X}^{(1)}-\bar{X})'+n_2(\bar{X}^{(2)}-\bar{X})(\bar{X}^{(2)}-\bar{X})',$$

利用 $\bar{X}=\dfrac{1}{n_1+n_2}(n_1\bar{X}^{(1)}+n_2\bar{X}^{(2)})$ 可得

$$B=\frac{n_1n_2}{n_1+n_2}(\bar{X}^{(1)}-\bar{X}^{(2)})(\bar{X}^{(1)}-\bar{X}^{(2)})'. \tag{6.6}$$

合并的组内离差阵 $E$ 为 $E=E_1+E_2$，其中

$$E_t=\sum_{i=1}^{n_t}(X_{(i)}^{(t)}-\bar{X}^{(t)})(X_{(i)}^{(t)}-\bar{X}^{(t)})'\ (t=1,2).$$

由于 $B$ 的秩为 1，故特征方程 $|E^{-1}B-\lambda I|=0$ 的非零特征根只有一个.事实上，因为

$$E^{-1}B=\frac{n_1n_2}{n_1+n_2}E^{-1}(\bar{X}^{(1)}-\bar{X}^{(2)})(\bar{X}^{(1)}-\bar{X}^{(2)})',$$

利用线性代数有关结论：$AB$ 和 $BA$ 的非零特征根相同，知 $E^{-1}B$ 的非零特征根等同于

$$\frac{n_1 n_2}{n_1+n_2}(\overline{X}^{(1)}-\overline{X}^{(2)})'E^{-1}(\overline{X}^{(1)}-\overline{X}^{(2)})=\frac{n_1 n_2}{n_1+n_2}d, \tag{6.7}$$

其中 $$d=(\overline{X}^{(1)}-\overline{X}^{(2)})'E^{-1}(\overline{X}^{(1)}-\overline{X}^{(2)}).$$

(6.7) 式为一个数值，它就是欲求的特征根 $\lambda$. 记 $l$ 为对应于 $\lambda$ 的在条件 $l'El=1$ 下的特征向量，它满足 $Bl=\lambda El$，即

$$\frac{n_1 n_2}{n_1+n_2}(\overline{X}^{(1)}-\overline{X}^{(2)})(\overline{X}^{(1)}-\overline{X}^{(2)})'l$$

$$=\frac{n_1 n_2}{n_1+n_2}(\overline{X}^{(1)}-\overline{X}^{(2)})'E^{-1}(\overline{X}^{(1)}-\overline{X}^{(2)})\cdot El.$$

若取 $l=\frac{1}{\sqrt{d}}E^{-1}(\overline{X}^{(1)}-\overline{X}^{(2)})$，不难看出它满足以上方程，且 $l'El=1$. 于是得 Fisher 线性判别函数为

$$u(X)=\frac{1}{\sqrt{d}}X'E^{-1}(\overline{X}^{(1)}-\overline{X}^{(2)}),$$

相应的判别效率为

$$\Delta(l)=\frac{n_1 n_2}{n_1+n_2}(\overline{X}^{(1)}-\overline{X}^{(2)})'E^{-1}(\overline{X}^{(1)}-\overline{X}^{(2)}),$$

这里线性判别系数 $l$ 与两总体间的马氏距离判别法的线性判别系数 $a=S^{-1}(\overline{X}^{(1)}-\overline{X}^{(2)})$ 相差一个倍数. 注意这里

$$S=\frac{1}{n_1+n_2-2}E.$$

下面以 $k=2$ 为例来导出按欧氏距离准则判断样品归类的判别法. 设两总体均值为 $\overline{X}^{(1)}$, $\overline{X}^{(2)}$，则线性判别函数值为

$$\bar{u}^{(1)}=l'\overline{X}^{(1)},\quad \bar{u}^{(2)}=l'\overline{X}^{(2)}.$$

在 §6.1 曾介绍过两种阈值点 $\bar{\mu}$ 和 $\mu^*$，这两种都可以借用到这里来决定阈值点 $\bar{u}$ 和 $u^*$. 在这里

$$\bar{u}=\frac{1}{2}(l'\bar{X}^{(1)}+l'\bar{X}^{(2)})=\frac{1}{2}l'(\bar{X}^{(1)}+\bar{X}^{(2)}),\quad(6.8)$$

(6.8) 式适用于投影后两总体的方差相等的情况. 如果方差不等, 记

$$u_{(i)}^{(t)}=l'X_{(i)}^{(t)}(t=1,2;i=1,\cdots,n_t),$$

样本方差

$$\begin{aligned}\hat{\sigma}_t^2&=\frac{1}{n_t-1}\sum_{i=1}^{n_t}(u_{(i)}^{(t)}-\bar{u}^{(t)})^2\\&=\frac{1}{n_t-1}l'\Big[\sum_{i=1}^{n_t}(X_{(i)}^{(t)}-\bar{X}^{(t)})(X_{(i)}^{(t)}-\bar{X}^{(t)})'\Big]l\\&=\frac{1}{n_t-1}l'E_tl=l'S_tl,\end{aligned}$$

这时阈值点 $u^*$ 为

$$u^*=\frac{\hat{\sigma}_2\bar{u}^{(1)}+\hat{\sigma}_1\bar{u}^{(2)}}{\hat{\sigma}_1+\hat{\sigma}_2},\quad(6.9)$$

判别准则为(不妨设 $l'\bar{X}^{(1)}>l'\bar{X}^{(2)}$)

$$\begin{cases}判\ X\in G_1, & 当\ u(X)>\bar{u}(或\ u^*)时;\\ 判\ X\in G_2, & 当\ u(X)<\bar{u}(或\ u^*)时;\\ 待判, & 当\ u(X)=\bar{u}(或\ u^*)时.\end{cases}$$

**2. 判别准则 Ⅱ($r>1$ 情况)**

先取判别效率最大(记为 $\lambda_1$)的线性判别函数 $u_1(X)=l_1'X$, $k$ 个总体的均值向量在 $l_1$ 上的投影为 $\bar{u}_1^{(t)}=l_1'\bar{X}^{(t)}(t=1,\cdots,k)$. 对样品 $X=(x_1,\cdots,x_m)'$, 计算它在 $l_1$ 上投影: $u_1(X)=l_1'X$. 若存在 惟一的 $i_1$, 使

$$\frac{|u_1(X)-\bar{u}_1^{(i_1)}|}{\hat{\sigma}_{i_1}}=\min_{t=1,\cdots,k}\frac{|u_1(X)-\bar{u}_1^{(t)}|}{\hat{\sigma}_t}$$

时, 判 $X\in G_{i_1}$. 如果不存在惟一的总体 $G_{i_1}$(即出现待判的情况), 使其与 $u_1(X)$ 距离最小, 则再取判别效率为 $\lambda_2$(次大) 的判别函数 $u_2(X)=l_2'X$, 当存在惟一的 $i_2$, 使

$$\frac{|u_2(X)-\bar{u}_2^{(i_2)}|}{\hat{\sigma}_{i_2}}=\min_{t=1,\cdots,k}\frac{|u_2(X)-\bar{u}_2^{(t)}|}{\hat{\sigma}_t}$$

时,则判 $X\in G_{i_2}$,其中 $\bar{u}_2^{(t)}=l_2'\bar{X}^{(t)}$.如果第二个判别函数仍不能判别样品 $X$ 所属总体,则还可以取第三个线性判别函数,依此类推.这个准则借用了序贯判别的思想.

**3. 判别准则 Ⅲ**

如果有 $r$ 个非零特征根($1\leqslant r\leqslant m$),相应有 $r$ 个线性判别函数 $u_1(X),\cdots,u_r(X)$.这时相当于把原来 $m$ 个变量综合成 $r$ 个新变量.这样 $m$ 维总体的判别问题化为 $r$ 维的判别问题,一般维数降低了.由于特征向量线性无关,故 $r$ 个新变量互不相关.然后对 $r$ 维数据按§6.1的距离判别准则来进行判别归类.

在下面将介绍的 SAS/STAT 软件的 CANDISC 过程中,首先仍由 $E^{-1}B$ 计算前 $r$ 个最大特征值和相应特征向量;然后由特征向量构造 $r$ 个典型变量(原始的或标准化的),并把原始观测数据(或中心化后的观测数据)代入所构造的典型变量的关系式中,计算得到的值称为**典型变量的得分数据**;最后调用 DISCRIM 过程用上述§6.1~§6.3介绍的方法对 $r$ 个典型变量得分数据进行判别归类.

## 四、CANDISC(典型判别)过程及应用例子

典型判别方法是与主成分分析及典型相关分析有关的降维方法(参阅第八章和第十章).

对给定的把样品分为 $k$ 个类($k\geqslant 2$)的一个分类变量和包含有 $m$ 个定量变量(或称判别变量)的观测,CANDISC 过程可得出区分 $k$ 个类的分类变量与这 $m$ 个判别变量最大可能多重相关的变量的线性组合——典型变量.最大的多重相关叫做第一典型相关;线性组合的系数称为典型系数;线性组合定义的变量称为第一典型变量.第二典型相关由与第一典型变量无关的线性组合得到,该组合应与区分 $k$ 个组有最大可能多重相关.依次得到的典型变

量的个数 $r$ 不会超过原始变量的个数或类的个数减一(即 $r \leqslant \min(m, k-1)$).

CANDISC 过程对每一个典型相关,将检验总体中该典型相关系数及往后的典型相关为零的假设;该过程可完成一元和多元的单向方差分析并且计算类均值间基于合并类内协差阵的平方距离(Mahalanobis距离).该过程还将生成一个包含每一典型变量得分的输出数据集,该输出集可作为 DISCRIM 过程的输入数据集用于对观测进行判别归类;还可以用 PLOT 过程绘制一对典型变量的散点图以助于直观地解释组间的差异.

当输入数据集中原始变量是标准化的变量时,由标准化典型系数计算后得到的典型变量得分具有均值为零并且合并的类内方差等于 1.当输入数据集中的变量是一般原始变量时,用中心化的观测数据代入原始典型系数计算后得到的典型变量得分仍具有均值为零并且合并的类内方差等于 1.

典型变量在 Fisher 判别中人们也称之为判别函数.但是这种叫法在 SAS/STAT 软件的判别过程中就不是很合适,因为 CANDISC过程只得出几个典型变量,接着必须用 DISCRIM 过程进行判别归类,而 DISCRIM 过程将产生用于分类的函数,这个函数也称为判别函数.故在 CANDISC 过程中我们把生成的具有最大多重相关的定量变量的线性组合称为典型变量.

**1. 语句说明**

CANDISC 过程可使用的语句为:

```
PROC CANDISC  <options>;     } 必需的语句
   CLASS  variable;
   VAR  variables;           }
   BY  variables;            }
   FREQ  variable;           } 可选择的语句
   WEIGHT  variable;         }
```

(1) PROC CANDISC 语句的常用选项

① DATA = *SAS-data-set* ——指定欲进行分析的输入数据集.

② OUT= *SAS-data-set* —— 生成一个包含原始数据和典型变量得分的输出 SAS 数据集.

③ OUTSTAT= *SAS-data-set* ——生成一个 TYPE = CORR 包含各种统计量的输出 SAS 数据集.

④ NCAN= $n$ ——指定将被计算的典型变量的个数. $n$ 的值必须小于或等于变量的个数和 $k-1$ 的最小值.

⑤ PREFIX= *name* ——规定典型变量名字的前缀.

⑥ 控制打印输出的选项—— BCORR(输出类间相关)、PCORR(合并类内相关)、TCORR(全部样本的相关)、WCORR(每一类的类内相关);BCOV(类间协方差)、PCOV(合并类内协方差)、TCOV(全部样本的协方差)、WCOV(每一类样本的类内协方差);BSSCP(类间离差阵)、PSSCP(合并类内离差阵)、TSSCP(全部样本的离差阵)、WSSCP(每一类样本的类内离差阵).

⑦ DISTANCE ——类均值间的平方(Mahalanobis)距离.

⑧ SIMPLE ——全部样本和各类样本的简单描述性统计量.

⑨ SHORT ——只打印典型相关表和多元检验统计数值.

⑩ ALL ——打印所有可选择的输出结果.

(2) CLASS 语句

该语句规定一个分类变量(CLASS 变量),而 CLASS 变量的值用于定义判别分析的组. CLASS 变量可以是数值型的也可是字符型的.

(3) VAR 语句

VAR 语句指定分析中包括的定量变量(即判别变量). 如果省略 VAR 语句,进行判别分析的变量将包括在其他语句中没有列出的所有数值变量.

**2. 应用例子**

**例 6.4.2** 试对表 6.2 中胃癌检验的生化指标值用 Fisher 判别的方法进行判别归类.

**解** 表 6.2 的数据已生成 SAS 数据集 D621. 下面先调用 CANDISC过程求出两个(因 $k = 3, m = 4$, 典型变量最多 2 个)典型变量, 然后再使用 DISCRIM 过程对 15 个观测进行判别归类. SAS 程序如下:

```
proc candisc data=D621 out=can642 ncan=2 distance simple;
     class group;
     var X1-X4;
proc plot data=can642;
     plot can2 * can1=group;
proc print data=can642;
proc discrim data=can642 distance list;
     class group;
     var can1 can2;
run;
```

CANDISC过程的部分输出结果见输出 6.4.1～6.4.4. 由 PLOT 过程生成的输出 6.4.5 给出由典型判别过程得到的两个典型变量的散布图. 由该图直观地可看出这三个类基本上是能够分开的, 特别是第 1 类与其他两类. DISCRIM 过程用典型判别方法产生的两个典型变量的得分进行判别归类, 生成的部分输出结果见输出 6.4.6 和输出 6.4.7.

**输出 6.4.1 多变量检验统计量**

Canonical Discriminant Analysis

Multivariate Statistics and F Approximations

S=2    M=0.5    N=3.5

| Statistic | Value | F | Num DF | Den DF | Pr > F |
|---|---|---|---|---|---|
| Wilks' Lambda | 0.20481272 | 2.7217 | 8 | 18 | 0.0370 |
| Pillai's Trace | 0.92442778 | 2.1487 | 8 | 20 | 0.0791 |
| Hotelling-Lawley Trace | 3.25149124 | 3.2515 | 8 | 16 | 0.0213 |
| Roy's Greatest Root | 3.04420636 | 7.6105 | 4 | 10 | 0.0044 |

NOTE: F Statistic for Roy's Greatest Root is an upper bound.
NOTE: F Statistic for Wilks' Lambda is exact.

输出 6.4.2　典型相关及 $E^{-1}B$ 的特征值等信息

Canonical Discriminant Analysis

| | Canonical Correlation | Adjusted Canonical Correlation | Approx Standard Error | Squared Canonical Correlation |
|---|---|---|---|---|
| 1 | 0.867602 | 0.833062 | 0.066085 | 0.752733 |
| 2 | 0.414361 | 0.294266 | 0.221374 | 0.171695 |

Eigenvalues of INV(E)*H = CanRsq/(1-CanRsq)

| | Eigenvalue | Difference | Proportion | Cumulative |
|---|---|---|---|---|
| 1 | 3.0442 | 2.8369 | 0.9362 | 0.9362 |
| 2 | 0.2073 | . | 0.0638 | 1.0000 |

输出 6.4.3　检验第 $i$ 个及以后的典型相关为 0 的结果

Test of H0: The canonical correlations in the current row and all that follow are zero

| | Likelihood Ratio | Approx F | Num DF | Den DF | Pr > F |
|---|---|---|---|---|---|
| 1 | 0.20481272 | 2.7217 | 8 | 18 | 0.0370 |
| 2 | 0.82830492 | 0.6909 | 3 | 10 | 0.5781 |

输出 6.4.4　原始典型系数和典型变量的各类均值

Raw Canonical Coefficients

| | CAN1 | CAN2 |
|---|---|---|
| X1 | 0.0100479384 | -.0038798602 |
| X2 | 0.0401775618 | -.0546174144 |
| X3 | 0.1763979985 | 0.1600101791 |
| X4 | 0.0305481466 | 0.0620591289 |

Class Means on Canonical Variables

| GROUP | CAN1 | CAN2 |
|---|---|---|
| 1 | 2.198882331 | -0.049267017 |
| 2 | -0.935932739 | 0.521545394 |
| 3 | -1.262949592 | -0.472278377 |

由输出 6.4.4 给出的原始典型系数可以得出两个典型变量：

$$\text{CAN1} = 0.0100\ X1 + 0.04018\ X2 + 0.1764\ X3 + 0.03055\ X4,$$

$$\text{CAN2} = -0.003880X1 - 0.05462X2 + 0.1600X3 + 0.06206X4.$$

PRINT 过程输出 CANDISC 过程产生的输出集(省略了),它包括原始观测数据和典型变量得分.典型变量得分是用中心化后的观测数据代入以上典型变量的关系式中得到的值.输出 6.4.5

给出第一和第二典型变量得分的散布图.

**输出 6.4.5　第一和第二典型变量得分的散布图**

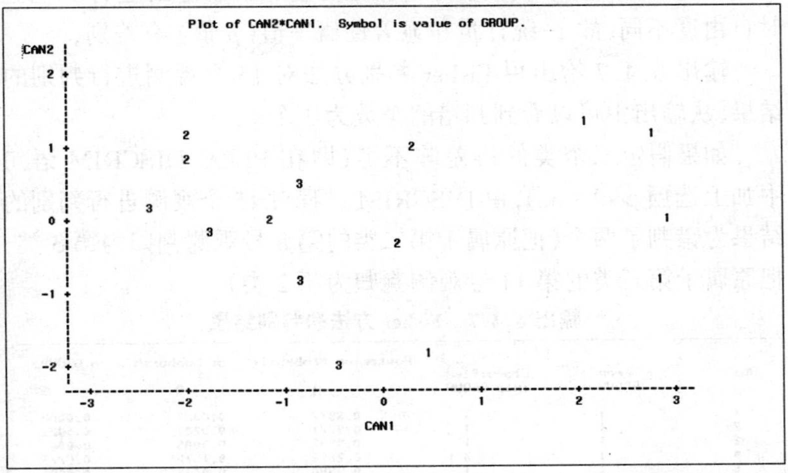


**输出 6.4.6　两两配对的组间距离及均值差异的显著性检验**

Squared Distance to GROUP

| From GROUP | 1 | 2 | 3 |
|---|---|---|---|
| 1 | 0 | 10.15289 | 12.16322 |
| 2 | 10.15289 | 0 | 1.09463 |
| 3 | 12.16322 | 1.09463 | 0 |

F Statistics, NDF=2, DDF=11 for Squared Distance to GROUP

| From GROUP | 1 | 2 | 3 |
|---|---|---|---|
| 1 | 0 | 11.63352 | 13.93702 |
| 2 | 11.63352 | 0 | 1.25426 |
| 3 | 13.93702 | 1.25426 | 0 |

Prob > Mahalanobis Distance for Squared Distance to GROUP

| From GROUP | 1 | 2 | 3 |
|---|---|---|---|
| 1 | 1.0000 | 0.0019 | 0.0010 |
| 2 | 0.0019 | 1.0000 | 0.3231 |
| 3 | 0.0010 | 0.3231 | 1.0000 |

输出 6.4.6 给出用两个典型变量得分进行判别归类时计算的两两配对的组间距离及均值差异的显著性检验的结果.把得到的结果与输出 6.3.1 的结果(即使用原始变量 X1～X4)进行比较,

将发现:用原始变量和用典型变量计算得到的组间平方距离是相同的;因原始变量的个数为4,而典型变量的个数为2,进行 $F$ 检验时自由度不同,故 $F$ 统计量和显著性概率值($p$ 值)有差别.

输出6.4.7给出用Fisher判别方法对15个观测进行判别的结果,从输出中可以看到判错的个数为3个.

如果假定三个类的协差阵不等(即在PROC DISCRIM语句中加上选项pool=no),由DISCRIM过程对15个观测进行判别的结果为错判了两个(把原属于第二类的第8号观测判归为第3类;把原属于第三类的第11号观测判归为第2类).

**输出6.4.7　Fisher方法的判别结果**

| Obs | From GROUP | Classified into GROUP | Posterior Probability of Membership in GROUP: 1 | 2 | 3 |
|---|---|---|---|---|---|
| 1 | 1 | 1 | 0.9977 | 0.0021 | 0.0002 |
| 2 | 1 | 1 | 0.9771 | 0.0207 | 0.0022 |
| 3 | 1 | 1 | 0.9992 | 0.0005 | 0.0003 |
| 4 | 1 | 3 * | 0.2653 | 0.1572 | 0.5775 |
| 5 | 1 | 1 | 0.9990 | 0.0007 | 0.0002 |
| 6 | 2 | 2 | 0.1393 | 0.4574 | 0.4033 |
| 7 | 2 | 2 | 0.0001 | 0.7002 | 0.2997 |
| 8 | 2 | 3 * | 0.0020 | 0.4801 | 0.5178 |
| 9 | 2 | 2 | 0.1694 | 0.6618 | 0.1687 |
| 10 | 2 | 2 | 0.0001 | 0.6156 | 0.3843 |
| 11 | 3 | 2 * | 0.0054 | 0.6155 | 0.3790 |
| 12 | 3 | 3 | 0.0052 | 0.3135 | 0.6813 |
| 13 | 3 | 3 | 0.0172 | 0.1441 | 0.8387 |
| 14 | 3 | 3 | 0.0000 | 0.4133 | 0.5867 |
| 15 | 3 | 3 | 0.0003 | 0.4172 | 0.5825 |

* Misclassified observation

## §6.5　逐步判别

### 一、判别效果的检验及各变量判别能力的检验

以上几节介绍的判别准则,都是根据已知观测值(即训练样本),建立判别函数,并由判别函数给出空间 $\boldsymbol{R}^m$ 的一个划分 $D$(即判别法).建立在样本基础上的判别法则,其判别能力显然与样本是否来自不同的总体有关;也与所考察的 $m$ 个变量(指标)是否能区分 $k$ 个不同的总体(组)有关.

假设总体 $G_i$ 的分布为 $N_m(\mu_i,\Sigma_i)(i=1,2,\cdots,k)$, $X_t^{(i)}(i=1,\cdots,k;t=1,2,\cdots,n_i)$ 为来自 $G_i$ 的 $m$ 维样本.

**1. 两总体判别效果的检验**

先考虑 $k=2$ 的简单情况.所谓判别效果的检验,就是检验两总体的均值是否有显著地差异.一般我们提出的原假设 $H_0$ 为两总体的均值是相等的.如果 $H_0$ 被否定,则说明两总体 $G_1$ 和 $G_2$ 确实可以区分,建立的判别准则是有意义的.如果 $H_0$ 不能被拒绝,说明两总体均值的差异不显著,此时来讨论判别分析是自欺欺人,毫无意义,除非考虑其他新的变量.

假设 $G_i \sim N(\mu^{(i)}, \Sigma_i)$ $(i=1,2)$.检验两总体的均值是否有显著性差异(即检验 $H_0: \mu^{(1)} = \mu^{(2)}$)时,首先计算两总体样本均值 $\overline{X}^{(1)}$ 与 $\overline{X}^{(2)}$ 之间的马氏距离 $d^2(1,2)$:

$$d^2(1,2) = (\overline{X}^{(1)} - \overline{X}^{(2)})' S^{-1} (\overline{X}^{(1)} - \overline{X}^{(2)}),$$

其中 $S$ 是合并样本协差阵.然后由马氏距离 $d^2$ 构造检验统计量——$F$ 统计量:

$$F = \frac{(n_1 + n_2 - m - 1) n_1 n_2}{m(n_1 + n_2)(n_1 + n_2 - 2)} d^2(1,2),$$

其中 $n_i$ 是第$i$ 个总体的样品个数$(i=1,2)$.在两总体均值相等的假设成立下,$F$ 统计量服从分子自由度为 $m$,而分母自由度为 $n_1 + n_2 - m - 1$ 的 $F$ 分布.利用样本可计算 $F$ 统计量的值,由该值还可求出显著性概率值($p$ 值).若 $p$ 值小于给定的显著性水平 $\alpha$(常取 $\alpha = 0.05$),则否定两总体的均值是相等的假设,即对这两总体讨论判别问题是有意义的(可参见输出 6.1.1).

若 $p$ 值大于给定的显著性水平 $\alpha$,则两总体的均值没有显著性的差异.这时讨论两总体的判别问题是没有意义的.如果盲目地应用以上介绍的方法进行判别归类,则错判的机会将很大.

**2. $k$ 个总体判别效果的检验($k>2$)**

当 $k>2$ 时,判别效果的检验问题包括以下两方面:首先检验 $k$ 个类的均值向量是否全都相等(即检验 $H_0: \mu^{(1)} = \mu^{(2)} = \cdots = \mu^{(k)}$);若不全相等,则进一步对 $k$ 个总体两两配对,然后逐对检验这两个总体的均值是否有显著差异(检验 $H_0^{(ij)}: \mu^{(i)} = \mu^{(j)}, i \neq j$),也就是检验这两总体的判别效果是否显著.具体方法仍是通过计算各总体间的马氏距离及 $F$ 统计量,并利用 $p$ 值的大小来判断其判别效果(可参见输出 6.3.1).

**3. 各变量判别能力的检验**

当检验 $k$ 个类的均值向量是否全都相等(即检验 $H_0: \mu^{(1)} = \mu^{(2)} = \cdots = \mu^{(k)}$)时,否定了这个假设 $H_0$(即表明各总体的均值向量有显著性差异),也并不能保证其各分量的均值有显著差异.若第 $i$ 个分量间没有显著差异时,说明相应的变量 $X_i$ 对判别分类不起作用,应该剔除.关于各变量判别能力的检验问题是筛选判别变量的理论基础,也是下面介绍逐步判别的理论基础.

变量判别能力的度量通常采用删去该变量后考察判别能力的变化,即考察该变量对区分 $k$ 个类是否能提供更多的附加信息,然后由附加信息构造 $F$ 统计量进行检验.

利用 $F$ 统计量对假设 $H_0^{(i)}$(第 $i$ 个变量在 $k$ 个总体中的均值相等)作统计检验.若否定 $H_0^{(i)}$,表示变量 $X_i$ 对区分 $k$ 个总体的判别能力是显著的(在显著水平 $\alpha$ 下).否则,变量 $X_i$ 对区分 $k$ 个总体的判别能力不能提供附加信息,这个变量应剔除.

## 二、逐步判别法的基本思想

前面我们讨论了用全部 $m$ 个变量:$X_1, X_2, \cdots, X_m$ 来建立判别函数,用以对样品进行判别归类的几种方法.在这 $m$ 个变量中,有的变量对区分 $k$ 个总体的判别能力可能很强,有的可能很微弱.如果不加区别地把 $m$ 个变量全部用来建立判别函数,则必增加大量的计算,还可能因为变量间的相关性引起计算上的困难(病态或退化等)及计算精度的降低.另一方面由于一些对区分 $k$ 个总体的判别能力很小的变量的引入,产生干扰,致使建立的判别函数不稳定,反而影响判别效果,因此自然提出一个变量的选择问题.即如何从 $m$ 个变量中挑选出对区分 $k$ 个总体有显著判别能力的变量,来建立判别函数,用以判别归类.

类似于回归分析,判别分析的变量选择也有向前法,后退法和逐步筛选法.这里仅介绍逐步筛选法.

逐步判别的基本思想和逐步回归是类似的.逐个引入变量,每次把一个判别能力最强的变量引入判别式,每引入一个新变量,对判别式中的老变量逐个进行检验,如其判别能力因新变量的引入而变得不显著,应把它从判别式中剔除.这种通过逐步筛选变量使得建立的判别函数中仅保留判别能力显著的变量的方法,就是逐步判别法.

## 三、逐步判别法的基本步骤

**1. 逐步筛选变量**

根据各变量对区分 $k$ 个总体的判别能力的大小,按基本思想所介绍的过程来筛选变量.SAS/STAT 软件中的 STEPDISC 过程专用于筛选变量子集.该过程利用向前选入、向后剔除或逐步筛选的方法来选择区分 $k$ 个总体的最佳变量子集.

**2. 判别归类**

对已选出变量子集,使用以上几节介绍的判别方法对样品进行判别归类.

## 四、应用例子

**例 6.5.1(胃癌的鉴别)** 对表 6.2 的病例资料,试用逐步判别方法建立判别准则,并对这 15 个样品进行判别归类.

**解** 利用 STEPDISC 和 DISCRIM 过程进行判别归类.SAS 程序如下(设病例资料已生成 SAS 数据集 D621):

```
proc stepdisc data=D621 ;
     class group;
     var X1 - X4;
run;
proc discrim data=D621 list;
```

```
    class group;
    var X2 X3;
run;
```

STEPDISC过程用于筛选对区分 $k$ 个类能力强的变量集. 在 proc stepdisc 语句中常用的选项还有:(1) method=FW|BW|SW, 指定筛选变量的方法,缺省值为SW(逐步筛选);(2) sle=和 sls=规定引入变量到判别式和剔除变量的显著性水平,缺省值均为0.15;(3) stop=规定最终判别式中变量个数;(4) maxstep=规定筛选过程的最大步数. 以上STEPDISC过程的部分输出结果见输出6.5.1和输出6.5.2.

**输出6.5.1　逐步筛选变量的第一步**

```
                        Stepwise Discriminant Analysis
Stepwise Selection:  Step 1

                       Statistics for Entry, DF = 2, 12
        Variable        R**2          F        Prob > F     Tolerance

        X1             0.1432       1.003       0.3955       1.0000
        X2             0.5737       8.074       0.0060       1.0000
        X3             0.5577       7.564       0.0075       1.0000
        X4             0.2385       1.879       0.1950       1.0000

                        Variable X2 will be entered

                 The following variable(s) have been entered:
                                     X2

                          Multivariate Statistics

    Wilks' Lambda  = 0.42631443   F( 2, 12) =    8.074      Prob > F = 0.0060
    Pillai's Trace =   0.573686   F( 2, 12) =    8.074      Prob > F = 0.0060

            Average Squared Canonical Correlation = 0.28684278
```

**输出6.5.2　逐步筛选过程的概括**

```
Stepwise Selection:  Summary
           Variable            Number   Partial      F        Prob >       Wilks'    Prob <
Step   Entered     Removed       In       R**2    Statistic     F          Lambda    Lambda
-------------------------------------------------------------------------------------------
  1    X2                        1      0.5737      8.074    0.0060    0.42631443    0.0060
  2    X3                        2      0.3083      2.451    0.1317    0.29488806    0.0073

                                          Average
                                          Squared
           Variable            Number    Canonical     Prob >
Step   Entered     Removed       In     Correlation     ASCC
------------------------------------------------------------
  1    X2                        1      0.28684278     0.0060
  2    X3                        2      0.39103303     0.0148
```

在输出6.5.1关于考虑引入的统计量中,首先给出各个变量对于区分3个类的偏 $R^2$, $F$ 统计量及 $p$ 值. $p$ 值最小者(0.0060)

即最能区分3个类的变量$X_2$第一个被引入判别式;在多元统计量下给出此时判别式中这些变量的判别效果.逐步筛选变量的第二、三步输出的结果类似,这里省略了.

输出6.5.3给出用逐步筛选法选出的两个变量$X_2$和$X_3$来建立判别准则的回判结果.在回判结果中只有两个病例判错了.

**输出6.5.3 用变量$X_2$和$X_3$建立判别法的回判结果**

| Obs | From GROUP | Classified into GROUP | Posterior Probability of Membership in GROUP: 1 | 2 | 3 |
|---|---|---|---|---|---|
| 1 | 1 | 1 | 0.9658 | 0.0298 | 0.0044 |
| 2 | 1 | 1 | 0.3526 | 0.3379 | 0.3094 |
| 3 | 1 | 1 | 0.9831 | 0.0049 | 0.0120 |
| 4 | 1 | 1 | 0.4572 | 0.1339 | 0.4088 |
| 5 | 1 | 1 | 0.9995 | 0.0003 | 0.0002 |
| 6 | 2 | 3 * | 0.0485 | 0.4533 | 0.4982 |
| 7 | 2 | 2 | 0.0016 | 0.6767 | 0.3217 |
| 8 | 2 | 2 | 0.0193 | 0.5471 | 0.4336 |
| 9 | 2 | 2 | 0.3259 | 0.3587 | 0.3153 |
| 10 | 2 | 2 | 0.0011 | 0.6358 | 0.3631 |
| 11 | 3 | 3 | 0.0065 | 0.4837 | 0.5098 |
| 12 | 3 | 3 | 0.0317 | 0.4173 | 0.5510 |
| 13 | 3 | 3 | 0.1195 | 0.2108 | 0.6697 |
| 14 | 3 | 3 | 0.0008 | 0.4211 | 0.5781 |
| 15 | 3 | 2 * | 0.0193 | 0.5471 | 0.4336 |

* Misclassified observation

## 习 题 六

**6-1** 设在某地区抽取了14块岩石标本,其中7块含矿,7块不含矿.对每块岩石测定了Cu, Ag, Bi三种化学成分的含量,得到的数据列于下表.

| 类型 | 序号 | Cu | Ag | Bi | 类型 | 序号 | Cu | Ag | Bi |
|---|---|---|---|---|---|---|---|---|---|
| 含矿 | 1 | 2.58 | 0.90 | 0.95 | 不含矿 | 1 | 2.25 | 1.98 | 1.06 |
| | 2 | 2.90 | 1.23 | 1.00 | | 2 | 2.16 | 1.80 | 1.06 |
| | 3 | 3.55 | 1.15 | 1.00 | | 3 | 2.33 | 1.74 | 1.10 |
| | 4 | 2.35 | 1.15 | 0.79 | | 4 | 1.96 | 1.48 | 1.04 |
| | 5 | 3.54 | 1.85 | 0.79 | | 5 | 1.94 | 1.40 | 1.00 |
| | 6 | 2.70 | 2.23 | 1.30 | | 6 | 3.00 | 1.30 | 1.00 |
| | 7 | 2.70 | 1.70 | 0.48 | | 7 | 2.78 | 1.70 | 1.48 |

(1) 生成一个包含3个定量变量(Cu, Ag和Bi)和一个分类变量(Type=1表示含矿, Type=0表示不含矿)的SAS集;

(2) 假定两类样本服从正态分布,用DISCRIM过程进行判别计算(先验概率取为相等,并假定两类样本的协差阵相等);

(3) 今得一块标本,并测得其 Cu, Ag, Bi 的含量分别为 2.95, 2.15和 1.54,试判断这标本是含矿还是不含矿?

**6-2** 某商学院用学生的大学平均学分(GPA)的一综合指标和研究生管理才能测验(GMAT)分数帮助招生人员录取研究生. 把 85 名报考人员分为三类:录取、不录取、未定. 试用判别分析方法导出判别函数对 85 名报考者进行判别归类;另外还有一名报名者 GPA = 3.21, GMAT = 497, 请问他是否录取?

**某商学院录取研究生的数据**

| G1:录取 | | | G2:不录取 | | | G3:未定 | | |
|---|---|---|---|---|---|---|---|---|
| 申请者序号 | GPA $X_1$ | GMAT $X_2$ | 申请者序号 | GPA $X_1$ | GMAT $X_2$ | 申请者序号 | GPA $X_1$ | GMAT $X_2$ |
| 1 | 2.96 | 596 | 32 | 2.54 | 446 | 60 | 2.86 | 494 |
| 2 | 3.14 | 473 | 33 | 2.43 | 425 | 61 | 2.85 | 496 |
| 3 | 3.22 | 482 | 34 | 2.20 | 474 | 62 | 3.14 | 419 |
| 4 | 3.29 | 527 | 35 | 2.36 | 531 | 63 | 3.28 | 371 |
| 5 | 3.69 | 595 | 36 | 2.57 | 542 | 64 | 2.89 | 447 |
| 6 | 3.46 | 693 | 37 | 2.35 | 496 | 65 | 3.15 | 343 |
| 7 | 3.03 | 626 | 38 | 2.51 | 412 | 66 | 3.50 | 402 |
| 8 | 3.19 | 663 | 39 | 2.51 | 458 | 67 | 2.89 | 485 |
| 9 | 3.63 | 447 | 49 | 2.36 | 399 | 68 | 2.80 | 444 |
| 10 | 3.59 | 588 | 41 | 2.36 | 482 | 69 | 3.13 | 416 |
| 11 | 3.30 | 563 | 42 | 2.66 | 420 | 70 | 3.01 | 471 |
| 12 | 3.40 | 553 | 43 | 2.68 | 474 | 71 | 2079 | 490 |
| 13 | 3.50 | 572 | 44 | 2048 | 533 | 72 | 2.89 | 481 |
| 14 | 3.78 | 591 | 45 | 2.46 | 509 | 73 | 2.91 | 446 |
| 15 | 3.44 | 692 | 46 | 2.63 | 504 | 74 | 2.75 | 546 |
| 16 | 3.48 | 528 | 47 | 2044 | 336 | 75 | 2078 | 467 |
| 17 | 3.47 | 552 | 48 | 2.13 | 408 | 76 | 3.12 | 462 |
| 18 | 3.35 | 520 | 49 | 2.41 | 469 | 77 | 3.08 | 440 |
| 19 | 3.39 | 543 | 50 | 2.55 | 538 | 78 | 3.03 | 419 |
| 20 | 3.28 | 523 | 51 | 2.31 | 505 | 79 | 3.00 | 509 |
| 21 | 3.21 | 530 | 52 | 2.41 | 489 | 80 | 3.03 | 438 |
| 22 | 3.58 | 564 | 53 | 2.09 | 441 | 81 | 3.05 | 399 |
| 23 | 3.33 | 565 | 54 | 2.35 | 321 | 82 | 2.85 | 483 |
| 24 | 3.40 | 431 | 55 | 2.60 | 394 | 83 | 3.01 | 453 |
| 25 | 3.38 | 605 | 56 | 2.55 | 528 | 84 | 3.03 | 414 |
| 26 | 3.26 | 664 | 57 | 2070 | 399 | 85 | 3.04 | 446 |
| 27 | 3.60 | 609 | 58 | 2.85 | 381 | | | |
| 28 | 3.37 | 559 | 59 | 2.90 | 364 | | | |
| 29 | 3.80 | 521 | | | | | | |
| 30 | 3.76 | 646 | | | | | | |
| 31 | 3.24 | 467 | | | | | | |

**6-3** 已知某研究对象分为三类,每个样品考察4项指标,各类的观测样品数分别为7,4,6.另有4个待判样品(观测数据见表6.3).假定样本来自正态总体.

(1) 试用表6.3中数据生成的SAS数据集(训练样本的总个数 $n = 17$,另有4个待判样品,变量个数 $m = 4$,分类数 $k = 3$);

(2) 假设三总体为多元正态总体,试用马氏距离判别法进行判别分析,并对4个待判样品进行判别归类.

(3) 使用其他的判别法进行判别分析,并对4个待判样品进行判别归类,然后比较之.

**表6.3 判别分类的数据**

| 样品号 | $X_1$ | $X_2$ | $X_3$ | $X_4$ | 类别号 |
|---|---|---|---|---|---|
| 1 | 6.0 | -11.5 | 19.0 | 90.0 | 1 |
| 2 | -11.0 | -18.5 | 25.0 | -36.0 | 3 |
| 3 | 90.2 | -17.0 | 17.0 | 3.0 | 2 |
| 4 | -4.0 | -15.0 | 13.0 | 54.0 | 1 |
| 5 | 0.0 | -14.0 | 20.0 | 35.0 | 2 |
| 6 | 0.5 | -11.5 | 19.0 | 37.0 | 3 |
| 7 | -10.0 | -19.0 | 21.0 | -42.0 | 3 |
| 8 | 0.0 | -23.0 | 5.0 | -35.0 | 1 |
| 9 | 20.0 | -22.0 | 8.0 | -20.0 | 3 |
| 10 | -100.0 | -21.4 | 7.0 | -15.0 | 1 |
| 11 | -100.0 | -21.5 | 15.0 | -40.0 | 2 |
| 12 | 13.0 | -17.2 | 18.0 | 2.0 | 2 |
| 13 | -5.0 | -18.5 | 15.0 | 18.0 | 1 |
| 14 | 10.0 | -18.0 | 14.0 | 50.0 | 1 |
| 15 | -8.0 | -14.0 | 16.0 | 56.0 | 1 |
| 16 | 0.6 | -13.0 | 26.0 | 21.0 | 3 |
| 17 | -40.0 | -20.0 | 22.0 | -50.0 | 3 |
| 1 | -8.0 | -14.0 | 16.0 | 56.0 | 0 |
| 2 | 92.2 | -17.0 | 18.0 | 3.0 | 0 |
| 3 | -14.0 | -18.5 | 25.0 | -36.0 | 0 |
| 4 | -36.0 | -20.0 | 22.0 | -50.0 | 0 |

**6-4** 某城市的环保监测站1982年在全市均匀地布置了14个监测点,每日三次定时抽取大气样品,测量大气中二氧化硫、氮氧化物和可吸入颗粒物的含量.前后5天,每个取样点(监测点)每种污染元素实测15次,取15次实测值的平均作为该取样点大气

污染元素的含量.数据见表6.4 .经使用聚类分析方法分析处理,该城市的大气污染情况可以分为三类:第一类为严重污染地区,包括第6,8,9,13号监测点共4个样品点;第二类为一般污染地区,包括第1,2,3,7,10,14号监测点共6个样品点;第三类为基本没有污染地区,包括第4,5,11,12号监测点共4个样品点.

(1) 试用DISCRIM过程建立判别准则(假设三总体为多元正态总体,协差阵相等,先验概率取为各类样本的比例),并列出回判结果.

(2) 该城市另有两个单位在同一期间测定了所在单位大气中这三种污染元素的含量(见表6.4中最后两行),试用马氏距离判别方法判断这两个单位的污染情况属哪一类?

**表6.4 大气污染数据**

| 样品号 \ 污染元素 | 二氧化硫 $X_1$ | 氮氧化物 $X_2$ | 可吸入颗粒物 $X_3$ | 类别号 |
|---|---|---|---|---|
| 1 | .045 | .043 | .265 | 2 |
| 2 | .066 | .039 | .264 | 2 |
| 3 | .094 | .061 | .194 | 2 |
| 4 | .003 | .003 | .102 | 3 |
| 5 | .048 | .015 | .106 | 3 |
| 6 | .210 | .066 | .263 | 1 |
| 7 | .086 | .072 | .274 | 2 |
| 8 | .196 | .072 | .211 | 1 |
| 9 | .187 | .082 | .301 | 1 |
| 10 | .053 | .060 | .209 | 2 |
| 11 | .020 | .008 | .112 | 3 |
| 12 | .035 | .015 | .170 | 3 |
| 13 | .205 | .068 | .284 | 1 |
| 14 | .088 | .058 | .215 | 2 |
| 1 | .101 | .052 | .181 | 0 |
| 2 | .045 | .005 | .122 | 0 |

# 第七章 聚类分析

聚类分析又称群分析，它是研究对样品或指标进行分类的一种多元统计方法.所谓的“类”，通俗地说就是相似元素的集合.

在实际问题中，经常遇到分类问题，例如对某城市按大气污染的轻重分成几类区域；对某年级学生按学习成绩的好坏分成几等；对学生在中学期间学习的科目按培养运算能力、培养推理能力、培养记忆能力等分成几组；对人体测量的几十个部位的尺寸按反映人体高矮，反映人体胖瘦及人体畸形的部位分为几类；在经济学中根据人均国民收入、人均工农业产值、人均消费水平等多种指标对世界上所有国家的经济发展状况进行分类，等等.随着生产技术和科学的发展，在许多领域中都将遇到分类问题.

什么是分类？它只不过是将一个观测对象指定到某一类(组).分类的问题可以分成两种：一种是对当前所研究的问题已知它的类别数目，且知道各类的特征(如分布规律，或知道来自各类的训练样本)，我们的目的是要将另一些未知类别的个体正确归属于其中某一类，这是第六章判别分析所要解决的问题.另一种是事先不知道研究的问题应分为几类，更不知道观测到的个体的具体分类情况，我们的目的正是需要通过对观测数据所进行的分析处理，选定一种度量个体接近程度的统计量、确定分类数目、建立一种分类方法，并按亲近程度对观测对象给出合理的分类.这种问题在实际中大量存在，它正是聚类分析所要解决的问题.

## §7.1 聚类分析的方法

聚类分析是实用多元统计分析的一个新的分支，正处于发展阶段，理论上虽不很完善，但由于它能够解决许多实际问题，因此这个方法很受人们的重视，特别是和其他方法联合起来使用往往效果更好．例如对一批观测对象先用聚类分析进行分类，然后用判别分析的方法建立判别准则，用以对新的观测对象判别归类．

聚类分析的职能是建立一种分类方法，它将一批样品或变量，按照它们在性质上的亲疏、相似程度进行分类．

聚类分析的内容十分丰富，按其聚类的方法可分为以下几种：

(1) 系统聚类法：开始每个对象自成一类，然后每次将最相似的两类合并，合并后重新计算新类与其他类的距离或相近性测度．这一过程一直继续直到所有对象归为一类为止．并类的过程可用一张谱系聚类图描述．

(2) 调优法(动态聚类法)：首先对 $n$ 个对象初步分类，然后根据分类的损失函数尽可能小的原则对分类进行调整，直到分类合理为止．

(3) 最优分割法(有序样品聚类法)：开始将所有样品看成一类，然后根据某种最优准则将它们分割为二类、三类，一直分割到所需的 $K$ 类为止．这种方法适用于有序样品的分类问题，也称为有序样品的聚类法．

(4) 模糊聚类法：利用模糊集理论来处理分类问题，它对经济领域中具有模糊特征的两态数据或多态数据具有明显的分类效果．

(5) 图论聚类法：利用图论中最小支撑树的概念来处理分类问题，创造了独具风格的方法．

(6) 聚类预报法：利用聚类方法处理预报问题，在多元统计分析中，可用来作预报的方法很多，如回归分析和判别分析．但对一些异常数据，如气象中的灾害性天气的预报，回归或判别分析处理的效果都不好，而聚类预报弥补了这一不足，这是一个值得重视的方法．

聚类分析根据分类对象的不同分为 R 型和 Q 型两大类，R 型是对变量(指标)进行分类处理,Q 型是对样品进行分类处理.

R 型聚类分析的目的有以下方面:

① 可以了解变量间及变量组合间的亲疏关系;

② 对变量进行分类;

③ 根据分类结果及它们之间的关系,在每一类中选择有代表性的变量作为重要变量,利用少数几个重要变量进一步作分析计算,如进行回归分析或 Q 型聚类分析等.

Q 型聚类分析的目的主要是对样品进行分类.分类的结果是直观的,且比传统分类方法更细致、全面、合理.当然使用不同的分类方法通常会得到不同的分类结果.对任何观测数据都没有惟一"正确的"的分类方法.实际应用中,常采用不同的分类方法,对数据进行分析计算,以便对分类提供意见,并由实际工作者决定所需要的分类数及分类情况.

本章重点介绍应用最广泛的系统聚类法,且主要讨论 Q 型聚类分析问题.

## §7.2 距离与相似系数

为了对样品(或变量)进行分类,就必须研究它们之间的关系.描述样品间亲疏相似程度的统计量很多,目前用得最多的是距离和相似系数,这两个统计量与变量的类型密切相关,我们首先回顾一下变量的类型.

在属性数据分析中,我们介绍了变量的类型.根据变量取值的不同,可分为两大类:定量变量和定性(属性)变量.

**定量变量**就是我们通常所说的连续变量,例如长度、重量、产量、人口、温度等,它们是由测量或计数、统计所得到的量,这类变量具有数值特征,称为定量变量,或称为区间变量.在区间变量中如存在绝对零点者,又称为比率变量.本章中不严格区分区间变量和比率变量.

**定性变量**并非真有数量上的变化,而只有性质上的差异,例如天气(阴、晴),性别(男、女),职业(工人、教师、干部、农民等),质量(一等、二等、三等),矿石的质量(富、中、贫).这些变量都是定性变量,在这类变量中还可以再分为两种:有序尺度变量(没有明确的数量关系,只有次序关系,如质量的等级)和名义尺度变量(变量值是几个没有次序关系的不同状态,如性别、职业等).

不同类型的变量在定义距离或相似性测度时有很大差异.本章主要讨论定量数据的聚类分析问题.

## 一、数据的变换方法

设有 $n$ 个样品,每个样品测得 $m$ 项指标(变量),得观测数据 $x_{ij}(i=1,\cdots,n, j=1,\cdots,m)$.通常将数据列成表7.1的形式,

**表 7.1 观测数据及特征量**

| 样品 \ 变量 | $X_1$ | $\cdots$ | $X_j$ | $\cdots$ | $X_m$ |
|---|---|---|---|---|---|
| $X_{(1)}$ | $x_{11}$ | $\cdots$ | $x_{1j}$ | $\cdots$ | $x_{1m}$ |
| $\vdots$ | $\vdots$ | | $\vdots$ | | $\vdots$ |
| $X_{(i)}$ | $x_{i1}$ | $\cdots$ | $x_{ij}$ | $\cdots$ | $x_{im}$ |
| $\vdots$ | $\vdots$ | | $\vdots$ | | $\vdots$ |
| $X_{(n)}$ | $x_{n1}$ | $\cdots$ | $x_{nj}$ | $\cdots$ | $x_{nm}$ |
| 均值 | $\bar{x}_1$ | $\cdots$ | $\bar{x}_j$ | $\cdots$ | $\bar{x}_m$ |
| 标准差 | $s_1$ | $\cdots$ | $s_j$ | $\cdots$ | $s_m$ |
| 极差 | $R_1$ | $\cdots$ | $R_j$ | $\cdots$ | $R_m$ |

其中均值 $\bar{x}_j=\frac{1}{n}\sum_{t=1}^{n}x_{tj}\ (j=1,2,\cdots,m)$,标准差

$$s_j=\sqrt{\frac{1}{n-1}\sum_{t=1}^{n}(x_{tj}-\bar{x}_j)^2}\quad(j=1,2,\cdots,m).$$

我们所考察的 $m$ 个不同变量,一般都有不同的量纲,不同的数量级单位,不同的取值范围.为了使不同量纲,不同取值范围的数据能放在一起进行比较,通常需要对数据进行变换处理.常用的变换方法有以下几种:

**1. 中心化变换**

变换

$$x_{ij}^* = x_{ij} - \bar{x}_j \quad (i = 1,2,\cdots,n; j = 1,\cdots,m) \qquad (7.1)$$

称为**中心化变换**. 它是一种标准化处理方法, 变换后数据的均值为 0, 而协差阵不变, 即协差阵为

$$S^* = S = (s_{ij}),$$

其中 $s_{ij} = \frac{1}{n-1}\sum_{t=1}^{n}(x_{ti} - \bar{x}_i)(x_{tj} - \bar{x}_j) = \frac{1}{n-1}\sum_{t=1}^{n} x_{ti}^* x_{tj}^*$.

中心化变换是一种方便地计算样本协差阵的变换.

**2. 标准化变换**

变换

$$x_{ij}^* = \frac{x_{ij} - \bar{x}_j}{s_j} \quad \begin{pmatrix} i = 1,2,\cdots,n \\ j = 1,2,\cdots,m \end{pmatrix} \qquad (7.2)$$

称为**标准化变换**. 变换后的数据, 每个变量的样本均值为 0, 标准差为 1, 而且标准化变换后的数据 $\{x_{ij}^*\}$ 与变量的量纲无关.

**3. 极差标准化变换**

变换

$$x_{ij}^* = \frac{x_{ij} - \bar{x}_j}{R_j} \quad \begin{pmatrix} i = 1,2,\cdots,n \\ j = 1,2,\cdots,m \end{pmatrix} \qquad (7.3)$$

称为**极差标准化变换**. 变换后的数据, 每个变量的样本均值为 0, 极差为 1, 且 $|x_{ij}^*| < 1$, 在以后的分析计算中可以减少误差的产生; 同时变换后的数据也是无量纲的量.

**4. 极差正规化变换(规格化变换)**

变换

$$x_{ij}^* = \frac{x_{ij} - \min\limits_{1 \leqslant t \leqslant n} x_{tj}}{R_j} \quad \begin{pmatrix} i = 1,2,\cdots,n \\ j = 1,2,\cdots,m \end{pmatrix} \qquad (7.4)$$

称为**极差正规化变换**. 变换后的数据 $0 \leqslant x_{ij}^* \leqslant 1$; 极差为 1, 也是无量纲的量.

**5. 对数变换**

变换

$$x_{ij}^{*} = \log(x_{ij}) \quad (\text{要求 } x_{ij} > 0) \tag{7.5}$$
$$(i = 1,2,\cdots,n; j = 1,2,\cdots,m)$$

称为**对数变换**. 它可将具有指数特征的数据结构化为线性数据结构.

此外, 还有平方根变换, 立方根变换等. 它们的主要作用是把非线性数据结构变为线性数据结构, 以适应某些统计方法的需要.

## 二、样品间的距离和相似系数

描述样品间的亲疏程度最常用的是距离. 设观测数据 $x_{ij}(i = 1,2,\cdots,n; j = 1,\cdots,m)$ 列成表 7.1 的形式. $n$ 个样品看成 $m$ 维空间中的 $n$ 个点, 用 $d_{ij}$ 表示样品 $X_{(i)}$ 和 $X_{(j)}$ 之间的距离, 一般要求:

(1) $d_{ij} \geqslant 0$, 对一切 $i, j$; 当 $d_{ij} = 0 \Longleftrightarrow X_{(i)} = X_{(j)}$;

(2) $d_{ij} = d_{ji}$, 对一切 $i, j$;

(3) $d_{ij} \leqslant d_{ik} + d_{kj}$, 对一切 $i, j, k$ (三角不等式).

对于定量变量, 常用的距离有:

**1. 闵科夫斯基(Minkowski)距离**

$$d_{ij}(q) = \left[\sum_{t=1}^{m} |x_{it} - x_{jt}|^{q}\right]^{1/q} (i, j = 1,2,\cdots,n). \tag{7.6}$$

(1) 绝对值距离

在(7.6) 中, 当 $q = 1$ 时的一阶 Minkowski 度量

$$d_{ij}(1) = \sum_{t=1}^{m} |x_{it} - x_{jt}| \quad (i, j = 1,2,\cdots,n)$$

就称为**绝对值距离**.

(2) 欧氏距离

在(7.6) 中, 当 $q = 2$ 时的二阶 Minkowski 度量

$$d_{ij}(2) = \sqrt{\sum_{t=1}^{m} |x_{it} - x_{jt}|^{2}} \quad (i, j = 1,2,\cdots,n)$$

称为**欧氏距离**. 欧氏距离是聚类分析中用得最广泛的距离. 但该距离与各变量的量纲有关; 没有考虑指标间的相关性; 也没有考虑各

变量方差的不同.如从欧氏距离的定义中易见,变差大的变量在距离中的作用(贡献)就会大,这是不合适的.合理的方法就是对各变量加权,如用 $1/s^2$ 作为权数可得出"统计距离".

(3) 切比雪夫距离

$$d_{ij}(\infty) = \max_{1 \leqslant t \leqslant m} |x_{it} - x_{jt}| \quad (i, j = 1, 2, \cdots, n).$$

2. **兰氏距离(要求 $x_{ij} > 0$)**

这是由 Lance 和 Williams 最早提出的,故称为**兰氏距离**,定义为

$$d_{ij}(L) = \frac{1}{m} \sum_{t=1}^{m} \frac{|x_{it} - x_{jt}|}{(x_{it} + x_{jt})} \quad (i, j = 1, 2, \cdots, n). \qquad (7.7)$$

这是一个无量纲的量,克服了闵氏距离与各指标的量纲有关的缺点,且兰氏距离对大的奇异值不敏感,这样使得它特别适合高度偏倚的数据.但兰氏距离也没有考虑变量间的相关性.

闵氏距离和兰氏距离都是假定变量之间相互独立,即在正交空间中讨论距离,但在实际问题中,变量之间往往存在着一定的相关性,为克服变量之间相关性的影响,可以采用马氏距离.

**3. 马氏距离(Mahalanobis)**

样品 $X_{(i)}$ 和 $X_{(j)}$ 的马氏距离为

$$d_{ij}(M) = (X_{(i)} - X_{(j)})' S^{-1} (X_{(i)} - X_{(j)}), \qquad (7.8)$$

其中 $S^{-1}$ 为样本协差阵的逆矩阵.

马氏距离虽然可以排除变量之间相关性的干扰,并且不受量纲的影响,但是在聚类分析处理之前,如果用全部数据计算均值和协差阵来求马氏距离,效果不是很好.比较合理的办法是用各个类的样本来计算各自的协差阵,同一类样品间的马氏距离应当用这一类的协差阵来计算,但类的形成需要依赖于样品间的距离,而样品间合理的马氏距离又依赖于类,这就形成了一个恶性循环,因此在实际聚类分析中,马氏距离也不是理想的距离.

为了克服变量间相关性的影响,我们引入斜交空间距离.

**4. 斜交空间距离**

由于变量之间存在着不同程度的相关关系，在这种情况下，用正交空间距离来计算样品间的距离，易产生形变，从而使得用聚类分析进行分类时的谱系结构发生变形.

在 $m$ 维空间中，为使具有相关性变量的谱系结构不发生变形，采用斜交空间距离，即令

$$d_{ij} = \left[\frac{1}{m^2}\sum_{k=1}^{m}\sum_{l=1}^{m}(x_{ik} - x_{jk})(x_{il} - x_{jl})r_{kl}\right]^{1/2} \quad (7.9)$$

$$(i,j = 1,2,\cdots,n).$$

在数据标准化处理下，$r_{kl}$ 为变量 $X_k$ 和 $X_l$ 之间的相关系数.

**5. 相似系数**

样品间的亲疏程度除了用距离描述外，也可用相似系数来表示. 参见以下“变量间的相似系数和距离”的定义.

## 三、变量间的相似系数和距离

聚类分析方法不仅用来对样品进行分类，有时需要对变量进行分类. 在对变量进行分类时，通常采用相似系数来表示变量之间的亲疏程度.

设 $C_{ij}$ 表示变量 $X_i$ 和 $X_j$ 间的相似系数，一般要求：

(1) $C_{ij} = \pm 1 \Longleftrightarrow X_i = aX_j$ ($a \neq 0$, 常数)；

(2) $|C_{ij}| \leqslant 1$，对一切 $i,j$ 成立；

(3) $C_{ij} = C_{ji}$，对一切 $i,j$ 成立.

$|C_{ij}|$ 越接近 1，则表示 $X_i$ 和 $X_j$ 的关系越密切，$C_{ij}$ 越接近 0，两者关系越疏远.

对于定量变量，常用的相似系数有夹角余弦和相关系数.

**1. 夹角余弦**

变量 $X_i$ 的 $n$ 次观测值 $(x_{1i}, x_{2i}, \cdots, x_{ni})$ 看成 $n$ 维空间的向量，则 $X_i$ 和 $X_j$ 夹角 $\alpha_{ij}$ 的余弦称为两向量的相似系数，记为 $C_{ij}(1)$，即

$$C_{ij}(1) = \cos[\alpha_{ij}] = \frac{\sum_{t=1}^{n} x_{ti} x_{tj}}{\sqrt{\sum_{t=1}^{n} x_{ti}^2} \sqrt{\sum_{t=1}^{n} x_{tj}^2}} \quad (i,j = 1,\cdots,m). \tag{7.10}$$

当 $i = j$ 时,夹角 $\alpha_{ij} = 0$, $C_{ij}(1) = 1$,说明两向量完全相似;当 $X_i$ 和 $X_j$ 正交时,$\alpha_{ij} = 90$, $C_{ij}(1) = 0$,说明两变量不相关.

**2. 相关系数**

相关系数就是对数据作标准化处理后的夹角余弦.变量 $X_i$ 和 $X_j$ 的相关系数常用 $r_{ij}$ 表示,在这里我们记为 $C_{ij}(2)$,即

$$C_{ij}(2) = \frac{\sum_{t=1}^{n}(x_{ti} - \bar{x}_i)(x_{tj} - \bar{x}_j)}{\sqrt{\sum_{t=1}^{n}(x_{ti} - \bar{x}_i)^2} \sqrt{\sum_{t=1}^{n}(x_{tj} - \bar{x}_j)^2}} \quad (i,j = 1,\cdots,m). \tag{7.11}$$

当 $i = j$ 时,$C_{ij}(2) = 1$ 表示两变量线性相关,一般情况,$|C_{ij}| \leqslant 1$.

**3. 变量间的距离**

(1) 利用相似系数来定义变量间的距离

令

$$d_{ij} = 1 - |C_{ij}| \text{ 或 } d_{ij}^2 = 1 - C_{ij}^2 \quad (i,j = 1,\cdots,m). \tag{7.12}$$

(2) 利用样本协差阵来定义距离

设样本协差阵 $S = (s_{ij}) > 0$,变量 $X_i$ 和 $X_j$ 间的距离可定义为

$$d_{ij} = s_{ii} + s_{jj} - 2s_{ij} \quad (i,j = 1,2,\cdots,m). \tag{7.13}$$

(3) 把变量 $X_i$ 的 $n$ 次观测值看成 $n$ 维空间的点.在 $n$ 维空间中按“二”中介绍的方法类似可定义 $m$ 个变量间的种种距离.

**4. 定性变量间的距离和相似系数**

当变量 $X_i(i = 1,2,\cdots,m)$ 是定性变量时,也可以定义多种

距离和相似系数.比如由两个定性变量的观测数据首先生成列联表,并由列联表可以定义多种相似性的度量.具体定义请见参考文献[2].

## §7.3 系统聚类法

系统聚类法是目前在实际应用中使用最多的一类方法.它是将类由多变到少的一种方法.

本节考虑 $n$ 个样品的聚类问题.观测数据记为表7.1的形式,$n$ 个 $m$ 维的样品记为 $X_{(i)}\ (i=1,2,\cdots,n)$.

### 一、系统聚类法的基本思想和基本步骤

设有 $n$ 个样品,每个样品测得 $m$ 项指标.系统聚类方法的基本思想是:首先定义样品间的距离(或相似系数)和类与类之间的距离.一开始将 $n$ 个样品各自自成一类,这时类间的距离与样品间的距离是等价的;然后将距离最近的两类合并,并计算新类与其他类的类间距离,再按最小距离准则并类.这样每次缩小一类,直到所有的样品都并成一类为止.这个并类过程可以用谱系聚类图形象地表达出来.

由以上系统聚类法的基本思想,即可得出它的基本步骤如下:

⓪ 数据变换:可以使用上节介绍的方法对数据进行变换.数据变换目的是为了便于比较、计算上的方便或改变数据的结构.

选择度量样品间距离的定义(如欧氏距离)及度量类间距离的定义(如最短距离法,参见下面“系统聚类分析的方法”).

① 计算 $n$ 个样品两两间的距离,得样品间的距离矩阵 $D^{(0)}$.

② 一开始(第一步:$i=1$)$n$ 个样品各自构成一类,类的个数 $k=n$ 个类:$G_i=\{X_{(i)}\}\ (i=1,\cdots,n)$.此时类间的距离就是样品间的距离(即 $D^{(1)}=D^{(0)}$).然后对步骤 $i=2,\cdots,n$ 执行并类过程的步骤 ③ 和 ④ .

③ 每次合并类间距离最小的两类为一新类.此时类的总个数 $k$ 减少1类,即 $k = n - i + 1$.

④ 计算新类与其他类的距离,得新的距离矩阵 $D^{(i)}$.若合并后类的总个数 $k$ 仍大于1,重复③和④步;直到类的总个数为1时止.

⑤ 画谱系聚类图;

⑥ 决定分类的个数及各类的成员.

**例7.3.1** 设有5个产品,每个产品测得一项质量指标 $X$,其值如下:1,2,4.5,6,8.试对5个产品按质量指标进行分类.

**解** 设样品间的距离取为欧氏距离,类间的距离取为类间的最短距离,根据上面介绍的步骤,计算如下:

① 计算5个样品:$X_{(1)}, X_{(2)}, X_{(3)}, X_{(4)}, X_{(5)}$ 两两间的距离,得初始的类间距离矩阵 $D^{(1)}$:

| | $X_{(1)}$ | $X_{(2)}$ | $X_{(3)}$ | $X_{(4)}$ | $X_{(5)}$ |
|---|---|---|---|---|---|
| $X_{(1)}$ | 0 | $\boxed{1}$ | 3.5 | 5 | 7 |
| $X_{(2)}$ | | 0 | 2.5 | 4 | 6 |
| $X_{(3)}$ | | | 0 | 1.5 | 3.5 |
| $X_{(4)}$ | | | | 0 | 2 |
| $X_{(5)}$ | | | | | 0 |

② 一开始 $n$ 个样品各自构成一类,得5个类: $G_i = \{X_{(i)}\}$ $(i = 1, \cdots, 5)$,类的个数 $k = 5$.

③ 由 $D^{(1)}$ 可知,首先合并 $X_{(1)}$ 和 $X_{(2)}$ 为一新类,记为 $CL4 = \{X_{(1)}, X_{(2)}\}$;此时类的总个数 $k$ 减少1类,变为 $k = 4$,故把此步得到的新类记为CL4.

④ 按最短距离法计算新类CL4与其他类的距离,得新的距离矩阵 $D^{(2)}$:

| | $X_{(3)}$ | $X_{(4)}$ | $X_{(5)}$ | CL4 |
|---|---|---|---|---|
| $X_{(3)}$ | 0 | $\boxed{1.5}$ | 3.5 | 2.5 |
| $X_{(4)}$ | | 0 | 2 | 4 |
| $X_{(5)}$ | | | 0 | 6 |
| CL4 | | | | 0 |

因此时类的总个数 $k=4$ 大于 1 类，重复并类过程.

⑤ 由 $D^{(2)}$ 可知类间距离为 1.5 时最小，故合并 $X_{(3)}$ 和 $X_{(4)}$ 为一新类，记为 $CL3=\{X_{(3)},X_{(4)}\}$；此时类的总个数 $k$ 减少 1 类，变为 $k=3$，故把此步得到的新类记为 CL3.

⑥ 按最短距离法计算新类 CL3 与其他类的距离，得新的距离矩阵 $D^{(3)}$：

| | $X_{(5)}$ | CL4 | CL3 |
|---|---|---|---|
| $X_{(5)}$ | 0 | 6 | $\boxed{2}$ |
| CL4 | | 0 | 2.5 |
| CL3 | | | 0 |

因此时类的总个数 $k=3$ 大于 1 类，重复并类过程.

⑦ 由 $D^{(3)}$ 可知，应合并 $X_{(5)}$ 和 CL3 为一新类，记为 $CL2=\{X_{(5)},X_{(3)},X_{(4)}\}$；此时类的总个数 $k$ 减少 1 类，变为 $k=2$，故把此步得到的新类记为 CL2.

⑧ 按最短距离法计算新类 CL2 与其他类的距离，得新的距离矩阵 $D^{(4)}$：

| | CL4 | CL2 |
|---|---|---|
| CL4 | 0 | $\boxed{2.5}$ |
| CL2 | | 0 |

因此时类的总个数 $k=2$ 大于 1 类，重复并类过程.

⑨ 由 $D^{(4)}$ 可知，最后应合并 CL4 和 CL2 为一新类，记为 $CL1=\{X_{(1)},X_{(2)},X_{(5)},X_{(3)},X_{(4)}\}$；此时类的总个数 $k=1$，故把此步得到的新类记为 CL1.

⑩ 此时所有样品全并成一类，得新的距离矩阵 $D^{(5)}$：

| | CL1 |
|---|---|
| CL1 | 0 |

并类过程至此结束.

⑪ 画谱系聚类图(见图示 7.1，图中 X1 表示 $X_{(1)}$，其余类同).

⑫ 确定类的个数及各类的成员：

若分为两类，则 $G_1^{(2)} = \{X_{(1)}, X_{(2)}\}, G_2^{(2)} = \{X_{(5)}, X_{(3)}, X_{(4)}\}$；

若分为三类，则 $G_1^{(3)} = \{X_{(1)}, X_{(2)}\}, G_2^{(3)} = \{X_{(5)}\}, G_3^{(3)} = \{X_{(3)}, X_{(4)}\}$；

若分为四类，则 $G_1^{(4)} = \{X_{(1)}, X_{(2)}\}, G_2^{(4)} = \{X_{(5)}\}, G_3^{(4)} = \{X_{(3)}\}, G_4^{(4)} = \{X_{(4)}\}$；

若分为五类，则 $G_i^{(5)} = \{X_{(i)}\}\ (i = 1,2,3,4,5)$.

有了谱系聚类图，用户希望分为几类，都可以从谱系聚类图中得到分类结果. 到底分为几类最合适？这里并没有绝对正确的原则，一般可根据实际问题的不同，从谱系聚类图直观看出，通过分界值(阈值)给出分类，也可以用近似的统计检验来验证分类个数如何选取更合适(参考本节“四”).

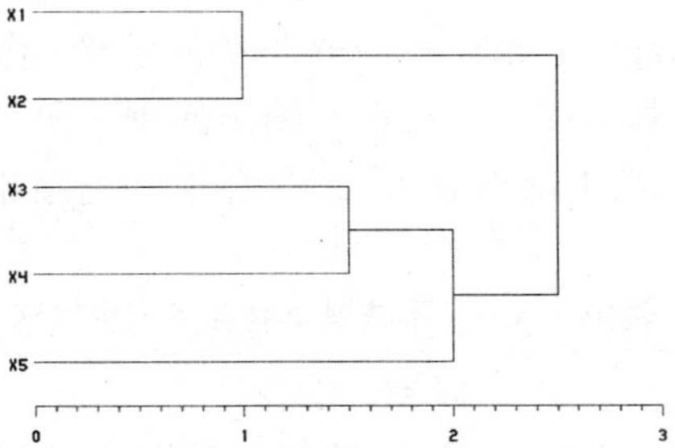


**图示 7.1　谱系聚类图**

下面我们用 SAS/STAT 软件的 CLUSTER 过程对这组简单的数据进行分类. SAS 程序如下：

```
data D731;
     input name $ X @@;
     cards;
X1  1  X2  2  X3  4.5  X4  6  X5  8
;
proc cluster data=D731 method=single
             nonorm outtree=B731;
     var X;
```

```
    id name;
proc tree data=B731 out=C731 ncl=2 horizontal graphics;
    id name;
proc print data=C731;
run;
```

首先用 DATA 步生成 SAS 数据集 D731,这里引入一个字符变量 name,目的是在输出中用 X1 至 X5 来识别这 5 个产品.

CLUSTER 过程是用于系统聚类的过程.选项 method=single 规定类间距离使用最短距离法.选项 nonorm 表示类间的距离不进行规格化.选项 outtree=B731 指定输出数据集的名字,该数据集包含用于画谱系聚类图的并类过程.var 语句指出用于聚类分析的变量为 X;id 语句指定在输出中用变量 NAME 识别观测样品.并类的历史过程见输出 7.3.1.

TREE 过程用于画谱系聚类图,选项 horizontal 要求画水平的谱系图,选项 graphics 要求画高分辨率的图形(此选项为 SAS 系统 6.12 及以上版本提供的功能),输出的谱系图见图示 7.1.选项 ncl=2 和 out=C731 指出分为二类,并把分类结果放到输出数据集 C731 中.

**输出 7.3.1　系统聚类的并类历史过程**

```
                         The SAS System
                 Single Linkage Cluster Analysis
               Eigenvalues of the Covariance Matrix

      Eigenvalue       Difference       Proportion       Cumulative
 1       8.20000                .          1.00000          1.00000

   Root-Mean-Square Total-Sample Standard Deviation = 2.863564

   Number                              Frequency
     of                                  of New     Minimum
   Clusters    --Clusters Joined--      Cluster    Distance     Tie

        4      X1          X2                 2    1.000000
        3      X3          X4                 2    1.500000
        2      CL3         X5                 3    2.000000
        1      CL4         CL2                5    2.500000
```

PRINT 过程输出分为二类的分类结果(见输出 7.3.2).

输出 7.3.2　五个样品分为二类的分类结果

```
                    The SAS System

            _NAME_      CLUSTER      CLUSNAME

     1        X1           1            CL4
     2        X2           1            CL4
     3        X3           2            CL2
     4        X4           2            CL2
     5        X5           2            CL2
```

## 二、系统聚类分析的方法

系统聚类法的聚类原则决定于样品间的距离(或相似系数)及类间距离的定义,类间距离的不同定义就产生了不同的系统聚类分析方法.本节介绍常用的几种系统聚类分析方法.

以下用 $d_{ij}$ 表示样品 $X_{(i)}$ 和 $X_{(j)}$ 之间的距离,当样品间的亲疏关系采用相似系数 $C_{ij}$ 时,令 $d_{ij} = 1 - |C_{ij}|$ (或 $d_{ij}^2 = 1 - C_{ij}^2$);用 $D_{ij}$ 表示类 $G_i$ 和 $G_j$ 间的距离.

**1．最短距离法(SINgle linkage)**

类与类之间的距离定义为两类中最近样品之间的距离,即类 $G_p$ 和 $G_q$ 之间的距离 $D_{pq}$ 定义为

$$D_{pq} = \min_{i \in G_p, j \in G_q} d_{ij} \quad (这里\ i \in G_p\ 表示 X_{(i)} \in G_p,以下同).$$

当某步类 $G_p$ 和 $G_q$ 合并为 $G_r$ 后,按最短距离法计算新类 $G_r$ 与其他类 $G_k$ 的类间距离,递推公式为

$$\begin{aligned} D_{rk} &= \min_{i \in G_r, j \in G_k} d_{ij} \qquad (G_r = \{G_p, G_q\}) \\ &= \min\{\min_{i \in G_p, j \in G_k} d_{ij},\ \min_{i \in G_q, j \in G_k} d_{ij}\} \\ &= \min\{D_{pk}, D_{qk}\} \quad (k \neq p, q). \end{aligned}$$

以上例 7.3.1,类间距离就是使用最短距离法定义的.

**2．最长距离法(COMplete method)**

类与类之间的距离定义为两类最远样品间的距离,即类 $G_p$ 和 $G_q$ 之间的距离 $D_{pq}$ 定义为

$$D_{pq} = \max_{i \in G_p, j \in G_q} d_{ij}.$$

当某步类 $G_p$ 和 $G_q$ 合并为 $G_r$ 后，按最长距离法计算新类 $G_r$ 与其他类 $G_k$ 的类间距离，递推公式为

$$D_{rk} = \max\{D_{pk}, D_{qk}\} \quad (k \neq p, q).$$

最长距离法使两类合并后与其他类的距离是与原来两类的类间距离的最大者，它加大了合并后的类与其他类的距离，具有空间距离扩张性质.

**3．中间距离法(MEDian method)**

如果类与类之间的距离既不采用两类间的最近距离，也不采用最远的距离，而是采用介于两者间的距离，这种方法称为中间距离法.

当某步类 $G_p$ 和 $G_q$ 合并为 $G_r$ 后，按中间距离法计算新类 $G_r$ 与其他类 $G_k$ 的类间距离，递推公式为

$$D_{rk}^2 = \frac{1}{2}(D_{pk}^2 + D_{qk}^2) + \beta D_{pq}^2 \quad \left(-\frac{1}{4} \leqslant \beta \leqslant 0, k \neq p, q\right).$$

常取 $\beta = -1/4$，此时由初等几何知 $D_{rk}$ 就是以 $D_{qk}, D_{pk}, D_{pq}$ 为边的三角形中 $D_{pq}$ 边上的中线.

**4．重心法(CENtroid method)**

以上三种方法在定义类与类之间距离时，没有考虑每一类中所包含的样品个数. 如果将两类间的距离定义为两类重心间的距离，这种聚类方法称为重心法. 对样品分类而言，每一类的重心就是属于该类样品的均值.

设某一步将 $G_p$ 和 $G_q$ 合并成 $G_r$，它们所包含的样品个数分别为 $n_p, n_q$ 和 $n_r(n_r = n_p + n_q)$. 重心分别为 $\overline{X}^{(p)}, \overline{X}^{(q)}$ 和 $\overline{X}^{(r)}$. 显然有

$$\overline{X}^{(r)} = \frac{1}{n_r}(n_p\overline{X}^{(p)} + n_q\overline{X}^{(q)}).$$

设某一类 $G_k(k \neq p, q)$ 的重心为 $\overline{X}^{(k)}$，它与新类 $G_r$ 的距离是

$$D_{rk} = d\{\overline{X}^{(r)}, \overline{X}^{(k)}\}.$$

如果样品间的距离定义为欧氏距离，则有

$$D_{rk}^2 = (\overline{X}^{(k)} - \overline{X}^{(r)})'(\overline{X}^{(k)} - \overline{X}^{(r)})$$

$$= \frac{n_p}{n_r}D_{pk}^2 + \frac{n_q}{n_r}D_{qk}^2 - \frac{n_p}{n_r}\frac{n_q}{n_r}D_{pq}^2 \quad (k \neq p, q).$$

上式就是当样品间距离取为欧氏距离时，合并后新类与其他类距离平方的递推公式.如果样品间距离不是欧氏距离，根据不同情况可导出不同的递推公式.

**5．类平均法(AVErage linkage)**

重心法虽有较好的代表性，但并未充分利用各个样品的信息，有人提出用两类样品两两之间平方距离的平均作为类之间的距离，即

$$D_{pq}^2 = \frac{1}{n_p n_q} \sum_{i \in G_p, j \in G_q} d_{ij}^2.$$

采用这种类间距离的聚类方法，称为**类平均法**.

当某步类 $G_p$ 和 $G_q$ 合并为 $G_r$：$G_r = \{G_p, G_q\}$，且 $n_r = n_p + n_q$，则 $G_r$ 与其他类 $G_k$ 距离的递推公式为

$$D_{rk}^2 = \frac{n_p}{n_r}D_{pk}^2 + \frac{n_q}{n_r}D_{qk}^2 \quad (k \neq p, q).$$

类平均法是一种使用比较广泛、聚类效果较好的方法.

**6．可变类平均法(FLExible-beta method)**

类平均法的类间距离递推公式中，没有反映类 $G_p$ 和 $G_q$ 之间距离$D_{pq}$的影响，可变类平均法将合并后新类 $G_r$ 与其他类$G_k$ 的距离公式进一步推广为：

$$D_{rk}^2 = (1-\beta)\left[\frac{n_p}{n_r}D_{pk}^2 + \frac{n_q}{n_r}D_{qk}^2\right] + \beta D_{pq}^2 \quad (k \neq p, q),$$

其中 $\beta$ 是可变参数，一般取 $\beta < 1$. 显然，可变类平均法是由类平均法和中间距离法适当推广得到的(当 $\beta = 0$ 时就是类平均法；当 $-1/3 \leqslant \beta \leqslant 0$ 且 $n_p = n_q$ 时就是中间距离法；当 $n_p = n_q$ 时就是下面将介绍的可变法).

可变类平均法的分类效果与$\beta$的选择关系极大，当$\beta$接近1时一般分类效果不好，在实用中$\beta$常取负值，如取$\beta=-\dfrac{1}{4}$.

**7. 可变法及 McQuitty 相似分析法(MCQ)**

当某步类$G_p$和$G_q$合并为$G_r$后，可变法把$G_r$与其他类$G_k$距离的递推公式定义为

$$D_{rk}^2=\frac{(1-\beta)}{2}(D_{pk}^2+D_{qk}^2)+\beta D_{pq}^2 \quad (k\neq p,q).$$

在 SAS/STAT 软件的 CLUSTER 过程中使用$\beta=0$的递推公式

$$D_{rk}^2=(D_{pk}^2+D_{qk}^2)/2,$$

并把此方法称为 **McQuitty 相似分析法**.

**8. 离差平方和法(WARD)**

离差平方和法是 Ward(1936)提出的，也称为 Ward 法. 它基于方差分析思想，如果类分得正确，则同类样品之间的离差平方和应当较小，不同类样品之间的离差平方和应当较大.

假定已将$n$个样品分为$k$类，记为$G_1,G_2,\cdots,G_k$，$n_t$表示$G_t$类的样品个数，$\overline{X}^{(t)}$表示$G_t$的重心，$X_{(i)}^{(t)}$表示$G_t$中第$i$个样品($i=1,\cdots,n_t$)，则$G_t$中样品的离差平方和为

$$W_t=\sum_{i=1}^{n_t}(X_{(i)}^{(t)}-\overline{X}^{(t)})'(X_{(i)}^{(t)}-\overline{X}^{(t)}),$$

其中$X_{(i)}^{(t)},\overline{X}^{(t)}$为$m$维向量，$W_t$为一数值.

$k$个类的总离差平方和为

$$W=\sum_{t=1}^{k}W_t=\sum_{t=1}^{k}\sum_{i=1}^{n_t}(X_{(i)}^{(t)}-\overline{X}^{(t)})'(X_{(i)}^{(t)}-\overline{X}^{(t)}).$$

当$k$固定时，要选择使$W$达到极小的分类.

Ward 法的基本思想是，先将$n$个样品各自成一类，此时$W=0$，然后每次将其中某两类合并为一类，因每缩小一类离差平方和就要增加，每次选择使$W$增加最小的两类进行合并，直至所有样品合并为一类为止.

Ward 法把两类合并后增加的离差平方和看成类间的平方距离,即令

$$D_{pq}^2 = W_r - (W_p + W_q)$$

表示类 $G_p$ 和 $G_q$ 的平方距离,其中 $G_r = \{G_p, G_q\}$, $W_r, W_p, W_q$ 分别为 $G_r, G_p, G_q$ 类中样品的离差平方和. 利用 $W_r$ 的定义,可得

$$\begin{aligned} W_r &= \sum_{t=1}^{n_r} (X_{(t)}^{(r)} - \overline{X}^{(r)})' (X_{(t)}^{(r)} - \overline{X}^{(r)}) \\ &= \sum_{i=1}^{n_p} (X_{(i)}^{(p)} - \overline{X}^{(r)})' (X_{(i)}^{(p)} - \overline{X}^{(r)}) \\ &\quad + \sum_{i=1}^{n_q} (X_{(i)}^{(q)} - \overline{X}^{(r)})' (X_{(i)}^{(q)} - \overline{X}^{(r)}), \end{aligned}$$

其中 $\overline{X}^{(r)} = \dfrac{1}{n_r}[n_p \overline{X}^{(p)} + n_q \overline{X}^{(q)}]$. 经整理可得

$$D_{pq}^2 = \frac{n_p n_q}{n_r} (\overline{X}^{(p)} - \overline{X}^{(q)})' (\overline{X}^{(p)} - \overline{X}^{(q)}).$$

当样品间距离采用欧氏距离时,上式可表为

$$D_{pq}^2 = \frac{n_p n_q}{n_r} d_{pq}^2,$$

其中 $d_{pq}^2$ 表示 $G_p, G_q$ 的重心 $\overline{X}^{(p)}$ 与 $\overline{X}^{(q)}$ 的平方距离: $d_{pq}^2 = d^2(\overline{X}^{(p)}, \overline{X}^{(q)})$. 这表明 Ward 法定义的类间距离与重心法只相差一个常数倍.

当 $G_p$ 和 $G_q$ 合并为 $G_r$ 后, $G_r$ 与其他类 $G_k$ 的距离有如下递推公式

$$D_{rk}^2 = \frac{n_k + n_p}{n_r + n_k} D_{pk}^2 + \frac{n_k + n_q}{n_r + n_k} D_{qk}^2 - \frac{n_k}{n_r + n_k} D_{pq}^2.$$

在实际应用中,离差平方和法应用比较广泛,分类效果较好. 但它要求样品间距离必须采用欧氏距离.

除上述这些系统聚类方法外,还有几种系统聚类方法在 SAS/STAT 软件的 CLUSTER 过程中给出.

**9．最大似然谱系聚类(EML)**

通过指定选项 METHOD = EML 实现.该方法在多元正态混合型、等球面协方差矩阵和不等抽样概率的假定下,当用 EML 方法合并类时,使得在谱系的每个水平上似然值最大.

EML 方法除了偏向于生成不等大小的类外,与 Ward 最小方差方法很相似.实际经验表明 EML 有点偏向于产生大小不等的类.选项 PENALTY = 可用于调整偏向的程度.

**10．密度估计法(DEN)**

密度估计法是一类使用非参数概率密度的聚类方法.有三种密度估计法:$k$ 最近邻估计法、均匀核估计法和 Wong 混合法.分别通过选项 METHOD = DENSITY 和 K = 、R = 或 HYBRID 一起使用实现.

**11．两阶段密度估计法(TWO)**

当用密度估计法时,最常见类(modal cluster)经常在尾部所有点聚类之前合并.规定 METHOD = TWOSTAGE 对密度方法作进一步修正,以确保最常见类合并之前,所有点分配到最常见类中.正如一般的密度估计方法一样,CLUSTER 过程支持两阶段估计法的三种形式:$k$ 近邻估计法、均匀核估计法、混合估计法.

## 三、系统聚类方法的统一和比较

### 1．系统聚类方法的统一

上述介绍的十一种系统聚类方法中,前八种方法聚类的步骤完全一样,所不同的是类与类之间的距离用不同的定义方法,因而得到不同的递推公式,Lance 和 Williams 于 1967 年首先给出了统一公式,这样为编制统一的计算程序提供了很大的方便.

设 $G_p$ 与 $G_q$ 合并为 $G_r$:$G_r = \{G_p, G_q\}$,则新类 $G_r$ 与其他类 $G_k(k \neq p, q)$ 的平方距离为

$$D_{rk}^2 = \alpha_p D_{pk}^2 + \alpha_q D_{qk}^2 + \beta D_{pq}^2 + \gamma |D_{pk}^2 - D_{qk}^2|,$$

其中 $\alpha_p, \alpha_q, \beta$ 和 $\gamma$ 是参数,不同的系统聚类方法有不同的取值(见

表 7.2).

**表 7.2 系统聚类法的参数表**

| 方法 | $\alpha_p$ | $\alpha_q$ | $\beta$ | $\gamma$ |
|---|---|---|---|---|
| 最短距离法 | $\frac{1}{2}$ | $\frac{1}{2}$ | 0 | $-\frac{1}{2}$ |
| 最长距离法 | $\frac{1}{2}$ | $\frac{1}{2}$ | 0 | $\frac{1}{2}$ |
| 中间距离法 | $\frac{1}{2}$ | $\frac{1}{2}$ | $-\frac{1}{4}\leqslant\beta\leqslant 0$ | 0 |
| 重心法 | $\frac{n_p}{n_r}$ | $\frac{n_q}{n_r}$ | $-\alpha_p\alpha_q$ | 0 |
| 类平均法 | $\frac{n_p}{n_r}$ | $\frac{n_q}{n_r}$ | 0 | 0 |
| 可变类平均法 | $\frac{(1-\beta)n_p}{n_r}$ | $\frac{(1-\beta)n_q}{n_r}$ | $\beta<1$ | 0 |
| 可变法 | $\frac{(1-\beta)}{2}$ | $\frac{(1-\beta)}{2}$ | $\beta<1$ | 0 |
| 离差平方和法 | $\frac{n_p+n_k}{n_r+n_k}$ | $\frac{n_q+n_k}{n_r+n_k}$ | $-\frac{n_k}{n_r+n_k}$ | 0 |

**2. 系统聚类法的简单性质**

(1) 单调性

设 $D_k$ 表示系统聚类法中第 $k$ 次并类时的距离. 如例 7.3.1, 用最短距离时有: $D_1=1, D_2=1.5, D_3=2, D_4=2.5$. 满足 $D_1<D_2<D_3<D_4$. 一个系统聚类法若能保证 $\{D_k, k=1,2,\cdots,n-1\}$ 是严格单调上升的, 则称它具有**单调性**. 并类距离有单调性符合系统聚类法的基本思想. 可以证明, 最短距离法, 最长距离法, 类平均法, 可变类平均法, 离差平方和法都具有单调性, 只有重心法和中间距离法不具有单调性.

(2) 空间的浓缩与扩张

以例 7.3.1 来说明该性质. 比较最短距离法和最长距离法的并类过程及相应的距离阵可以看出, 每一步都有

$$d_{ij}(\text{短})\leqslant d_{ij}(\text{长})\quad(\text{对一切 } i,j).$$

这种性质称为最长距离法比最短距离法**扩张**; 或称最短距离法比最长距离法**浓缩**.

对系统聚类方法，有如下结论：类平均法(或中间距离法) 比最短距离法扩张，而且比最长距离法浓缩；类平均法比重心法扩张，而且比离差平方和法浓缩.太浓缩的方法不够灵敏，太扩张的方法当样品容量大时容易失真.类平均法比较适中，相对于其他方法不太浓缩也不太扩张，而且具有单调性.因而是一种应用广泛、聚类效果较好的方法.

系统聚类各种方法的比较还可以从其他方面的性质来研究，比如系统结构性，最优化性质等，各种方法的比较目前仍是值得研究的一个课题.

### 四、类个数的确定

聚类分析中，类的个数如何确定的问题是一个十分困难的问题，人们至今仍未找到令人满意的方法；但这又是一个不可回避的问题.

迄今为止，我们只是直观地叙述了“类”的概念，并未给出严格的定义，但要对各种不同的类给予统一的定义是比较困难的，“类”的概念是一个模糊的概念.当然可以从不同的角度给出类的不同定义，但在实际应用中，人们并不完全从类的定义来确定类.下面介绍确定类个数的几种常见方法.

**1. 由适当的阈值确定**

选定某种聚类方法，按系统聚类的步骤并类后，得到一张谱系聚类图.聚类图(或简称谱系图) 只反映样品间(或变量间) 的亲疏关系，它本身并没有给出分类，需要规定一个临界相似性尺度，用以分割谱系图而得到样品(或变量) 的分类.比如例 7.3.1，用最短距离法得谱系聚类图(见图示 7.1)，给定临界值(阈值)$d = 2.01$，其含义为样品间绝对距离 $< 2.01$ 时认为这些样品间关系密切，应归属同一类.这相当于在距离为 2.01 处切一刀，显见五个样品可分为二类：$X_{(1)}, X_{(2)}$ 为一类，$X_{(3)}, X_{(4)}, X_{(5)}$ 为一类.

**2. 根据数据点的散布图直观地确定类的个数**

如果考察的指标只有二个($m = 2$),则可通过数据点的散布图直观地确定类的个数.如果有三个变量,可以绘制三维散布图并通过旋转三维坐标轴由数据点的分布来确定应分几个类(使用SAS软件).当考察的指标在三个以上时,可以由这些指标综合出二个或三个综合变量后再绘制数据点在综合变量上的散布图,从而直观地确定分类个数.

**3. 根据统计量确定分类个数**

在SAS/STAT软件的CLUSTER过程中,提供一些统计量(如半偏$R^2$统计量、伪$F$统计量、伪$t^2$统计量等)可近似地检验类个数如何选择更合适.

(1) $R^2$统计量

假定已将$n$个样品分为$k$类,记为$G_1, G_2, \cdots, G_k$, $n_t$表示$G_t$类的样品个数($n_1 + \cdots + n_k = n$), $\overline{X}^{(t)}$表示$G_t$的重心.$X_{(i)}^{(t)}$表示$G_t$中第$i$个样品($i = 1, \cdots, n_t$), $\overline{X}$表示所有样品的重心,则$G_t$类中$n_t$个样品的离差平方和为

$$W_t = \sum_{i=1}^{n_t} (X_{(i)}^{(t)} - \overline{X}^{(t)})' (X_{(i)}^{(t)} - \overline{X}^{(t)}),$$

其中$X_{(i)}^{(t)}$、$\overline{X}^{(t)}$和$\overline{X}$为$m$维向量, $W_t$为一数值.

所有样品的总离差平方和为

$$T = \sum_{t=1}^{k}\sum_{i=1}^{n_t} (X_{(i)}^{(t)} - \overline{X})' (X_{(i)}^{(t)} - \overline{X}),$$

$T$可以分解为

$$\begin{aligned} T &= \sum_{t=1}^{k}\sum_{i=1}^{n_t} (X_{(i)}^{(t)} - \overline{X}^{(t)} + \overline{X}^{(t)} - \overline{X})' (X_{(i)}^{(t)} - \overline{X}^{(t)} + \overline{X}^{(t)} - \overline{X}) \\ &= \sum_{t=1}^{k} W_t + \sum_{t=1}^{k} n_t (X^{(t)} - \overline{X})' (X^{(t)} - \overline{X}) \\ &= P_k + B_k. \end{aligned}$$

令
$$R^2 = 1 - \frac{P_k}{T} = \frac{B_k}{T},$$

$R^2$ 值越大，也就是$\frac{P_k}{T}$越小，表示 $k$ 个类内离差平方和之和$P_k$ 在总离差平方和 $T$ 中占的比例越小，这说明 $k$ 个类区分得越开. 因此 $R^2$ 统计量可用于评价合并为 $k$ 个类时的聚类效果. $R^2$ 越大，聚类效果越好.

$R^2$ 的值总是在 0 和 1 之间，当 $n$ 个样品各自为一类时，$R^2 = 1$；当 $n$ 个样品最后合并成一类时，$R^2 = 0$，而且 $R^2$ 的值总是随着分类个数 $k$ 的减少而变小. 如果孤立地看每次合并后的 $R^2$ 值，意义是不大的. 如果用户希望通过分析 $R^2$ 值来确定 $n$ 个样品应分为几类最合适，应该看 $R^2$ 值的变化. 比如，分为 4 个类之前的并类过程中 $R^2$ 的减少是逐渐的，改变不大；假定分为 4 类时的 $R^2 = 0.797$，而下一次合并后分为 3 类时 $R^2$ 下降较多，比如 $R^2 = 0.402$. 这时通过分析 $R^2$ 统计量可得出，分为 4 个类是较合适的.

(2) 半偏 $R^2$ 统计量

$$\text{半偏 } R^2 = B_{KL}^2 / T,$$

其中 $B_{KL}^2 = W_M - (W_K + W_L)$，表示合并类 $G_K$ 和 $G_L$ 为新类 $G_M$ 后类内离差平方和的增值. 该统计量用于评价合并 $G_K$ 和 $G_L$ 的效果. 根据以上定义，半偏 $R^2$ 的值是上一步 $R^2$ 与该步 $R^2$ 的差值，故查看 $R^2$ 变化的大小可以得到半偏 $R^2$. 某步半偏 $R^2$ 的值越大，说明上一次合并聚类后的效果好. 该统计量用于评价一次合并的效果.

(3) 伪 $F$ 统计量

$$\text{伪 } F = \frac{(T - P_k)/(k-1)}{P_k/(n-k)} = \frac{B_k}{P_k}\frac{n-k}{k-1}.$$

该统计量用于评价分为 $k$ 个类的聚类效果. 伪 $F$ 值越大表示这 $n$ 个样品可显著地分为 $k$ 个类. 伪 $F$ 统计量可以作为确定类个数的有用指标，但并不具有像 $F$ 统计量的分布.

(4) 伪 $t^2$ 统计量

$$\text{伪 } t^2 = \frac{B_{KL}^2}{(W_K + W_L)/(n_K + n_L - 2)}.$$

该统计量用以评价此步合并类 $G_K$ 和 $G_L$ 的效果. 由伪 $t^2$ 统计量的定义知该值大表示 $G_K$ 和 $G_L$ 合并为 $G_M$ 后类内离差平方和的增量 $B_{KL}^2$ 相对于 $G_K$ 和 $G_L$ 两类的类内离差平方和大. 这表明上一次被合并的两个类是很分开的, 也就是上一次聚类的效果是好的. 伪 $t^2$ 统计量可以作为确定类个数的有用指标, 但并不具有像随机变量 $t^2$ 那样的分布.

**4. 根据谱系图确定分类个数的准则**

Bemirmen(1972 年) 提出了应根据研究的目的来确定适当的分类方法, 并提出了一些根据谱系图来分析的准则.

准则 A: 各类重心之间的距离必须很大;

准则 B: 确定的类中, 各类所包含的元素都不要太多;

准则 C: 类的个数必须符合实用目的;

准则 D: 若采用几种不同的聚类方法处理, 则在各自的聚类图中应发现相同的类.

应该指出, 关于类个数如何确定问题, 至今还没有一个合适的标准, 也就是说对任何观测数据都没有惟一正确的分类方法.

## §7.4 CLUSTER 过程与应用例子

### 一、CLUSTER(系统聚类)过程

CLUSTER 过程分别采用十一种方法对 SAS 数据集中的观测进行系统分类. 聚类所需的数据可以是数值型的坐标值, 也可以是距离数据. 如果数据是坐标值, CLUSTER 过程计算(可能是平方)欧氏距离. 如果想对非欧氏距离的数据进行聚类分析, 可以使用 TYPE = DISTANCE的数据集作为输入数据集. 比如对属性数据的情况, 类型为 DISTANCE 的距离矩阵可以通过 DATA 步使用有关的量度公式进行计算. CLUSTER 过程还生成一个记录并类过程的输出数据集, TREE 过程根据这个数据集提供的信息画

出谱系聚类图(树状图),或者按 TREE 过程的选项指定的分类个数输出聚类结果.

**1. 用在 CLUSTER 过程的语句**

```
PROC CLUSTER METHOD= name <options>;  } 必需的语句

    VAR    variables;        \
    COPY   variables;        |
    RMSSTD variable;         }  可选择的语句
    ID     variable;         |
    BY     variables;        /
    FREQ   variable;  }  当使用 RMSSTD 语句时为必需的;
                         其他情况是可选的
```

只有 PROC CLUSTER 语句是必需的. 通常除 PROC CLUSTER语句之外,还需要 VAR 语句或 ID 及 COPY 语句.

**2. PROC CLUSTER 语句**

PROC CLUSTER 语句开始 CLUSTER 过程,确定聚类方法. 通过选项来指定使用的聚类方法、数据集名字、数据处理和打印输出的细节.

不能省略的说明项 METHOD= *name* 或 M= *name* 用于指定过程所使用的聚类方法. 下面列出的 11 种方法中任何一种都能被指定作为 *name*:

(1) AVERAGE|AVE(类平均法);

(2) CENTROID|CEN(重心法);

(3) COMPLETE|COM(最长距离法);

(4) DENSITY|DEN(密度估计法);

(5) EML(最大似然谱系聚类);

(6) FLEXIBLE|FLE(可变类平均法);

(7) MCQUITTY|MCQ(McQuitty 的相似分析方法);

(8) MEDIAN|MED(中间距离法);

(9) SINGLE|SIN(最短距离法);

(10) TWOSTAGE|TWO(两阶段密度估计法);

(11) WARD|WAR(Ward 法或离差平方和法).

**3. PROC CLUSTER 语句的选项(*options*)**

下面分七类介绍可用于 PROC CLUSTER 语句的选项.

(1) 指定输入与输出数据集

① DATA= *SAS-data-set* ——命名包含进行聚类的观测的输入 SAS 数据集. 如果数据集的类型是 TYPE=DISTANCE, 那么数据被认为是距离矩阵. 如果数据不是 TYPE=DISTANCE, 数据是被认为是欧氏空间的坐标, 并且计算欧氏距离.

② OUTTREE= *SAS-data-set* ——生成记录并类过程的输出 SAS 数据集, 画树状图的 TREE 过程使用该数据集作为输入数据. 如果省略选项 OUTTREE=, 数据集采用 DATA*n* 规则来命名, 且该数据集为临时数据集. 如果不想生成这个输出数据集, 使用OUTTREE=_NULL_.

(2) 指定聚类方法的细节

① BETA= *n* ——对 METHOD=FLEXIBLE(可变类平均法)等规定参数 β(BETA). *n* 值应小于 1, 通常介于 0 与 -1 之间, 缺省值为 -0.25. Milligan(1987)建议对有较多异常值的数据集采用更小的 β 值, 比如 -0.5.

② MODE= *n* ——当合并两个类时, 规定对被指定的最常见类中的每个类至少有 *n* 个成员. 这个选项只能同 METHOD=DENSITY或 TWOSTAGE 一起使用, 选项 MODE=影响构成最常见类的个数.

因为 *k* 最近邻密度估计法限制了类不能少于 *k* 个元素, 所以若指定 K=选项, MODE=的缺省值与 K=的值相同. 如果选项 K=没有指定, 缺省值为 MODE=2.

③ PNALTY= *p* ——指定用于 METHOD=EML 中的惩罚

系数. $p$ 的值必须大于 0,缺省时 PENALTY = 2.

(3) 控制聚类之前的数据处理

① NOEIGEN ——制止计算立方聚类标准的特征根. 如果变量数目较大, 指定 NOEIGEN 可节省时间, 但是仅当变量几乎不相关或用户对立方聚类标准不感兴趣时才规定 NOEIGEN. 该选项仅仅用于坐标数据.

② NONORM ——防止把距离规范化为单位均值或单位均方. 如果同 METHOD = WARD 一起使用, 该选项阻止过程用总平方和去除类间平方和来得到平方半偏相关.

③ NOSQUARE ——阻止过程在 METHOD = AVERAGE、CENTROID、MEDIAN 或 WARD 方法中输入的距离被平方.

④ STANDARD|STD ——对变量进行标准化, 使均值为 0, 标准差为 1, 该选项仅用于坐标数据.

⑤ TRIM= $p$ ——要求从分析中删去那些概率密度估计较小的点. TRIM= 的有效值是 $0 \leqslant p < 100$. 如果 $p < 1$, 则 $p$ 作为被删去的观测比例; 如果 $p \geqslant 1$, $p$ 被当作百分比. 删去的点在 OUTTREE = 数据集中用 _FREQ_ 的负值来标明. 选项 TRIM = 时必须同选项 K = 或 R = 一起使用.

(4) 控制密度估计

① DIM= $n$ ——当规定 METHOD = DENSITY 或METHOD = TWOSTAGE 并使用选项 TRIM = 来计算密度估计时指定使用的维数. $n$ 的值必须大于等于 1. 如果数据是坐标数据, 缺省值为变量的个数; 如果是距离数据, 缺省值为 1.

② HYBRID ——要求用 Wong 混合聚类方法, 其中密度是用 $k$ 均值法的初始聚类分析中的均值计算得到的. 由 FASTCLUS 过程中产生 MEAN = 的数据集恰好适合于作为 CLUSTER 过程混合聚类的输入数据集.

③ K= $n$ ——指明 $k$ 最近邻估计法中近邻的个数. 近邻的个数 $n$ 必须大于等于 2 且小于观测数.

④ R= $n$ ——指明均匀核密度估计法的支撑球半径. R=的值必须大于0.

如果某种分析要求密度估计(用选项 TRIM=, METHOD=DENSITY 或TWOSTAGE),就必须指定选项 K=、HYBRID 或 R=之一.

(5) 抑制连结的检测

NOTIE ——阻止 CLUSTER 过程在聚类历史过程中检查每次产生的类间最小距离连结(ties)的情况.如果数据使用的精度高,不可能有连结,可以规定 NOTIE,以便减少过程使用的时间和空间.

(6) 控制聚类历史过程的输出

① CCC ——在均匀的原假设下输出立方聚类标准和近似期望 $R^2$ (Sarle 1983).同时输出与选项 RSQUARE 有关的 $R^2$ 和半偏 $R^2$ . CCC 选项仅适用于坐标数据. CCC 不适合于 METHOD=SINGLE,因为该方法容易删掉分布的结尾部分.

② NOID —— 在聚类历史过程中每次产生的合并时不输出ID 值.

③ PRINT= $n$ | P= $n$ ——指定输出的聚类历史过程的层数. P= $n$ 表示只输出最后 $n$ 层 .例如,P=5 时输出的聚类历史过程中从并为5个类到所有样品合成1类. P=的值必须是非负整数.缺省时则输出全部并类过程;PRINT=0 则不输出聚类的历史过程.

④ PSEUDO ——输出伪 $F$ 和 $t^2$ 统计量.此选项只在数据为坐标数据或 METHOD=AVERAGE、CENTROID 或 WARD 时才有效.

⑤ RMSSTD ——输出每一类的均方根标准差.此选项只在数据为坐标数据或 METHOD = AVERAGE、CENTROID 或 WARD时才起作用.

⑥ RSQUARE | RSQ ——输出 $R^2$ 和半偏 $R^2$ .此选项仅在数

据为坐标数据或 METHOD = AVERAGE 或 CENTROID 时才起作用. 在 METHOD = WARD 时, $R^2$ 和半偏 $R^2$ 这两个统计量总要打印出来.

(7) 控制其他输出

① NOPRINT ——禁止输出计算结果.

② SIMPLE|S ——对每个变量输出描述性统计量(均值、标准差等). SIMPLE 选项仅适用于数据为坐标数据.

**4. COPY 语句**

该语句把其列出的变量(一般是 VAR 等语句没有列出的)从输入数据集复制到 OUTTREE = 的输出数据集中, 以备后用.

**5. ID 语句**

ID 语句中的变量用于识别聚类历史过程中的输出及 OUTTREE = 数据集中的观测. 如果缺省, 则用 OB$n$ 表示, 其中 $n$ 为观测序号.

**6. VAR 语句**

VAR 语句列出了聚类分析中所使用的数值型变量. 如果略去 VAR 语句, 使用没有列在其他语句中的所有数值型变量.

## 二、应用例子

**例 7.4.1** 表 7.3 是我国 16 个地区农民 1982 年支出情况的抽样调查的汇总资料, 每个地区都调查了反映每人平均生活消费支出情况的六个指标. 试利用调查资料对 16 个地区进行分类.

**解法 1** 对数据作标准化变换, 样品间距离定义为欧氏距离, 系统聚类的方法分别使用类平均法、中间距离法、可变类平均法和离差平方和法. 这几种方法得到的并类过程及谱系聚类图是相似的. 下面 SAS 程序生成的输出结果将只列出其中有代表性的部分.

**表 7.3　16 个地区农民生活水平的调查数据　(单位:元)**

| 地区 | 食品 ($X_1$) | 衣着 ($X_2$) | 燃料 ($X_3$) | 住房 ($X_4$) | 生活用品及其他($X_5$) | 文化生活服务支出($X_6$) |
|---|---|---|---|---|---|---|
| 北京 | 190.33 | 43.77 | 9.73 | 60.54 | 49.01 | 9.04 |
| 天津 | 135.20 | 36.40 | 10.47 | 44.16 | 36.49 | 3.94 |
| 河北 | 95.21 | 22.83 | 9.30 | 22.44 | 22.81 | 2.80 |
| 山西 | 104.78 | 25.11 | 6.40 | 9.89 | 18.17 | 3.25 |
| 内蒙 | 128.41 | 27.63 | 8.94 | 12.58 | 23.99 | 3.27 |
| 辽宁 | 145.68 | 32.83 | 17.79 | 27.29 | 39.09 | 3.47 |
| 吉林 | 159.37 | 33.38 | 18.37 | 11.81 | 25.29 | 5.22 |
| 黑龙江 | 116.22 | 29.57 | 13.24 | 13.76 | 21.75 | 6.04 |
| 上海 | 221.11 | 38.64 | 12.53 | 115.65 | 50.82 | 5.89 |
| 江苏 | 144.98 | 29.12 | 11.67 | 42.60 | 27.30 | 5.74 |
| 浙江 | 169.92 | 32.75 | 12.72 | 47.12 | 34.35 | 5.00 |
| 安徽 | 153.11 | 23.09 | 15.62 | 23.54 | 18.18 | 6.39 |
| 福建 | 144.92 | 21.26 | 16.96 | 19.52 | 21.75 | 6.73 |
| 江西 | 140.54 | 21.50 | 17.64 | 19.19 | 15.97 | 4.94 |
| 山东 | 115.84 | 30.26 | 12.20 | 33.61 | 33.77 | 3.85 |
| 河南 | 101.18 | 23.26 | 8.46 | 20.20 | 20.50 | 4.30 |

```
data D741;
    input group $ X1-X6;
    cards;
北京  190.33  43.77  9.73  60.54  49.01  9.04 }
.............................................  }共有 16 个数据行
河南  101.18  23.26  8.46  20.20  20.50  4.30 }
;
proc print data=D741;
run;
proc cluster data=D741 method=ave std pseudo ccc
          outtree=B741;
    var X1-X6;  id group;
proc tree data=B741 horizontal graphics ;
    title '使用类平均法的谱系聚类图';
run;
proc cluster data=D741 method=med std pseudo ccc
          outtree=B741;
    var X1-X6;   id group;
proc tree data=B741 horizontal graphics ;
```

```
    title '使用中间距离法的谱系聚类图';
run;
proc cluster data=D741 method=WARD std pseudo ccc
            outtree=B741;
    var X1-X6;    id group;
proc tree data=B741 horizontal graphics n=5 out=C741;
    copy X1-X6;
    title '使用 Ward 法的谱系聚类图';
run;
proc cluster data=D741 method=fle std pseudo ccc
            outtree=B741;
    var X1-X6;    id group;
proc tree data=B741 horizontal graphics ;
    title '使用可变类平均法的谱系聚类图';
run;
proc sort data=C741;
    by cluster;
proc means data=C741;
    by cluster;
    var X1-X6;
run;
```

以上 SAS 程序由生成数据集 D741 的 DATA 步和对应四种不同系统聚类方法的 CLUSTER(系统聚类)及 TREE(画谱系图)的过程步组成. 在 proc cluster 语句中, 规定聚类方法的说明项 method= 是不能省略的. 选项 std 指出对数据作标准化变换; 选项 pseudo 要求输出伪 $F$ 和伪 $t^2$ 统计量; 选项 ccc 要求输出立方聚类准则(CCC)及 $R^2$ 的近似期望(ERSQ); 选项outtree= 给出包含并类过程的输出集的名字, 它将作为画谱系图的TREE过程的输入数据集. 语句 var 列出用于聚类分析的变量名字, 因这里使用数据集 D741 中所有数值变量, 故此语句在这里可以省略. id 语句指定在输出结果中识别样品的变量名字(即地区). 在 proc tree 语句中的选项请看例 7.3.1 的说明. 在使用 Ward 法的 TREE 过程中增加了 copy 语句,目的是把 6 个指标的原始数据拷贝到 out＝的输出集 C741 中,以便为进一步计算各类的代表性指标做准备.SAS 程序的最后二个过程(SORT 和 MEANS)用于计算由 Ward 方法分为 5 个类后各个类中 6 项指标(变量)的均值(见表 7.4).

输出 7.4.1 至输出 7.4.2 给出类平均法的输出结果.

**输出 7.4.1　六个聚类变量的相关阵的特征值等信息**

Average Linkage Cluster Analysis

Eigenvalues of the Correlation Matrix

| | Eigenvalue | Difference | Proportion | Cumulative |
|---|---|---|---|---|
| 1 | 3.55842 | 2.24217 | 0.593070 | 0.59307 |
| 2 | 1.31625 | 0.70801 | 0.219375 | 0.81245 |
| 3 | 0.60824 | 0.23486 | 0.101373 | 0.91382 |
| 4 | 0.37338 | 0.26621 | 0.062231 | 0.97605 |
| 5 | 0.10718 | 0.07065 | 0.017863 | 0.99391 |
| 6 | 0.03653 | . | 0.006088 | 1.00000 |

The data have been standardized to mean 0 and variance 1
Root-Mean-Square Total-Sample Standard Deviation =　　1
Root-Mean-Square Distance Between Observations　= 3.464102

**输出 7.4.2　类平均聚类法的并类历史过程**

Average Linkage Cluster Analysis

| NCL | -Clusters | Joined- | FREQ | SPRSQ | RSQ | ERSQ | CCC | PSF | PST2 | Norm RMS Dist | Tie |
|---|---|---|---|---|---|---|---|---|---|---|---|
| 15 | 安徽 | 福建 | 2 | 0.00246 | 0.998 | . | . | 28.9 | . | 0.19216 | |
| 14 | 河北 | 河南 | 2 | 0.00548 | 0.992 | . | . | 19.2 | . | 0.28669 | |
| 13 | CL14 | 山西 | 3 | 0.00670 | 0.985 | . | . | 16.8 | 1.2 | 0.30980 | |
| 12 | CL15 | 江西 | 3 | 0.00991 | 0.975 | . | . | 14.4 | 4.0 | 0.34752 | |
| 11 | 江苏 | 浙江 | 2 | 0.00892 | 0.967 | . | . | 14.4 | . | 0.36575 | |
| 10 | CL13 | 内蒙 | 4 | 0.01055 | 0.956 | . | . | 14.5 | 1.7 | 0.36867 | |
| 9 | 天津 | 山东 | 2 | 0.00915 | 0.947 | . | . | 15.6 | . | 0.37044 | |
| 8 | CL9 | CL11 | 4 | 0.02369 | 0.923 | . | . | 13.7 | 2.6 | 0.49540 | |
| 7 | 辽宁 | 吉林 | 2 | 0.01849 | 0.905 | . | . | 14.2 | . | 0.52667 | |
| 6 | 黑龙江 | CL12 | 4 | 0.02653 | 0.878 | . | . | 14.4 | 4.3 | 0.54427 | |
| 5 | CL8 | CL7 | 6 | 0.05563 | 0.822 | . | . | 12.7 | 3.7 | 0.67864 | |
| 4 | CL5 | CL6 | 10 | 0.12588 | 0.697 | . | . | 9.2 | 6.5 | 0.78178 | |
| 3 | CL4 | CL10 | 14 | 0.19460 | 0.502 | 0.674 | -2.71 | 6.6 | 7.7 | 0.87404 | |
| 2 | 北京 | 上海 | 2 | 0.05614 | 0.446 | 0.507 | -0.74 | 11.3 | . | 0.91764 | |
| 1 | CL2 | CL3 | 16 | 0.44587 | 0.000 | 0.000 | 0.00 | . | 11.3 | 1.54537 | |

由输出 7.4.3 给出的谱系聚类图,易得出分为二类、三类、四类、…的分类结果.应该分为几类最合适？输出 7.4.2 中有如下几个统计量提供了有用信息:

**输出 7.4.3　类平均聚类法的谱系聚类图**

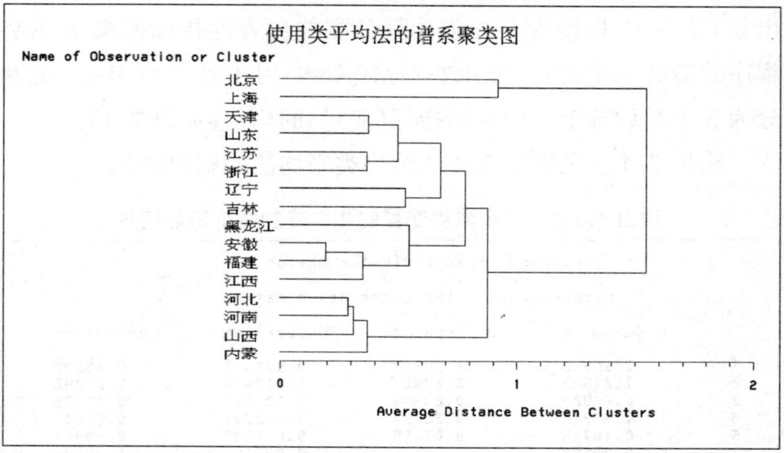


(1) $R^2$ 统计量(列标题为 RSQ*)用于评价每次合并成 NCL 个类时的聚类效果. $R^2$ 越大说明 NCL 个类越分开,故聚类的效果好. $R^2$ 的值总是在 0 和 1 之间,而且 $R^2$ 的值总是随着分类个数 NCL 的减少而变小.如果用户希望通过分析 $R^2$ 值来确定 $n$ 个样品应分为几类最合适,应该看 $R^2$ 值的变化.比如,分为 4 个类之前(NCL>4)的并类过程中 $R^2$ 的减少是逐渐的,改变不大;当分为 4 类时的 $R^2=0.697$,而下一次合并后分为 3 类时 $R^2$ 下降较多($R^2=0.502$).这时通过分析 $R^2$ 统计量可得出分为 4 个类是较合适的.

(2) 查看 $R^2$ 变化的大小可以由合并类时的半偏 $R^2$ (列标题为SPRSQ)得到.根据半偏 $R^2$ 的值是上一步 $R^2$ 与该步 $R^2$ 的差值,故某步的半偏 $R^2$ 值越大,说明上一步合并的效果好.此例半偏 $R^2$ 最大和次大分别为 NCL=1,3 和 4,说明根据半偏 $R^2$ 准则分为二个类、四个类或五个类是较合适的.

(3) 伪 $F$ 统计量(列标题为 PSF)用于评价分为 NCL 个类的

---

* 输出结果每一列的列标题根据输出页的宽度不同或为完整的英文标题,或为英文缩写.这里 RSQ 是英文缩写.

聚类效果.伪 $F$ 值越大表示这些观测样品可显著地分为 NCL 个类.此例伪 $F$ 最大和次大分别为 NCL = 2,6 和 4(当 NCL<7),说明根据伪 $F$ 准则分为二个类、六个类或四个类是较合适的.

(4) 伪 $t^2$ 统计量用以评价此步合并类的效果.由该统计量的定义知伪 $t^2$ 值大表明上一次合并的两个类是很分开的,也就是上一次聚类的效果是好的.此例伪 $t^2$ 最大和次大分别为 NCL = 1 和 3,说明根据伪 $t^2$ 准则分为二个类或四个类是较合适的.

从以上分析可以看出: $R^2$ 准则支持分为二类、四类和五类;伪 $F$ 统计量支持分为二类、六类和四类;伪 $t^2$ 统计量支持分为二类和四类.综合分析,认为用类平均法 16 个地区分为二类或四类较合适.

分为四类的结果为: $G_1^{(4)}$ = {北京}, $G_2^{(4)}$ = {上海} (各 1 个地区), $G_3^{(4)}$ = {天津, 山东, 江苏, 浙江, 辽宁, 吉林, 黑龙江, 安徽, 福建, 江西} (10 个地区), $G_4^{(4)}$ = {河北, 河南, 山西, 内蒙} (4 个地区).若分为两类,则 $G_1^{(2)} = \{G_1^{(4)}, G_2^{(4)}\}$, $G_2^{(2)} = \{G_3^{(4)}, G_4^{(4)}\}$.

**输出 7.4.4 WARD 聚类法的并类历史过程**

Ward's Minimum Variance Cluster Analysis

| NCL | -Clusters | Joined- | FREQ | SPRSQ | RSQ | ERSQ | CCC | PSF | PST2 | Tie |
|---|---|---|---|---|---|---|---|---|---|---|
| 15 | 安徽 | 福建 | 2 | 0.002462 | 0.9975 | . | . | 28.9 | . | |
| 14 | 河北 | 河南 | 2 | 0.005480 | 0.9921 | . | . | 19.2 | . | |
| 13 | CL14 | 山西 | 3 | 0.006705 | 0.9854 | . | . | 16.8 | 1.2 | |
| 12 | 江苏 | 浙江 | 2 | 0.008918 | 0.9764 | . | . | 15.1 | . | |
| 11 | 天津 | 山东 | 2 | 0.009149 | 0.9673 | . | . | 14.8 | . | |
| 10 | CL15 | 江西 | 3 | 0.009915 | 0.9574 | . | . | 15.0 | 4.0 | |
| 9 | CL13 | 内蒙 | 4 | 0.010546 | 0.9468 | . | . | 15.6 | 1.7 | |
| 8 | 辽宁 | 吉林 | 2 | 0.018492 | 0.9283 | . | . | 14.8 | . | |
| 7 | CL11 | CL12 | 4 | 0.023689 | 0.9046 | . | . | 14.2 | 2.6 | |
| 6 | 黑龙江 | CL10 | 4 | 0.026529 | 0.8781 | . | . | 14.4 | 4.3 | |
| 5 | CL7 | CL8 | 6 | 0.055628 | 0.8225 | . | . | 12.7 | 3.7 | |
| 4 | 北京 | 上海 | 2 | 0.056138 | 0.7664 | . | . | 13.1 | . | |
| 3 | CL5 | CL6 | 10 | 0.125883 | 0.6405 | 0.67378 | -0.624 | 11.6 | 6.5 | |
| 2 | CL3 | CL9 | 14 | 0.194603 | 0.4459 | 0.50678 | -0.743 | 11.3 | 7.7 | |
| 1 | CL4 | CL2 | 16 | 0.445866 | 0.0000 | 0.00000 | 0.000 | . | 11.3 | |

输出 7.4.4 和输出 7.4.5 给出 Ward 法的并类过程和谱系聚类图.

从输出 7.4.4 可以看出: $R^2$ 准则支持分为二类、三类和四类;

伪 $F$ 统计量支持分为四类；伪 $t^2$ 统计量支持分为二类. 综合分析，认为用 Ward 法 16 个地区分为二类或四类较合适.

**输出 7.4.5 WARD 聚类法的谱系聚类图**

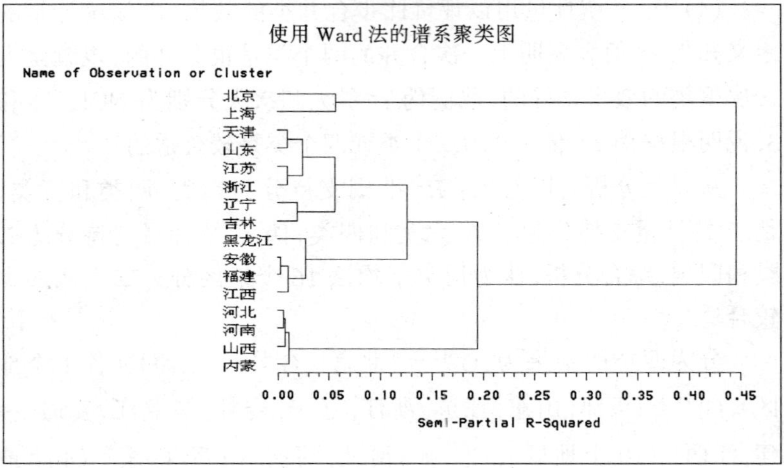


分为四类的结果为：$G_1^{(4)}$ = {北京，上海}（2 个地区），$G_2^{(4)}$ = {天津，山东，江苏，浙江，辽宁，吉林}（6 个地区），$G_3^{(4)}$ = {黑龙江，安徽，福建，江西}（4 个地区），$G_4^{(4)}$ = {河北，河南，山西，内蒙}（4 个地区）. 若分为两类，则 $G_1^{(2)} = G_1^{(4)}$，$G_2^{(2)} = \{G_2^{(4)}, G_3^{(4)}, G_4^{(4)}\}$.

**解法 2** 数据没有作变换，样品间距离定义为欧氏距离，系统聚类的方法使用最长距离法. 下面 SAS 程序生成的结果见输出 7.4.6至输出 7.4.8.

```
proc cluster data = D741 method = com pseudo ccc
          outtree = B741;
    var X1 - X6;   id group;
proc tree data = B741 horizontal graphics ;
    title '数据不变换、使用最长距离法的谱系聚类图';
run;
```

**输出 7.4.6　六个聚类变量的协差阵的特征值等信息**

Complete Linkage Cluster Analysis

Eigenvalues of the Covariance Matrix

| | Eigenvalue | Difference | Proportion | Cumulative |
|---|---|---|---|---|
| 1 | 1724.43 | 1520.51 | 0.866804 | 0.86680 |
| 2 | 203.92 | 155.88 | 0.102502 | 0.96931 |
| 3 | 48.03 | 39.39 | 0.024145 | 0.99345 |
| 4 | 8.64 | 5.63 | 0.004343 | 0.99779 |
| 5 | 3.01 | 1.63 | 0.001513 | 0.99931 |
| 6 | 1.38 | . | 0.000692 | 1.00000 |

Root-Mean-Square Total-Sample Standard Deviation = 18.209
Mean Distance Between Observations = 52.03899

**输出 7.4.7　最长距离聚类法的并类历史过程**

Complete Linkage Cluster Analysis

| NCL | -Clusters | Joined- | FREQ | SPRSQ | RSQ | ERSQ | CCC | PSF | PST2 | Norm Max Dist | Tie |
|---|---|---|---|---|---|---|---|---|---|---|---|
| 15 | 河北 | 河南 | 2 | 0.00082 | 0.999 | . | . | 86.7 | . | 0.13470 | |
| 14 | 福建 | 江西 | 2 | 0.00095 | 0.998 | . | . | 86.8 | . | 0.14435 | |
| 13 | 内蒙 | 黑龙江 | 2 | 0.00310 | 0.995 | . | . | 51.1 | . | 0.26132 | |
| 12 | 安徽 | CL14 | 3 | 0.00294 | 0.992 | . | . | 46.2 | 3.1 | 0.26524 | |
| 11 | 天津 | 江苏 | 2 | 0.00402 | 0.988 | . | . | 41.7 | . | 0.29783 | |
| 10 | CL15 | 山西 | 3 | 0.00439 | 0.984 | . | . | 40.4 | 5.3 | 0.32408 | |
| 9 | CL11 | 辽宁 | 3 | 0.00869 | 0.975 | . | . | 34.2 | 2.2 | 0.41560 | |
| 8 | 吉林 | CL12 | 4 | 0.01085 | 0.964 | . | . | 30.8 | 5.6 | 0.48524 | |
| 7 | CL13 | 山东 | 3 | 0.01303 | 0.951 | . | . | 29.2 | 4.2 | 0.51340 | |
| 6 | 北京 | 浙江 | 2 | 0.01606 | 0.935 | . | . | 28.8 | . | 0.59486 | |
| 5 | CL10 | CL7 | 6 | 0.02387 | 0.911 | . | . | 28.2 | 4.5 | 0.67236 | |
| 4 | CL9 | CL8 | 7 | 0.04098 | 0.870 | . | . | 26.8 | 7.5 | 0.82189 | |
| 3 | CL4 | CL5 | 13 | 0.15228 | 0.718 | 0.829 | -2.50 | 16.6 | 14.7 | 1.27974 | |
| 2 | CL6 | 上海 | 3 | 0.12484 | 0.593 | 0.693 | -1.23 | 20.4 | 7.8 | 1.67784 | |
| 1 | CL2 | CL3 | 16 | 0.59317 | 0.000 | 0.000 | 0.00 | . | 20.4 | 3.09923 | |

从输出 7.4.7 可以看出：$R^2$ 准则支持分为二类、四类和三类；伪 $F$ 统计量支持分为二类；伪 $t^2$ 统计量支持分为二类和四类. 综合分析，认为用最长距离法 16 个地区分为二类或四类较合适.

从输出 7.4.8 可以看出分为四类的结果为：$G_1^{(4)}=\{$北京，浙江$\}$(2 个地区)，$G_2^{(4)}=\{$上海$\}$ (1 个地区)，$G_3^{(4)}=\{$天津，江苏，辽宁，吉林，安徽，福建，江西$\}$ (7 个地区)，$G_4^{(4)}=\{$河北，河南，山西，内蒙，黑龙江，山东，$\}$ (6 个地区). 若分为两类，则 $G_1^{(2)}=\{G_1^{(4)}, G_2^{(4)}\}$，$G_2^{(2)}=\{G_3^{(4)}, G_4^{(4)}\}$.

**输出 7.4.8 最长距离聚类法的谱系聚类图**

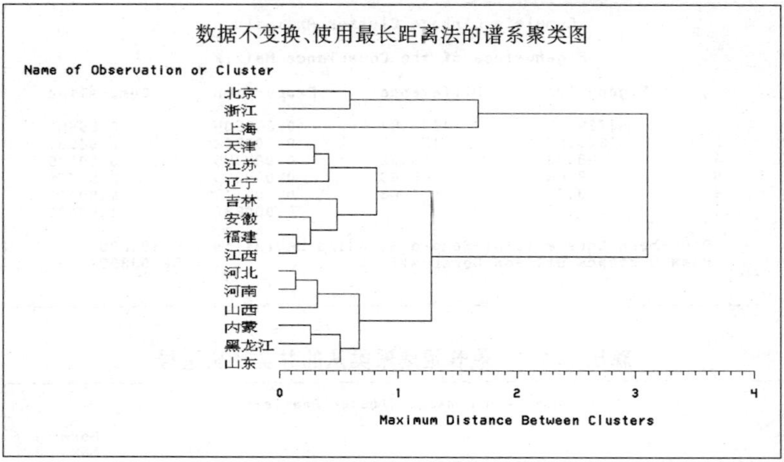


从输出结果可以看出,不同的聚类方法得到的结果或多或少都有些差别.在实际应用中,应综合各种计算结果,提出合适的分类结果.比如此例把 16 个地区的农民生活消费支出情况分为五类,并计算出各类地区农民生活平均消费水平(见表 7.4).由表 7.4 可见第一类属低消费水平,第二类属中等消费水平,第三类消费水平较高,而北京市和上海市的农民生活水平比较富裕,属高消费水平.

**表 7.4 16 个地区的分类及平均消费水平**

| 类 别 | 第一类 | 第二类 | 第三类 | 第四类 | 第五类 |
|---|---|---|---|---|---|
| 该类所包含的地区 | 河北,河南<br>山西,内蒙 | 黑龙江,安徽<br>福建,江西 | 天津,山东,江苏<br>浙江,辽宁,吉林 | 北京 | 上海 |
| 食品平均消费 | 107.395 | 138.698 | 145.165 | 190.33 | 221.11 |
| 衣着平均消费 | 24.708 | 23.855 | 32.457 | 43.77 | 38.64 |
| 燃料平均消费 | 8.275 | 15.865 | 13.870 | 9.73 | 12.53 |
| 住房平均消费 | 16.278 | 19.000 | 34.431 | 60.54 | 115.65 |
| 生活用品及其他平均消费 | 21.368 | 19.413 | 32.715 | 49.01 | 50.82 |
| 文化生活服务支出平均消费 | 3.405 | 6.025 | 4.537 | 9.04 | 5.89 |

## §7.5 动态聚类法与 FASTCLUS 过程

系统聚类法一次形成类以后就不能改变了，这就要求一次分类分得比较准确，对分类的方法就提出较高的要求，相应的计算量自然比较大.如 Q 型系统聚类方法，聚类过程是在样品间的距离矩阵基础上进行的，当样本容量很大时，需要占据足够大的计算机内存空间，而且在并类过程中，需要将每类样品和其他类样品逐一加以比较，以决定应合并的类别，故还需要较多的计算时间.所以对于大样本问题，Q 型系统聚类法可能因计算机内存或计算时间的限制而无法进行，这给应用带来一定的不便.基于这种情况，产生了动态聚类.动态聚类法具有计算量较小，占用计算机内存空间较少，方法简单的优点，适用于大样本的 Q 型聚类分析.

动态聚类法又称为逐步聚类法，其基本思想是，开始先粗略地分一下类，然后按照某种最优的原则修改不合理的分类，直至类分得比较合理为止，这样就形成一个最终的分类结果.

为了粗略地分一下类(以后简称为初始分类)，有时首先选一批"凝聚点"，然后让样品向最近的凝聚点聚集，这样由凝聚点聚集形成的类，就得到初始分类.动态聚类法的聚类过程可用以下框图描述：

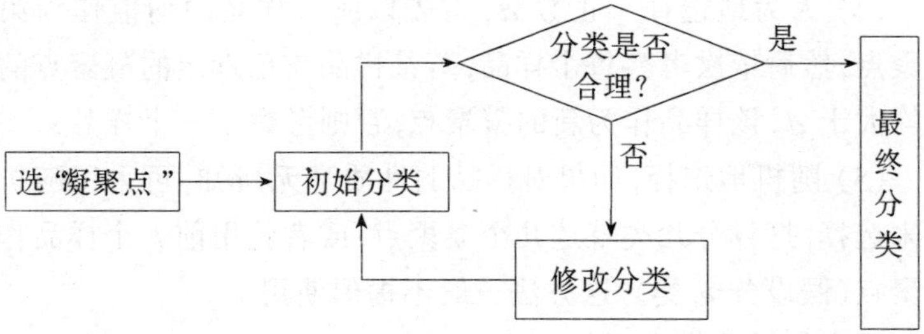

## 一、选择凝聚点和确定初始分类

凝聚点就是一批有代表性的点,是欲形成类的中心.凝聚点的选择直接决定初始分类,对分类结果也有很大的影响,由于凝聚点的不同选择,其最终分类结果也将出现不同.故选择时要慎重.通常选择凝聚点的方法有:

(1) 人为选择:当人们对所欲分类的问题有一定了解时,根据经验,预先确定分类个数和初始分类,并从每一类中选择一个有代表性的样品作为凝聚点.

(2) 将数据人为地分为 $k$ 类,计算每一类的重心,就将这些重心作为凝聚点.

(3) 用密度法选择凝聚点:以某个正数 $d$ 为半径,以每个样品为球心,落在这个球内的样品数(不包括作为球心的样品)就叫做这个样品的**密度**.计算所有样品点的密度后,首先选择密度最大的样品作为第一凝聚点,并且人为地确定一个正数 $D$(一般 $D > d$,常取 $D = 2d$).然后选出次大密度的样品点,若它与第一个凝聚点的距离大于 $D$,则将其作为第二个凝聚点;否则舍去这点,再选密度次于它的样品.这样,按密度大小依次考查,直至全部样品考查完毕为止.此方法中,$d$ 要给的合适,太大了使凝聚点个数太少,太小了使凝聚点个数太多.

(4) 人为地选择一正数 $d$,首先以所有样品的均值作为第一凝聚点.然后依次考察每个样品,若某样品与已选定的凝聚点的距离均大于 $d$,该样品作为新的凝聚点,否则考察下一个样品.

(5) 随机地选择,如果对样品的性质毫无所知,可采用随机数表来选择,打算分几类就选几个凝聚点.或者就用前 $k$ 个样品作为凝聚点(假设分 $k$ 类).这方法一般不提倡使用.

确定初始分类常用的方法有:

(1) 人为分类,凭经验将样品进行初步分类.

(2) 选择凝聚点后，每个样品按与其距离最近的凝聚点归类.

(3) 选择一批凝聚点后，每个凝聚点自成一类，将样品依次归入其距离最近的凝聚点所在的类，并重新计算该类的重心，以代替原来的凝聚点，再考虑下一个样品的归类，直至所有样品都归类为止.

(4) 先将数据作标准化处理，仍用 $x_{ij}$ 表示标准化后第 $i$ 个样品的第 $j$ 个指标. 令

$$x_{i\cdot} = \sum_{j=1}^{m} x_{ij}, \quad R = \max_{1 \leqslant i \leqslant n} x_{i\cdot} - \min_{1 \leqslant i \leqslant n} x_{i\cdot},$$

如欲将全部样品分为 $k$ 类，对每个样品 $X_{(i)}$ 计算

$$\frac{(k-1)(x_{i\cdot} - \min x_{i\cdot})}{R} + 1.$$

假设与这个数接近的整数为 $l$，则将样品 $X_{(i)}$ 归入第 $l$ 类 $(1 \leqslant l \leqslant k)$.

(5) 用某种聚类方法得到一个分类，这个分类就可作为初始分类. 当样本量大时，有时只用部分样品按某种聚类方法进行分类. 用每类重心作为凝聚点，再用(2)或(3)的方法对全部样品归类后得到初始分类.

## 二、逐步聚类法

逐步聚类的不同方法主要是以修改分类的不同原则来区分的，常用的方法有按批修改法，逐个修改法等. 本节重点介绍按批修改法.

### 1. 按批修改法

(1) 按批修改法的步骤

① 选择一批凝聚点(个数人为指定)，并选定所用的距离定义；

② 将所有样品按与其距离最近的凝聚点归类；

③ 计算每一类的重心，将重心作为新的凝聚点，转到②. 如果

某一步所有的新凝聚点与前一次的老凝聚点重合,则过程终止.有时不绝对要求这个过程收敛,而是人为规定这个修改过程重复若干次就行了.

(2) 分类函数

假设 $X_{(i)}(i=1,2,\cdots,n)$ 为 $n$ 个样品点,初始分为 $k$ 类: $G_1, G_2,\cdots,G_k$,它们的重心记为 $\overline{X}^{(1)},\overline{X}^{(2)},\cdots,\overline{X}^{(k)}$,每类的样品数记为 $n_i(i=1,2,\cdots,k)$.

用 $t_i$ 表示样品 $X_{(i)}$ 所属类的标号. 如 $t_1=2$ 表示第 1 个样品属第 2 类.

样品 $X_{(i)}$ 到类 $G_j$ 的距离 $D_{ij}$ 定义为

$$D_{ij}^2=\left(X_{(i)}-\overline{X}^{(j)}\right)'\left(X_{(i)}-\overline{X}^{(j)}\right),$$

则分类函数定义为:

$$l(G_1,G_2,\cdots,G_k)=\sum_{i=1}^{n}D_{it_i}^2.$$

上式定义的分类函数,实质上就是系统聚类分析中的离差平方和 $W$,其中 $W=\sum_{i=1}^{k}W_i$,而 $W_i$ 为 $G_i$ 类样品的离差平方和.

按批修改法的修改原则就是使这个分类函数逐渐减小,直至不能再减小为止.

**例 7.5.1** 已知 5 个样品的观测值为:1,4,5,7,11.试用按批修改的动态聚类法对 5 个样品进行分类.

**解** (1) 选凝聚点:用密度法,取 $d=2, D=4$;采用欧氏距离.各点的密度如下:

| | $X_{(1)}$ | $X_{(2)}$ | $X_{(3)}$ | $X_{(4)}$ | $X_{(5)}$ |
|---|---|---|---|---|---|
| 密度 | 0 | 1 | 2 | 1 | 0 |

第一个凝聚点选 $X_{(3)}$,因 $X_{(2)}, X_{(4)}$ 与 $X_{(3)}$ 的距离 $<D$,第二个凝聚点选 $X_{(1)}$,第三个凝聚点选 $X_{(5)}$.

(2) 初始分类:按最小距离的原则将所有样品归类,结果是:

$$G_1^{(0)}=\{X_{(3)},X_{(2)},X_{(4)}\},\ G_2^{(0)}=\{X_{(1)}\},G_3^{(0)}=\{X_{(5)}\}.$$

(3) 修改分类：首先计算各类重心：分别是 $5\frac{1}{3}$, 1, 11. 以它们作为新凝聚点，按最小距离原则归类，结果是：

$$G_1^{(1)} = \{X_{(3)}, X_{(2)}, X_{(4)}\},\ G_2^{(1)} = \{X_{(1)}\},\ G_3^{(1)} = \{X_{(5)}\}.$$

上述三类的重心仍为 $5\frac{1}{3}$, 1, 11, 过程终止. 最终分类就是 $G_i^{(1)}$ $(i = 1,2,3)$.

附注1　按批修改法的优点是计算量小，速度快，但它的分类结果依赖于凝聚点的选择. 如果选 $X_{(3)}, X_{(5)}$ 作为凝聚点，则最终分类是：

$$G_1 = \{X_{(1)}, X_{(2)}, X_{(3)}, X_{(4)}\},\ G_2 = \{X_{(5)}\}.$$

如果选 $X_{(1)}, X_{(5)}$ 作为凝聚点，最终分类是：

$$G_1 = \{X_{(1)}, X_{(2)}, X_{(3)}\},\ G_2 = \{X_{(4)}, X_{(5)}\}.$$

附注2　在按批修改法中，有人将步骤 ③ 改为：计算每一类重心，取老凝聚点与重心联线的对称点作为新凝聚类，转到 ②. 如果某一步所有新凝聚点与前一次的老凝聚点重合，则过程终止. 这样做在某些场合会得到更好的分类结果.

**2. 逐个修改法**

按批修改法是等到样品全部归类后才改变凝聚点，另一种自然的想法是每对一个样品进行分类后，同时改变凝聚点，这就产生了逐个修改法. 逐个修改法在许多教科书上称做 $K$-均值法. 逐个修改的方法不止一种，以下介绍常见的一种，它的聚类步骤是：

① 规定样品间的距离，人为地定出三个数：$K$(分类数), $C$(类间距离的最小值) 和 $R$(类内距离的最大值)；取前 $K$ 个样品点作为凝聚点.

② 计算这 $K$ 个凝聚点两两之间的距离，如最小的距离 $< C$，则将相应的两个凝聚点合并，用这两点的重心作为新凝聚点，再重复 ②，直至所有凝聚点之间的距离均 $\geqslant C$ 为止.

③ 将剩下的 $n - K$ 个样品逐个归类，对每一个样品，计算该样品与所有凝聚点的距离，如最小距离 $> R$，则该样品作为新凝

聚点:如最小距离 $\leqslant R$,则将该样品归入与它距离最近的凝聚点所在的类,随即重新计算这一类的重心,以重心作为新的凝聚点,如凝聚点之间的距离都 $\geqslant C$,则考虑下一个样品,否则用步骤②进行合并后再考虑下一个样品,直至所有样品都归了类.

④ 将样品从头至尾再逐个按步骤③进行归类,不同之处是:某个样品归类后,如分类与原来一致,则重心不必计算;如分类与原来不同,则涉及到的两类重心要重新计算.

如果新的分类与上一次相同,则聚类过程结束,否则重复步骤④.

**例 7.5.2** 对例 7.5.1 的 5 个样品用逐个修改法进行聚类.

**解** (1) 用欧氏距离,取 $K = 3, C = 2, R = 3$. 取 $X_{(1)}, X_{(2)}, X_{(3)}$ 作为凝聚点.

(2) 计算凝聚点之间的距离,$d(1,2) = 3, d(1,3) = 4, d(2,3) = 1 < C = 2$,将 $X_{(2)}$ 和 $X_{(3)}$ 合并(记为新2类:$2^*$),它们的重心是 $(4+5)/2 = 4.5$,它与 $X_{(1)}$ 的距离 $d(1,2^*) = 3.5 > 2$. 凝聚点有两个:1 和 4.5. 相应的两类记为 $G_1$ 和 $G_2$.

(3) 考虑样品 $X_{(4)}$,它与两凝聚点的距离为:$d(G_1,4) = 6$, $d(G_2,4) = 2.5$,最小值 $2.5 < 3$,不能作为新凝聚点,归入 $G_2$;再考虑 $X_{(5)}$,因 $d(G_1,5) = 10$, $d(G_2,5) = 6.5$,最小值 $6.5 > 3$,故 $X_{(5)}$ 作为新凝聚点单独成一类.

至此我们得到三类:$G_1 = \{X_{(1)}\}, G_2 = \{X_{(2)}, X_{(3)}, X_{(4)}\}$, $G_3 = \{X_{(5)}\}$.

(4) 将样品从头至尾按步骤④进行归类. 聚类结果同上. 故聚类过程结束,并得到最终分类 $G_1, G_2, G_3$.

附注 1 逐个修改法的最终分类与样品的考虑顺序有关,一般按 $X_{(1)} \Rightarrow X_{(5)}$ 次序,如果按 $X_{(5)} \Rightarrow X_{(1)}$ 的次序考虑,$K, C, R$ 不变,则分类结果为:

$$G_1 = \{X_{(5)}\}, G_2 = \{X_{(4)}\}, G_3 = \{X_{(2)}, X_{(3)}\}, G_4 = \{X_{(1)}\}.$$

由于分类结果与样品归类的次序有关,逐个修改法开始选凝聚点时最好选有代表性的点,而不是简单的取前 $K$ 个样品.这样聚类结果会合理一些.

附注2　逐个修改法的最终分类与三个参数有关.因此在计算过程中最好让三个参数作适当变化,最后根据实际问题的要求取舍聚类结果.

## 三、FASTCLUS 过程(快速聚类过程)

SAS/STAT 软件中的 FASTCLUS 过程适用于对观测个数很多的数据集进行不相交聚类.该过程一般只需对这组数据扫描二次或三次就能够寻找出很好的分类结果.用户可以有选择地规定最大的类个数,或指定最小的类半径.该过程还可产生包含用于指示所属类的变量的输出数据集,以及包含类均值的输出数据集.

FASTCLUS 过程称为快速聚类过程,或动态聚类过程.它是根据由一个或几个定量变量计算的欧氏距离对数据进行分类,这些类之间互不相交.数据集中的这些观测被归类,使得每个观测只能归于一类(但这些类不能像它们在 CLUSTER 过程生成的类那样形成谱系聚类图).如果想对不同的分类个数分别进行分析,每种分类个数必须运行 FASTCLUS 过程一次.

该过程主要用于对观测个数在 100～100000 之间的大数据集进行聚类.对于小数据集,此过程对于观测的次序比较敏感.为了对生成的这些类进行全面地检查,用户还可以要求输出包含一个记录观测所属类的变量的输出数据集.PROC FASTCLUS 输出所生成的这些类简短的概述结果.

PROC FASTCLUS 使用 Anderberg(1973)的最近重心分类(nearest centroid sortng)方法.它首先选择一些凝聚点(cluster seeds)或称聚类种子点作为这些类均值的第一次猜测值,把每个观测分配到与它最接近的“凝聚点”所代表的类中来形成临时的分类;然后用这些临时类的均值替代初始“凝聚点”.这个替代过程一直进行下去直到分成的这些类中再没有什么变化为止.

FASTCLUS 过程使用的初始化方法,对异常点很敏感. PROC FASTCLUS用于检测异常点是一个有效的过程,因为异常点通常出现在只有一个成员的类里.

聚类是根据由一个或几个数值变量计算的欧氏距离进行的. 如果有丢失值, PROC FASTCLUS 使用非丢失值计算修正的距离. 彼此很靠近的观测被分到相同的类里;而相距远的观测分配到不同的类里.

**1. 快速聚类的步骤**

FASTCLUS 过程按以下步骤进行:

① 选择作为"凝聚点"的观测;

② 选择形成临时分类的原则:每次对一个观测归入与它距离最近的"凝聚点"所在的类后,"凝聚点"更新为该类目前的均值(用选项 DRIFT,即采用逐个修改法);

③ 选择形成临时分类的原则:所有观测点归入与它距离最近的"凝聚点"所在的类后,这些类的"凝聚点"用临时类的均值替代. 该步可以一直进行直到类中"凝聚点"的改变很小或为 0 时止(用选项 MAXITER= $n \geqslant 1$,即采用按批修改法);

④ 最终的分类由分配每一个观测到最近的"凝聚点"而形成.

初始类的"凝聚点"必须是没有丢失值的观测,这些"凝聚点"用户可以自己选择,也可以让过程去选择. 用户可以通过选项 MAXCLUSTERS= 来指定"凝聚点"的最多个数,也可以用选项 RADIUS= 规定"凝聚点"之间必须分隔开的最小距离.

FASTCLUS 总是选择第一个完整的(即没有丢失值)观测作为第一个"凝聚点";与第一个"凝聚点"的距离至少大于在选项 RADIUS= 规定的最小距离的下一个观测作为第二个"凝聚点";以后的观测被选择作为新的"凝聚点",如果它们与上述的所有"凝聚点"分隔开的距离至少比在选项 RADIUS= 中规定的距离大,而且"凝聚点"最大的个数没有超出规定的个数.

如果一个观测是完整的观测,但没有资格作为一个新的"凝聚点”，FASTCLUS 过程考虑用它替换一些老的“凝聚点”，但要经过两个检验看看这个观测是否有作为新“凝聚点”的资格：

第一、如果这个观测与最接近的“凝聚点”间的距离大于原来“凝聚点”之间的最小距离，那么有一个老的“凝聚点”被替换. 在这种情况下我们用这个观测替代彼此间最接近的两个“凝聚点”中的一个. 并且当用此观测替代“凝聚点”之后，它与其余“凝聚点”的距离为最远者.

第二、如果这个观测不符合“凝聚点”替代的第一种检验，则进行第二种检验. 这个观测替代最接近“凝聚点”的原则为：如果观测到所有“凝聚点”(最近的这一个除外)的最小距离大于最近“凝聚点”到所有其他“凝聚点”的最小距离，则用此观测替代距此观测最近的“凝聚点”. 如果此检验也失败，FASTCLUS 过程转到下一个观测.

用户可以使用选项 REPLACE= 来限制“凝聚点”的替代. 对“凝聚点”的替代用户可以省略第二种检验(使用 REPLACE=PART)，这样可以快速地运行 FASTCLUS 过程，但这样选择的“凝聚点”可能不是很好分开的，就像它们用缺省方法得到的一样. 用户也可以假定“凝聚点”的替代完全由 REPLACE=NONE 规定，在这种情况下，运行速度较快，但你必须对选项 RADIUS= 选择好的值，以便得到好的分类结果.

**2. 语句说明**

下面是 FASTCLUS 过程所使用的一些语句：

**PROC FASTCLUS** MAXCLUSTER=*n* | RADIUS=*t*
<*options*>； 必需的语句

**VAR** *variables*；
**ID** *variable*；
**FREQ** *variable*；
**WEIGHT** *variable*；
**BY** *variables*；
} 供选择的语句.

在通常情况下，只有 VAR 语句需要和 PROC FASTCLUS 语句一起使用.

PROC FASTCLUS 语句用来开始 FASTCLUS 过程，必须规定说明项 MAXCLUSTER= 或 RADIUS= 中的一个. 说明项和常用的选项如下：

(1) MAXCLUSTERS= $n$ | MAXC= $n$ ——指定所允许的最大分类数. 如果缺省，其值假定为 100.

(2) RADIUS= $t$ —— 为选择新的“凝聚点”指定的最小距离准则. 当一个观测点与已有“凝聚点”的最小距离均大于由该选项规定的值 $t$ 时，该观测可考虑用来作为新的“凝聚点”. $t$ 的缺省值为 0.

(3) DATA= *SAS-data-set* ——给出包含进行聚类的观测的数据集名字，如果缺省，使用最新创建的 SAS 数据集. 数据必须是坐标数据，不能是距离、相似或相关值.

(4) CLUSTER= *name* ——规定在输出的数据集中用以指示观测属于哪一类的变量名字. 缺省时这个指示变量的名字为 CLUSTER.

(5) DRIFT ——执行逐个修改法. 即在初始“凝聚点”选好后，每当一个观测归入最靠近的“凝聚点”所在的类后，此类的“凝聚点”都要被该类中现有观测的均值所代替.

(6) MAXITER= $n$ ——指定重新计算类的“凝聚点”的最大迭代次数. 当 $n>0$ 时，FASTCLUS 过程执行按批修改法. 在每次循环中，所有观测均归入最近“凝聚点”的类后，“凝聚点”用类均值所代替. $n$ 的缺省值为 1.

(7) DISTANCE ——要求输出类均值之间的距离.

(8) LIST ——要求列出所有观测的 ID 变量值(如果有)，观测所归入类的类号及观测同最终“凝聚点”之间的距离.

**例 7.5.3** 试用 FASTCLUS 过程对 16 个地区农民生活水平的调查数据进行分类.

下面使用动态聚类方法对例 7.4.1 中表 7.3 给出的 16 个地区农民 1982 年支出情况的抽样调查资料进行分类. 以下 SAS 程序首先对 SAS 数据集 D741 的原始数据进行动态聚类. 选项maxc=4 规定最大分类个数为四类;选项 list 要求列出归类结果;选项 out=out753 指定生成名为 out753 的输出数据集. 典型判别过程(CANDISC)对分类结果作典型相关分析,并把 6 个原始变量用二个典型变量表示后画出分类结果的散布图(见输出7.5.4). 以下 SAS 程序产生输出 7.5.1 至输出 7.5.4.

```
proc fastclus data = D741 out = out753 maxc = 4 list ;
    var X1 - X6;    id group;
proc candisc data = out753 out = can753;
    var X1 - X6;    class cluster;
proc plot data = can753;
    plot can2 * can1 = cluster;
run;
```

**输出 7.5.1　动态聚类的初始凝聚点(数据不变换)**

FASTCLUS Procedure:  Replace=FULL  Radius=0  Maxclusters=4  Maxiter=1

Initial Seeds

| Cluster | X1 | X2 | X3 | X4 | X5 | X6 |
|---|---|---|---|---|---|---|
| 1 | 190.330 | 43.770 | 9.730 | 60.540 | 49.010 | 9.040 |
| 2 | 221.110 | 38.640 | 12.530 | 115.650 | 50.820 | 5.890 |
| 3 | 95.210 | 22.830 | 9.300 | 22.440 | 22.810 | 2.800 |
| 4 | 159.370 | 33.380 | 18.370 | 11.810 | 25.290 | 5.220 |

**输出 7.5.2　动态聚类的分类结果(数据不变换)**

Cluster Listing

| Obs | GROUP | Cluster | Distance from Seed |
|---|---|---|---|
| 1 | 北京 | 1 | 15.4781 |
| 2 | 天津 | 4 | 25.2671 |
| 3 | 河北 | 3 | 12.2687 |
| 4 | 山西 | 3 | 12.1191 |
| 5 | 内蒙 | 4 | 20.9871 |
| 6 | 辽宁 | 4 | 14.5780 |
| 7 | 吉林 | 4 | 21.2887 |
| 8 | 黑龙江 | 3 | 12.6246 |
| 9 | 上海 | 2 | 0.0000 |
| 10 | 江苏 | 4 | 17.8866 |
| 11 | 浙江 | 1 | 15.4781 |
| 12 | 安徽 | 4 | 13.2177 |
| 13 | 福建 | 4 | 10.2815 |
| 14 | 江西 | 4 | 14.1654 |
| 15 | 山东 | 3 | 19.9879 |
| 16 | 河南 | 3 | 7.0150 |

Criterion Based on Final Seeds = 6.3984

**输出 7.5.3　动态聚类产生的各类均值和标准差(数据不变换)**

FASTCLUS Procedure:  Replace=FULL  Radius=0  Maxclusters=4  Maxiter=1

Cluster Means

| Cluster | X1 | X2 | X3 | X4 | X5 | X6 |
|---|---|---|---|---|---|---|
| 1 | 180.125 | 38.260 | 11.225 | 53.830 | 41.680 | 7.020 |
| 2 | 221.110 | 38.640 | 12.530 | 115.650 | 50.820 | 5.890 |
| 3 | 106.646 | 26.206 | 9.920 | 19.980 | 23.400 | 4.048 |
| 4 | 144.026 | 28.151 | 14.683 | 25.086 | 26.008 | 4.963 |

Cluster Standard Deviations

| Cluster | X1 | X2 | X3 | X4 | X5 | X6 |
|---|---|---|---|---|---|---|
| 1 | 14.4320 | 7.7923 | 2.1142 | 9.4894 | 10.3662 | 2.8567 |
| 2 | . | . | . | . | . | . |
| 3 | 9.2240 | 3.5010 | 2.7896 | 9.1156 | 6.0492 | 1.2515 |
| 4 | 9.6829 | 5.8043 | 3.7391 | 12.3993 | 8.1717 | 1.3077 |

由输出 7.5.1 中可以看出 4 个初始凝聚点是从原数据集中按指定规则选取的 4 个观测样品. 输出 7.5.2 给出了分类的结果, 分类结果类似于数据不变换时的系统聚类法(最长距离法). 输出 7.5.4直观地显示出 4 个类的分散情况.

下面 SAS 程序首先调用 STANDARD 过程是对数据作标准化变换, 然后用变换后的数据进行动态聚类分析. 并对二个综合指标绘制分为 4 个类的散布图(见输出 7.5.5, 其他输出结果省略了).

**输出 7.5.4　分类结果的散布图(数据不变换)**

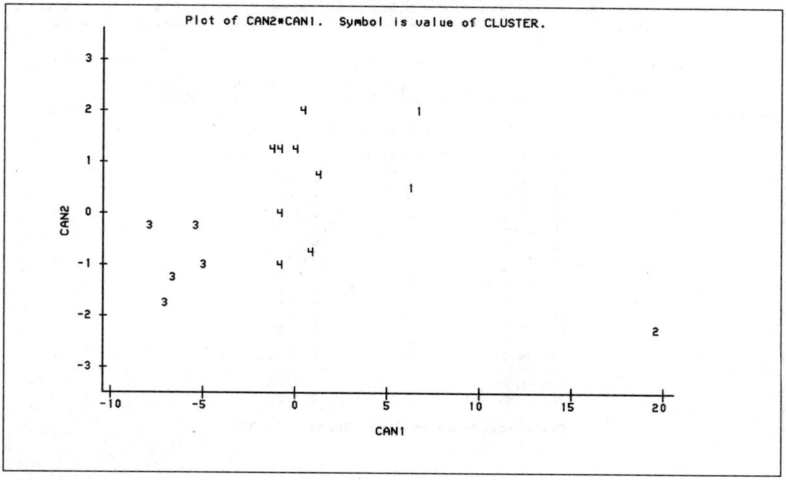

```
proc standard mean = 0 std = 1 data = D741 out = sta753;
    var X1 - X6;
run;
proc fastclus data = sta753 out = out753 maxc = 4 list ;
    var X1 - X6;
    id group;
run;
proc candisc data = out753 out = can753;
    var X1 - X6;
    class cluster;
run;
proc plot data = can753;
    plot can2 * can1 = cluster;
run;
```

此时给出的 4 个初始凝聚点是从标准化数据集中选出的. 此例的分类结果类似于数据标准化变换时的系统聚类法(类平均法或 Ward 法).

**输出 7.5.5 分类结果的散布图(数据被标准化)**

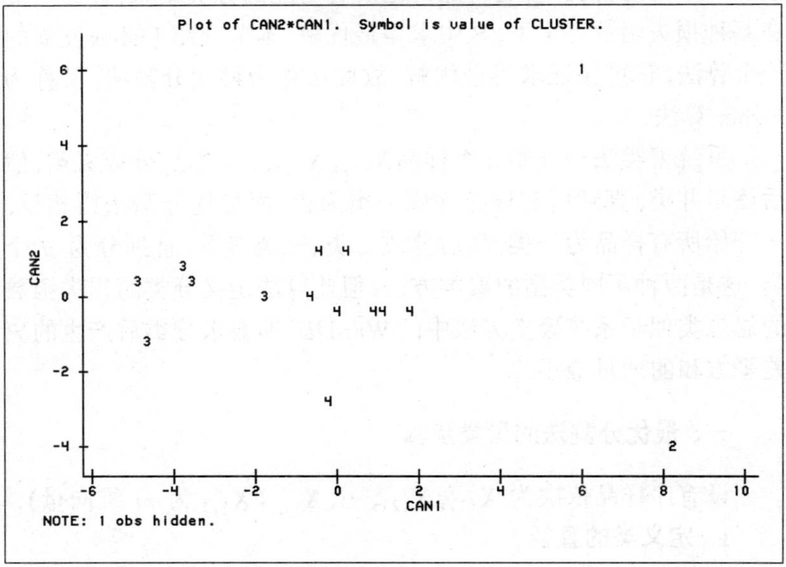

## §7.6 有序样品聚类法(最优分割法)

以上几节讨论的问题中,样品是相互独立的,因而分类时彼此是平等的.但在有些实际问题中,要求样品分类时不能打乱次序.例如在油田勘探中,需要通过岩心了解地层的结构,故而要求对地层的不同结构进行分类.这时岩心所在的位置(即样品的次序)在分类时不能打乱.如果用 $X_{(1)},X_{(2)},\cdots,X_{(n)}$ 表示 $n$ 个有序的样品,则每一类必须是这样的形式:$\{X_{(i)},X_{(i+1)},\cdots,X_{(i+k)}\}$,其中 $1\leqslant i\leqslant n,k\geqslant 0$ 且 $i+k\leqslant n$,即同一类样品必须是互相邻接的.这种分类问题称为**有序样品聚类**,也称为**最优分割法**.

设有 $n$ 个有序样品 $X_{(1)},X_{(2)},\cdots,X_{(n)}$,其中每个样品有 $m$ 个指标,即 $X_{(i)}(i=1,\cdots,n)$ 为 $m$ 维向量.$n$ 个样品分成 $k$ 类的一切可能分法有 $\begin{pmatrix} n-1 \\ k-1 \end{pmatrix}$ 种,这比不相关样品的可能分法少得多.故在 $n$ 不大的情况下,有可能讨论所有可能的分类结果,并有可能在某种损失函数意义下,从中求得最优解.本节介绍 Fisher 发展的一个算法,它可保证求得最优解.故此法称为最优分割法,又称为 Fisher 算法.

系统聚类法一开始 $n$ 个样品 $X_{(1)},X_{(2)},\cdots,X_{(n)}$ 分成 $n$ 类,然后逐步并类,直到所有样品并成一类为止.而最优分割法则相反,一开始所有样品为一类,然后分成二类、三类等等,直到分为 $n$ 个类.这是两种不同类型的聚类方法.但此算法定义分类的损失函数的思想类似于系统聚类方法中的 Ward 法,即要求分类后产生的离差平方和的增量最小.

### 一、最优分割法的聚类步骤

设有序样品依次为 $X_{(1)},X_{(2)},\cdots,X_{(n)}$($X_{(i)}$ 为 $m$ 维向量).

**1. 定义类的直径**

设某一类 $G$ 包含的样品有

$$\{X_{(i)}, X_{(i+1)}, \cdots, X_{(j)}\}(j > i),$$

记为 $G = \{i, i+1, \cdots, j\}$.该类的均值向量 $\bar{X}_G$ 为

$$\bar{X}_G = \frac{1}{j-i+1}\sum_{t=i}^{j} X_{(t)}.$$

用 $D(i,j)$ 表示这一类的直径,常用的直径有:

$$D(i,j) = \sum_{t=i}^{j}(X_{(t)} - \bar{X}_G)'(X_{(t)} - \bar{X}_G). \qquad (7.14)$$

当 $m = 1$ 时,也可以定义直径为

$$D(i,j) = \sum_{t=i}^{j} |X_{(t)} - \tilde{X}_G|, \qquad (7.15)$$

其中 $\tilde{X}_G$ 是这一类数据的中位数.

**2. 定义分类的损失函数(或称目标函数、误差函数等)**

用 $b(n,k)$ 表示将 $n$ 个有序样品分为 $k$ 类的某一种分法.常记分法 $b(n,k)$ 为:

$$\begin{aligned} G_1 &= \{i_1, i_1+1, \cdots, i_2-1\}, \\ G_2 &= \{i_2, i_2+1, \cdots, i_3-1\}, \\ &\cdots \quad \cdots \quad \cdots \quad \cdots \quad \cdots \\ G_k &= \{i_k, i_k+1, \cdots, n\}, \end{aligned}$$

其中分点为 $1 = i_1 < i_2 < i_3 < \cdots < i_k < n = i_{k+1} - 1$(即 $i_{k+1} = n+1$).

定义这种分类法的损失函数为

$$L[b(n,k)] = \sum_{t=1}^{k} D(i_t, i_{t+1} - 1). \qquad (7.16)$$

当 $n, k$ 固定时,$L[b(n,k)]$ 越小表示各类的离差平方和越小,分类是合理的.因此要寻找一种分法 $b(n,k)$,使分类损失函数 $L$ 达最小.记 $P(n,k)$ 是使(7.16)达到极小的分类法.

**3. $L[b(n,K)]$的递推公式**

Fisher 算法最核心的部分是利用以下两个递推公式:

$$\begin{cases} L[P(n,2)] = \min\limits_{2\leqslant j\leqslant n}\{D(1,j-1)+D(j,n)\}, \\ L[P(n,k)] = \min\limits_{k\leqslant j\leqslant n}\{L[P(j-1,k-1)]+D(j,n)\}. \end{cases} \tag{7.17}$$

以上两个公式由定义即可证明.(7.17)的第二式表明,若要找将 $n$ 个样品分为 $k$ 类的最优分割,应建立在将 $j-1$ 个样品分为 $k-1$ 类的最优分割基础上(这里 $j=2,3,\cdots,n$).

**4. 最优解的求法**

若分类数 $k(1<k<n)$ 已知,求分类法 $P(n,k)$,使它在损失函数意义下达最小.其求法如下:

首先找分点 $j_k$,使(7.17)达极小,即

$$L[P(n,k)] = L[P(j_k-1,k-1)]+D(j_k,n).$$

于是得第 $k$ 类 $G_k=\{j_k,j_k+1,\cdots,n\}$.然后找 $j_{k-1}$,使它满足

$$L[P(j_{k-1},k-1)] = L[P(j_{k-1}-1,k-2)]+D(j_{k-1},j_k-1),$$

得到第 $k-1$ 类 $G_{k-1}=\{j_{k-1},j_{k-1}+1,\cdots,j_k-1\}$,类似的方法依次可得到所有类 $G_1,G_2,\cdots,G_k$,这就是我们欲求的最优解,即 $P(n,k)=\{G_1,G_2,\cdots,G_k\}$.

总之,为了求最优解,主要是计算 $\{D(i,j);1\leqslant i<j\leqslant n\}$ 和 $\{L[P(i,j)],1\leqslant i\leqslant n,i\leqslant j\leqslant n\}$.下面通过一个例子来说明最优解的具体求法.

## 二、应用简例

**例 7.6.1** 为了了解儿童的生长发育规律,今统计了男孩从出生到十一岁每年平均增长的重量如下:

| 年龄 | 1 | 2 | 3 | 4 | 5 | 6 | 7 | 8 | 9 | 10 | 11 |
|---|---|---|---|---|---|---|---|---|---|---|---|
| 增加重量 (kg) | 9.3 | 1.8 | 1.9 | 1.7 | 1.5 | 1.3 | 1.4 | 2.0 | 1.9 | 2.3 | 2.1 |

试问男孩发育可分为几个阶段?

**解** 这是一个有序样品的聚类问题,我们用最优分割法来进

行聚类.首先用 SAS 系统中 SAS/GRAPH 软件的 GPLOT 过程将上述 11 个数据点画在平面坐标上(见输出 7.6.1),可直观地看出男孩发育确实可以分为几个阶段.

```
data D761;
    input age weight @@;
    cards;
1  9.3   2  1.8   3  1.9   4  1.7   5  1.5   6  1.3
7  1.4   8  2.0   9  1.9   10  2.3   11  2.1
;
proc gplot data=D761;
    plot weight * age / vaxis=axis1 haxis=axis2;
    symbol1 v= *  h=3 i=join l=1 font=swissb;
    axis1 label=('增重') order=(0 to 10 by 2);
    axis2 label=('年龄') order=(0 to 11 by 1);
    title '男孩每年体重的增加随年龄的变化规律';
run;
```

**输出 7.6.1　男孩每年体重的增加随年龄的变化**

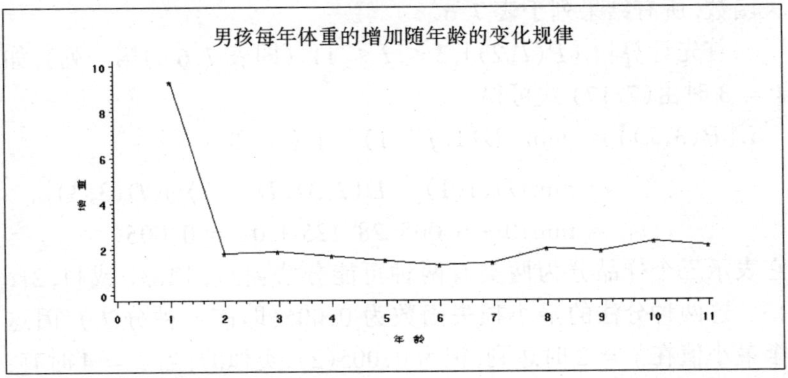


有序样品聚类的具体步骤如下:

① 计算直径$\{D(i,j)\}$,结果见表 7.5.因每个样品只有一个指标(即 $m=1$),用(7.14)式的定义,故有

$$D(i,j)=\sum_{t=i}^{j}(X_{(t)}-\overline{X}_G)^2.$$

例如计算 $D(5,7)$,此时类 $G$ 包含三个样品$\{X_{(5)},X_{(6)},X_{(7)}\}$,故

有

$$\bar{X}_G = \frac{1}{3}(1.5 + 1.3 + 1.4) = 1.4,$$

$$D(5,7) = (1.5 - 1.4)^2 + (1.3 - 1.4)^2 + (1.4 - 1.4)^2 = 0.02.$$

**表 7.5 直径 $D(i,j)$**

| $j$ \ $i$ | 1 | 2 | 3 | 4 | 5 | 6 | 7 | 8 | 9 | 10 |
|---|---|---|---|---|---|---|---|---|---|---|
| 2 | 28.125 | | | | | | | | | |
| 3 | 37.007 | 0.005 | | | | | | | | |
| 4 | 42.208 | 0.020 | 0.020 | | | | | | | |
| 5 | 45.992 | 0.088 | 0.080 | 0.020 | | | | | | |
| 6 | 49.128 | 0.232 | 0.200 | 0.080 | 0.020 | | | | | |
| 7 | 51.100 | 0.280 | 0.232 | 0.088 | 0.020 | 0.005 | | | | |
| 8 | 51.529 | 0.417 | 0.393 | 0.308 | 0.290 | 0.287 | 0.180 | | | |
| 9 | 51.980 | 0.469 | 0.454 | 0.393 | 0.388 | 0.370 | 0.207 | 0.005 | | |
| 10 | 52.029 | 0.802 | 0.800 | 0.774 | 0.773 | 0.708 | 0.420 | 0.087 | 0.080 | |
| 11 | 52.182 | 0.909 | 0.909 | 0.895 | 0.889 | 0.793 | 0.452 | 0.088 | 0.080 | 0.020 |

② 计算最小分类损失函数$\{L[P(l,k)], 3 \leqslant l \leqslant 11, 2 \leqslant k \leqslant 10\}$,即分别计算将 $l$ 个样品分成2类、3类…时,最优分割的损失函数,所有结果列于表 7.6.

首先计算$\{L[P(l,2)], 3 \leqslant l \leqslant 11\}$(即表 7.6 的第一列),如 $l = 3$ 时由(7.17)式可得:

$$\begin{aligned} L[P(3,2)] &= \min_{2 \leqslant j \leqslant 3}\{D(1,j-1) + D(j,3)\} \\ &= \min\{D(1,1) + D(2,3), D(1,2) + D(3,3)\} \\ &= \min\{0 + 0.005, 28.125 + 0\} = 0.005. \end{aligned}$$

它表示三个样品分为两类有两种可能分法:$\{1\}$, $\{2,3\}$ 或$\{1,2\}$, $\{3\}$,这两种分法的最小损失函数为 0.005(即前一种分法).因这个最小值在 $j = 2$ 时达到,记为 0.005(2).类似的,当 $l = 4$ 时有:

$$\begin{aligned} L[P(4,2)] &= \min_{2 \leqslant j \leqslant 4}\{D(1,j-1) + D(j,4)\} \\ &= \min\{D(1,1) + D(2,4), D(1,2) + D(3,4), \\ &\qquad D(1,3) + D(4,4)\} \\ &= \min\{0.020, 28.145, 37.007\} = 0.020. \end{aligned}$$

最小值在 $j = 2$ 时达到,记为 $L[P(4,2)] = 0.020(2)$.表 7.6 中 $k = 2$ 的那一列,括弧中的数字都是 2,表示对一切形如$\{X_{(1)}, X_{(2)},$

$\cdots, X_{(l)}\}$ $(3 \leqslant l \leqslant 11)$ 的类,如欲分成两类都以 $G_1 = \{X_{(1)}\}, G_2 = \{X_{(2)}, \cdots, X_{(l)}\}$ 的分法为最优,它使分类损失函数达到极小.

其次计算 $\{L[P(l,3)], 4 \leqslant l \leqslant 11\}$,如 $l = 4$ 时由(7.17)第二式、表 7.5 及表 7.6 第一列可得:

$$
\begin{aligned}
L[P(4,3)] &= \min\{L[P(2,2)] + D(3,4), \\
&\qquad L[P(3,2)] + D(4,4)\} \\
&= \min\{0 + 0.020, 0.005 + 0\} = 0.005.
\end{aligned}
$$

表 7.6 中第二列($k = 3$)的其余各项的计算方法也类似. 对表 7.6 中 $k = 4, 5, \cdots, 10$ 的其余各列的计算方法类似, 各列括弧内的数字含义同上.

**表 7.6 最小分类损失函数 $L[P(l,k)]$**

| $l$ \ $k$ | 2 | 3 | 4 | 5 | 6 | 7 | 8 | 9 | 10 |
|---|---|---|---|---|---|---|---|---|---|
| 3 | .005(2) | | | | | | | | |
| 4 | .020(2) | .005(4) | | | | | | | |
| 5 | .088(2) | .020(5) | .005(5) | | | | | | |
| 6 | .232(2) | .040(5) | .020(6) | .005(6) | | | | | |
| 7 | .280(2) | .040(5) | .025(6) | .010(6) | .005(6) | | | | |
| 8 | .417(2) | .280(8) | .040(8) | .025(8) | .010(8) | .005(8) | | | |
| 9 | .469(2) | .285(8) | .045(8) | .030(8) | .015(8) | .010(3) | .005(8) | | |
| 10 | .802(2) | .367(8) | .127(8) | .045(10) | .030(10) | .015(10) | .010(10) | .005(8) | |
| 11 | .909(2) | .368(8) | .128(8) | .065(10) | .045(11) | .030(11) | .015(11) | .010(11) | .005(11) |

③ 求最优分类. 假如我们希望分成三类, 即 $k = 3$, 由表 7.6 最后一行查得 $L[P(11,3)] = 0.368$, 括号中数字为 8, 这说明最优解的分类的损失函数是 0.368, 分类时首先分出第三类 $G_3 = \{X_{(8)} \sim X_{(11)}\}$. 再对其余的 7 个样品考虑分为二类的最优分法, 查表 7.6 中 $l = 7, k = 2$ 的位置得 $L[P(7,2)] = 0.280$, 括号中数字为 2, 故 $G_2 = \{X_{(2)} \sim X_{(7)}\}, G_1 = \{X_{(1)}\}$. 从而求得最优分类 $P(11,3)$: $\{X_{(1)}\}, \{X_{(2)} \sim X_{(7)}\}, \{X_{(8)} \sim X_{(11)}\}$. 当 $k$ 取其余值时, 分类情况列于表 7.7.

④ 决定 $k$. 如果从生理角度预先能定出 $k$, 当然最好, 这样从表 7.6 即可知道如何分类. 有时事先不能确定 $k$, 这时可作出 $L[P(n,k)]$ 随 $k$ 变化的趋势图, 如此例作出的图形见输出

7.6.2(用 GRAPH 过程). 从输出 7.6.2, 我们看到曲线在 $k = 3, 4$ 处拐弯, 以分三类或四类为好.

**表 7.7 分类情况**

| $k$ | $L[P(11,k)]$ | 分类 |
|---|---|---|
| 1 | 52.182 | {9.3,1.8,1.9,1.7,1.5,1.3,1.4,2.0,1.9,2.3,2.1} |
| 2 | 0.909 | {9.3},{1.8,1.9,1.7,1.5,1.3,1.4,2.0,1.9,2.3,2.1} |
| 3 | 0.368 | {9.3},{1.8,1.9,1.7,1.5,1.3,1.4},{2.0,1.9,2.3,2.1} |
| 4 | 0.128 | {9.3},{1.8,1.9,1.7},{1.5,1.3,1.4},{2.0,1.9,2.3,2.1} |
| 5 | 0.065 | {9.3},{1.8,1.9,1.7},{1.5,1.3,1.4},{2.0,1.9},{2.3,2.1} |
| 6 | 0.045 | {9.3},{1.8,1.9,1.7},{1.5,1.3,1.4},{2.0,1.9},{2.3},{2.1} |
| 7 | 0.030 | {9.3},{1.8,1.9},{1.7},{1.5,1.3,1.4},{2.0,1.9},{2.3},{2.1} |
| 8 | 0.015 | {9.3},{1.8,1.9},{1.7},{1.5},{1.3,1.4},{2.0,1.9},{2.3},{2.1} |
| 9 | 0.010 | {9.3},{1.8},{1.9},{1.7},{1.5},{1.3,1.4},{2.0,1.9},{2.3},{2.1} |
| 10 | 0.005 | {9.3},{1.8},{1.9},{1.7},{1.5},{1.3},{1.4},{2.0,1.9},{2.3},{2.1} |
| 11 | 0.000 | {9.3},{1.8},{1.9},{1.7},{1.5},{1.3},{1.4},{2.0},{1.9},{2.3},{2.1} |

**输出 7.6.2 损失函数 $L[P(n,k)]$ 随 $k$ 变化的趋势图**

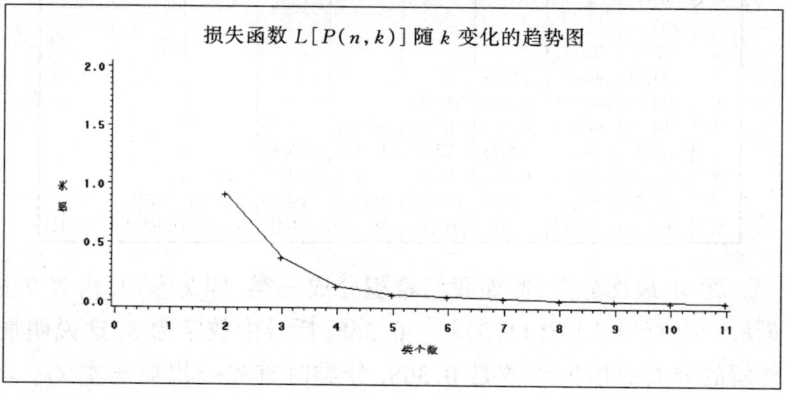


最优分割法虽然计算简单, 但是当 $n$ 很大时, 由于要存贮直径 $\{D(i,j)\}$, 对容量不大的计算机还是有困难的.

### 三、分类个数的确定

分类个数 $k$ 的确定对许多问题是很重要的, 上面给出的方法是通过 $L[P(n,k)]$ 对 $k$ 作图, 在曲线拐弯处来决定 $k$. 当曲线拐弯很平缓时, 可以取值的 $k$ 很多, 这时需要有其他的办法来定, 比如均方比和特征根法(省略).

## §7.7 变量聚类法和 VARCLUS 过程

在本章§7.1已提到,聚类分析根据分类对象的不同可分为 Q 型(对样品)和 R 型(对变量).前面几节讨论的内容是 Q 型聚类问题,即对样品进行聚类的问题.在实际工作中,对所考察的一些变量进行分类也是十分重要的.在统计分析中,为了避免遗漏重要因素,人们往往一开始选取所考察的变量时,总是尽可能多地考虑所有相关的因素.而这样做的结果则是考察的变量过多,变量间的相关性大,给统计分析带来很大的不便.因此人们常常希望研究变量间的相似关系,按照变量的相关关系把它们聚合为若干类,然后观察和说明影响系统特性的主要特征.

### 一、变量分类的系统聚类法

使用类似于 Q 型聚类分析中最常用的系统聚类法的思路和基本步骤对变量进行聚类.具体操作时可以采用以下两种方法:

(1) 可以把观测数据阵中观测和变量的地位调换一下,即把数据阵作一转置,然后仍使用 CLUSTER 过程对变量进行聚类.此方法使用虽简单,但没有考虑到变量相关性的度量使用相似系数或相关系数比起使用距离更合适些.故聚类的效果也许不能尽人意.

(2) 计算变量间的相关(或相似)系数阵 $R$,然后按§7.2"变量间的相似系数和距离"中的定义把相关(或相似)系数阵转化为距离阵.用此距离阵作为 CLUSTER 过程的输入数据阵,实现对变量进行分类的目的.

**例 7.7.1** 下面 SAS 程序中的数据行是从 305 个女中学生测量的 8 项体型指标数据中计算得到的相关系数阵,试对 8 个体型变量进行分类.

**解** 此例已经给出 8 个变量的相关阵,下面 DATA 步完成这

样几项工作:(1) 读入变量间的相关系数后,把相关系数转换为距离,令 $d_{ij} = 1 - |r_{ij}|$;(2) 生成 SAS 数据集 D771,该数据集包含变量间的距离;(3) 自动变量 _NAME_ 用于规定变量的名字;(4) 数据集选项 type = distance 说明该数据集是变量间的距离阵.

生成 SAS 数据集 D771 后,接着调用 CLUSTER 过程对变量进行聚类. proc cluster 语句中的选项 method = ave 表示使用类平均法重新计算并类后的类间距离. 输出 7.7.1 给出并类结果,从输出 7.7.1 中可以看出:8 个变量若分为两类,则 $G_1^{(2)} = \{X_1, X_2, X_3, X_4\}$, $G_2^{(2)} = \{X_5, X_6, X_7, X_8\}$;若分为三类,则 $G_1^{(3)} = G_1^{(2)}$, $G_2^{(3)} = \{X_5, X_6, X_7\}$, $G_3^{(3)} = \{X_8\}$.

```
data D771(type = distance);
    array X(8) X1 - X8;
    title '由八个体型变量的相关系数转化得到的距离阵';
    label   X1 = '身高'        X2 = '手臂长'      X3 = '上肢长'
            X4 = '下腿长'      X5 = '体重'        X6 = '颈围'
            X7 = '胸围'        X8 = '胸宽';
    input   _name_ $ X1 - X8;
    do i = 1 to 8;
        X(i) = 1 - abs(X(i));
    end;
    drop i;
    cards;
X1   1.000   .846   .805   .859   .473   .398   .301   .382
X2    .846  1.000   .881   .826   .376   .326   .277   .415
X3    .805   .881  1.000   .801   .380   .319   .237   .345
X4    .859   .826   .801  1.000   .436   .329   .327   .365
X5    .473   .376   .380   .436  1.000   .762   .730   .629
X6    .398   .326   .319   .329   .762  1.000   .583   .577
X7    .301   .277   .237   .327   .730   .583  1.000   .539
X8    .382   .415   .345   .365   .629   .577   .539  1.000
;
proc print data = D771;
run;
proc cluster data = D771 method = ave outtree = O771;
    var X1 - X8;
```

```
    id  _name_;
run;
```

**输出 7.7.1　变量系统聚类的并类过程**

Average Linkage Cluster Analysis

Root-Mean-Square Distance Between Observations = 0.524448

| Number of Clusters | --Clusters Joined-- | | Frequency of New Cluster | Pseudo F | Pseudo t**2 | Normalized RMS Distance | Tie |
|---|---|---|---|---|---|---|---|
| 7 | X2 | X3 | 2 | 22.49 | . | 0.226905 | |
| 6 | X1 | X4 | 2 | 22.22 | . | 0.268854 | |
| 5 | CL6 | CL7 | 4 | 16.68 | 2.87 | 0.345879 | |
| 4 | X5 | X6 | 2 | 17.07 | . | 0.453810 | |
| 3 | CL4 | X7 | 3 | 14.38 | 2.57 | 0.669800 | |
| 2 | CL3 | X8 | 4 | 17.15 | 2.12 | 0.800759 | |
| 1 | CL5 | CL2 | 8 | . | 17.15 | 1.234171 | |

## 二、VARCLUS(变量聚类)过程

在 SAS/STAT 软件中提供的 VARCLUS 过程专用于对变量进行分类,它根据相关阵或协差阵对变量进行分裂聚类或谱系聚类.类的选择原则根据主分量分析和因子分析的思想(参见第八章和第九章),它使得每一类的第一主分量或重心分量所解释的方差为最大.

VARCLUS 过程把一组数值变量分为或是不相交的或是谱系的类.同每一类有联系的是该类中这些变量的线性组合,它可能是第一主分量或是重心分量.第一主分量是这些变量的加权平均,它尽可能多地解释方差.如果用户希望类分量为标准化变量(没有加权)的平均,或者没有标准化的变量的平均(用选项 COV)时,使用重心分量(使用选项 CENTROID).这里类分量是指类的第一主分量或重心分量.

相关阵或协差阵都能够用于分析.如果使用相关阵,所有变量作为同等重要被处理;如果使用协差阵,具有较大方差的变量在分析中占有较大的重要性.

PROC VARCLUS 生成两个输出数据集,一个可以和 SCORE 过程用来计算每一类的分量得分;另一个输出集能够通过 TREE 过程用来画谱系聚类的树状图.

VARCLUS 过程试图把一组变量分为不重叠的一些类. 对每一类, VARCLUS 过程计算一个分量, 它或是第一主分量或是重心分量, 而且试图最大化通过这些类被类分量说明的方差和. 实际上, VARCLUS 过程是一种与多组因子分析有关的斜分量分析.

例如, 一种教育情况的检查可能包含有 50 个项目(变量). VARCLUS过程可用来将这些项目分为几类, 比如说 5 个类. 每一类将用于处理一部分检查, 而且这一部分检查的得分将由类分量给出. 如果这个类分量是协差阵的重心分量, 那么每组检查简单地是这一部分检查中各项的得分和.

**1. 变量聚类的步骤**

如果没有为过程提供初始分类的情况(缺省时), VARCLUS 过程开始把所有变量看成一个类, 然后它重复以下步骤:

(1) 首先挑选一个将被分裂的类

根据规定的选项, 选中的类应该是: 或者用它的类分量所解释的方差的百分比最小(选项 PRECENT= ), 或者同第二主分量有关的特征根为最大(选项 MAXETGH= ).

(2) 把选中的类分裂成两个类

首先计算开头两个主分量, 再进行斜交旋转(在特征向量上执行 QUARTIMAX 旋转), 并把每个变量分配到旋转分量对应的类里, 分配的原则是使变量与这个主分量的相关系数为最大.

(3) 变量重新归类

通过多次反复循环, 变量被重新分配到这些类里, 使得由这些类分量所解释的方差为最大. 重新分配可能要求保持谱系结构.

通过循环重新分配到各个类的过程按以下两个阶段进行:

① 最近分量分类阶段(简记为 NCS, Nearest Component Sorting)——这个阶段原则上类似于 Anderberg(1973)描述的最近重心分类准则. 在每次迭代中, 首先计算类分量, 而且每个变量归入与其具有最大平方相关的类分量所表示的类里.

② 探索算法(Search Algorithm)——该算法依次对每个变量

检查归入不同类后,所解释的方差总和是否增加.如果在此阶段一个变量被重新归类,所涉及到的两个类在检查下一个变量之前要重新计算.

NCS 阶段比探索阶段执行更快,但它更类似于用局部最优来分类.用户可以通过循环重新分配阶段来限制变量的重新分配,使得生成谱系类.

如果使用主分量,NCS 阶段是使用交替的最小二乘法,其收敛速度很快.探索阶段当变量很多时需要花费很多时间,而且这是缺省情况.如果使用缺省的初始化方法,探索阶段非常有可能改进 NCS 阶段的结果.如果使用随机初始化,那么 NCS 阶段可能用一个局部最优来分类,从而避免探索阶段.如果使用重心分量,NCS 阶段不使用交替的最小二乘法而且不增加所解释的方差;不过用缺省时它限制执行一次循环.

当每一类满足用户规定的准则时,过程停止以上分裂类的三个步骤.这准则或是每个类分量所解释的方差的百分比,或是每一类的第二个特征根.如果用户没有规定准则(缺省时),则当每类只有一个特征根大于 1 时,VARCLUS 过程停止.

### 三、VARCLUS 过程的语句说明

下列语句可用于 VARCLUS 过程:

| | |
|---|---|
| **PROC VARCLUS** <*options*>; | 必需的语句 |
| **VAR** *variables*;<br>**SEED** *variables*;<br>**PARTIAL** *variables*;<br>**WEIGHT** *variable*;<br>**FREQ** *variable*;<br>**BY** *variables*; | 供选择的语句 |

在以上这些语句中,除了 PROC VARCLUS 之外,只有 VAR

语句是常用的.

**1. PROC VARCLUS 语句及选项**

(1) 数据集选项

① DATA= *SAS-data-set* ——指明用以分析的数据集,此数据集可以是通常的 SAS 数据集或者是 TYPE=CORR, UCORR, COV, UCOV, SSCP 或 FACTOR 的数据集.

② OUTSTAT= *SAS-data-set* ——生成一个输出数据集,其中包含均值,标准差,相关系数,类得分系数和类的结构.

③ OUTTREE= *SAS-data-set* ——生成一个输出数据集,其中含有聚类过程的树状结构的信息,它可用 TREE 过程画树状图.此选项同时还蕴含着 HIERARCHY 选项.

(2) 确定分类个数的选项

① MAXCLUSTERS= *n* |MAXC= *n* ——规定所要求的最大分类个数.缺省值为变量的个数.

② MINCLUSTERS= *n* |MINC= *n* ——规定用户要求的最小分类个数.如果 INITIAL=RANDOM 或者 INITIAL=SEED,则缺省值为 2;否则过程从一个类开始,并试着按照选项 PROPORTION=或 MAXEIGEN=进行分裂分类.

③ MAXEIGEN= *n* ——规定每一类中第二特征值所允许的最大值.如果没有指定选项 PROPOTION=或 MAXCLUSTERS=,当分析的是相关阵时,其缺省值为 1;若分析的是协差阵,其缺省值为变量方差之均值;其他情况缺省值为 0.另外,此选项不能同 CENTROID 选项同时使用.

④ PROPORTION= *n* |PERCENT= *n* ——指定类分量必须解释的方差比例或百分率.如其值大于 1 则认为是百分比,否则认为是比例,因而 PERCENT=75 与 PROPORTION=0.75 是等价的.如果指定选项 CENTROID,则缺省值为 0.75;否则缺省值为 0.

(3) 聚类方式选项

① CENTROID ——使用重心分量而不是主分量.使用该选项时用户不能同时又使用选项 MAXEIGEN=.

② COVARIANCE|COV ——分析协方差阵而不是相关阵.

③ HIERARCHY|HI ——要求在不同层次上的类构成谱系结构.

④ INITIAL=GROUP|INPUT|RANDOM|SEED ——规定初始化类的方法.如果选项 INITIAL = 缺省,同时 MINCLUSTERS=大于 1,初始类分量通过提取指定个数的主分量同时进行正交斜(Orthoblique)旋转而得到.该选项可规定的值为:GROUP, INPUT, RANDOM(随机分类), SEED(按 SEED 变量初始化类).

⑤ MAXITER= $n$ ——规定在交替最小二乘法阶段中迭代的最大次数.如规定 CENTROID,其缺省值为 1;否则,其缺省值为 10.

⑥ MAXSEARCH= $n$ ——规定在探索阶段迭代的最大次数.如规定 CENTROID,其缺省值为 10,否则为 0.

⑦ MULTIPLEGROUP|MG ——进行多组分量分析.

⑧ RANDOM = $n$ ——规定一个正整数作为REPLACE = RANDOM的初始值.

(4) 其他选项

① 控制输出的选项—— CORR(输出相关阵;NOPRINT(不打印输出);SHORT(不输出类结构、得分系数和类间相关阵),SIMPLE(输出均值和标准差);SUMMARY(只输出最后的汇总表);TRACE(列出在循环过程中每个变量所归入的类).

② NOINT ——要求不使用截距;相关系数或协方差都没有对均值作校正.

③ VARDEF=DF|N|WDF|WEGHT|WGT ——指定在计算方差和协方差时所使用的除数.

**2. SEED 语句**

该语句规定一些变量作为初始分类的变量;如果用了此语句,则不必使用选项 INITIAL = SEED,但若使用了选项 INITIAL = 的其他值,则 SEED 语句被忽略.

**3. VAR 语句**

该语句指出要分类的变量.如省略 VAR 语句,则使用没有在其他语句中列出的所有数据值型变量.

**例 7.7.2** 对例 7.7.1 中给出的 8 个体型指标的相关系数阵,试用 VARCLUS 过程进行分类.

**解** 首先生成 SAS 数据集 D772,然后调用 VARCLUS 过程对 8 个体型变量进行分类.

此例使用的数据不是原始数据,而是 8 个变量的相关系数阵. DATA 语句中数据集名字后括号里的数据集选项 TYPE = CORR 指出数据集的类型. LABEL 语句对 8 个体型变量加标签,用于指明各个变量表示的身体部位.因数据集是相关阵,故要求用自动变量 _NAME_ 和 _TYPE_ 规定变量名和变量类型.

```
data D772(type = corr);
    title '在中学生中测量八个体型指标的相关系数';
    label   X1 = '身高'        X2 = '手臂长'      X3 = '上肢长'
            X4 = '下腿长'      X5 = '体重'        X6 = '颈围'
            X7 = '胸围'        X8 = '胸宽';
     input   _name_ $  X1 - X8;
    _type_ = 'corr';
    cards;
……(见例 7.7.1 中的数据行)
;
proc varclus data = D772;
proc varclus data = D772 centroid;
proc varclus data = D772 maxc = 8 summary outtree = O772;
proc tree data = O772 horizontal graphics;
run;
```

以上 SAS 程序中第一个 VARCLUS 过程没有规定聚类的方

式,缺省时用主分量聚类分析法;第二个 VARCLUS 过程用重心类分量分析法(规定选项 CENTROID);第三个 VARCLUS 过程使用选项 outtree = O772,表示用谱系聚类方法(隐含规定选项 hierarchy),产生的输出集 O772 将用于画谱系图,选项 summary 限制只打印一张最大分类数为 8(maxc = 8)的汇总表(见输出 7.7.3).最后的 TREE 过程画出了谱系聚类图(输出7.7.4).以上 SAS 程序产生的输出结果见输出 7.7.2 至输出 7.7.4.第二个 VARCLUS 过程产生的输出这里省略了.

第一个 VARCLUS 过程产生的输出结果见输出 7.7.2.

**输出 7.7.2 主分量聚类分析的结果**

```
                                                                          1
                Oblique Principal Component Cluster Analysis

                10000 Observations          PROPORTION    =        0
                    8 Variables             MAXEIGEN      =        1

                      Cluster summary for 1 cluster(s)

                                Cluster     Variation    Proportion       Second
   Cluster        Members     Variation     Explained     Explained   Eigenvalue
   ----------------------------------------------------------------------------
         1              8       8.00000       4.67288        0.5841       1.7710

           Total variation explained =  4.67288 Proportion = 0.5841
Cluster 1 will be split.
```

```
                                                                          2
                    Cluster summary for 2 cluster(s)

                         Cluster      Variation    Proportion        Second
Cluster     Members     Variation     Explained     Explained    Eigenvalue
---------------------------------------------------------------------------
      1           4       4.00000       3.50922        0.8773        0.2361
      2           4       4.00000       2.91728        0.7293        0.4764

         Total variation explained = 6.426502 Proportion = 0.8033

                               R-squared with
                              ----------------
                              Own         Next      1-R**2
               Variable    Cluster     Closest       Ratio
Cluster      1---------------------------------------------
               X1           0.8777      0.2088      0.1545    身高
               X2           0.9002      0.1658      0.1196    手臂长
               X3           0.8661      0.1413      0.1560    上肢长
               X4           0.8652      0.1829      0.1650    下腿长
Cluster      2---------------------------------------------
               X5           0.8477      0.1974      0.1898    体重
               X6           0.7386      0.1341      0.3019    颈围
               X7           0.6981      0.0929      0.3328    胸围
               X8           0.6329      0.1619      0.4380    胸宽
```

3

**Standardized Scoring Coefficients**

| Cluster | 1 | 2 | |
|---|---|---|---|
| X1 | 0.266977 | 0.000000 | 身高 |
| X2 | 0.270377 | 0.000000 | 手臂长 |
| X3 | 0.265194 | 0.000000 | 上肢长 |
| X4 | 0.265057 | 0.000000 | 下腿长 |
| X5 | 0.000000 | 0.315597 | 体重 |
| X6 | 0.000000 | 0.294591 | 颈围 |
| X7 | 0.000000 | 0.286407 | 胸围 |
| X8 | 0.000000 | 0.272710 | 胸宽 |

**Cluster Structure**

| Cluster | 1 | 2 | |
|---|---|---|---|
| X1 | 0.936881 | 0.456908 | 身高 |
| X2 | 0.948813 | 0.407210 | 手臂长 |
| X3 | 0.930624 | 0.375865 | 上肢长 |
| X4 | 0.930142 | 0.427715 | 下腿长 |
| X5 | 0.444281 | 0.920686 | 体重 |
| X6 | 0.366201 | 0.859404 | 颈围 |
| X7 | 0.304779 | 0.835529 | 胸围 |
| X8 | 0.402430 | 0.795572 | 胸宽 |

4

**Inter-Cluster Correlations**

| Cluster | 1 | 2 |
|---|---|---|
| 1 | 1.00000 | 0.44513 |
| 2 | 0.44513 | 1.00000 |

No cluster meets the criterion for splitting.

**Oblique Principal Component Cluster Analysis**

| Number of Clusters | Total Variation Explained by Clusters | Proportion of Variation Explained by Clusters | Minimum Proportion Explained by a Cluster | Maximum Second Eigenvalue in a Cluster | Minimum R-squared for a Variable | Maximum 1-R**2 Ratio for a Variable |
|---|---|---|---|---|---|---|
| 1 | 4.672880 | 0.5841 | 0.5841 | 1.770983 | 0.3810 | . |
| 2 | 6.426502 | 0.8033 | 0.7293 | 0.476418 | 0.6329 | 0.4380 |

输出 7.7.2 的第 1 张表首先给出斜主分量聚类分析的基本信息.因输入数据集的类型为 type = corr, 实际的观测个数( $N$ = 305)没有给出,系统约定观测个数取为 10000;分析变量的个数为 8;PROPORTION = 0 表示类分量必须解释的方差的比例,缺省时比例值为 0;MAXEIGEN = 1 表示每一类中第二特征值允许的最大值,缺省时值为 1.

第 1 张表的下半部分至第 4 张表都是聚类过程的一些汇总表.开始所有分析变量看成一类,然后逐次分裂选中的类,每分裂一次,输出一个汇总表.第 1 张表的下部和第 2 张表的上部是分为一类和二类时汇总表.包括类的序号(Cluster);类内成员个数

(Members);类内的总方差(Cluster Variation),因使用相关阵,类内总方差就等于类内变量个数;由类分量所解释的方差大小(Variation Explained);由类分量解释的方差占类内总方差的比例(Proportion Explained),如 0.5841 = 4.67288/8;该类中第二特征值(Second Eigenvalue),如分为一类时第二特征值为 1.7710.

因分为一类时第二特征值 1.7710 大于允许的最大值 1 (MAXEIGEN = 1),故这一类将被分裂为两类.第 2 张表的上部就是分为两类的汇总表,此时这两类的第二特征值均小于 1.这两类解释的总方差 6.426502 = 3.50922 + 2.91728;所占的比例0.8033 = 6.426502/8.

第 2 张表的下部给出 $R^2$ 和 $1 - R^2$ 比率.$R^2$ 共有两项:该变量与自己所在类的类分量相关系数的平方(R-Squared with Own Cluster),此值越大说明此变量越应该分到该类中;该变量与具有第二大平方相关的另一类分量的相关系数的平方(R-Squared with Next Closest),此值越小说明类分得越好.1 - R ** 2 Ratio($1 - R^2$ 比率),它等于(1 - R-Squared with Own Cluster)除以(1 - R-Squared with Next Closest),比如

$$0.1545 = (1 - 0.8777)/(1 - 0.2088),$$

此值是综合两个 $R^2$ 的统计量,显然此值越小分类越好.

第 3 张表的上部给出标准得分系数(Standardized Scoring Coefficients),就是由变量预测类分量的标准回归系数.第 3 张表的下部给出类结构(Cluster Structure),也就是每个变量同每个类分量之间的相关系数.因第一类包括 X1 至 X4,第一个类分量与 X1 至 X4 的相关系数都大于 0.93,而第一个类分量与 X5 至 X8 的相关系数均小于 0.45.第二个类分量正好相反.类结构中的相关系数值可以由第 2 张表下部的 $R^2$ 值开平方得到.

第 4 张表上半部是类分量之间的相关系数阵(Inter-Cluster Correlations).第一个类分量和第二个类分量的相关系数为 0.44513.同时指出按缺省的准则再没有类可被分裂.

第 4 张表下半部是分类结果的总结表. 该表的每一行对应于一次分裂, 而列包括: 类的个数、由类所解释的总方差、由类所解释总方差所占比例、由一个类所解释的方差所占的最小比例、类中的第二大特征值、变量与其所在类分量的最小 $R^2$ 和变量的最大 $1-R^2$ 比率.

**输出 7.7.3　8 个变量的谱系聚类结果(规定选项 SUMMARY)**

| Number of Clusters | Total Variation Explained by Clusters | Proportion of Variation Explained by Clusters | Minimum Proportion Explained by a Cluster | Maximum Second Eigenvalue in a Cluster | Minimum R-squared for a Variable | Maximum 1-R**2 Ratio for a Variable |
|---|---|---|---|---|---|---|
| 1 | 4.672880 | 0.5841 | 0.5841 | 1.770983 | 0.3810 | . |
| 2 | 6.426502 | 0.8033 | 0.7293 | 0.476418 | 0.6329 | 0.4380 |
| 3 | 6.895347 | 0.8619 | 0.7954 | 0.418369 | 0.7421 | 0.3634 |
| 4 | 7.271218 | 0.9089 | 0.8773 | 0.238000 | 0.8652 | 0.2548 |
| 5 | 7.509218 | 0.9387 | 0.8773 | 0.236135 | 0.8652 | 0.1665 |
| 6 | 7.740000 | 0.9675 | 0.9295 | 0.141000 | 0.9295 | 0.2560 |
| 7 | 7.881000 | 0.9851 | 0.9405 | 0.119000 | 0.9405 | 0.2093 |
| 8 | 8.000000 | 1.0000 | 1.0000 | 0.000000 | 1.0000 | 0.0000 |

输出 7.7.3 给出分类个数为 1 至 8 类的分类结果的总结表. 该表的每一行对应于一次分裂(每列给出的信息参见输出 7.7.2 第 4 张表的下半部).

**输出 7.7.4　8 个变量的谱系聚类图**

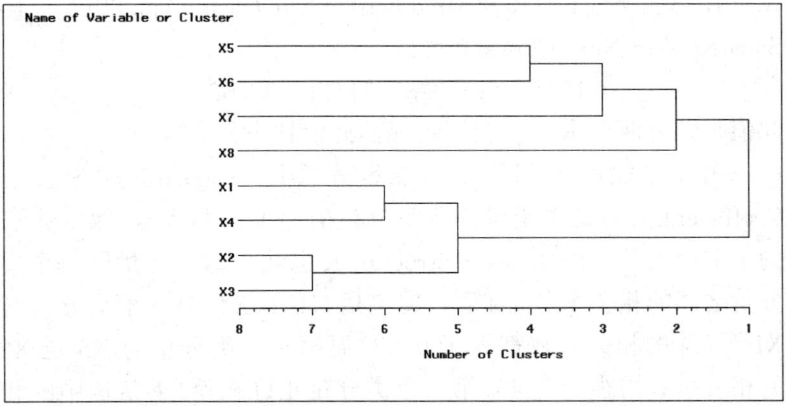


从以上输出结果(输出 7.7.2 及输出 7.7.4 的谱系聚类图)可以看出, 把 8 个体型指标变量分为两类比较合适. 第一类包括 X1 (身高)、X2(手臂长)、X3(手肘长)和 X4(小腿长), 它们称为体型的高矮变量类; 第二类包括 X5(体重)、X6(颈围)、X7(胸围)和 X8

(胸宽),它们是体型的肥瘦变量类.

第二个 VARCLUS 过程要求用重心类分量进行聚类分析,得到的结果类似于输出 7.7.2(输出结果省略了),选项 centroid 隐含 proportion = 0.75.所有变量为一类时第一个重心类分量解释的方差小于 0.75,故这一类被分裂;分裂为两类后,因第二个重心类分量解释的方差仍小于 0.75,故第二类又被分裂;得到三个类后,满足停止分裂的准则.最后给出 8 个变量可分为三个类,它把第二类中的变量 X8(胸宽)独立为一类.

从输出 7.7.4 的谱系聚类图中可以看出,若要求分为三类,则 X8(胸宽)独立为一类.结果与用重心类分量聚类分析得到的结果是一致的.

## 习 题 七

**7-1** 今有 6 个铅弹头,用"中子活化"方法测得 7 种微量元素含量数据(见下表).

| 元素 / 样品号 | Ag(银) ($X_1$) | Al(铝) ($X_2$) | Cu(铜) ($X_3$) | Ca(钙) ($X_4$) | Sb(锑) ($X_5$) | Bi(铋) ($X_6$) | Sn(锡) ($X_7$) |
|---|---|---|---|---|---|---|---|
| 1 | 0.05798 | 5.5150 | 347.10 | 21.910 | 8586 | 1742 | 61.69 |
| 2 | 0.08441 | 3.9700 | 347.20 | 19.710 | 7947 | 2000 | 2440 |
| 3 | 0.07217 | 1.1530 | 54.85 | 3.052 | 3860 | 1445 | 9497 |
| 4 | 0.15010 | 1.7020 | 307.50 | 15.030 | 12290 | 1461 | 6380 |
| 5 | 5.74400 | 2.8540 | 229.60 | 9.657 | 8099 | 1266 | 12520 |
| 6 | 0.21300 | 07058 | 240.30 | 13.910 | 8980 | 2820 | 4135 |

(1) 试用多种系统聚类分析方法对 6 个弹头和 7 种微量元素进行分类;并比较分类结果;

(2) 试用 VARCLUS 过程对 7 种微量元素进行分类.

**7-2** 对第六章习题 6-1(岩石标本数据)、习题 6-2(录取研究生的数据)、习题 6-3(判别分类数据)和习题 6-4(大气污染数据),试用几种系统聚类方法进行聚类分析,并给出综合的分析结果.

# 第八章　主分量(主成分)分析

主分量分析是将多个指标化为少数几个综合指标的一种统计分析方法.在实际问题中,研究多指标的问题是经常遇到的问题.多元统计分析处理的是多变量(多指标)问题.由于变量个数太多,并且彼此之间存在着一定的相关性,因而使得所观测到的数据在一定程度上反映的信息有所重叠.而且当变量较多时,在高维空间中研究样本的分布规律比较复杂,势必增加分析问题的复杂性.人们自然希望用较少的综合变量来代替原来较多的变量;而这几个综合变量又能够尽可能多地反映原来变量的信息,并且彼此之间互不相关.利用这种降维的思想,产生了主分量分析、因子分析、典型相关分析、偏最小二乘回归等统计方法.本章介绍主分量分析方法.主分量分析又称主成分分析或主轴分析.

## §8.1　总体的主分量

### 一、主分量的定义

设 $X=(X_1,\cdots,X_p)'$ 是 $p$ 维随机向量,均值 $\mathrm{E}(X)=\mu$,协差阵 $\mathrm{D}(X)=\Sigma$.考虑它的线性变换:

$$\begin{cases} Z_1 = a_1'X = a_{11}X_1 + a_{21}X_2 + \cdots + a_{p1}X_p, \\ Z_2 = a_2'X = a_{12}X_1 + a_{22}X_2 + \cdots + a_{p2}X_p, \\ \cdots\cdots\cdots\cdots\cdots\cdots\cdots\cdots\cdots\cdots\cdots\cdots \\ Z_p = a_p'X = a_{1p}X_1 + a_{2p}X_2 + \cdots + a_{pp}X_p, \end{cases} \tag{8.1}$$

易见

$$\begin{aligned} \mathrm{Var}(Z_i) &= a_i'\Sigma a_i \quad (i = 1,2,\cdots,p), \\ \mathrm{Cov}(Z_i,Z_j) &= a_i'\Sigma a_j \quad (i,j = 1,\cdots,p). \end{aligned} \tag{8.2}$$

假如我们希望用 $Z_1$ 来代替原来的 $p$ 个变量 $X_1,\cdots,X_p$，这就要求 $Z_1$ 尽可能多地反映原来 $p$ 个变量的信息，这里所说的"信息"用什么来表达呢？最经典的方法是用 $Z_1$ 的方差来表达．$\mathrm{Var}(Z_1)$ 越大，表示 $Z_1$ 包含的信息越多．由(8.2)式看出，对 $a_1$ 必须有某种限制．否则可使 $\mathrm{Var}(Z_1)\to\infty$．常用的限制是：$a_1'a_1 = 1$．若存在满足以上约束的 $a_1$，使 $\mathrm{Var}(Z_1)$ 达最大，$Z_1$ 就称为第一主分量(或主成分)．如果第一主分量不足以代表原来 $p$ 个变量的绝大部分信息．考虑 $X$ 的第二个线性组合 $Z_2$．为了有效地代表原变量的信息，$Z_1$ 已体现(反映)的信息不希望在 $Z_2$ 中出现，用统计语言来讲，就是要求

$$\mathrm{Cov}(Z_2,Z_1) = a_2'\Sigma\, a_1 = 0. \tag{8.3}$$

于是求 $Z_2$，就是在约束 $a_2'a_2 = 1$ 和(8.3)下，求 $a_2$ 使 $\mathrm{Var}(Z_2)$ 达最大，所求之 $Z_2$ 称为第二主分量，类似地可求得第三主分量，第四主分量等等．

**定义 8.1** 设 $X = (X_1,X_2,\cdots,X_p)'$ 为 $p$ 维随机向量．称 $Z_i = a_i'X$ 为 $X$ 的第 $i$ 主分量 $(i = 1,2,\cdots,p)$，如果：

(1) $a_i'a_i = 1\ (i = 1,2,\cdots,p)$；

(2) 当 $i > 1$ 时，$a_i'\Sigma a_j = 0(j = 1,\cdots,i-1)$；

(3) $\mathrm{Var}(Z_i) = \max\limits_{\alpha'\alpha=1,\ \alpha'\Sigma a_j=0(j=1,\cdots,i-1)} \mathrm{Var}(\alpha'X)$.

## 二、主分量的求法

设 $p$ 维随机向量 $X$ 的均值 $\mathrm{E}(X) = 0$，协差阵 $\mathrm{D}(X) = \Sigma > 0$.

由定义 8.1，求第一主分量 $Z_1 = a_1'X$ 的问题 $\Longleftrightarrow$ 求 $a_1 = (a_{11},a_{21},\cdots,a_{p1})'$，使得在 $a_1'a_1 = 1$ 下，$\mathrm{Var}(Z_1)$ 达最大．这是条件极值问题，用拉格朗日乘数法．令

$$\varphi(a_1) = \mathrm{Var}(a_1'X) - \lambda(a_1'a_1 - 1) = a_1'\Sigma a_1 - \lambda(a_1'a_1 - 1),$$

考虑

$$\begin{cases} \dfrac{\partial \varphi}{\partial a_1} = 2(\Sigma - \lambda I)a_1 = 0, \\ \dfrac{\partial \varphi}{\partial \lambda} = a_1'a_1 - 1 = 0. \end{cases} \tag{8.4}$$

因 $a_1 \neq 0$，故 $|\Sigma - \lambda I| = 0$，求解(8.4)，其实就是求 $\Sigma$ 的特征值和特征向量问题. 设 $\lambda = \lambda_1$ 是 $\Sigma$ 的最大特征值，则相应的单位特征向量 $a_1$ 即为所求. 一般地，求 $X$ 的第 $i$ 主分量就是求 $\Sigma$ 的第 $i$ 大特征值对应的单位特征向量.

**定理 8.1** 设 $X = (X_1, \cdots, X_p)'$ 是 $p$ 维随机向量，且 $D(X) = \Sigma$，$\Sigma$ 的特征根为 $\lambda_1 \geqslant \lambda_2 \geqslant \cdots \geqslant \lambda_p$，$a_1, a_2, \cdots, a_p$ 为相应的单位正交特征向量，则 $X$ 的第 $i$ 主分量为

$$Z_i = a_i'X \quad (i = 1, 2, \cdots, p).$$

## 三、主分量的性质

记 $\Sigma = (\sigma_{ij})$，$\Lambda = \mathrm{diag}(\lambda_1, \lambda_2, \cdots, \lambda_p)$，其中 $\lambda_1 \geqslant \lambda_2 \geqslant \cdots \geqslant \lambda_p$ 为 $\Sigma$ 的特征值，$a_1, a_2, \cdots, a_p$ 是相应的单位正交特征向量. 主分量 $Z = (Z_1, \cdots, Z_p)'$，其中 $Z_i = a_i'X \quad (i = 1, 2, \cdots, p)$.

总体主分量有如下性质：

(1) $\mathrm{D}(Z) = \Lambda$，即 $p$ 个主分量的方差为：$\mathrm{Var}(Z_i) = \lambda_i$，且它们是互不相关的.

(2) $\sum\limits_{i=1}^{p} \sigma_{ii} = \sum\limits_{i=1}^{p} \lambda_i$.

通常称 $\sum\limits_{i=1}^{p} \sigma_{ii}$ 为**系统总方差**，该性质说明系统总方差可分解为不相关的主分量的方差和，且存在 $m < p$，使 $\sum\limits_{i=1}^{p} \sigma_{ii} \approx \sum\limits_{i=1}^{m} \lambda_i$，即 $p$ 个原变量所提供的总信息(总方差)的绝大部分只需用前 $m$ 个主分量来代替.

(3) 主分量 $Z_k$ 与原始变量 $X_i$ 的相关系数

$$\rho(Z_k, X_i) = \sqrt{\lambda_k}a_{ik} \Big/ \sqrt{\sigma_{ii}} \quad (k, i = 1,2,\cdots p),$$

并把主分量 $Z_k$ 与原始变量 $X_i$ 的相关系数称为**因子负荷量**(或**因子载荷量**).

如果把主分量与原始变量的相关系数列成表 8.1 的形式,则由相关系数的公式,还可得出性质(4) 和(5).

**表 8.1　主分量和原始变量的相关系数**

| | $Z_1$ | $\cdots$ | $Z_k$ | $\cdots$ | $Z_p$ |
|---|---|---|---|---|---|
| $X_1$ | $\rho(Z_1, X_1)$ | $\cdots$ | $\rho(Z_k, X_1)$ | $\cdots$ | $\rho(Z_p, X_1)$ |
| $X_2$ | $\rho(Z_1, X_2)$ | $\cdots$ | $\rho(Z_k, X_2)$ | $\cdots$ | $\rho(Z_p, X_2)$ |
| $\vdots$ | $\vdots$ | | $\vdots$ | | $\vdots$ |
| $X_p$ | $\rho(Z_1, X_p)$ | $\cdots$ | $\rho(Z_k, X_p)$ | $\cdots$ | $\rho(Z_p, X_p)$ |

(4) $\sum_{k=1}^{p} \rho^2(Z_k, X_i) = 1 \ (i = 1,2,\cdots,p)$.

因 $X_i$ 也可表成 $Z_1,\cdots,Z_p$ 的线性组合,且 $Z_1,\cdots,Z_p$ 互不相关,由回归分析的知识,$X_i$ 与 $Z_1,\cdots,Z_p$ 的全相关系数的平方和等于 1,即表 8.1 中每一行的平方和均为 1.

(5) $\sum_{i=1}^{p} \sigma_{ii}\rho^2(Z_k, X_i) = \lambda_k (k = 1,\cdots,p)$.

因 $Z_k$ 可表成 $X_1,\cdots,X_p$ 的线性组合,但 $X_i (i = 1,\cdots,p)$ 一般有相关性,由 $Z_k$ 与 $X_i$ 的相关系数的公式,可得出表 8.1 中 $Z_k$ 对应的每一列关于各变量方差的加权平方和为 $\lambda_k (\mathrm{Var}(Z_k) = \lambda_k)$.

主分量分析的目的是为了减少变量的个数,故在实际应用中一般绝不用 $p$ 个主分量,而选用 $m (m < p)$ 个主分量. $m$ 取多大,这是一个很实际的问题. 为此,我们引进贡献率的概念.

**定义 8.2**　称 $\lambda_k \Big/ \sum_{i=1}^{p} \lambda_i$ 为主分量 $Z_k$ 的**贡献率**; 又称 $\sum_{k=1}^{m} \lambda_k \Big/ \sum_{i=1}^{p} \lambda_i$ 为主分量 $Z_1,\cdots,Z_m (m < p)$ 的**累计贡献率**.

通常取 $m$,使累计贡献率达到 70% ~ 80% 以上,累计贡献率

的大小表达 $m$ 个主分量提取了 $X_1,\cdots,X_p$ 的多少信息，但它没有表达某个变量被提取了多少信息，为此又引入另一个概念.

**定义 8.3** 前 $m$ 个主分量 $Z_1,\cdots,Z_m$ 对原变量 $X_i$ 的贡献率 $\upsilon_i^{(m)}$ 定义为 $X_i$ 与 $Z_i,\cdots,Z_m$ 的相关系数的平方，它等于

$$\upsilon_i^{(m)} = \sum_{k=1}^{m} \lambda_k a_{ik}^2 / \sigma_{ii}. \tag{8.5}$$

**例 8.1.1** 设随机向量 $X = (X_1, X_2, X_3)'$ 的协差阵为

$$\Sigma = \begin{pmatrix} 1 & -2 & 0 \\ -2 & 5 & 0 \\ 0 & 0 & 2 \end{pmatrix},$$

试求 $X$ 的主分量及主分量对变量 $X_i$ 的贡献率 $\upsilon_i (i = 1,2,3)$.

**解** $\Sigma$ 的特征值为 $\lambda_1 = 3 + \sqrt{8}, \lambda_2 = 2, \lambda_3 = 3 - \sqrt{8}$. 相应单位正交特征向量为

$$a_1 = \begin{pmatrix} 0.383 \\ -0.924 \\ 0 \end{pmatrix}, \quad a_2 = \begin{pmatrix} 0 \\ 0 \\ 1 \end{pmatrix}, \quad a_3 = \begin{pmatrix} 0.924 \\ 0.383 \\ 0 \end{pmatrix}.$$

故主分量为

$$Z_1 = 0.383X_1 - 0.924X_2,$$

$$Z_2 = X_3 (X_3 \text{ 本身就是一个主分量，它与 } X_1, X_2 \text{ 不相关}),$$

$$Z_3 = 0.924X_1 + 0.383X_2.$$

取 $m = 1$ 时，$Z_1$ 对 $X$ 的贡献率可达

$$\frac{3+\sqrt{8}}{\lambda_1 + \lambda_2 + \lambda_3} = \frac{3+\sqrt{8}}{8} = 72.8\%;$$

取 $m = 2$ 时，$Z_1, Z_2$ 的累计贡献率可达 97.85%. 下表列出 $m$ 个主分量对变量 $X_i$ 的贡献率 $\upsilon_i^{(m)}$.

| $i$ | $\rho(Z_1, X_i)$ | $\rho(Z_2, X_i)$ | $\upsilon_i^{(1)} (m = 1)$ | $\upsilon_i^{(2)} (m = 2)$ |
|---|---|---|---|---|
| 1 | 0.925 | 0 | 0.856 | 0.856 |
| 2 | −0.998 | 0 | 0.996 | 0.996 |
| 3 | 0 | 1 | 0 | 1.000 |

可见，当 $m = 1$ 时，$Z_1$ 的贡献率已达 72.8%，比较理想了. 但

$Z_1$ 对 $X_3$ 的贡献率 $\upsilon_3^{(1)}=0$,这是因为在 $Z_1$ 中没有包含 $X_3$ 的任何信息,这时仅取 $m=1$ 就不够了.故取 $m=2$,这时 $Z_1,Z_2$ 的累计贡献率为97.85%,且 $Z_1,Z_2$ 对 $X_i$ 的贡献率 $\upsilon_i^{(2)}(i=1,2,3)$ 也较高.

### 四、标准化变量的主分量及性质

在实际问题中,不同的变量往往有不同的量纲,而通过 $\Sigma$ 来求主分量首先优先照顾方差大的变量,有时会造成很不合理的结果,为了消除由于量纲的不同可能带来的一些不合理的影响,常采用将变量标准化的方法,即令

$$X_i^*=\frac{X_i-E(X_i)}{\sqrt{\mathrm{Var}(X_i)}}=\frac{X_i-\mu_i}{\sigma_i}\quad(i=1,2,\cdots,p).$$

这时标准化后的随机向量 $X^*=(X_1^*,X_2^*,\cdots,X_p^*)'$ 的协差阵 $\Sigma^*$ 就是原随机向量 $X$ 的相关阵 $R$.从相关阵 $R$ 出发来求主分量,记为 $Z^*=(Z_1^*,\cdots,Z_p^*)'$,则 $Z^*$ 具有同“三”中相似的性质.

把主分量 $Z_k^*(k=1,\cdots,p)$ 对变量 $X_i^*$ 的因子负荷量 $\rho_{ki}=\rho(Z_k^*,X_i^*)$ 列成表 8.2 .

**表 8.2　变量标准化后的因子负荷量**

| | $Z_1^*$ | $\cdots$ | $Z_k^*$ | $\cdots$ | $Z_p^*$ | $\sum_{k=1}^{p}\rho_{ki}^2$ |
|---|---|---|---|---|---|---|
| $X_1^*$ | $\sqrt{\lambda_1}a_{11}$ | $\cdots$ | $\sqrt{\lambda_k}\,a_{1k}$ | $\cdots$ | $\sqrt{\lambda_p}\,a_{1p}$ | 1 |
| $X_2^*$ | $\sqrt{\lambda_1}a_{21}$ | $\cdots$ | $\sqrt{\lambda_k}\,a_{2k}$ | $\cdots$ | $\sqrt{\lambda_p}\,a_{2p}$ | 1 |
| $\vdots$ | $\vdots$ | | $\vdots$ | | $\vdots$ | $\vdots$ |
| $X_p^*$ | $\sqrt{\lambda_1}a_{p1}$ | $\cdots$ | $\sqrt{\lambda_k}\,a_{pk}$ | $\cdots$ | $\sqrt{\lambda_p}\,a_{pp}$ | 1 |
| $\sum_{i=1}^{p}\rho_{ki}^2$ | $\lambda_1$ | $\cdots$ | $\lambda_k$ | $\cdots$ | $\lambda_p$ | $\sum_{k=1}^{p}\sum_{i=1}^{p}\rho_{ki}^2=p$ |

## §8.2　样本的主分量

上节讨论了总体的主分量,在实际问题中,一般协差阵 $\Sigma$ 未

知,需要通过样本来估计.设 $X_{(t)}=(x_{t1},\cdots,x_{tp})'(t=1,\cdots,n)$ 为来自总体 $X$ 的样本,记样本资料阵为

$$\underset{n\times p}{X}=\begin{bmatrix} x_{11} & x_{12} & \cdots & x_{1p} \\ x_{21} & x_{22} & \cdots & x_{2p} \\ \vdots & \vdots & & \vdots \\ x_{n1} & x_{n2} & \cdots & x_{np} \end{bmatrix}=\begin{bmatrix} X_{(1)}' \\ X_{(2)}' \\ \vdots \\ X_{(n)}' \end{bmatrix},$$

则样本离差阵 $E$ 及样本相关阵 $R$ 分别为

$$E=\sum_{t=1}^{n}(X_{(t)}-\bar{X})(X_{(t)}-\bar{X})' \overset{\text{def}}{=\!=} (e_{ij}),$$

其中 $$\bar{X}=\sum_{t=1}^{n}X_{(t)}=(\bar{x}_1,\cdots,\bar{x}_p)',$$

$$e_{ij}=\sum_{t=1}^{n}(x_{ti}-\bar{x}_i)(x_{tj}-\bar{x}_j);$$

$$R=(r_{ij}),\text{其中 } r_{ij}=\frac{e_{ij}}{e_{ii}e_{jj}}\ (i,j=1,2,\cdots,p).$$

我们可以用 $\hat{\Sigma}=\frac{1}{n-1}E=S$ 作为 $\Sigma$ 的估计或用 $R$ 作为总体相关阵的估计,然后按上节的方法就可获得样本的主分量.

## 一、样本主分量及其性质

不失一般性,可假定 $\bar{X}=0$,并且每个变量的观测数据都已标准化,这时样本协差阵就是样本相关阵 $R$,且

$$\underset{p\times p}{R}=\frac{1}{n-1}\underset{(p\times n)}{X'}\ \underset{(n\times p)}{X}. \tag{8.6}$$

仍记 $R$ 阵的 $p$ 个主分量为 $Z_1,\cdots,Z_p$, $\lambda_1\geqslant\lambda_2\geqslant\cdots\geqslant\lambda_p$ 为 $R$ 的特征根, $a_1,a_2,\cdots,a_p$ 为相应的单位正交特征向量.显然 $Z_i=a_i'X(i=1,\cdots,p)$.将第 $t$ 个样品 $X_{(t)}=(x_{t1},\cdots,x_{tp})'$ 的值代入 $Z_i$ 的表达式,计算得到的值称为第 $t$ 个样品在第 $i$ 个主分量的得分,记为 $z_{ti}(i=1,\cdots,p)$.设 $Z_{(t)}=(z_{t1},z_{t2},\cdots,z_{tp})'(t=1,\cdots,n)$(见表 8.3).令

表 8.3 原始数据和样本主分量得分

| 样品号 | 原始变量 | | | | 样本主分量 | | | |
|---|---|---|---|---|---|---|---|---|
| | $X_1$ | $X_2$ | $\cdots$ | $X_p$ | $Z_1$ | $Z_2$ | $\cdots$ | $Z_p$ |
| 1 | $x_{11}$ | $x_{12}$ | $\cdots$ | $x_{1p}$ | $z_{11}$ | $z_{12}$ | $\cdots$ | $z_{1p}$ |
| 2 | $x_{21}$ | $x_{22}$ | $\cdots$ | $x_{2p}$ | $z_{21}$ | $z_{22}$ | $\cdots$ | $z_{2p}$ |
| $\vdots$ | $\vdots$ | $\vdots$ | | $\vdots$ | $\vdots$ | $\vdots$ | | $\vdots$ |
| $n$ | $x_{n1}$ | $x_{n2}$ | $\cdots$ | $x_{np}$ | $z_{n1}$ | $z_{n2}$ | $\cdots$ | $z_{np}$ |

$$\underset{n\times p}{Z} = \begin{pmatrix} z_{11} & z_{12} & \cdots & z_{1p} \\ z_{21} & z_{22} & \cdots & z_{2p} \\ \vdots & \vdots & & \vdots \\ z_{n1} & z_{n2} & \cdots & z_{np} \end{pmatrix} \overset{\text{def}}{=\!=} \begin{pmatrix} Z'_{(1)} \\ Z'_{(2)} \\ \vdots \\ Z'_{(n)} \end{pmatrix} \overset{\text{def}}{=\!=} (z_1, z_2, \cdots, z_p).$$

类似总体主分量,样本主分量也具有如下性质:

(1) $\bar{Z} = \sum_{t=1}^{n} Z_{(t)} = (\bar{z}_1, \cdots, \bar{z}_p)' = 0$ (因为 $\bar{X} = 0$),

$$z_i' z_j = \begin{cases} 0, & \text{当 } i \neq j, \\ (n-1)\lambda_i, & \text{当 } i = j. \end{cases}$$

上式说明当 $i \neq j$ 时,第 $i$ 个主分量得分向量 $z_i$ 与第 $j$ 个主分量得分向量 $z_j$ 是相互正交的.

(2) $\sum_{i=1}^{p} \lambda_i = p$.

称 $\frac{\lambda_k}{p}$ 为样本主分量 $Z_k$ 的**贡献率**;又称 $\frac{\lambda_1 + \cdots + \lambda_m}{p}$ 为样本主分量 $Z_1, \cdots, Z_m (m < p)$ 的**累计贡献率**.

(3) 样本主分量具有使残差平方和最小的优良性.

如果我们只取前 $m$ 个主分量($m < p$),并考虑用前 $m$ 个主分量 $Z_1, \cdots, Z_m$ 的线性组合表示 $X_j$ 的回归方程:

$$\hat{X}_j = b_{j1} Z_1 + \cdots + b_{jm} Z_m \quad (j = 1, \cdots, p),$$

则当 $b_{jk} = a_{jk} (k = 1, \cdots, m)$ 时,可使回归的残差平方和达最小值,而且回归方程的决定系数 $R^2(j) = \upsilon_j^{(m)}$.上面我们把 $\upsilon_j^{(m)}$ 称为 ***m* 个主分量对原变量 $X_j$ 的贡献率**, $\upsilon_j^{(m)}$ 的大小反映了 $m$ 个主

分量能够反映 $X_j$ 的变差的比例.

### 二、主分量的个数及解释

主分量分析的目的之一是简化数据结构,用尽可能少的主分量 $Z_1,\cdots,Z_m(m < p)$ 代替原来的 $p$ 个变量,这样就把 $p$ 个变量的 $n$ 次观测数据简化为 $m$ 个主分量的得分数据.在这里要求:

(1) $m$ 个主分量所反映的信息与原来 $p$ 个变量提供的信息差不多;

(2) $m$ 个主分量又能对资料所具有的意义进行解释.

主分量的个数 $m$ 如何选取是实际工作者关心的问题.关于主分量的个数如何确定,常用的标准有两个:一个是按累计贡献率达到一定程度(如 70% 或 80% 以上)来确定 $m$;另一个是先计算 $S$ 或 $R$ 的 $p$ 个特征根的均值 $\bar{\lambda}$,取大于 $\bar{\lambda}$ 的特征根个数 $m$.当 $p < 20$ 时,大量实践表明,第一个标准容易取太多的主分量,而第二个标准容易取太少的主分量,故最好将两者结合起来应用,同时要考虑 $m$ 个主分量对 $X_i$ 的贡献率 $v_i^{(m)}$.

## §8.3 主分量分析的应用

**例 8.3.1** 学生身体 4 项指标的主分量分析.

随机抽取 30 名某年级中学生,测量其身高($X_1$)、体重($X_2$)、胸围($X_3$)和坐高($X_4$),数据见以下 SAS 程序的数据行.试用编程和菜单系统"分析员应用"对中学生身体指标数据做主分量分析.

**解** (1) 以下 SAS 程序首先生成包括 30 名学生身体 4 项指标数据的 SAS 数据集 D831(其中变量 number 记录识别学生的序号),然后调用 PRINCOMP 过程进行主分量分析.

```
data D831;
    input number X1 - X4 @@;
```

```
    cards;
 1  148 41 72 78     2  139 34 71 76
 3  160 49 77 86     4  149 36 67 79
 5  159 45 80 86     6  142 31 66 76
 7  153 43 76 83     8  150 43 77 79
 9  151 42 77 80    10  139 31 68 74
11  140 29 64 74    12  161 47 78 84
13  158 49 78 83    14  140 33 67 77
15  137 31 66 73    16  152 35 73 79
17  149 47 82 79    18  145 35 70 77
19  160 47 74 87    20  156 44 78 85
21  151 42 73 82    22  147 38 73 78
23  157 39 68 80    24  147 30 65 75
25  157 48 80 88    26  151 36 74 80
27  144 36 68 76    28  141 30 67 76
29  139 32 68 73    30  148 38 70 78
;
proc princomp data=D831 prefix=Z out=O831;
    var X1-X4;
proc plot data=O831;
    plot Z2*Z1 $ number='*';
proc sort data=O831;
    by Z1;
proc print data=O831;
    var number Z1 Z2 X1-X4;
run;
```

以上 SAS 程序生成的部分输出结果见输出 8.3.1 至输出 8.3.4.

**输出 8.3.1 学生身体指标数据的描述统计量和相关阵**

```
                         Principal Component Analysis
   30 Observations
    4 Variables

                              Simple Statistics

                  X1                X2                X3                X4

Mean     149.0000000       38.70000000       72.23333333       79.36666667
StD        7.3155479        6.46022312        5.15071695        4.27085821

                             Correlation Matrix

                        X1          X2          X3          X4

              X1    1.0000      0.8632      0.7321      0.9205
              X2    0.8632      1.0000      0.8965      0.8827
              X3    0.7321      0.8965      1.0000      0.7829
              X4    0.9205      0.8827      0.7829      1.0000
```

**输出 8.3.2　相关阵的特征值和特征向量**

Eigenvalues of the Correlation Matrix

| | Eigenvalue | Difference | Proportion | Cumulative |
|---|---|---|---|---|
| Z1 | 3.54110 | 3.22771 | 0.885274 | 0.88527 |
| Z2 | 0.31338 | 0.23397 | 0.078346 | 0.96362 |
| Z3 | 0.07941 | 0.01330 | 0.019852 | 0.98347 |
| Z4 | 0.06611 | . | 0.016527 | 1.00000 |

Eigenvectors

| | Z1 | Z2 | Z3 | Z4 |
|---|---|---|---|---|
| X1 | 0.496966 | -.543213 | -.449627 | 0.505747 |
| X2 | 0.514571 | 0.210246 | -.462330 | -.690844 |
| X3 | 0.480901 | 0.724621 | 0.175177 | 0.461488 |
| X4 | 0.506928 | -.368294 | 0.743908 | -.232343 |

PRINCOMP 过程由相关阵出发进行主分量分析. 由输出 8.3.2 中相关阵的特征值可以看出, 第一主分量的贡献率已高达 88.53%;且前两个主分量的累计贡献率已达 96.36%. 因此只需用两个主分量就能很好地概括这组数据. 另由第四个特征值近似为 0, 可以得出这 4 个标准化后的身体指标变量($X_i^*$, $i = 1,2,3,4$) 有近似的线性关系(即所谓共线性):

$$0.505747X_1^* - 0.690844X_2^* + 0.461488X_3^* - 0.232343X_4^* \approx \text{常数}.$$

由最大的两个特征值对应的特征向量可以写出第一和第二主分量:

$$Z_1 = 0.496966X_1^* + 0.514571X_2^* + 0.480901X_3^* + 0.506928X_4^*,$$

$$Z_2 = -0.543213X_1^* + 0.210246X_2^* + 0.724621X_3^* - 0.368294X_4^*.$$

第一和第二主分量都是标准化后变量 $X_i^*$ ($i = 1,2,3,4$) 的线性组合, 且组合系数就是特征向量的分量.

利用特征向量各分量的值可以对各主分量进行解释. 第一大特征值对应的第一个特征向量的各个分量值均在 0.5 附近, 且都是正值, 它反映学生身材的魁梧程度. 身体高大的学生, 他的 4 个部位的尺寸都比较大;而身体矮小的学生, 他的 4 个部位的尺寸都比较小. 因此我们称第一主分量为大小因子. 第二大特征值对应的特征向量中第一(即身高 $X_1$ 的系数) 和第四个分量(即坐高 $X_4$ 的系数)为负值,而第二(即体重 $X_2$ 的系数)和第三个分量(即胸围 $X_3$ 的系数)为正值,它反映学生的胖瘦情况,故称第二主分量为形状因子(或胖瘦因子).

**输出 8.3.3 第二主分量得分对第一主分量得分的散布图**

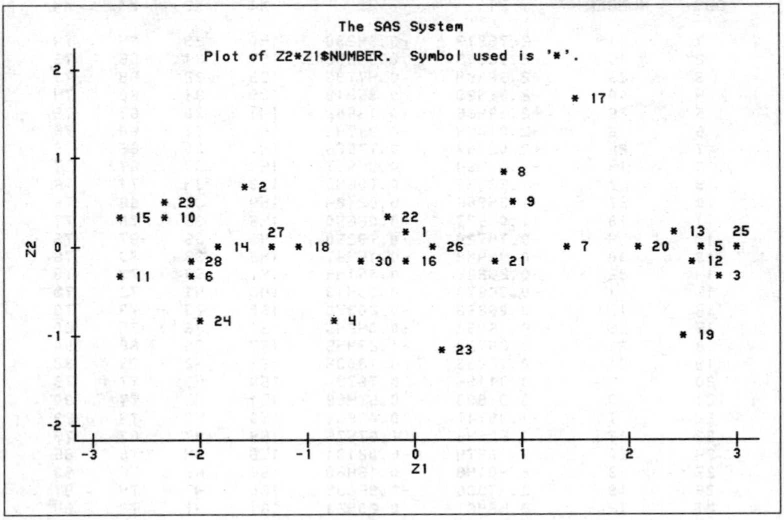


输出 8.3.3 是 PLOT 过程产生的输出图形,从图中可以直观地看出,按学生的身体指标尺寸,这 30 名学生大约应分成三组(以第一主分量得分值为 −1 和 2 为分界点).每一组包括哪几名学生由每个散点旁边的序号可以得知.更详细的信息可从 PRINT 过程产生的输出 8.3.4 数据列表中得到.

输出 8.3.4 是把 30 个观测按第一主分量从小到大重新排序后的输出结果.从这里可以得到分为三组时各组学生的更多信息.

(2) 在 SAS/STAT 软件的 8 版本,可以用菜单系统"分析员应用"来完成主分量分析.具体步骤如下:

① 启动"分析员应用",打开 SAS 数据集 D831;

② 在"分析员应用"菜单栏目中选择 Statistics ⇒ Multivarite ▶ ⇒ Principal component;

③ 在弹出的多变量分析主窗口(见图示 8.1)中选择变量:X1 ~X4 ⇒Variables;

**输出 8.3.4　按第一主分量得分排序后的主分量得分和原始数据**

The SAS System

| OBS | NUMBER | Z1 | Z2 | X1 | X2 | X3 | X4 |
|---|---|---|---|---|---|---|---|
| 1 | 11 | -2.78973 | -0.34290 | 140 | 29 | 64 | 74 |
| 2 | 15 | -2.76619 | 0.31256 | 137 | 31 | 66 | 73 |
| 3 | 29 | -2.36394 | 0.47796 | 139 | 32 | 68 | 73 |
| 4 | 10 | -2.32489 | 0.35918 | 139 | 31 | 68 | 74 |
| 5 | 28 | -2.12466 | -0.13502 | 141 | 30 | 67 | 76 |
| 6 | 6 | -2.07044 | -0.31742 | 142 | 31 | 66 | 76 |
| 7 | 24 | -2.02249 | -0.77568 | 147 | 30 | 65 | 75 |
| 8 | 14 | -1.83494 | -0.04937 | 140 | 33 | 67 | 77 |
| 9 | 2 | -1.56845 | 0.70640 | 139 | 34 | 71 | 76 |
| 10 | 27 | -1.34958 | -0.02184 | 144 | 36 | 68 | 76 |
| 11 | 18 | -1.05587 | 0.06650 | 145 | 35 | 70 | 77 |
| 12 | 4 | -0.74720 | -0.79250 | 149 | 36 | 67 | 79 |
| 13 | 30 | -0.49442 | -0.14487 | 148 | 38 | 70 | 78 |
| 14 | 22 | -0.28226 | 0.35144 | 147 | 38 | 73 | 78 |
| 15 | 1 | -0.06873 | 0.23413 | 148 | 41 | 72 | 78 |
| 16 | 16 | -0.06286 | -0.20370 | 152 | 35 | 73 | 79 |
| 17 | 26 | 0.16092 | -0.04245 | 151 | 36 | 74 | 80 |
| 18 | 23 | 0.24728 | -1.23445 | 157 | 39 | 68 | 80 |
| 19 | 21 | 0.78286 | -0.16034 | 151 | 42 | 73 | 82 |
| 20 | 8 | 0.81196 | 0.76790 | 150 | 43 | 77 | 79 |
| 21 | 9 | 0.91893 | 0.57486 | 151 | 42 | 77 | 80 |
| 22 | 7 | 1.39717 | 0.05951 | 153 | 43 | 76 | 83 |
| 23 | 17 | 1.52946 | 1.67575 | 149 | 47 | 82 | 79 |
| 24 | 20 | 2.10474 | -0.02181 | 156 | 44 | 78 | 85 |
| 25 | 13 | 2.40148 | 0.16488 | 158 | 49 | 78 | 83 |
| 26 | 19 | 2.47936 | -0.95639 | 160 | 47 | 74 | 87 |
| 27 | 12 | 2.56467 | -0.20921 | 161 | 47 | 78 | 84 |
| 28 | 5 | 2.69362 | -0.01689 | 159 | 45 | 80 | 86 |
| 29 | 3 | 2.80006 | -0.38302 | 160 | 49 | 77 | 86 |
| 30 | 25 | 3.03410 | 0.05678 | 157 | 48 | 80 | 88 |

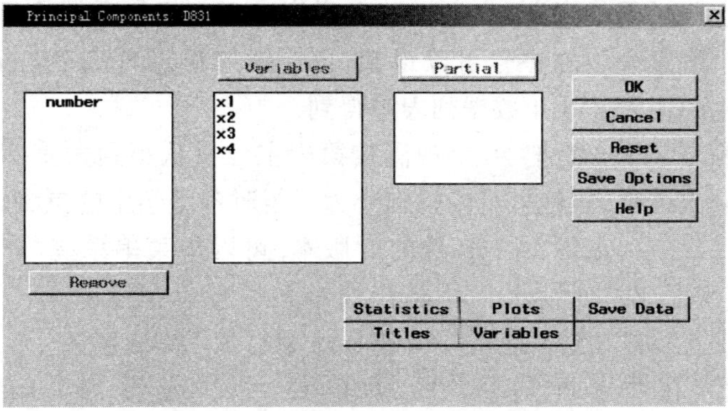


**图示 8.1　多变量分析的主窗口(8 版本)**

④ 在主窗口下方按 Statistics 键,选择用相关阵还是协差阵进行分析及主分量的个数.这里选择用相关阵作主分量分析,主分量个数 N=2.

⑤ 在主窗口下方按 Plots 键,选择是否绘制屏幕图(scree plot)和分量图(component plot).这里选择绘制增强型的分量图,并指定 NUMBER 为 ID 变量.

⑥ 在主窗口下方按 Save Data 键,选择是否存贮主分量得分及统计量.这里不存贮计算结果.

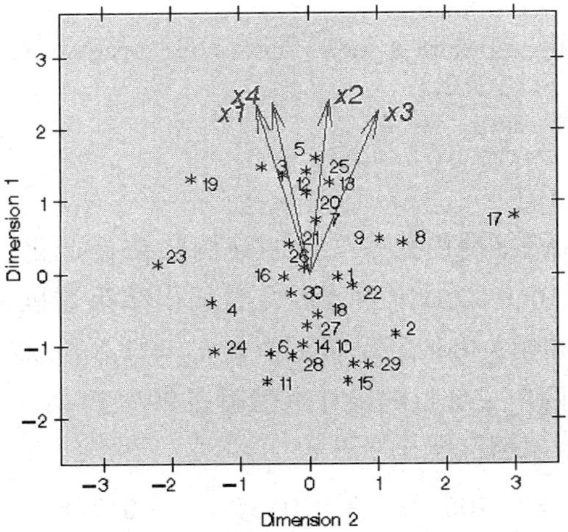


**图示 8.2　第一、二主分量的增强型分量图**

⑦ 查看计算结果.主分量分析的结果参见输出 8.3.1~8.3.3.第一和第二主分量得分的增强型分量图见图示 8.2.这里除显示第一、二主分量得分的散点图外,还给出 4 个变量在前两个主分量上的载荷向量.从此图可明显看出这 4 个变量分为两类:反映身高的变量 X1 和 X4 为一类;反映胖瘦的变量 X2 和 X3 为另一类.

**例 8.3.2**　经济分析数据——主分量回归.

考察进口总额 $Y$ 与三个自变量:国内总产值 $x_1$,存储量 $x_2$,总消费量 $x_3$(单位均为 10 亿法郎)有关.现收集了 1949 年至 1959

年共 11 年的数据(见第四章表 4.4). 对表 4.4 的数据试用主分量回归分析方法求进口总额与总产值、存储量和总消费量的定量关系式.

**解** 在第四章例 4.5.3 中介绍如何调用 REG 过程来完成 $Y$ 与 $x_1, x_2, x_3$ 的主分量回归. 下面首先调用 PRINCOMP 过程对 3 个自变量做主分量分析. 然后进行主成分回归. SAS 程序如下(设表 4.4 生成的 SAS 数据集名为 D832):

```
proc standard data = D832 out = do832 mean = 0 std = 1;
     var X1 - X3 y;
proc princomp data = do832 out = o832 prefix = Z;
     var X1 X2 X3;
proc print data = o832;
     var Z1 Z2 y;
run;
```

STANDARD 过程把各变量的观测数据标准化, 然后再进行主分量分析. PRINCOMP 过程的完整输出结果这里也省略了. 由输出结果可知相关阵的三个特征值为 $\lambda_1 = 1.999, \lambda_2 = 0.998, \lambda_3 = 0.003$. 前两个主分量的累计贡献率在 99% 以上. 取两个主分量(用 $x_i^*$ 表示 $x_i$ 的标准化变量):

$$Z_1 = 0.7063\ x_1^* + 0.0435\ x_2^* + 0.7065\ x_3^*,$$

$$Z_2 = -0.0357\ x_1^* + 0.9990\ x_2^* - 0.0258\ x_3^*.$$

**输出 8.3.5 主分量得分和标准化后的因变量**

| OBS | Z1 | Z2 | Y* |
|---|---|---|---|
| 1 | -1.50355 | 0.63925 | -1.31852 |
| 2 | -1.14500 | 0.55605 | -1.20848 |
| 3 | -0.78871 | -0.07305 | -0.63625 |
| 4 | -0.63250 | -0.08245 | -0.61424 |
| 5 | -0.45562 | -1.30789 | -0.68027 |
| 6 | -0.13463 | -0.65976 | -0.32813 |
| 7 | 0.25434 | -0.74436 | 0.17807 |
| 8 | 0.68731 | 1.35531 | 1.01440 |
| 9 | 1.10284 | 0.96494 | 1.36654 |
| 10 | 1.24972 | 1.01616 | 1.25649 |
| 11 | 1.36578 | -1.66420 | 0.97038 |

输出 8.3.5 给出 PRINT 过程产生的结果，其中列标题为 Z1 和 Z2 的列是主分量得分数据.

主分量分析的结果还给出 $x_1^*$，$x_2^*$ 和 $x_3^*$ 的一个多重共线性关系：

$$Z_3 = 0.7070\ x_1^* + 0.0070\ x_2^* - 0.7072\ x_3^* \approx C(\text{常数}).$$

下面用主分量得分数据完成主分量回归，SAS 程序如下：

```
proc reg data=O832;
     model y=Z1 Z2;
run;
```

以上回归过程得到的标准化回归方程为( $Y^*$ 表示 $Y$ 的标准化变量)：

$$\begin{aligned} Y^* &= 0.68998\ Z1 + 0.1913\ Z2 \\ &= 0.4804 x_1^* + 0.2211 x_2^* + 0.4825 x_3^*, \end{aligned}$$

用原始变量可表示为

$$Y = -9.130 + 0.0727\ x_1 + 0.6091\ x_2 + 0.1062\ x_3.$$

## §8.4 PRINCOMP(主分量)过程与应用例子

为了考察 $p$ 个数值变量 $X_1, X_2, \cdots, X_p$ 之间的相关性，调用 PRINCOMP过程进行主分量分析.

### 一、PRINCOMP 过程的功能

该过程可完成以下几方面计算：

① 完成主分量分析：计算相关阵或协差阵的特征值和特征向量，当特征值按从大到小次序排列时，由相应特征向量可得出第一主分量、第二主分量等等. 用少数几个主分量代替原始变量，并计算主分量得分. 由得分数据作主分量得分的散布图，进一步地还可用于主分量回归和聚类分析.

② 主分量的个数用户可以自己确定；主分量的名字用户可自

己规定;主分量得分是否标准化也可以由用户根据实际需要来确定.

③ 输入数据集可以是原始数据集,也可以是相关阵,协差阵或离差阵(SSCP).输入原始数据时,用户还可以规定从协差阵出发或从相关阵出发进行分析.由协差阵出发进行分析时表示方差大的变量在主分量分析中起的作用大.

④ PRINCOMP 过程可输出许多计算结果.包括简单统计量(均值和标准差);相关阵或协差阵;从大到小排序的特征值和相应特征向量,每个主分量解释的方差比例,累计比例等.该过程还可生成二个输出数据集:一个包含原始数据和主分量得分,它可作为主分量回归或聚类分析的输入数据集;另一个是包含有关统计量的类型为 TYPE = CORR(或 COV)的输出集,它也可作为其他过程的输入 SAS 集.

⑤ PRINCOMP 过程还可用来揭示变量间的共线关系.若存在某个特征值≈0,即表示这组变量间近似存在共线性.

⑥ 该过程也可以进行基于偏相关阵的主分量分析.

## 二、语句说明

可以使用下列语句来调用 PRINCOMP 过程:

```
PROC  PRINCOMP  <options>;
      VAR  variables;
      WEIGHT  variable;
      FREQ  variable;
      PARTIAL  variables;
      BY  variables;
```

除调用过程的 PROC PRINCOMP 语句外,只有 VAR 语句经常使用,其他语句是选择使用的语句.

**1. PROC　PRINCOMP 语句**

在 PRINCOMP 过程语句中常用的选项为：

① DATA= *SAS-data-set* ——给出被分析的 SAS 数据集的名字. 这个数据集可以是原始 SAS 数据集或者 TYPE=CORR, COV 或 SSCP 的数据集.

② OUT= *SAS-data-set* ——命名一个存放原始数据以及主分量得分数据的输出数据集.

③ OUTSTAT= *SAS-data-set* ——命名一个存放均值、标准差、观测个数、相关阵或协差阵、特征值和特征向量的输出 SAS 数据集. 如果规定选项 COV, 则数据集的类型为 TYPE=COV, 而且包含协差阵; 否则, 数据集的类型为 TYPE=CORR, 而且包含相关阵.

④ COVARIANCE|COV ——要求从协差阵出发计算主分量. 如果没有规定此选项, 则从相关阵出发进行分析.

⑤ N= *n* ——规定被计算的主分量个数. 缺省值为变量个数.

⑥ NOPRINT ——不输出计算结果.

⑦ PREFIX= *name*（名字）——对主分量的名字规定前缀. 缺省时的名字为 PRIN1, PRIN2, …, PRIN*p* . 如规定 PREFIX=Z, 则主分量名字为 Z1, Z2, Z3 等等.

⑧ STANDARD|STD ——要求在 OUT= 的数据集里把主分量得分标准化为单位方差. 如果没有规定此选项, 主分量得分的方差等于相应的特征值.

⑨ VARDEF= *divisor*（除数）——规定用于计算方差和协方差的除数. *divisor* 的可能值为 N, DF, WEIGHT 或 WGT 和 WDF.

**2. VAR 语句**

VAR 语句列出用于进行主分量分析的变量. 如果省略 VAR 语句, 则 SAS 系统使用 DATA= 规定的数据集中所有数值变量进行主分量分析.

## 三、应用例子

**例 8.4.1** 服装定型分类问题.

为解决服装定型分类问题,对128个成年男子的身材进行测量,每人各测得16项指标:身高($X_1$)、坐高($X_2$)、胸围($X_3$)、头高($X_4$)、裤长($X_5$)、下档($X_6$)、手长($X_7$)、领围($X_8$)、前胸($X_9$)、后背($X_{10}$)、肩厚($X_{11}$)、肩宽($X_{12}$)、袖长($X_{13}$)、肋围($X_{14}$)、腰围($X_{15}$)和腿肚($X_{16}$).16项指标的相关阵 $R$ 见以下SAS程序的数据行(因相关阵为对称阵,数据行只给出相关阵的上三角部分).试从相关阵 $R$ 出发用PRINCOMP过程进行主分量分析.

**解** 由相关阵出发进行主分量分析的SAS程序如下:

```
data D841(type=corr);
    input _name_ $ X1-X16;
    _type_ = 'corr';
    cards;
X1   1.0 .79 .36 .96 .89 .79 .76 .26 .21 .26 .07 .52 .77  .25  .51  .27
X2     . 1.0 .31 .74 .58 .58 .55 .19 .07 .16 .21 .41 .47  .17  .35  .16
X3     .   . 1.0 .38 .39 .30 .35 .58 .28 .33 .33 .35 .41  .64  .58  .51
X4     .   .   . 1.0 .90 .78 .75 .25 .20 .22 .08 .53 .79  .27  .57  .26
X5     .   .   .   . 1.0 .79 .74 .25 .18 .23-.02 .48 .79  .27  .51  .23
X6     .   .   .   .   . 1.0 .73 .18 .18 .23 .00 .38 .69  .14  .26  .00
X7     .   .   .   .   .   . 1.0 .24 .29 .25 .10 .44 .67  .16  .38  .12
X8     .   .   .   .   .   .   . 1.0-.04 .49 .44 .30 .32  .51  .51  .38
X9     .   .   .   .   .   .   .   . 1.0-.34-.16-.05 .23  .21  .15  .18
X10    .   .   .   .   .   .   .   .   . 1.0 .23 .50 .34  .15  .29  .16
X11    .   .   .   .   .   .   .   .   .   . 1.0 .24 .10  .31  .28  .31
X12    .   .   .   .   .   .   .   .   .   .   . 1.0 .26  .17  .41  .18
X13    .   .   .   .   .   .   .   .   .   .   .   . 1.0  .26  .50  .24
X14    .   .   .   .   .   .   .   .   .   .   .   .   .  1.0  .63  .50
X15    .   .   .   .   .   .   .   .   .   .   .   .   .    .  1.0  .65
X16    .   .   .   .   .   .   .   .   .   .   .   .   .    .    .  1.0
;
proc print;
run;
proc princomp data=D841(type=corr) n=3 ;
    var X1-X16;
run;
```

DATA步生成相关阵的数据集,INPUT语句读入变量名(由自动变量_NAME_规定,符号'$'表示变量_NAME_是字符型变量)和 16 项指标(用 X1 至 X16 规定)的相关系数.因相关阵是一个对称阵,数据行只需列出相关阵的上三角部分(用下三角部分也可以),对称的部分用缺失值(·)代替.因数据行给出的数据是相关系数,必须设置指定类型的自动变量_TYPE_的值为'corr'.

调用 PRINCOMP 过程的 proc princomp 语句中,选项data=D841 的括号里指出数据集 D841 的类型是相关阵,在这里或在 DATA 步中数据集选项 type=corr 必有一处是不可缺少的.选项 n=3 规定只输出 3 个主分量的有关信息.

以上 SAS 程序的输出结果这里省略了.

## 习 题 八

**8-1** 用主分量分析方法探讨城市工业主体结构.表 8.5 是某市工业部门十三个行业八个指标的数据.

**表 8.5 某市工业部门十三个行业八个指标的数据**

| 行业 \ 指标值 \ 指标 | 年末固定资产净值 $X_1$ (万元) | 职工人数 $X_2$ (人) | 工业总产值 $X_3$ (万元) | 全员劳动生产率 $X_4$ (元/人年) | 百元固定资产原值实现产值 $X_5$(元) | 资金利税率 $X_6$ (%) | 标准燃料消费量 $X_7$ (吨) | 能源利用效果 $X_8$ (万元/吨) |
|---|---|---|---|---|---|---|---|---|
| 1(冶金) | 90342 | 52455 | 101091 | 19272 | 82.000 | 16.100 | 197435 | 0.172 |
| 2(电力) | 4903 | 1973 | 2035 | 10313 | 34.200 | 7.100 | 592077 | 0.003 |
| 3(煤炭) | 6735 | 21139 | 3767 | 1780 | 36.100 | 8.200 | 726396 | 0.003 |
| 4(化学) | 49454 | 36241 | 81557 | 22504 | 98.100 | 25.900 | 348226 | 0.985 |
| 5(机械) | 139190 | 203505 | 215898 | 10609 | 93.200 | 12.600 | 139572 | 0.628 |
| 6(建材) | 12215 | 16219 | 10351 | 6382 | 62.500 | 8.700 | 145818 | 0.066 |
| 7(森工) | 2372 | 6572 | 8103 | 12329 | 184.400 | 22.200 | 20921 | 0.152 |
| 8(食品) | 11062 | 23078 | 54935 | 23804 | 370.400 | 41.000 | 65486 | 0.263 |
| 9(纺织) | 17111 | 23907 | 52108 | 21796 | 221.500 | 21.500 | 63806 | 0.276 |
| 10(缝纫) | 1206 | 3930 | 6126 | 15586 | 330.400 | 29.500 | 1840 | 0.437 |
| 11(皮革) | 2150 | 5704 | 6200 | 10870 | 184.200 | 12.000 | 8913 | 0.274 |
| 12(造纸) | 5251 | 6155 | 10383 | 16875 | 146.400 | 27.500 | 78796 | 0.151 |
| 13(文教艺术用品) | 14341 | 13203 | 19396 | 14691 | 94.600 | 17.800 | 6354 | 1.574 |

(1) 试用主分量分析确定 8 个指标的几个主分量(综合变量),并对主分量进行解释;

(2) 利用主分量得分对 12 个行业进行排序和分类.

**8-2** 上海某县有 19 个乡,各乡的经济发展水平不尽相同.由县统计局得到下列数据:1986 年乡人均收入( $X_1$ );1986 年乡净收入( $X_2$ );1980 年至 1986 年每年各乡的村办企业的总收入为 $Y_1$ 至 $Y_7$ (数据见表 8.6).

**表 8.6 上海某县各乡的经济发展数据**

| 序号 | $X_1$ | $X_2$ | $Y_1$ | $Y_2$ | $Y_3$ | $Y_4$ | $Y_5$ | $Y_6$ | $Y_7$ |
|---|---|---|---|---|---|---|---|---|---|
| 1 | 843 | 4000 | 920 | 1038 | 1166 | 1536 | 1692 | 2743 | 2741 |
| 2 | 942 | 5215 | 1216 | 1280 | 1549 | 1924 | 2717 | 3743 | 4160 |
| 3 | 895 | 6379 | 1836 | 2287 | 2715 | 3281 | 3240 | 4572 | 5439 |
| 4 | 884 | 3770 | 978 | 1010 | 1227 | 1558 | 1755 | 2552 | 2623 |
| 5 | 1002 | 3329 | 757 | 684 | 718 | 931 | 1422 | 1827 | 2222 |
| 6 | 792 | 3039 | 759 | 765 | 1253 | 1296 | 1902 | 1822 | 2233 |
| 7 | 930 | 2476 | 559 | 616 | 611 | 863 | 891 | 1539 | 1768 |
| 8 | 758 | 2127 | 633 | 661 | 762 | 769 | 864 | 1241 | 1482 |
| 9 | 886 | 2721 | 703 | 836 | 813 | 914 | 895 | 1272 | 1431 |
| 10 | 859 | 1664 | 427 | 451 | 507 | 551 | 581 | 839 | 1107 |
| 11 | 808 | 2435 | 772 | 790 | 839 | 990 | 771 | 1132 | 1316 |
| 12 | 845 | 2661 | 557 | 599 | 670 | 855 | 1128 | 1639 | 1861 |
| 13 | 877 | 2242 | 549 | 471 | 480 | 643 | 664 | 1173 | 1530 |
| 14 | 787 | 3088 | 1061 | 1021 | 978 | 1102 | 1301 | 2373 | 2452 |
| 15 | 943 | 3322 | 567 | 557 | 630 | 836 | 984 | 1994 | 2704 |
| 16 | 866 | 3507 | 675 | 678 | 847 | 1187 | 1476 | 2107 | 2415 |
| 17 | 924 | 3412 | 545 | 729 | 821 | 1017 | 1079 | 1878 | 2325 |
| 18 | 1806 | 5869 | 1268 | 1227 | 1607 | 1765 | 2318 | 2959 | 3157 |
| 19 | 1027 | 3605 | 651 | 835 | 924 | 1125 | 1194 | 2176 | 2411 |

(1) 用主分量分析方法对变量 $X_1, X_2, Y_1 \sim Y_7$ 进行综合;并解释综合指标(主分量)的含义;

(2) 对 19 个乡的经济发展水平按综合变量进行排序;

(3) 对 19 个乡的经济发展水平进行分类.

**8-3** 试对第七章表 7.3 中 16 个地区农民生活水平的调查数据进行主分量分析,并利用前两个主分量对 16 个地区的农民生活水平进行分类(请与第七章的分类计算结果进行比较).

# 第九章 因子分析

## §9.1 引 言

因子分析是主成分分析的推广和发展，它也是多元统计分析中降维的一种方法.因子分析是研究相关阵或协差阵的内部依赖关系，它将多个变量综合为少数几个因子，以再现原始变量与因子之间的相关关系.

因子分析的形成和早期发展一般认为是从 Charles Spearman 在 1904 年发表的文章开始.他提出这种方法用来解决智力测验得分的统计分析.目前因子分析在心理学、社会学、经济学等学科都取得成功的应用.

**例 9.1.1** 为了了解学生的学习能力，观测了 $n$ 个学生 $p$ 个科目的成绩(分数)，用 $X_1, \cdots, X_p$ 表示 $p$ 个科目(例如代数、几何、语文、英语、政治，$\cdots$)，$X_{(t)} = (X_{t1}, \cdots, X_{tp})'(t = 1, \cdots n)$ 表示第 $t$ 个学生 $p$ 个科目的成绩，我们对这些资料进行归纳分析，可以看出各个科目(即变量)由两部分组成：

$$X_i = a_i F + \varepsilon_i \quad (i = 1, \cdots, p), \tag{9.1}$$

其中 $F$ 是对所有 $X_i (i = 1, \cdots, p)$ 所共有的因子，它表示智能高低的因子；$\varepsilon_i$ 是科目(变量)$X_i$ 特有的特殊因子.这就是一个最简单的因子模型.

进一步可把这个简单因子模型推广到多个因子的情况，即全体科目 $X$ 所共有的因子有 $m$ 个，如数学推导因子、记忆因子、计算因子 $\cdots$ 等.分别记为 $F_1, \cdots, F_m$，即

$$X_i = a_{i1}F_1 + a_{i2}F_2 + \cdots + a_{im}F_m + \varepsilon_i \quad (i = 1, \cdots, p). \tag{9.2}$$

用这 $m$ 个不可观测的相互独立的公共因子 $F_1, \cdots, F_m$(也称为潜因子)和一个特殊因子 $\varepsilon_i$ 来描述原始可测的相关变量(科目)$X_1, \cdots, X_p$,并解释分析学生的学习能力.

**例9.1.2** 调查青年对婚姻家庭的态度,抽取 $n$ 个青年回答了 $p = 50$ 个问题的答卷,这些问题可归纳为如下几个方面,对相貌的重视、对孩子的观点等,这也是一个因子分析的模型,每一个方面就是一个因子.

**例9.1.3** 考察五个生理指标:收缩压($X_1$)、舒张压($X_2$)、心跳间隔($X_3$)、呼吸间隔($X_4$)和舌下温度($X_5$).从生理学的知识,这五个指标是受植物神经支配的,植物神经又分为交感神经和副交感神经,因此这五个指标有两个公共因子,也可用因子分析的模型去处理它.

因子分析的主要应用有两方面,一是寻求基本结构,简化观测系统,将具有错综复杂关系的对象(变量或样品)综合为少数几个因子(不可观测的,相互独立的随机变量),以再现因子与原变量之间的内在联系;二是用于分类,对 $p$ 个变量或 $n$ 个样品进行分类.

因子分析根据研究对象可以分为R型和Q型因子分析.R型因子分析研究变量(指标)之间的相关关系,通过对变量的相关阵或协差阵内部结构的研究,找出控制所有变量的几个公共因子(或称主因子、潜因子),用以对变量或样品进行分类.Q型因子分析研究样品之间的相关关系,通过对样品的相似矩阵内部结构的研究找出控制所有样品的几个主要因素(或称主因子).这两种因子分析的处理方法一样,只是出发点不同.R型从变量的相关阵出发,Q型从样品相似阵出发.对一批观测数据,可以根据实际问题的要求来决定采用哪一种类型的因子分析.

因子分析与主分量分析有区别.主分量分析不能作为一个模型来描述,它只是通常的变量变换,而因子分析需要构造因子模型;主分量分析中主分量的个数和变量个数 $p$ 相同,它是将一组具有相关性的变量变换为一组独立的变量(注意应用主分量分析解决实际问题时,一般只选取前 $m(m<p)$ 个主分量),而因子分析的目的是要用尽可能少的公因子,以便构造一个结构简单的因子模型;主分量分析是将主分量表示为原变量的线性组合,而因子分析是将原始变量表示为公因子和特殊因子的线性组合.另一方面这两种分析方法之间在某些情况下也有一定联系,读者将从下面的介绍中看到.

## §9.2 因子模型

### 一、正交因子模型

设 $X=(X_1,\cdots,X_p)'$ 是可观测的随机向量, $\mathrm{E}(X)=\mu$, $\mathrm{D}(X)=\Sigma$.

$F=(F_1,\cdots,F_m)'(m<p)$ 是不可观测的随机向量,且 $\mathrm{E}(F)=0, \mathrm{D}(F)=I_m$(即 $F$ 的各分量方差为1,且互不相关).又设 $\varepsilon=(\varepsilon_1,\cdots,\varepsilon_p)'$ 与 $F$ 互不相关,且 $\mathrm{E}(\varepsilon)=0, \mathrm{D}(\varepsilon)=$ $\begin{pmatrix}\sigma_1^2 & & \\ & \ddots & \\ & & \sigma_p^2\end{pmatrix}=\mathrm{diag}(\sigma_1^2,\cdots,\sigma_p^2)\xlongequal{\mathrm{def}}D$(对角阵).假定随机向量 $X$ 满足以下的模型:

$$\begin{cases}X_1-\mu_1=a_{11}F_1+a_{12}F_2+\cdots+a_{1m}F_m+\varepsilon_1,\\ X_2-\mu_2=a_{21}F_1+a_{22}F_2+\cdots+a_{2m}F_m+\varepsilon_2,\\ \cdots\cdots\cdots\cdots\cdots\cdots\cdots\cdots\cdots\cdots\cdots\cdots\\ X_p-\mu_p=a_{p1}F_1+a_{p2}F_2+\cdots+a_{pm}F_m+\varepsilon_p,\end{cases}\tag{9.3}$$

则称模型(9.3)为**正交因子模型**.用矩阵表示为

$$\underset{p\times1}{X}=\underset{p\times1}{\mu}+\underset{(p\times m)}{A}\underset{(m\times1)}{F}+\underset{p\times1}{\varepsilon},\tag{9.4}$$

其中 $F=(F_1,\cdots,F_m)'$, $F_1,\cdots,F_m$ 称为 $X$ 的**公共因子**;$\varepsilon=(\varepsilon_1,\cdots,\varepsilon_p)'$, $\varepsilon_1,\cdots,\varepsilon_p$ 称为 $X$ 的**特殊因子**;公共因子 $F_1,\cdots,F_m$ 一般对 $X$ 每一个分量 $X_i$ 都有作用,而 $\varepsilon_i$ 只对 $X_i$ 起作用.而且各特殊因子

之间以及特殊因子与所有公共因子之间都是互不相关的.

模型中的矩阵 $A = \left(a_{ij}\right)_{(p\times m)}$ 是待估的系数矩阵,称为**因子载荷矩阵**. $a_{ij}(i = 1,\cdots,p;j = 1,\cdots,m)$ 称为第 $i$ 个变量在第 $j$ 个因子上的载荷(简称为**因子载荷**).

这里有两个关键性的假设:

- 特殊因子互不相关,且 $\mathrm{D}(\varepsilon) = \mathrm{diag}(\sigma_1^2,\cdots,\sigma_p^2) \xlongequal{\text{def}} D$;
- 特殊因子同公共因子互不相关,即 $\mathrm{Cov}(\varepsilon, F) = 0$.

在主分量分析中,残差通常是彼此相关的.在因子分析中,特殊因子起着残差的作用,但被定义为彼此不相关且和公因子也不相关.而且每个公因子假定至少对两个变量有贡献,否则它将是一个特殊因子.

在正交因子模型中,假定公因子彼此不相关且具有单位方差,即 $\mathrm{D}(F) = I_m$.在这种情况下,由

$$\begin{aligned}\Sigma &= \mathrm{D}(X) = \mathrm{D}(AF + \varepsilon)\\ &= \mathrm{E}(AF + \varepsilon)(AF + \varepsilon)'\\ &= A\mathrm{D}(F)A' + \mathrm{D}(\varepsilon) = AA' + D,\end{aligned}$$

即

$$\Sigma - D = AA' \tag{9.5}$$

可知,正交因子模型意味着第 $j$ 个变量和第 $k$ 个变量($j \neq k$)的协方差 $\sigma_{jk}$ 由下式给出

$$\sigma_{jk} = a_{j1}a_{k1} + a_{j2}a_{k2} + \cdots + a_{jm}a_{km}.$$

如果原始变量已被标准化为单位方差,在(9.5)式中将用相关阵代替协差阵.在这种意义上,公因子解释了观测变量间的相关性.用正交因子模型预测的相关与实际的相关之间的差异就是剩余相关.评估正交因子模型拟合优度的好方法就是考察剩余相关的大小.

因子分析的目的首先是由样本协差阵 $\hat{\Sigma}$ 估计 $\Sigma$,然后由分解式(9.5)求得 $A$ 和 $D$.也就是从可以观测的变量 $X_1,\cdots,X_p$ 给出的样本资料中,求出载荷矩阵 $A$,然后预测公共因子 $F_1,\cdots,F_m$.又

$$
\begin{aligned}
\mathrm{Cov}(X, F) &= \mathrm{E}(X - \mathrm{E}(X))(F - \mathrm{E}(F))' = \mathrm{E}[(X - \mu)F'] \\
&= \mathrm{E}[(AF + \varepsilon)F'] = A\mathrm{E}(FF') + \mathrm{E}(\varepsilon F') \\
&= A, \qquad (9.6)
\end{aligned}
$$

可见 $A$ 中元素 $a_{ij}$ 刻画变量 $X_i$ 与 $F_j$ 之间的相关性，称为 $X_i$ 在 $F_j$ 上的因子载荷.

关系式(9.5)和(9.6)称为正交因子模型的**协方差结构**.

## 二、正交因子模型中各个量的统计意义

### 1. 因子载荷的统计意义

由因子模型(9.3)及(9.6)可知 $X_i$ 与 $F_j$ 的协方差

$$\mathrm{Cov}(X_i, F_j) = a_{ij}.$$

如果变量 $X_i$ 是标准变量(即 $\mathrm{E}(X_i) = 0, \mathrm{Var}(X_i) = 1$)，则

$$\rho_{ij} = \frac{\mathrm{Cov}(X_i, F_j)}{\sqrt{\mathrm{Var}(X_i)}\sqrt{\mathrm{Var}(F_j)}} = \mathrm{Cov}(X_i, F_j) = a_{ij}.$$

这时因子载荷 $a_{ij}$ 就是第 $i$ 个变量与第 $j$ 个公共因子的相关系数. 由模型(9.3)，$X_i$ 是 $F_1, \cdots, F_m$ 的线性组合，系数 $a_{i1}, \cdots, a_{im}$ 是用来度量 $X_i$ 可用 $F_1, \cdots, F_m$ 线性组合表示之程度的. 模型中 $F_1, \cdots, F_m$ 的系数 $a_{i1}, \cdots, a_{im}$ 用统计学的术语叫做"**权**". 它表示 $X_i$ 依赖 $F_j$ 的分量(比重)，由于历史的原因，在心理学中将模型(9.3)的系数叫做"载荷". $a_{ij}$ 是第 $i$ 个变量在第 $j$ 个因子上的载荷(或负荷)，它反映了第 $i$ 个变量在第 $j$ 个公因子上的相对重要性.

### 2. 变量共同度的统计意义

因子载荷矩阵 $A$ 中各行元素的平方和记为 $h_i^2$，

$$h_i^2 = \sum_{j=1}^{m} a_{ij}^2 \quad (i = 1, 2, \cdots, p),$$

称为变量 $X_i$ 的**共同度**.

为了给出 $h_i^2$ 的统计意义，下面来计算 $X_i$ 方差：

$$\mathrm{Var}(X_i) = \mathrm{Var}(\sum_{t=1}^{m} a_{it}F_t + \varepsilon_i)$$

$$
\begin{aligned}
&= \sum_{t=1}^{m} a_{it}^2 \operatorname{Var}(F_t) + \operatorname{Var}(\varepsilon_i) \\
&= h_i^2 + \sigma_i^2.
\end{aligned}
$$

上式表明, $X_i$ 的方差由两部分组成, 第一部分 $h_i^2$ 是全部公共因子对变量 $X_i$ 的总方差所作出的贡献, 称为**公因子方差**; 第二部分 $\sigma_i^2$ 由特定因子 $\varepsilon_i$ 产生的方差, 它仅与变量 $X_i$ 有关, 也称为**剩余方差**.

显然, 若 $h_i^2$ 大, $\sigma_i^2$ 必小. 而 $h_i^2$ 大表明 $X_i$ 对公因子 $F_1, \cdots, F_m$ 的共同依赖程度大. 当 $h_i^2 = 1$(设 $\operatorname{Var}(X_i) = 1$) 时, $\sigma_i^2 = 0$, 即 $X_i$ 能够由公共因子的线性组合表示; 当 $h_i^2 \approx 0$ 时, 表明公因子对 $X_i$ 影响很小, $X_i$ 主要由特殊因子 $\varepsilon_i$ 来描述. 可见 $h_i^2$ 反映了变量 $X_i$ 对公因子 $F$ 依赖的程度. 故也称公因子方差 $h_i^2$ 为变量 $X_i$ 的**共同度**.

**3. 公因子 $F_j$ 的方差贡献的统计意义**

在因子载荷矩阵 $A$ 中, 求 $A$ 的各列的平方和, 记为 $q_j^2$, 即

$$
q_j^2 = \sum_{t=1}^{p} a_{tj}^2 \quad (j = 1, 2, \cdots, m).
$$

$q_j^2$ 的统计意义与 $X_i$ 的共同度 $h_i^2$ 恰好相反, $q_j^2$ 表示第 $j$ 个公因子 $F_j$ 对 $X$ 的所有分量 $X_1, \cdots, X_p$ 的总影响, 称为公共因子 $F_j$ 对 $X$ 的贡献($q_j^2$ 是同一公因子 $F_j$ 对诸变量所提供的协方差的平方和), 它是衡量公共因子相对重要性的指标.

显然, $q_j^2$ 愈大, 表明 $F_j$ 对 $X$ 的贡献愈大. 如果我们把载荷矩阵 $A$ 的各列平方和都计算出来, 使相应的贡献有顺序: $q_1^2 \geqslant q_2^2 \geqslant \cdots \geqslant q_m^2$, 我们就能够以此为依据, 提炼出最有影响的公因子. 要解决此问题, 关键是求载荷矩阵 $A$ 的估计.

关于因子模型有两点需要指出, 以便引起读者的注意.

① 模型不受量纲影响. 变量 $X$ 量纲的变化等价于作变换: $X^* = CX$, 其中 $C$ 为对角形阵, 则

$$
\mathrm{D}(X^*) = C\mathrm{D}(X)C' = C(AA' + D)C' = CAA'C' + CDC',
$$

$$
\mathrm{E}(X^*) = C\mu.
$$

记 $\mu^* = C\mu, A^* = CA, C\Sigma C' = \Sigma^*, CDC' = D^*, \varepsilon^* = C\varepsilon$,
则仍有因子模型

$$\begin{cases} X^* = \mu^* + A^* F + \varepsilon^*, \\ \Sigma^* = A^*(A^*)' + D^*. \end{cases}$$

② 因子载荷阵 $A$ 是不惟一的. 若 $\Gamma$ 是任一 $m \times m$ 正交阵, 则模型(9.4) 可表为

$$X = \mu + (A\Gamma)(\Gamma' F) + \varepsilon.$$

因

$$\mathrm{E}(\Gamma' F) = 0, \quad \mathrm{D}(\Gamma' F) = I,$$

$$\mathrm{Cov}(\Gamma' F, \varepsilon) = \Gamma' \mathrm{Cov}(F, \varepsilon) = 0,$$

故将 $\Gamma' F$ 看成公共因子, $A\Gamma$ 看成相应的因子载荷阵. 这时

$$\Sigma = AA' + D = (A\Gamma)(A\Gamma)' + D,$$

可见, 因子载荷阵 $A$ 不惟一.

**例 9.2.1** 已知 $X = (X_1, \cdots, X_4)'$ 的协差阵 $\Sigma$ 为

$$\Sigma = \begin{pmatrix} 19 & 30 & 2 & 12 \\ 30 & 57 & 5 & 23 \\ 2 & 5 & 38 & 47 \\ 12 & 23 & 47 & 68 \end{pmatrix},$$

试求满足(9.5) 式的因子载荷阵 $A$ 和特殊因子的协差阵 $D$.

**解** 容易验证

$$\Sigma = \begin{pmatrix} 4 & 1 \\ 7 & 2 \\ -1 & 6 \\ 1 & 8 \end{pmatrix} \begin{pmatrix} 4 & 7 & -1 & 1 \\ 1 & 2 & 6 & 8 \end{pmatrix} + \begin{pmatrix} 2 & 0 & 0 & 0 \\ 0 & 4 & 0 & 0 \\ 0 & 0 & 1 & 0 \\ 0 & 0 & 0 & 3 \end{pmatrix}$$

$$= AA' + D.$$

因子载荷阵 $A$ 和特殊因子协差阵 $D$ 分别为

$$A = \begin{pmatrix} 4 & 1 \\ 7 & 2 \\ -1 & 6 \\ 1 & 8 \end{pmatrix}, \quad D = \begin{pmatrix} 2 & 0 & 0 & 0 \\ 0 & 4 & 0 & 0 \\ 0 & 0 & 1 & 0 \\ 0 & 0 & 0 & 3 \end{pmatrix},$$

即 $X$ 的协差阵 $\Sigma$ 具有 $m = 2$ 的正交因子模型结构, 且 $X_1$ 的共同度为

$$h_1^2 = 4^2 + 1^2 = 17.$$

第一个特殊因子 $\varepsilon_1$ 的方差 $\sigma_1^2 = 2, X_1$ 的方差可分解为

$$19 = 17 + 2,$$

即 方差 = 共同度 + 特殊方差.

对 $X_i(i = 2,3,4)$ 也有类似地分解.

## §9.3 参数估计方法

已知 $p$ 个相关变量的 $n$ 次观测值 $X_{(i)} = (x_{i1}, \cdots, x_{ip})'(i = 1, \cdots, n)$. 因子分析的目的是用少数几个公因子(设为 $m$ 个)来描述 $p$ 个相关变量间的协方差结构:

$$\Sigma = AA' + D,$$

其中 $A = (a_{ij})$ 为 $p \times m$ 的因子载荷阵; $D = \operatorname{diag}(\sigma_1^2, \cdots, \sigma_p^2)$ 为 $p$ 阶对角阵. 也就是估计公因子的个数 $m$、因子载荷阵 $A$ 及特殊因子的方差 $\sigma_i^2(i = 1, \cdots, p)$, 使得满足 $\Sigma = AA' + D$.

由 $p$ 个相关变量的观测数据可得到协差阵的估计, 记为 $S$. 为了建立公因子模型, 首先要估计因子载荷 $a_{ij}$ 和特殊因子方差 $\sigma_i{}^2$. 常用参数估计方法有以下三种: 主分量法, 主因子解和极大似然法.

### 一、主分量法

设样本协差阵 $S$ 的特征值为 $\lambda_1 \geqslant \lambda_2 \geqslant \cdots \geqslant \lambda_p \geqslant 0$, 相应单位正交特征向量为 $l_1, \cdots, l_p$. 当最后 $p - m$ 个特征值较小时, 则 $S$ 可近似地分解为

$$\begin{aligned} S &\approx \lambda_1 l_1 l_1' + \cdots + \lambda_m l_m l_m' + D \\ &= (\sqrt{\lambda_1} l_1, \cdots, \sqrt{\lambda_m} l_m) \begin{pmatrix} \sqrt{\lambda_1} l_1' \\ \cdots \\ \sqrt{\lambda_m} l_m' \end{pmatrix} + \begin{pmatrix} \sigma_1^2 & & 0 \\ & \ddots & \\ 0 & & \sigma_p^2 \end{pmatrix} \\ &= AA' + D, \end{aligned}$$

$$
\text{其中} \begin{cases} A = (\sqrt{\lambda_1} l_1, \cdots, \sqrt{\lambda_m} l_m) = (a_{ij}) \text{ 为 } p \times m \text{ 阵;} \\ \sigma_i^2 = s_{ii} - \sum_{t=1}^{m} a_{it}^2 \quad (i = 1, 2, \cdots, p). \end{cases} \tag{9.7}
$$

(9.7) 式给出的 $A$ 和 $D$ 就是因子模型的一个解. 载荷阵 $A$ 中的第 $j$ 列(即第 $j$ 个公因子 $F_j$ 在 $X$ 上的载荷) 和 $X$ 的第 $j$ 个主分量的系数相差一个倍数 $\sqrt{\lambda_j}$ $(j = 1, 2, \cdots, m)$. 故(9.7) 式给出的这个解常称为因子模型的**主分量解**.

公因子个数 $m$ 的确定方法一般有两种, 一是根据实际问题的意义或专业理论知识来确定; 二是用确定主分量个数的原则, 选 $m$ 为满足:

$$
\frac{\lambda_1 + \cdots + \lambda_m}{\lambda_1 + \cdots + \lambda_m + \cdots + \lambda_p} \geqslant P_0
$$

(比如 $P_0 = 0.70$ 或 $0.85$ 等) 的最小整数.

当相关变量所取单位不同时, 我们常常先对变量标准化. 标准化变量的样本协差阵就是原始变量的样本相关阵 $R$. 用 $R$ 代替 $S$, 类似可得主分量解.

## 二、主因子解

从 $R$ 出发, 下面来介绍主分量法的一种修正. 设 $R = AA' + D$, 则 $R - D = AA' \overset{\text{def}}{=\!=\!=} R^*$ 称为**约相关阵**. 如果我们已知特殊方差的初始估计 $(\hat{\sigma}_i^*)^2$, 也就是已知先验公因子方差的估计为

$$
(h_i^*)^2 = 1 - (\hat{\sigma}_i^*)^2,
$$

则约相关阵 $R^* = R - D$ 为

$$
\underset{p \times p}{R^*} = \begin{bmatrix} (h_1^*)^2 & r_{12} & \cdots & r_{1p} \\ r_{21} & (h_2^*)^2 & \cdots & r_{2p} \\ \vdots & \vdots & & \vdots \\ r_{p1} & r_{p2} & \cdots & (h_p^*)^2 \end{bmatrix}.
$$

计算 $R^*$ 的特征值和单位正交特征向量, 取前 $m$ 个正特征值

$\lambda_1^* \geqslant \lambda_2^* \geqslant \cdots \geqslant \lambda_m^* > 0$,相应的单位正交特征向量为 $l_1^*, l_2^*$, $\cdots l_m^*$,则有近似分解式:

$$\underset{p\times p}{R^*} = AA',$$

其中
$$\underset{p\times m}{A} = (\sqrt{\lambda_1^*}\, l_1^*, \cdots, \sqrt{\lambda_m^*} l_m^*).$$

令
$$\hat{\sigma}_i^2 = 1 - \sum_{t=1}^{m} a_{it}^2 \quad (i = 1, \cdots, p),$$

则 $A$ 和 $D^* = \mathrm{diag}(\hat{\sigma}_1^2, \cdots, \hat{\sigma}_p^2)$ 为因子模型的一个解.这个解就称为**主因子解**.

在实际应用中特殊因子方差 $\sigma_i^2$ 或公因子方差(也称为共同度)$h_i^2$ 是未知的.以上得到的解是近似解.为了得到近似程度更好的解,常常采用迭代主因子法,即利用上面得到的 $D^* = \mathrm{diag}(\hat{\sigma}_1^2, \cdots, \hat{\sigma}_p^2)$ 作为特殊方差的初始估计,重复上述步骤,直到解稳定为止.

因特殊因子方差 $\sigma_i^2 = 1 - h_i^2$,故求特殊因子方差的初始估计等价于求公因子方差(或称共同度)$h_i^2$ 的初始估计.下面介绍公因子方差(或称变量的共同度)常用的初始估计的几种方法:

① $h_i^2$取为第$i$ 个变量与其他所有变量的多重相关系数的平方(或者取 $\sigma_i^2 = 1/r^{ii}$,其中 $r^{ii}$ 是 $R^{-1}$ 的对角元素,则 $h_i^2 = 1 - \sigma_i^2$);

② $h_i^2$取为第$i$ 个变量与其他变量相关系数绝对值的最大值;

③ 取 $h_i^2 = 1$,它等价于主分量解.

### 三、极大似然法

假定公因子 $F$ 和特殊因子$\varepsilon$ 服从正态分布,那么我们可得到因子载荷阵和特殊方差的极大似然估计.设 $p$ 维观测向量 $X_{(1)}$, $\cdots$, $X_{(n)}$为来自正态总体 $N_p(\mu, \Sigma)$ 的随机样本,则样本似然函数为 $\mu, \Sigma$ 的函数$L(\mu, \Sigma)$.

设 $\Sigma = AA' + D$,取 $\mu = \bar{X}$,则似然函数 $L(\bar{X}, AA' + D)$ 为 $A, D$ 的函数,记为 $\varphi(A, D)$,求 $A, D$ 使$\varphi$ 达最大.为保证得到惟

一解,可附加计算上方便的惟一性条件:

$$A'D^{-1}A = \text{对角阵},$$

用迭代方法可求得极大似然估计 $A$ 和 $D$.

## 四、主分量估计法的具体步骤

以上三种估计方法中,主分量解应用较广泛.具体步骤如下:

设样本资料阵为

$$\underset{n\times p}{X} = \begin{bmatrix} x_{11} & x_{12} & \cdots & x_{1p} \\ x_{21} & x_{22} & \cdots & x_{2p} \\ \vdots & \vdots & & \vdots \\ x_{n1} & x_{n2} & \cdots & x_{np} \end{bmatrix}_{n\times p}.$$

① 由样本资料阵 $X$ 计算样本均值及样本相关阵.

样本均值 $\bar{X}$ 为

$$\bar{X} = \frac{1}{n}\sum_{t=1}^{n} X_{(t)} = (\bar{x}_1, \cdots, \bar{x}_p)',$$

样本离差阵 $E$ 为

$$E = \sum_{t=1}^{n}(X_{(t)} - \bar{X})(X_{(t)} - \bar{X})' \xlongequal{\text{def}} (e_{ij}),$$

其中

$$e_{ij} = \sum_{t=1}^{n}(x_{ti} - \bar{x}_i)(x_{tj} - \bar{x}_j);$$

样本相关阵 $R = (r_{ij})$,其中 $r_{ij} = \dfrac{e_{ij}}{e_{ii}e_{jj}}\ (i, j = 1, 2, \cdots, p)$.

② 求 $R$ 的特征值和标准化特征向量.

记 $\lambda_1 \geqslant \lambda_2 \geqslant \cdots \geqslant \lambda_p \geqslant 0$ 为 $R$ 的特征值,相应单位正交特征向量为 $l_1, \cdots, l_p$.

③ 求因子模型的因子载荷阵.

(a) 确定公因子的个数 $m$. 如 $m$ 为满足$(\lambda_1 + \lambda_2 + \cdots + \lambda_m)/p \geqslant 0.80$(或 0.70 或 0.90) 的最小正整数.

(b) 令 $a_i = \sqrt{\lambda_i}l_i (i = 1, 2, \cdots, m)$,则 $A = (a_1, \cdots, a_m)$ 为因子载荷阵.

④ 求特殊因子方差 $\hat{\sigma}_i^2 = 1 - \sum_{t=1}^{m} a_{it}^2 \ (i = 1, \cdots, p)$. $X_i$ 的共同度 $h_i^2$ 的估计为

$$h_i^2 = \sum_{t=1}^{m} a_{it}^2 \quad (i = 1, \cdots, p).$$

⑤ 对 $m$ 个公因子(或称潜因子,主因子)作解释.

求出因子载荷阵 $A$ 后,即有:可测变量 $X_1, \cdots, X_p$ 可以由 $m$ 个不可测的公因子及各自的特殊因子表示,但这 $m$ 个公因子表示什么?则要结合专业知识给出解释.

## 五、应用实例——盐泉水化学分析资料的因子分析

**例 9.3.1** 今有 20 个盐泉,盐泉的水化学特征系数值见表 9.1.试对盐泉水化学分析资料作因子分析.

**表 9.1 盐泉水化学特征系数的数据**

| 序号 | 矿化度 (g/L) ($X_1$) | $\frac{Br\cdot 10^3}{Cl}$ ($X_2$) | $\frac{K\cdot 10^3}{\Sigma 盐}$ ($X_3$) | $\frac{K\cdot 10^3}{Cl}$ ($X_4$) | $\frac{Na}{K}$ ($X_5$) | $\frac{Mg\cdot 10^2}{Cl}$ ($X_6$) | $\frac{\varepsilon Na}{\varepsilon Cl}$ ($X_7$) |
|---|---|---|---|---|---|---|---|
| 1 | 11.835 | 0.480 | 14.360 | 25.210 | 25.21 | 0.810 | 0.98 |
| 2 | 45.596 | 0.526 | 13.850 | 24.040 | 26.01 | 0.910 | 0.96 |
| 3 | 3.525 | 0.086 | 24.400 | 49.300 | 11.30 | 6.820 | 0.85 |
| 4 | 3.681 | 0.370 | 13.570 | 25.120 | 26.00 | 0.820 | 1.01 |
| 5 | 48.287 | 0.386 | 14.500 | 25.900 | 23.32 | 2.180 | 0.93 |
| 6 | 17.956 | 0.280 | 9.750 | 17.050 | 37.20 | 0.464 | 0.98 |
| 7 | 7.370 | 0.506 | 13.600 | 34.280 | 10.69 | 8.800 | 0.56 |
| 8 | 4.223 | 0.340 | 3.800 | 7.100 | 88.20 | 1.110 | 0.97 |
| 9 | 6.442 | 0.190 | 4.700 | 9.100 | 73.20 | 0.740 | 1.03 |
| 10 | 16.234 | 0.390 | 3.100 | 5.400 | 121.50 | 0.420 | 1.00 |
| 11 | 10.585 | 0.420 | 2.400 | 4.700 | 135.60 | 0.870 | 0.98 |
| 12 | 23.535 | 0.230 | 2.600 | 4.600 | 141.80 | 0.310 | 1.02 |
| 13 | 5.398 | 0.120 | 2.800 | 6.200 | 111.20 | 1.140 | 1.07 |
| 14 | 283.149 | 0.148 | 1.763 | 2.968 | 215.86 | 0.140 | 0.98 |
| 15 | 316.604 | 0.317 | 1.453 | 2.432 | 263.41 | 0.249 | 0.98 |
| 16 | 307.310 | 0.173 | 1.627 | 2.729 | 235.70 | 0.214 | 0.99 |
| 17 | 322.515 | 0.312 | 1.382 | 2.320 | 282.21 | 0.024 | 1.00 |
| 18 | 254.580 | 0.297 | 0.899 | 1.476 | 410.30 | 0.239 | 0.93 |
| 19 | 304.092 | 0.283 | 0.789 | 1.357 | 438.36 | 0.193 | 1.01 |
| 20 | 202.446 | 0.042 | 0.741 | 1.266 | 309.77 | 0.290 | 0.99 |

**解** 此例中, $n = 20, p = 7$ .以下 SAS 程序首先用 DATA 步生成 SAS 数据集 D931,然后调用 SAS/STAT 软件中的FACTOR

过程进行因子分析.

在 proc factor 语句中,选项 method = prin 和 priors = one 表示用主分量法估计因子载荷阵 $A$ 和 $D$ .因主分量法是常用的参数估计法,这两个选项的值为系统的预置值,可以省略不写.选项 p = 0.80(或 p = 80)表示选取公因子个数 $m$,使 $m$ 为满足$(\lambda_1 + \lambda_2 + \cdots + \lambda_m)/p \geqslant 0.80$ 的最小正整数.选项simple要求打印输出原始相关变量的样本均值和标准差.var 语句列出进行因子分析的相关变量 $X1$ 至 $X7$ .

以下 SAS 程序产生的输出结果见输出 9.3.1 至输出 9.3.4.

```
data D931;
    input X1 - X7;
    n = _n_;
    cards;
……(数据行)
;
proc factor data = D931 method = prin priors = one
              p = 0.80 simple;
    var X1 - X7;
run;
```

**输出 9.3.1　盐泉水化学特征系数的均值和标准差**

```
                         The SAS System

      Means and Standard Deviations from 20 observations

                  X1            X2            X3            X4
Mean       109.76815        0.2948        6.6042       12.6274
Std Dev   134.188504    0.13839136    6.78138544     13.572074

                  X5            X6            X7
Mean         149.342       1.33715         0.961
Std Dev      134.653    2.29108612    0.10427191
```

从输出 9.3.2 可以看出,取公因子的个数 $m = 3$,3 个公因子的累计贡献率在 0.90 以上(0.9166),即说明前三个公因子反映原始变量的信息已占总信息的 90% 以上.

查看输出 9.3.3 给出的因子载荷阵 $A$(即由前三个特征值对应的特征向量得到),比如查看 FACTOR3 对应的列(第三个公共因子的载荷向量),除 $a_{23} = 0.89278$ 较大外,其余各数值都小,这

表示可用 $X_2$ 来解释公因子 $F_3$.对某个公因子进行解释的基本想法是:首先看哪些变量在这个因子的负荷最大,然后利用专业知识讨论这些变量的组合的实际含意.由输出 9.3.3 可见,对第一、二公因子的载荷中有一些数值在 0.5 附近的中等负荷,虽也能按以上想法进行解释,但容易使公因子的意义含糊不清.在 §9.4 介绍方差最大旋转后的因子载荷阵,其实际含意将更明显.

**输出 9.3.2　相关阵的特征值、相邻特征值之差、贡献率和累计贡献率**

```
                              The SAS System
  Initial Factor Method: Principal Components

                    Prior Communality Estimates: ONE

       Eigenvalues of the Correlation Matrix:  Total = 7  Average = 1

                          1           2           3           4
       Eigenvalue     4.2444      1.2513      0.9202      0.4384
       Difference     2.9931      0.3312      0.4818      0.3248
       Proportion     0.6063      0.1788      0.1315      0.0626
       Cumulative     0.6063      0.7851      0.9166      0.9792

                          5           6           7
       Eigenvalue     0.1136      0.0314      0.0007
       Difference     0.0822      0.0307
       Proportion     0.0162      0.0045      0.0001
       Cumulative     0.9954      0.9999      1.0000
```

**输出 9.3.3　因子载荷阵 $A(m=3)$ 及每个公因子解释的方差**

```
      3 factors will be retained by the PROPORTION criterion.

                          Factor Pattern

                        FACTOR1    FACTOR2    FACTOR3

              X1       -0.71560    0.56452    0.04559
              X2        0.41233   -0.13191    0.89278
              X3        0.90960   -0.06429   -0.17215
              X4        0.94490    0.04843   -0.17493
              X5       -0.83458    0.46939    0.04773
              X6        0.82555    0.49675   -0.13428
              X7       -0.68122   -0.66459   -0.20123

                  Variance explained by each factor

                      FACTOR1    FACTOR2    FACTOR3
                     4.244417   1.251331   0.920181
```

由输出 9.3.3,查看每一行,如第一行,可以得出:

$$X_1 = -0.71560F_1 + 0.56452F_2 + 0.04559F_3 + \varepsilon_1,$$

它给出了变量 $X_1$ 与公共因子 $F_1$、$F_2$、$F_3$ 及特殊因子 $\varepsilon_1$ 的关系(即

因子模型),其他各行类似.

从输出 9.3.4 可以得出各变量共同度的估计. 从而给出了特殊方差的估计,如 $\hat{\sigma}_1^2 = 0.167161$(即 $1 - 0.832839 = 0.167161$).

**输出 9.3.4 最终的公因子方差(即 $m = 3$ 时各变量的共同度)**

Final Communality Estimates: Total = 6.415930

| X1 | X2 | X3 | X4 | X5 | X6 | X7 |
|---|---|---|---|---|---|---|
| 0.832839 | 0.984480 | 0.861139 | 0.925789 | 0.919127 | 0.946322 | 0.946232 |

## §9.4 方差最大的正交旋转

因子分析的目的不仅是求出公因子,更主要的是知道每个公因子的实际意义. 但由 §9.3 介绍的估计方法所求出的公因子解,初始因子载荷阵并不满足"简单结构准则",即各个公因子的典型代表变量不很突出,因而容易使公因子的意义含糊不清,不利于对因子进行解释. 为此必须对因子载荷阵施行旋转变换,使得各因子载荷的平方按列向 0 和 1 两极转化,达到其结构简化的目的.

### 一、理论依据

设因子模型: $X = AF + \varepsilon$, $F = (F_1, \cdots, F_m)'$ 为公因子,对 $F$ 施行正交变换:令 $Z = \Gamma' F$($\Gamma$ 为任一 $m \times m$ 正交阵),则

$$X = A\Gamma Z + \varepsilon, \tag{9.8}$$

且

$$\left.\begin{aligned} &\mathrm{D}(Z) = \mathrm{D}(\Gamma' F) = \Gamma' \mathrm{D}(F) \Gamma = I_m, \\ &\mathrm{Cov}(Z, \varepsilon) = \mathrm{Cov}(\Gamma' F, \varepsilon) = \Gamma' \mathrm{Cov}(F, \varepsilon) = 0, \\ &\mathrm{D}(X) = \mathrm{D}(A\Gamma Z) + \mathrm{D}(\varepsilon) \\ &\quad\quad = A\Gamma \mathrm{D}(Z) \Gamma' A' + D = AA' + D. \end{aligned}\right\} \tag{9.9}$$

(9.8) 和(9.9) 说明,若 $F$ 是正交因子模型的公因子向量,则对任

一正交阵 $\Gamma$, $\Gamma' F \xlongequal{\text{def}} Z$ 也是公因子向量. 相应的 $A\Gamma$ 是公因子 $Z$ 的因子载荷阵. 利用这一性质, 在因子分析的实际计算中, 当求得初始因子载荷阵 $A$ 以后, 就反复右乘正交阵 $\Gamma$, 使 $A\Gamma$ 具有更明显的实际意义. 这种变换载荷矩阵的方法, 称为因子轴的**正交旋转**.

## 二、因子载荷方差

设因子模型 $X = AF + \varepsilon$, $A = (a_{ij})$ 为公因子 $F$ 的因子载荷阵,

$$\underset{(p\times m)}{A} = \begin{pmatrix} a_{11} & \cdots & a_{1j} & \cdots & a_{1m} \\ \vdots & & \vdots & & \vdots \\ a_{i1} & \cdots & a_{ij} & \cdots & a_{im} \\ \vdots & & \vdots & & \vdots \\ a_{p1} & \cdots & a_{pj} & \cdots & a_{pm} \end{pmatrix},$$

$h_i^2 = \sum\limits_{t=1}^{m} a_{it}^2 \quad (i = 1, \cdots, p)$ 为变量 $X_i$ 的共同度.

如果 $A$ 的每一列(即因子载荷向量)数值越分散, 相应的因子载荷向量的方差越大. 为消除 $a_{ij}$ 符号不同的影响及各变量对公因子依赖程度不同的影响, 令

$$d_{ij}^2 = \frac{a_{ij}^2}{h_i^2} \quad (i = 1, \cdots, p; j = 1, \cdots, m),$$

第 $j$ 列的 $p$ 个数据: $d_{1j}^2, \cdots, d_{pj}^2$ 的方差定义为

$$V_j = \sum_{i=1}^{p} (d_{ij}^2 - \bar{d}_j)^2 / p = \frac{1}{p^2}\left[ p \sum_{i=1}^{p} \frac{a_{ij}^4}{h_i^4} - \left( \sum_{t=1}^{p} \frac{a_{tj}^2}{h_t^2} \right)^2 \right], \tag{9.10}$$

其中 $\bar{d}_j = \frac{1}{p} \sum\limits_{t=1}^{p} d_{tj}^2 \quad (j = 1, \cdots, m)$, 则因子载荷阵 $A$ 的方差为

$$V = \sum_{j=1}^{m} V_j = \frac{1}{p^2}\left\{ \sum_{j=1}^{m} \left[ p \sum_{i=1}^{p} \frac{a_{ij}^4}{h_i^4} - \left( \sum_{t=1}^{p} \frac{a_{tj}^2}{h_t^2} \right)^2 \right] \right\}. \tag{9.11}$$

若 $V_j$ 值越大, $A$ 的第 $j$ 个因子载荷向量数值越分散, 如果载

荷值或是趋于1或是趋于0，这时相应的公因子 $F_j$ 具有简化结构. 我们希望因子载荷阵 $A$ 的方差尽可能大.

## 三、方差最大的正交旋转

设 $m=2$，因子载荷阵为

$$\underset{(p\times 2)}{A}=\begin{pmatrix} a_{11} & a_{12} \\ a_{21} & a_{22} \\ \vdots & \vdots \\ a_{p1} & a_{p2} \end{pmatrix}, \text{取正交阵 } \Gamma=\begin{pmatrix} \cos\varphi & -\sin\varphi \\ \sin\varphi & \cos\varphi \end{pmatrix},$$

则 $B=A\Gamma$ 是 $Z=\Gamma'F$ 的因子载荷阵. 这相当于将由 $F_1,F_2$ 确定的因子平面旋转一个角度 $\varphi$. 利用微积分的方法可以确定选择适当的角度 $\varphi$，使载荷阵的总方差达最大.

当 $m>2$ 时，可以逐次每两个因子 $F_\alpha,F_\beta(\alpha\neq\beta)$ 进行以上旋转. 选择正交旋转的角度 $\varphi_{\alpha\beta}$ 使这两个因子的方差之和达最大. $m$ 个因子的全部配对旋转，共需旋转 $C_m^2$ 次，全部旋转完毕算一次循环(或一轮)，经第一轮旋转后计算旋转后的因子载荷方差 $V_{(1)}$，此时不能认为 $V_{(1)}$ 就是最大方差，还需从旋转后的载荷阵出发，再进行第二轮、第三轮旋转，直到 $V$ 不能再增大为止.

**例 9.4.1**(例 9.3.1 的继续)　在例 9.3.1 中，考虑对因子载荷阵作方差最大的正交旋转，并由旋转后的因子载荷阵解释公因子的含义.

**解**　在以下 SAS 程序中，PROC FACTOR 语句的选项 ROTATE＝VARIMAX(或 R＝V)表示对因子载荷阵进行方差最大正交旋转，选项 N＝3 指定公因子个数 $m=3$. 以下 SAS 程序的部分输出结果见输出 9.4.1 和输出 9.4.2.

```
proc factor data = D931 rotate = varimax n = 3;
    var X1 - X7;
run;
```

在此例中，因子载荷阵 $A$ 经五轮正交旋转后，每轮因子载荷阵的方差 $V_{(i)}$ 不断增加：

$$V_{(1)} = 0.173828 \leqslant 0.390722 \leqslant 0.391048$$
$$\leqslant 0.391049 \leqslant 0.391049 = V_{(5)},$$

且当 $$|V_{(5)} - V_{(4)}| \leqslant 0.000001$$

停止旋转，$V_{(5)} = 0.391049$ 作为 $V$ 的最大值.这时经方差极大旋转后的因子载荷阵 $A^*$ 见输出 9.4.1.

**输出 9.4.1 方差极大正交旋转后的因子载荷阵**

Rotation Method: Varimax

Orthogonal Transformation Matrix

| | 1 | 2 | 3 |
|---|---|---|---|
| 1 | -0.73239 | 0.65030 | 0.20179 |
| 2 | 0.64257 | 0.75814 | -0.11102 |
| 3 | 0.22519 | -0.04835 | 0.97311 |

Rotated Factor Pattern

| | FACTOR1 | FACTOR2 | FACTOR3 |
|---|---|---|---|
| X1 | 0.89711 | -0.03957 | -0.16271 |
| X2 | -0.18571 | 0.12496 | 0.96663 |
| X3 | -0.74626 | 0.55109 | 0.02317 |
| X4 | -0.70031 | 0.65964 | 0.01507 |
| X5 | 0.92360 | -0.18917 | -0.17408 |
| X6 | -0.31567 | 0.91995 | -0.01923 |
| X7 | 0.02655 | -0.93712 | -0.25950 |

Variance explained by each factor

| FACTOR1 | FACTOR2 | FACTOR3 |
|---|---|---|
| 2.840008 | 2.516292 | 1.059629 |

**输出 9.4.2 最终的公因子方差(即 $m=3$ 时各变量的共同度)**

Final Communality Estimates: Total = 6.415930

| X1 | X2 | X3 | X4 | X5 | X6 | X7 |
|---|---|---|---|---|---|---|
| 0.832839 | 0.984480 | 0.861139 | 0.925789 | 0.919127 | 0.946322 | 0.946232 |

旋转后的因子载荷阵的总方差 $V_{(5)}$ 为初始因子载荷阵总方差 $V_{(1)}$ 的2.25倍，$A^*$ 的各列的载荷明显向0或1两极方向分化，这就大大有利于对公因子进行解释.

① 方差极大正交旋转后第一公因子中各变量的因子载荷有正有负，正载荷主要是 $X_5$（Na/K 系数）和 $X_1$（矿化度），它们是钠盐形成的显示.负载荷主要是 $X_3$（$K\cdot 10^3/\Sigma$ 盐）和 $X_4$（$K\cdot 10^3/Cl$），它们表示了钾盐形成的必要物质来源.

② 方差极大正交旋转后第二公因子中各变量的因子载荷最大值为 $X_6$ 的载荷 0.9199($X_6$ 为 $\mathrm{Mg}\cdot 10^2/\mathrm{Cl}$)，而 $X_3$ ($\mathrm{K}\cdot 10^3/\Sigma$ 盐)，$X_4$ 降为次要地位.这说明第二公因子是钾盐形成条件的显示—— $\mathrm{Mg}\cdot 10^2/\mathrm{Cl}$，正如我们通常所知道的反映了钾盐沉淀环境和钾矿物中的成分之一存在的.而 $\mathrm{K}\cdot 10^3/\Sigma$ 盐，$\mathrm{K}\cdot 10^3/\mathrm{Cl}$ 则是钾盐形成的不可缺少的物质条件.

③ 在第三公因子中，主要起作用的变量是 $X_2$ ($\mathrm{Br}\cdot 10^3/\mathrm{Cl}$)它是钾盐或钾矿化的一个环境标志.

总的看来，影响钾盐成矿的主要特征系数是 $\mathrm{K}\cdot 10^3/\Sigma$ 盐，$\mathrm{K}\cdot 10^3/\mathrm{Cl}$，$\mathrm{Mg}\cdot 10^2/\mathrm{Cl}$ 以及较次要的 $\mathrm{Br}\cdot 10^3/\mathrm{Cl}$，而影响决定钠盐形成的是矿化度与 Na/K 系数.

在实际应用中，有时使用斜旋转，即将 $A \Rightarrow AB$，$B$ 不一定是正交阵，只要求 $|B| \neq 0$，旋转的目的仍是使因子载荷矩阵达到"结构简化".

## §9.5 因子得分

以上几节我们已经讨论了如何从样本协差阵 $\hat{\Sigma}$ 或相关阵 $R$ 出发，来获得公因子和因子载荷阵，并给出公因子的实际背景.当我们一旦获得公因子和因子载荷阵以后，我们应当反过来考察每一个样品相应的公因子的估计，即所谓的**因子得分**.因子得分可用于模型的诊断，也可作为进一步分析的原始数据.但请注意，因子得分的计算并不是通常意义下的参数估计，而是对不可观测的随机向量 $F$ 取值的估计.

下面介绍估计因子得分的几种常用方法.

### 一、加权最小二乘法

设 $X$ 满足正交因子模型(不妨设 $\mu = 0$)

$$X = AF + \varepsilon,$$

假定因子载荷阵 $A$ 和特殊因子方差已知,而把特殊因子 $\varepsilon$ 看做误差.因 $\mathrm{Var}(\varepsilon_i)=\sigma_i^2 \quad (i=1,\cdots,p)$ 一般不相等.于是我们用加权最小二乘法估计公因子 $F$ 的值.

用误差方差的倒数作为权的误差平方和:

$$\sum_{i=1}^{p}\frac{\varepsilon_i^2}{\sigma_i^2}=\varepsilon' D^{-1}\varepsilon=(X-AF)'D^{-1}(X-AF)\xlongequal{\text{def}}\varphi(F). \tag{9.12}$$

在(9.12)式子中,$A$,$D$ 已知,$X$ 为观测值也已知,求 $F$ 的估计值 $\hat{F}$,使 $\varphi(\hat{F})=\min\varphi(F)$.

由 $\frac{\partial\varphi(F)}{\partial F}=0$,可得到 $F$ 的估计值:

$$\hat{F}=(A'D^{-1}A)^{-1}A'D^{-1}X, \tag{9.13}$$

这就是因子得分的加权最小二乘估计.

若假定 $X\sim N_p(AF,D)$,$X$ 的似然函数的对数为 $L(F)$,由此得到 $F$ 的极大似然估计仍为(9.13)式,这个估计也称为巴特莱特因子得分.

实际问题中,$A$,$D$ 未知,自然的作法是将它们的某个估计代入(9.13).对样品 $X_{(i)}$,因子得分为

$$\hat{F}_{(i)}=(A'D^{-1}A)^{-1}A'D^{-1}X_{(i)} \quad (i=1,\cdots,n).$$

如果我们用主分量法估计因子载荷阵,那么在计算因子得分的估计时,通常用不加权的最小二乘法,即极小化

$$\sum_{i=1}^{p}\varepsilon_i^2=\varepsilon'\varepsilon=(X-AF)'(X-AF)$$

来估计 $F$,此时:$\hat{F}=(A'A)^{-1}A'X$,这是因子得分的最小二乘估计.对样品 $X_{(i)}$,因子得分为

$$\hat{F}_{(i)}=(A'A)^{-1}A'X_{(i)} \quad (i=1,\cdots,n),$$

对照第八章介绍的样本主分量,可以看到,因子得分 $\hat{F}_{(i)}$ 和样本主分量得分 $Z_{(i)}$ 仅相差一个常数:

$$\hat{f}_{ij}=z_{ij}/\sqrt{\lambda_j}\,(i=1,\cdots,n;j=1,\cdots,m),$$

其中 $\lambda_j$ 是相关阵 $R$ 的第 $j$ 大特征值.

## 二、回归法

在因子模型中,我们也可以反过来将公因子表示为变量的线性组合,即用

$$F_i = \beta_{i1}X_1 + \cdots + \beta_{ip}X_p \quad (i = 1, \cdots, m) \tag{9.14}$$

来计算每个样品的公因子得分.(9.14) 式称为**因子得分函数**.

由于(9.14) 式中方程的个数 $m$ 小于变量个数 $p$,因此只能在最小二乘意义下对因子得分进行估计.利用回归分析方法所建立的公因子 $F$ 对变量 $X$ 的回归方程为

$$\underset{(m\times 1)}{\hat{F}} = \underset{(m\times p)}{A}{'} \underset{(p\times p)}{R}{}^{-1} \underset{(p\times 1)}{X}, \tag{9.15}$$

其中 $R$ 为样本相关阵.由样本值计算相关阵 $R$,并估计因子载荷 $A$,代入(9.15) 式,即得因子得分函数 $\hat{F}$ 的计算公式.

此方法是由汤姆森(Thompson,1939) 提出来的,所得因子得分在文献上常称为**汤姆森因子得分**.

此估计也可以从 Bayes 统计的思想来求得.

这两种估计法得到的因子得分在 $A, D$ 满足约束条件:$A'D^{-1}A =$ 对角形,且对角元素很小时,两种估计方法得出的因子得分几乎相等.

若从无偏性考虑,第一种估计是无偏的,而汤姆森因子得分(回归估计) 是有偏的.若从平均预报误差考虑,第二种估计(汤姆森因子得分) 有较小的平均预报误差.这两种估计到底哪一种好,长期以来一直有争论,至今尚未有定论.

**例 9.5.1**(例 9.4.1 的继续)　在例 9.4.1 中,用回归法求因子得分函数,计算 20 个样品的因子得分,并绘制第一和第二因子得分的散布图.

**解**　在以下 SAS 程序中,PROC FACTOR 语句的选项 SCORE要求打印因子得分系数(见输出 9.5.1).选项 out = O951 要求把因子得分存放到输出 SAS 数据集 O951 中.

PRINT 过程打印输出集 O951 中的三个因子得分向量(见输出 9.5.2). PLOT 过程绘制第二因子得分对第一因子得分的散布图(见输出 9.5.3).

```
proc factor data=D931 rotate=v n=3 score out=O951;
     var X1 - X7;
proc print data=O951;
     var factor1 factor2 factor3;
proc plot data=O951;
     plot factor2 * factor1  $  n='*'/href=0 vref=0;
run;
```

**输出 9.5.1　用回归法得到的因子得分系数**

```
Rotation Method: Varimax

            Scoring Coefficients Estimated by Regression

     Squared Multiple Correlations of the Variables with each Factor

                    FACTOR1    FACTOR2    FACTOR3
                   1.000000   1.000000   1.000000

                  Standardized Scoring Coefficients

                       FACTOR1    FACTOR2    FACTOR3

           X1          0.42452    0.22999   -0.03589
           X2          0.07959   -0.06366    0.97545
           X3         -0.23210    0.10946   -0.13310
           X4         -0.18099    0.18330   -0.14437
           X5          0.39673    0.15401   -0.03085
           X6          0.07977    0.43450   -0.14683
           X7         -0.27297   -0.49645   -0.18622
```

由输出 9.5.1, 可以写出三个因子得分函数:

$$F_1 = 0.42452X_1 + 0.07959X_2 - 0.23210X_3 - 0.18099X_4 + 0.39673X_5 + 0.07977X_6 - 0.27297X_7,$$

$$F_2 = 0.22999X_1 - 0.06366X_2 + 0.10946X_3 + 0.18330X_4 + 0.15401X_5 + 0.43450X_6 - 0.49645X_7,$$

$$F_3 = -0.03589X_1 + 0.97545X_2 - 0.13310X_3 - 0.14437X_4 - 0.03085X_5 - 0.14683X_6 - 0.18622X_7.$$

把 20 个样品的观测值代入以上因子得分函数, 即得样品的因子得分(见输出 9.5.2).

**输出 9.5.2　样品的因子得分($m$ = 3)**

The SAS System

| OBS | FACTOR1 | FACTOR2 | FACTOR3 |
|---|---|---|---|
| 1 | -1.07037 | -0.29033 | 1.07379 |
| 2 | -0.84585 | -0.16256 | 1.44057 |
| 3 | -1.47954 | 2.10691 | -2.30421 |
| 4 | -1.20706 | -0.40771 | 0.26270 |
| 5 | -0.85008 | 0.32268 | 0.39332 |
| 6 | -0.87616 | -0.42436 | -0.14084 |
| 7 | 0.17045 | 3.29864 | 1.41806 |
| 8 | -0.34984 | -0.47747 | 0.47315 |
| 9 | -0.70071 | -0.73612 | -0.70366 |
| 10 | -0.24090 | -0.74974 | 0.83720 |
| 11 | -0.09866 | -0.59729 | 1.07500 |
| 12 | -0.27843 | -0.77537 | -0.30751 |
| 13 | -0.61940 | -0.84666 | -1.23441 |
| 14 | 0.86314 | -0.08533 | -0.85577 |
| 15 | 1.22783 | -0.04291 | 0.32038 |
| 16 | 0.99665 | -0.07172 | -0.70796 |
| 17 | 1.24278 | -0.14953 | 0.26054 |
| 18 | 1.61515 | 0.24230 | 0.27333 |
| 19 | 1.64072 | -0.02730 | 0.01848 |
| 20 | 0.86027 | -0.12612 | -1.59215 |

**输出 9.5.3　第一、二因子的因子得分图**

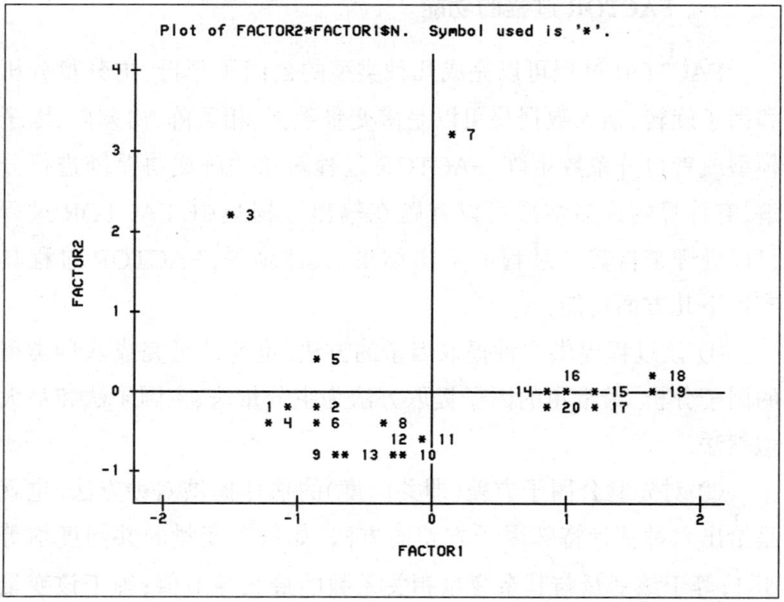

输出 9.5.3 是根据样品的因子得分，取 $F_1$ 和 $F_2$ 两个因子轴作因子得分图．可见 20 个盐泉除第 3 号和 7 号外可分为三类，第一类为第 14 ~ 20 号盐泉，它们以第一因子轴上得分高，$F_2$ 上得分低为特征；第二类为第 8 ~ 13 号盐泉，它们以 $F_1$ 上得分小，$F_2$ 上得分为较大的负值为特征；第三类为第 1 ~ 6 号盐泉，它们以 $F_1$ 上得分为较大负值为特征．这三类表示三种不同的盐泉．

## §9.6 FACTOR 过程与应用例子

FACTOR 过程用于进行几类公因子分析和主分量分析．该过程对因子模型可以使用正交旋转和斜交旋转；可以用回归法计算得分系数，且把因子得分的估计存贮在输出数据集中；用FACTOR 过程计算的所有主要统计量也能够存贮在输出数据集里．

### 一、FACTOR 过程的功能

FACTOR 过程可以完成几种类型的公因子分析、主分量分析和因子旋转．输入数据集可以是多变量数据、相关阵、协差阵、因子模型或者得分系数矩阵．FACTOR 过程对相关阵或协差阵进行分解．它计算的许多结果可以存贮在输出数据集中．FACTOR 过程可以处理来自其他过程的输出结果．具体地说，FACTOR 过程具有以下几方面功能：

① 该过程提供八种提取因子的方法，也就是可完成八种类型的因子分析．最常用的因子提取方法为主分量法、主因子法和最大似然法．

② 对先验公因子方差(即共同度)的估计提供六种方法，也就是给出六种估计特殊因子方差的方法．如每个变量的共同度均等于 1；等于该变量与其余变量相关系数的最大绝对值；等于该变量

与其余所有变量多重相关的平方;等于0和1之间的任一个随机数等等.

③ 提取因子的个数由用户控制.比如用户可直接规定提取因子的个数;通过规定最小特征值来确定因子的个数;通过规定所提取因子的公共方差所占的最小比例来确定因子个数.

④ 对因子模型提供八种旋转方法(正交和斜交),最常用的方法是方差最大(Varimax)和Promax旋转.

⑤ FACTOR过程可输出非常丰富的计算结果.包括简单统计量(均值和标准差)、相关阵或协差阵、特征值、屏幕图、特征向量、先验的和最终的公因子方差、没有旋转的因子模型、残差和偏相关系数、旋转的主因子模型、主因子结构、参考结构、参考轴相关、没有忽略也没删除其他因子时每个因子解释的方差、旋转的和没有旋转的这些因子的散布图、每个因子同这些变量的多重相关的平方和得分系数等.还可以产生几个输出数据集,如包含因子分析统计结果的输出数据集,包含原始数据和因子得分数据的输出数据集等.

⑥ 输入数据集有以下几种形式:原始多变量观测数据组成的SAS集、相关阵或协差阵(TYPE=CORR或COV)、因子模型(TYPE=FACTOR且_TYPE_='PATTERN')、因子得分系数阵(TYPE=CORR且_TYPE_='SCORE')等.

⑦ FACTOR过程还可以根据偏相关阵或偏协差阵进行因子分析.

## 二、语句说明

FACTOR过程可用下列语句调用,其中只有VAR语句经常跟随在PROC FACTOR语句后面使用,其余语句是可选择的.

```
PROC FACTOR < options > ;       }  必需的语句。
    VAR variables ;
    PRIORS communalities ;
    PARTIAL variables ;
    FREQ variable ;             }  供选择的语句.
    WEIGHT variable ;
    BY < variables > ;
```

**1．PROC FACTOR 语句的选项**

可用于 PROC FACTOR 语句的任选项主要有下列几项：

(1) DATA= *SAS-data-set* ——给出输入数据集的名字，它可以是普通的 SAS 数据集或者是特殊结构的 SAS 数据集.

(2) OUT= *SAS-data-set* ——创建一个数据集，它包括来自 DATA = 的数据集中的全部数据，及被命名为 FACTOR1，FACTOR2等变量的因子得分估计.使用此选项时，要求 DATA = 的数据集必须包含原始相关变量的数据，不能是相关阵或协差阵.另选项 NFACTORS= 也必须规定，以便确定因子得分变量的个数.

(3) METHOD= *name* | M= *name* ——规定提取因子的方法.缺省时一般 M=PRINCIPAL(当输入数据集类型为 TYPE = FACTOR时，缺省值为 M=PATTERN).

*name* 的有效值如下：

① PRIN | P (如果没有使用 PRIORS 选项或语句，或者规定 PRIORS=ONE 时进行主分量分析；如果使用PRIORS语句或者选项 PRIORS=的值不等于 ONE，则执行主因子分析)；

② PRINIT (产生迭代主因子分析)；

③ ML | M (用适当的算法完成最大似然因子分析.该方法要求相关阵非奇异)；

④ ALPHA( 产生 alpha(α )因子分析)；

⑤ IMAGE|I(产生映像协差阵的主分量分析,该方法要求相关阵非奇异);

⑥ PATTERN (从 TYPE = FACTOR, CORR, UCORR, COV 或UCOV的数据集中读入因子模型);

⑦ SCORE (从 TYPE = FACTOR, CORR, UCORR, COV 或 UCOV的数据集中读入得分系数);

⑧ ULS | U (产生没有加权的最小二乘因子分析).

(4) PRIORS= *name* ——规定计算先验公因子方差估计的方法.用户也可以使用 PRIORS 语句给出先验公因子方差估计的数值.

*name* 的有效值如下:

① ONE | O (令所有先验公因子方差均为 1);

② MAX | M (对每个变量令先验公因子方差为它同任一其他变量相关系数的最大绝对值);

③ ASMC | A (令先验公因子方差估计与复相关系数的平方成比例,但要适当调整使得它们的和等于最大绝对相关);

④ SMC | S (对每个变量令先验公因子方差为该变量与所有其余变量的多重相关的平方);

⑤ INPUT | I (在 DATA = 的数据集中(必须是 TYPE = FACTOR)从 TYPE_ = 'PRIORS' 或 TYPE_ = 'COMMUNAL' 的第一个观测读入先验公因子方差估计);

⑥ RANDOM|R (令先验公因子方差估计为 0 和 1 之间的均匀分布伪随机数).

缺省时先验公因子方差的估计规定如下:

| METHOD= | PRIORS= |
| --- | --- |
| PRINCIPAL, PRINIT | ONE |
| ALPHA, ULS, ML | SMC |
| HARRIS, IMAGE, PATTERN, SCORE | (不能使用) |

(5) COVARIANCE | COV ——要求用协差阵替代相关阵作

因子分析.该项选择只能同 METHOD = PRINCIPAL, PRINIT, ULS 或 IMAGE 一起使用.

下面 3 个选项((6),(7),(8))用于控制提取因子的数目.如果规定选项 NFACTORS=, MINEIGEN=或 PROPORTION=中的两个或两个以上,那么保留的因子数目是满足所有规定准则的最小值.

(6) MINEIGEN= *p* | MIN= *p* ——规定被保留因子的最小特征值,缺省值为 0.

(7) NFACTORS= *n* | NFACT= *n* | N= *n* ——规定被提取公因子的最大数目,缺省值为变量的个数.

(8) PROPORTION= *p* | PERCENT= *p* | P= *p* ——对被保留的因子规定使用先验公因子方差估计的公共方差所占的比例.P=0.75 和 P=75 是等价的.缺省值为 1.0 或 100%.

(9) ROTATE= *name* | R= *name* ——给出旋转的方法.缺省时 ROTATE=NONE.FACTOR 过程可以进行下面几种旋转的方法(即 *name* 的有效值):VARIMAX(方差最大正交旋转),ORTHOMAX(权数为 GAMMA 的方差最大正交旋转),EQUAMAX(均方最大正交旋转),QUARTIMAX(四次方最大正交旋转), PARSIMAX(PARSIMAX 正交旋转),PROMAX(PROMAX 斜交旋转),PROCRUSTES(Procrustes 斜交旋转)等.

(10) 控制打印输出的选项有:ALL(打印除图形之外的所有可选择的输出),CORR(打印相关阵或偏相关阵),EIGENVECTORS(打印特征向量),NPLOT= *n* (规定被作图的因子个数),PLOT(在旋转之后画因子模型图),PREPLOT(在旋转之前画因子模型图),PRINT(打印输入的因子模型或得分系数和有关统计量).RESIDUALS(打印残差相关阵和有关的偏相关阵),SCORE(打印因子得分系数),SCREE(打印特征值的屏幕图),SIMPLE 或 S(打印均值和标准差).

**2. PRIORS 语句**

该语句对每个变量规定 0.0 和 1.0 之间的数值作为先验公因子方差的估计.第一个数值对应于 VAR 语句中的第一个变量,第二个值对应于第二个变量,等等.数值的个数必须等于变量的个数,例如

```
proc factor;
    var x y z;
    priors .7 .8 .9 ;
run;
```

用户还可以在 proc factor 语句中用选项 priors= 来规定计算先验公因子方差估计的几种方法.

**3. VAR 语句**

该语句列出被分析的数值变量.如果省略 VAR 语句,在其他语句中没有列出的所有数值变量都是被分析的变量.

### 三、应用例子——五个社会经济变量的因子分析

**例 9.6.1** 此例中的数据是由 Harman(1976)给出的在洛杉矶十二个标准大都市居民统计地区中进行人口调查获得的数据.它有五个社会经济变量,它们分别表示人口总数(POP),居民的教育程度或中等教育的年数(SCHOOL),佣人总数(EMPLOY),各种服务行业的人数(SERVICES)和中等的房价(HOUSE).此例中所有输出结果都省略了(请见参考文献[11]).

**1. 五个社会经济变量的主分量分析**

对这组经济变量的数据首先进行主分量分析.以下 SAS 程序首先用 DATA 步创建包含分析数据的 SAS 数据集 SOCECON.它有 12 个观测 5 个变量.然后调用 FACTOR 过程对原始数据集 SOCECON 作因子分析,提取因子的方法用缺省,即作主分量分析.选项 simple 和 corr 要求输出简单描述统计量和相关阵.

```
data SOCECON;
    title '五个经济变量的数据';
```

```
    input pop school employ services house;
    cards;
5700    12.8  2500  270  25000
1000    10.9   600   10  10000
3400     8.8  1000   10   9000
3800    13.6  1700  140  25000
4000    12.8  1600  140  25000
8200     8.3  2600   60  12000
1200    11.4   400   10  16000
9100    11.5  3300   60  14000
9900    12.5  3400  180  18000
9600    13.7  3600  390  25000
9600     9.6  3300   80  12000
9400    11.4  4000  100  13000
;
proc factor data=socecon simple corr;
     title2 '主分量分析';
run;
```

**2. 五个社会经济变量的主因子分析**

对例 9.6.1 中的人口调查数据接着进行主因子分析. SAS 程序如下:

```
proc factor data=SOCECON priors=smc scree residual
        preplot rotate=promax reorder plot outstat=fact_all;
     title2 '用 PROMAX 旋转的主因子分析';
run;
proc print;
     title2 '因子分析的输出数据集';
run;
```

在 proc factor 语句中没有规定提取因子的方法. 但是规定先验公因子方差估计使用平方多重相关(priors=smc), 按过程的规定, 这时执行主因子分析. FACTOR 过程要求打印特征值的屏幕图(scree); 要求计算剩余相关和偏相关(residual); 还要求打印没有旋转的因子模型图(preplot)

规定选项 rotate=promax 要求产生方差最大正交预旋转后进

行斜交旋转.选项 reorder 要求变量按它们的最大因子载荷重新排序.选项 plot 要求过程产生参考结构的图形.选项outstat=的数据集 FACT_ALL 由 FACTOR 过程创建并用PRINT过程输出.

**3. 五个经济变量的最大似然因子分析**

对例 9.6.1 中给出的人口调查数据使用最大似然因子分析方法提取一个、二个和三个因子.从主因子分析结果明显地已经知道最佳因子个数当然是 2 个.这里得到的一个和三个因子的 ml 解将增强这个结论,并说明一些可能出现的数值问题.SAS 程序如下:

```
proc factor data=SOCECON method=ml heywood n=1;
    title2 '含有一个因子的最大似然因子分析';
run;
proc factor data=SOCECON method=ml heywood n=2;
    title2 '含有二个因子的最大似然因子分析';
run;
proc factor data=SOCECON method=ml heywood n=3;
    title2 '含有三个因子的最大似然因子分析';
run;
```

## 习 题 九

**9-1** 我国山区某大型化工厂,在厂区及邻近地区挑选有代表性的 8 个大气取样点.每日 4 次同时抽取大气样品,测定其中包含的 6 种气体的浓度,前后共 4 天,每个样品每种气体实测 16 次.计算每个取样点每种气体的平均浓度,数据如表 9.2.试用因子分析和主成分方法分析处理表 9.2 的数据.

**9-2** 在某年级 44 名学生的期末考试中,有的课程用闭卷,有的课程用开卷(考试成绩见表 9.3).试用因子分析方法分析这组数据.

**表 9.2 大气污染数据**

| 取样点 \ 气体名 \ 平均浓度 | 氯 | 硫化氢 | $SO_2$ | 碳 4 | 环氧氯丙烷 | 环已烷 |
|---|---|---|---|---|---|---|
| 1 | 0.056 | 0.084 | 0.031 | 0.038 | 0.0081 | 0.022 |
| 2 | 0.049 | 0.055 | 0.100 | 0.110 | 0.0220 | 0.0073 |
| 3 | 0.038 | 0.130 | 0.079 | 0.170 | 0.0580 | 0.043 |
| 4 | 0.034 | 0.095 | 0.058 | 0.160 | 0.200 | 0.029 |
| 5 | 0.084 | 0.066 | 0.029 | 0.320 | 0.012 | 0.041 |
| 6 | 0.064 | 0.072 | 0.100 | 0.210 | 0.028 | 1.380 |
| 7 | 0.048 | 0.089 | 0.062 | 0.260 | 0.038 | 0.036 |
| 8 | 0.069 | 0.087 | 0.027 | 0.050 | 0.089 | 0.021 |

**表 9.3 学生闭卷与开卷考试的成绩表**

| 力学(闭) $X_1$ | 物理(闭) $X_2$ | 代数(开) $X_3$ | 分析(开) $X_4$ | 统计(开) $X_5$ | 力学(闭) $X_1$ | 物理(闭) $X_2$ | 代数(开) $X_3$ | 分析(开) $X_4$ | 统计(开) $X_5$ |
|---|---|---|---|---|---|---|---|---|---|
| 77 | 82 | 67 | 67 | 81 | 63 | 78 | 80 | 70 | 81 |
| 75 | 73 | 71 | 66 | 81 | 55 | 72 | 63 | 70 | 68 |
| 63 | 63 | 65 | 70 | 63 | 53 | 61 | 72 | 64 | 73 |
| 51 | 67 | 65 | 65 | 68 | 59 | 70 | 68 | 62 | 56 |
| 62 | 60 | 58 | 62 | 70 | 64 | 72 | 60 | 62 | 45 |
| 52 | 64 | 60 | 63 | 54 | 55 | 67 | 59 | 62 | 44 |
| 50 | 50 | 64 | 55 | 63 | 65 | 63 | 58 | 56 | 37 |
| 31 | 55 | 60 | 57 | 73 | 60 | 64 | 56 | 54 | 40 |
| 44 | 69 | 53 | 53 | 53 | 42 | 69 | 61 | 55 | 45 |
| 62 | 46 | 61 | 57 | 45 | 31 | 49 | 62 | 63 | 62 |
| 44 | 61 | 52 | 62 | 46 | 49 | 41 | 61 | 49 | 64 |
| 12 | 58 | 61 | 63 | 67 | 49 | 53 | 49 | 62 | 47 |
| 54 | 49 | 56 | 47 | 53 | 54 | 53 | 46 | 59 | 44 |
| 44 | 56 | 55 | 61 | 36 | 18 | 44 | 50 | 57 | 81 |
| 46 | 52 | 65 | 50 | 35 | 32 | 45 | 49 | 57 | 64 |
| 30 | 69 | 50 | 52 | 45 | 46 | 49 | 53 | 59 | 37 |
| 40 | 27 | 54 | 61 | 61 | 31 | 42 | 48 | 54 | 68 |
| 36 | 59 | 51 | 45 | 51 | 56 | 40 | 56 | 54 | 35 |
| 46 | 56 | 57 | 49 | 32 | 45 | 42 | 55 | 56 | 40 |
| 42 | 60 | 54 | 49 | 33 | 40 | 63 | 53 | 54 | 25 |
| 23 | 55 | 59 | 53 | 44 | 48 | 48 | 49 | 51 | 37 |
| 41 | 63 | 49 | 46 | 34 | 46 | 52 | 53 | 41 | 40 |

**9-3** 表 9.4 是全国医药行业 20 个企业 1980～1982 年三年平均经济效益的几个主要数据.

表 9.4 医药行业经济效益的数据

| 企业号 | 总产值/消耗 $X_1$ | 净产值/工资 $X_2$ | 盈利/资金占用 $X_3$ | 销售收入/成本 $X_4$ |
|---|---|---|---|---|
| 1 | 1.611 | 10.59 | 0.69 | 1.67 |
| 2 | 1.429 | 9.44 | 0.61 | 1.50 |
| 3 | 1.447 | 5.97 | 0.24 | 1.25 |
| 4 | 1.572 | 10.72 | 0.75 | 1.71 |
| 5 | 1.483 | 10.99 | 0.75 | 1.44 |
| 6 | 1.371 | 6.46 | 0.41 | 1.31 |
| 7 | 1.665 | 10.51 | 0.53 | 1.52 |
| 8 | 1.403 | 6.11 | 0.17 | 1.32 |
| 9 | 2.620 | 21.51 | 1.40 | 2.59 |
| 10 | 2.033 | 24.15 | 1.80 | 1.89 |
| 11 | 2.015 | 26.86 | 1.93 | 2.02 |
| 12 | 1.501 | 9.74 | 0.87 | 1.48 |
| 13 | 1.578 | 14.52 | 1.12 | 1.47 |
| 14 | 1.735 | 14.64 | 1.21 | 1.91 |
| 15 | 1.453 | 12.88 | 0.87 | 1.52 |
| 16 | 1.765 | 17.94 | 0.89 | 1.40 |
| 17 | 1.532 | 29.42 | 2.52 | 1.80 |
| 18 | 1.488 | 9.23 | 0.81 | 1.45 |
| 19 | 2.586 | 16.07 | 0.82 | 1.83 |
| 20 | 1.992 | 21.63 | 1.01 | 1.89 |

(1) 试用因子分析方法找出这 4 个变量的公因子;并进行合理的解释;

(2) 利用因子得分对 20 个企业进行分类,并与其他分类方法比较分类的结果.

# 第十章　典型相关分析

典型相关分析是研究两组变量之间相关关系的一种统计方法.

在实际问题中,经常遇到要研究一部分变量和另一部分变量之间的相关关系,例如:在工厂里,考察原料的主要质量指标($X_1$, $\cdots$, $X_p$)与产品的主要质量指标($Y_1$, $\cdots$, $Y_q$)间的相关性;在经济学中,研究主要肉食品的价格与销售量之间的相关性;在地质学中,为研究岩石形成的成因关系,考察岩石的化学成分与其周围围岩化学成分的相关性;在气象学中为可靠地分析预报 24 小时后的天气,研究当天和前一天气象因子间的相关关系;在教育学中,研究学生在高考的各科成绩与高二年级各主科成绩间的相关关系;在婚姻的研究中,考察小伙子对追求姑娘的主要指标与姑娘向往的小伙子的主要尺度之间的相关关系,等等.

一般地,假设有一组变量 $X_1, \cdots, X_p$ 与另一组变量 $Y_1, \cdots, Y_q$,我们要研究这两组变量的相关关系,如何给两组变量之间的相关性以数量的描述,这就是本章讨论的典型相关分析.

当 $p = q = 1$ 时,就是研究两个变量 $X$ 与 $Y$ 之间的相关关系.相关系数是最常见的度量,其定义为

$$\rho_{XY} = \frac{\mathrm{Cov}(X, Y)}{\sqrt{\mathrm{Var}(X)}\ \sqrt{\mathrm{Var}(Y)}}.$$

当 $p \geqslant 1, q = 1$(或 $q \geqslant 1, p = 1$)时,$p$ 维随机向量 $X = (X_1, X_2, \ldots, X_p)'$,设 $\begin{pmatrix} X \\ Y \end{pmatrix} \sim N_{p+1}(\mu, \Sigma)$,$\Sigma = \begin{pmatrix} \Sigma_{XX} & \Sigma_{XY} \\ \Sigma_{YX} & \sigma_{YY} \end{pmatrix}$,则称

$$R = \sqrt{\frac{\Sigma_{YX}\Sigma_{XX}^{-1}\Sigma_{XY}}{\sigma_{YY}}}$$

为 $Y$ 与 $X_1, X_2, ..., X_p$ 的**全相关关系**.

当 $p, q > 1$ 时,利用主分量分析的思想,可以把多个变量与多个变量之间的相关化为两个新的综合变量之间的相关.也就是求 $a = (a_1, \cdots, a_p)'$ 和 $b = (b_1, \cdots, b_q)'$,使得新的综合变量

$$V = a_1X_1 + a_2X_2 + \cdots + a_pX_p = a'X,$$
$$W = b_1Y_1 + b_2Y_2 + \cdots + b_qY_q = b'Y$$

之间有最大可能的相关,基于这个思想就产生了典型相关分析(Canonical correlatinal analysis).将典型相关分析更一般化就导出广义相关系数.本章重点介绍典型相关分析.

## §10.1 总体典型相关

### 一、典型相关和典型相关变量的定义

设 $X = (X_1, \cdots, X_p)'$ 及 $Y = (Y_1, \cdots, Y_q)'$ 为随机向量,我们用 $X$ 和 $Y$ 的线性组合 $a'X$ 和 $b'Y$ 之间的相关来研究 $X$ 和 $Y$ 之间的相关.我们希望找到 $a$ 和 $b$,使 $\rho(a'X, b'Y)$ 最大.由相关系数的定义

$$\rho(a'X, b'Y) = \frac{\mathrm{Cov}(a'X, b'Y)}{\sqrt{\mathrm{Var}(a'X)}\ \sqrt{\mathrm{Var}(b'Y)}},$$

易得出对任意常数 $\alpha, \beta, c$ 和 $d$,均有

$$\rho[\alpha(a'X) + \beta, c(b'Y) + d] = \rho(a'X, b'Y).$$

这说明使得相关系数最大的 $a'X$ 和 $b'Y$ 并不惟一.故求综合变量时常限定 $\mathrm{Var}(a'X) = 1, \mathrm{Var}(b'Y) = 1$.于是有以下定义:

**定义 10.1** 设 $X = (X_1, \cdots, X_p)'$, $Y = (Y_1, \cdots, Y_q)'$, $p + q$ 维随机向量 $\begin{pmatrix} X \\ Y \end{pmatrix}$ 的均值向量为 0,协差阵 $\Sigma > 0$(不妨设 $p \leqslant q$).

如果存在 $a_1 = (a_{11}, \cdots, a_{1p})'$ 和 $b_1 = (b_{11}, \cdots, b_{1q})'$ 使得

$$\rho(a_1'X, b_1'Y) = \max_{\mathrm{Var}(\alpha'X)=1,\ \mathrm{Var}(\beta'Y)=1} \rho(\alpha'X, \beta'Y),$$

则称 $a_1'X, b_1'Y$ 是 $X, Y$ 的**第一对(组)典型相关变量**,它们之间的相关系数称为**第一个典型相关系数**.

如果存在 $a_k = (a_{k1}, \cdots, a_{kp})'$ 和 $b_k = (b_{k1}, \cdots, b_{kq})'$ 使得

(1) $a_k'X, b_k'Y$ 和前面 $k-1$ 对典型变量都不相关;

(2) $\mathrm{Var}(a_k'X) = 1, \mathrm{Var}(b_k'Y) = 1$;

(3) $a_k'X$ 与 $b_k'Y$ 的相关系数最大,

则称 $a_k'X, b_k'Y$ 是 $X, Y$ 的**第 $k$ 对(组)典型相关变量**,它们之间的相关系数称为**第 $k$ 个典型相关系数**($k = 2, \cdots, p$).

## 二、典型相关变量的解法

设随机向量 $Z = \begin{pmatrix} X \\ Y \end{pmatrix}$,其中 $X = (X_1, \cdots, X_p)'$, $Y = (Y_1, \cdots, Y_q)'$(不妨设 $p \leqslant q$). $\mathrm{E}(Z) = 0, \mathrm{D}(Z) = \Sigma = \begin{pmatrix} \Sigma_{11} & \Sigma_{12} \\ \Sigma_{21} & \Sigma_{22} \end{pmatrix} > 0.$

### 1. 第一对典型相关变量的求法

令 $V = \alpha'X, W = \beta'Y$,则 $V, W$ 的相关系数

$$\rho(V, W) = \frac{\alpha'\Sigma_{12}\beta}{\sqrt{\alpha'\Sigma_{11}\alpha}\ \sqrt{\beta'\Sigma_{22}\beta}}.$$

求第一对典型相关变量就等价于求 $\alpha = (\alpha_1, \alpha_2, \cdots, \alpha_p)'$ 和 $\beta = (\beta_1, \beta_2, \cdots, \beta_q)'$, 使得在条件 $\mathrm{Var}(\alpha'X) = 1$ 和 $\mathrm{Var}(\beta'Y) = 1$ 下, $\rho(\alpha'X, \beta'Y) = \alpha'\Sigma_{12}\beta$ 达最大.这是条件极值问题,用 Lagrange 乘数法,令

$$\varphi(\alpha, \beta) = \alpha'\Sigma_{12}\beta - \frac{\lambda_1}{2}(\alpha'\Sigma_{11}\alpha - 1) - \frac{\lambda_2}{2}(\beta'\Sigma_{22}\beta - 1),$$

其中 $\lambda_1, \lambda_2$ 为 Lagrange 乘子.为求 $\varphi$ 的极大值,对上式分别关于 $\alpha, \beta$ 求偏导,并令其为零,得

$$\begin{cases} \dfrac{\partial \varphi}{\partial \alpha} = \Sigma_{12}\beta - \lambda_1\Sigma_{11}\alpha = 0, \\ \dfrac{\partial \varphi}{\partial \beta} = \Sigma_{21}\alpha - \lambda_2\Sigma_{22}\beta = 0. \end{cases} \tag{10.1}$$

分别用 $\alpha'$, $\beta'$ 左乘(10.1)，得 $\lambda_1 = \lambda_2 = \alpha'\Sigma_{12}\beta = \rho(V, W) \xlongequal{\text{def}} \lambda$. 则(10.1) 等价于

$$\begin{cases} -\lambda\Sigma_{11}\alpha + \Sigma_{12}\beta = 0, \\ \Sigma_{21}\alpha - \lambda\Sigma_{22}\beta = 0. \end{cases} \tag{10.2}$$

(10.2) 有非零解的充要条件是

$$\begin{vmatrix} -\lambda\Sigma_{11} & \Sigma_{12} \\ \Sigma_{21} & -\lambda\Sigma_{22} \end{vmatrix} = 0. \tag{10.3}$$

(10.3) 式左端是 $\lambda$ 的 $p+q$ 次多项式，求解高次方程(10.3)，把最大的 $\lambda$ 代回(10.2)式，求得 $\alpha$ 和 $\beta$，从而得出第一对典型相关变量.

具体计算时，因高次方程(10.3) 不易解；代入(10.2) 后需解 $p+q$ 阶方程组. 为了计算上的简便，常作适当地变换后，求解与(10.3) 等价的(10.4)：

$$\begin{cases} |\Sigma_{11}^{-1}\Sigma_{12}\Sigma_{22}^{-1}\Sigma_{21} - \lambda^2 I_p| = 0, \\ |\Sigma_{22}^{-1}\Sigma_{21}\Sigma_{11}^{-1}\Sigma_{12} - \lambda^2 I_q| = 0. \end{cases} \tag{10.4}$$

由于 $\Sigma_{11} > 0, \Sigma_{22} > 0$，故 $\Sigma_{11}^{-1} > 0, \Sigma_{22}^{-1} > 0$，所以有

$$\begin{aligned} M_1 &= \Sigma_{11}^{-1}\Sigma_{12}\Sigma_{22}^{-1}\Sigma_{21} \\ &= \Sigma_{11}^{-1/2}(\Sigma_{11}^{-1/2}\Sigma_{12}\Sigma_{22}^{-1/2}\Sigma_{22}^{-1/2}\Sigma_{21}) \xlongequal{\text{def}} AB. \end{aligned}$$

但 $AB$ 与 $BA = (\Sigma_{11}^{-1/2}\Sigma_{12}\Sigma_{22}^{-1/2}\Sigma_{22}^{-1/2}\Sigma_{21}) \cdot \Sigma_{11}^{-1/2}$ 有相同的非零特征根. 如果记 $T = \Sigma_{11}^{-1/2}\Sigma_{12}\Sigma_{22}^{-1/2}$，则 $BA = TT'$. 类似地

$$M_2 = \Sigma_{22}^{-1}\Sigma_{21}\Sigma_{11}^{-1}\Sigma_{12}$$

与 $T'T$ 有相同的非零特征根.

由以上分析可知，$M_1$ 与 $M_2$ 有相同的非零特征根，且非零特征根的个数至多为 $p$(因 $p \leqslant q$) 个.

设 $|TT' - \lambda^2 I_p| = 0$ 的 $p$ 个特征根依次为 $\lambda_1^2 \geqslant \lambda_2^2 \geqslant \cdots \geqslant \lambda_p^2 > 0$，则 $T'T$ 的 $q$ 个特征根中，除以上 $p$ 个外，其余 $q-p$ 个为0. 故(10.3) 的 $p+q$ 个根依次为 $\lambda_1 \geqslant \lambda_2 \geqslant \cdots \geqslant \lambda_p > 0, \cdots, 0 > -\lambda_p \geqslant \cdots \geqslant -\lambda_2 \geqslant -\lambda_1$($\lambda_i$ 是 $\lambda_i^2$ 的正平方根，$i = 1, \cdots, p$). 取其

中最大的 $\lambda_1$ 代入(10.2),则可求得 $\alpha = a_1, \beta = b_1$(设 $a_1, b_1$ 满足 $a_1'\Sigma_{11}a_1 = 1, b_1'\Sigma_{22}b_1 = 1$). 令 $V_1 = a_1'X, W_1 = b_1'Y$,则 $V_1, W_1$ 为第一对典型相关变量;而 $\rho(V_1, W_1) = a_1'\Sigma_{12}b_1 = \lambda_1$ 为第一个典型相关系数.

其实可以证明,$a_1$ 是 $TT'$ 的特征值$\lambda_1^2$对应的满足 $a_1'\Sigma_{11}a_1 = 1$ 的特征向量;$b_1$ 是 $T'T$ 的特征值$\lambda_1^2$对应的满足 $b_1'\Sigma_{22}b_1 = 1$ 的特征向量.故求第一对典型相关变量及典型相关系数的问题,就等价于求解 $TT'$ 的最大特征根及相应的特征向量.

**2. 典型相关变量的一般求法**

从第一对典型相关变量的解法中,我们知道求第一对典型相关变量和第一个典型相关系数的问题,就是求解 $TT'$ 的最大特征值和相应的特征向量.不仅如此,求解第 $k$ 对典型相关变量和典型相关系数,类似地是求 $TT'$ 的第$k$ 大特征值和相应特征向量.

**定理 10.1** 设 $Z = \begin{pmatrix} X \\ Y \end{pmatrix}$,其中 $X = (X_1, \cdots, X_p)'$ 为 $p$ 维随机向量, $Y = (Y_1, \cdots, Y_q)'$ 为$q$ 维随机向量(不妨设 $p \leqslant q$).已知 $\mathrm{E}(Z) = 0, \mathrm{D}(Z) = \Sigma = \begin{pmatrix} \Sigma_{11} & \Sigma_{12} \\ \Sigma_{21} & \Sigma_{22} \end{pmatrix} > 0$,记 $T = \Sigma_{11}^{-1/2}\Sigma_{12}\Sigma_{22}^{-1/2}$,并设 $p$ 阶方阵$TT'$ 的特征值依次为$\lambda_1^2 \geqslant \lambda_2^2 \geqslant \cdots \geqslant \lambda_p^2 > 0(\lambda_i > 0, i = 1, \cdots, p)$;而 $l_1, l_2, \ldots, l_p$ 为相应的单位正交特征向量.令

$$a_k = \Sigma_{11}^{-1/2} l_k, \quad b_k = \lambda_k^{-1}\Sigma_{22}^{-1}\Sigma_{21}a_k(k = 1,2,\cdots,p),$$

则 $V_k = a_k'X, W_k = b_k'Y$ 为$X, Y$ 的第$k$ 对典型相关变量,$\lambda_k$ 为第 $k$ 个典型相关系数.

以上定理中,我们假定 $\Sigma > 0$,一般情况协差阵非负定,从而 $\Sigma_{11}^{-1}, \Sigma_{22}^{-1}$ 不一定存在.但注意到方程(10.2) 总有非零解.我们可用广义逆阵来求解.

## 三、典型变量的性质

(1) 设 $V_k = a_k'X, W_k = b_k'Y$ 为$X, Y$ 的第$k$ 对典型相关变量

$(k=1,\cdots,p)$,令 $V=(V_1,\cdots,V_p)'$, $W=(W_1,\cdots,W_p)'$,则

$$D\begin{pmatrix} V \\ W \end{pmatrix} = \begin{pmatrix} I_p & \Lambda \\ \Lambda & I_p \end{pmatrix},$$

其中 $\Lambda=\mathrm{diag}(\lambda_1,\lambda_2,\cdots,\lambda_p)$.此性质说明 $V_i(i=1,\cdots,p)$ 互不相关;$W_j(j=1,\cdots,p)$ 互不相关;且 $V_i$ 与 $W_j(i\neq j)$ 也互不相关;而 $\rho(V_i,W_i)=\lambda_i(i=1,\ldots,p)$.

(2) 原始变量与典型变量之间的相关性.

记 $A=(a_1,a_2,\ldots,a_p)$ 为 $p\times p$ 矩阵,$B=(b_1,b_2,\ldots,b_p)$ 为 $q\times p$ 矩阵,$Z=\begin{pmatrix} X \\ Y \end{pmatrix}$,$\mathrm{D}(Z)=\Sigma=\begin{pmatrix} \Sigma_{11} & \Sigma_{12} \\ \Sigma_{21} & \Sigma_{22} \end{pmatrix}>0$,则

$$\mathrm{Cov}(X,V)=\mathrm{Cov}(X,A'X)=\Sigma_{11}A\ ,$$

$$\mathrm{Cov}(X,W)=\mathrm{Cov}(X,B'Y)=\Sigma_{12}B\ ,$$

$$\mathrm{Cov}(Y,V)=\mathrm{Cov}(Y,A'X)=\Sigma_{21}A\ ,$$

$$\mathrm{Cov}(Y,W)=\mathrm{Cov}(X,B'Y)=\Sigma_{22}B\ .$$

利用协方差进一步可以计算原始变量与典型变量之间的相关系数.

(3) 设 $X$ 和 $Y$ 分别为 $p$ 维和 $q$ 维随机向量,令 $X^*=A'X+C$,$Y^*=B'Y+D$,其中 $A$ 为 $p\times p$ 非退化阵,$C$ 为 $p\times 1$ 向量,$B$ 为 $q\times q$ 非退化阵,$d$ 为 $q\times 1$ 的向量,则

① $X^*$ 和 $Y^*$ 的典型相关变量为 $(a_i^*)'X^*$,$(b_i^*)'Y^*$,其中 $a_i^*=A^{-1}a_i$,$b_i^*=B^{-1}b_i(i=1,2,\cdots,p)$;而 $a_i$,$b_i$ 是 $X$ 和 $Y$ 的第 $i$ 对典型相关变量的系数.

② $\rho[(a_i^*)'X^*,(b_i^*)'Y^*]=\rho(a_i'X,b_i'Y)$,即线性变换不改变相关性.

**例 10.1.1** 已知 $p$ 维随机向量 $X$ 和 $q$ 维随机向量 $Y$ 的协差阵分别为 $\Sigma_{11}$ 和 $\Sigma_{12}$.试从 $Z=\begin{pmatrix} X \\ Y \end{pmatrix}$ 的相关阵 $R$ 出发求典型相关变量和典型相关系数.

**解** 取 $A=(\mathrm{diag}(\Sigma_{11}))^{-1/2}$,$B=(\mathrm{diag}(\Sigma_{22}))^{-1/2}$(记号

diag($C$) 表示由 $C$ 的对角元素组成的对角阵).

设$\begin{pmatrix} X \\ Y \end{pmatrix}$的相关阵$R=\begin{pmatrix} R_{11} & R_{12} \\ R_{21} & R_{22} \end{pmatrix}$,令 $X^*=AX, Y^*=BY$,这时线性变换后的$\begin{pmatrix} X^* \\ Y^* \end{pmatrix}$的协差阵就是$\begin{pmatrix} X \\ Y \end{pmatrix}$的相关阵$R$.

如果已知 $R$,欲求 $X, Y$ 的典型相关变量及典型相关系数时,可从 $R$ 阵出发;求 $T^*(T^*)'$ 的特征值和单位正交特征向量(其中 $T^*=R_{11}^{-1/2}R_{12}R_{22}^{-1/2}$),从而得 $X^*, Y^*$ 的典型相关变量 $(a_i^*)'X^*$ 和$(b_i^*)'Y^*$ 及典型相关系数 $\lambda_i (i=1,\cdots,p)$. 令

$$a_i = Aa_i^*, \quad b_i = Bb_i^* \ (i=1,\cdots,p),$$

则 $a_i'X$ 和 $b_i'Y$ 为 $X, Y$ 的第 $i$ 对典型相关变量,它们的相关系数为 $\lambda_i (i=1,\cdots,p)$.

**例 10.1.2** 已知标准化变量 $X=(X_1,X_2)'$ 和 $Y=(Y_1,Y_2)'$ 的相关阵$R=\begin{pmatrix} R_{11} & R_{12} \\ R_{21} & R_{22} \end{pmatrix}$, $R_{11}=\begin{pmatrix} 1 & \alpha \\ \alpha & 1 \end{pmatrix}$, $R_{22}=\begin{pmatrix} 1 & \upsilon \\ \upsilon & 1 \end{pmatrix}$, $R_{12}=R_{21}=\begin{pmatrix} \beta & \beta \\ \beta & \beta \end{pmatrix}$. 试求 $X, Y$ 的典型相关变量和典型相关系数.

**解** $R_{11}^{-1}=\dfrac{1}{1-\alpha^2}\begin{pmatrix} 1 & -\alpha \\ -\alpha & 1 \end{pmatrix}$, $R_{22}^{-1}=\dfrac{1}{1-\upsilon^2}\begin{pmatrix} 1 & -\upsilon \\ -\upsilon & 1 \end{pmatrix}$,

$$M_1^*=R_{11}^{-1}R_{12}R_{22}^{-1}R_{21}=\frac{2\beta^2}{(1+\alpha)(1+\upsilon)}\begin{pmatrix} 1 & 1 \\ 1 & 1 \end{pmatrix}.$$

由于 $J=\begin{pmatrix} 1 & 1 \\ 1 & 1 \end{pmatrix}$ 的特征根为 2 和 0,故 $M_1^*$ 的特征根为

$$\lambda_1^2=\frac{4\beta^2}{(1+\alpha)(1+\upsilon)}, \quad \lambda_2^2=0.$$

$M_1^*$ 对应 $\lambda_1^2$的特征向量为$\left(\dfrac{1}{\sqrt{2}},\dfrac{1}{\sqrt{2}}\right)'$,故满足 $a'R_{11}a=1$的向量 $a$ 为

$$a=\frac{1}{\sqrt{2(1+\alpha)}}\begin{pmatrix} 1 \\ 1 \end{pmatrix},$$

类似可得 $$b = \frac{1}{\sqrt{2(1+\upsilon)}}\begin{pmatrix}1\\1\end{pmatrix}.$$

而第一个典型相关系数为

$$\rho_1 = \frac{2\beta}{\sqrt{(1+\alpha)(1+\upsilon)}}.$$

因$|\alpha|<1, |\upsilon|<1$，显然有 $\rho_1 > \beta$，这表明第一个典型相关系数一般大于原变量之间的相关系数.

## §10.2 样本典型相关

设总体 $Z = (X_1, \cdots, X_p, Y_1, \cdots, Y_q)'$，在实际问题中，总体的均值向量 $\mathrm{E}(Z) = \mu$ 和协差阵 $\mathrm{D}(Z) = \Sigma$ 通常是未知的，因而无法求得总体的典型相关变量和典型相关系数. 首先需要根据观测到的样本资料阵对 $\Sigma$ 进行估计.

已知总体 $Z$ 的 $n$ 次观测数据为

$$Z_{(t)} = \begin{pmatrix} X_{(t)} \\ Y_{(t)} \end{pmatrix}_{(p+q)\times 1} \quad (t = 1, 2, \cdots, n),$$

于是样本资料阵为

$$\begin{pmatrix} x_{11} & x_{12} & \cdots & x_{1p} & y_{11} & y_{12} & \cdots & y_{1q} \\ x_{21} & x_{22} & \cdots & x_{2p} & y_{21} & y_{22} & \cdots & y_{2q} \\ \vdots & \vdots & & \vdots & \vdots & \vdots & & \vdots \\ x_{n1} & x_{n2} & \cdots & x_{np} & y_{n1} & y_{n2} & \cdots & y_{nq} \end{pmatrix}_{n\times(p+q)}.$$

若假定 $Z \sim N_{p+q}(\mu, \Sigma)$，则协差阵 $\Sigma$ 的最大似然估计为

$$\hat{\Sigma} = \frac{1}{n}\sum_{t=1}^{n}(Z_{(t)} - \bar{Z})(Z_{(t)} - \bar{Z})' \xlongequal{\text{def}} S,$$

其中 $\bar{Z} = \frac{1}{n}\sum_{t=1}^{n} Z_{(t)}$. 矩阵 $S$ 也称样本协差阵.

设 $\Sigma = \begin{pmatrix} \Sigma_{11} & \Sigma_{12} \\ \Sigma_{21} & \Sigma_{22} \end{pmatrix}$，$\Sigma_{11}$ 为 $p$ 阶方阵. 将 $S$ 相应剖分为 $S = \begin{pmatrix} S_{11} & S_{12} \\ S_{21} & S_{22} \end{pmatrix}$. 显然 $S_{ij}(i, j = 1, 2)$ 是 $\Sigma_{ij}$ 的最大似然估计. 下面我

们将从样本协差阵 $S$ 出发,来讨论两组变量间的相关关系.

## 一、样本典型相关变量和典型相关系数

不妨设 $S>0$. 令 $\hat{T}=S_{11}^{-1/2}S_{12}S_{22}^{-1/2}$,并设 $\hat{T}\hat{T}'$ 的特征值依次为 $\hat{\lambda}_1^2\geqslant\hat{\lambda}_2^2\geqslant\cdots\geqslant\hat{\lambda}_p^2>0$ ($\hat{\lambda}_i>0, i=1,\cdots,p$), $\hat{l}_k(k=1,\ldots,p)$ 为 $\hat{T}\hat{T}'$ 的特征根 $\hat{\lambda}_k^2$ 对应的单位正交特征向量. 令

$$\begin{cases}\hat{a}_k=S_{11}^{-1/2}\hat{l}_k,\\ \hat{b}_k=\hat{\lambda}_k^{-1}S_{22}^{-1}S_{21}\hat{a}_k,\end{cases}$$

则 $V_k=\hat{a}_k'X, W_k=\hat{b}_k'Y$ 为 $X, Y$ 的第 $k$ 对样本典型相关变量;而 $\hat{\lambda}_k$ 为 $X, Y$ 的第 $k$ 个样本典型相关系数.

以上我们从协差阵 $\Sigma$ 的最大似然估计 $\hat{\Sigma}=S$ 出发,导出了样本典型相关变量和样本典型相关系数. 另外也可以从样本相关阵 $R$ 出发来导出样本典型相关变量和样本典型相关系数.

设样本相关阵 $R=(r_{ij})$,其中 $r_{ij}=\dfrac{s_{ij}}{\sqrt{s_{ii}s_{jj}}}$, $s_{ij}$ 为样本协差阵 $S$ 的元素. 把 $R$ 相应剖分为: $R=\begin{pmatrix}R_{11}&R_{12}\\R_{21}&R_{22}\end{pmatrix}$,记

$$D_1=\begin{bmatrix}\sqrt{s_{11}}&&\mathbf{O}\\&\ddots&\\\mathbf{O}&&\sqrt{s_{pp}}\end{bmatrix}, D_2=\begin{bmatrix}\sqrt{s_{p+1,p+1}}&&\mathbf{O}\\&\ddots&\\\mathbf{O}&&\sqrt{s_{p+q,p+q}}\end{bmatrix},$$

则
$$S_{11}=D_1R_{11}D_1, S_{22}=D_2R_{22}D_2,$$
$$S_{12}=D_1R_{12}D_2, S_{21}=D_2R_{21}D_1.$$

于是 $\hat{T}=S_{11}^{-1/2}S_{12}S_{22}^{-1/2}=R_{11}^{-1/2}R_{12}R_{22}^{-1/2}$,求 $\hat{T}\hat{T}'$ 的特征值,并依次记为 $\hat{\lambda}_1^2\geqslant\hat{\lambda}_2^2\geqslant\cdots\geqslant\hat{\lambda}_p^2>0$ ($\hat{\lambda}_i>0, i=1,\cdots,p$), $\hat{l}_k(k=1,\ldots,p)$ 为 $\hat{T}\hat{T}'$ 的特征根 $\hat{\lambda}_k^2$ 对应的单位正交特征向量,则

$$\begin{cases}\hat{V}_k=(D_1^{-1}R_{11}^{-1/2}\hat{l}_k)'X=\hat{a}_k'X,\\ \hat{W}_k=(D_2^{-1}\hat{\lambda}_k^{-1}R_{22}^{-1}R_{21}\hat{a}_k)'Y=\hat{b}_k'Y\end{cases}$$

为 $X, Y$ 的第$k$ 对样本典型相关变量;而 $\hat{\lambda}_k$ 为$X, Y$ 的第$k$ 个样本典型相关系数.

## 二、典型相关系数的显著性检验

**1. 检验 $H_0: \Sigma_{12}=0$**

总体 $Z$ 的两组变量$X=(X_1,\cdots,X_p)'$ 和 $Y=(Y_1,\cdots,Y_q)'$ 如果不相关,即 $\mathrm{Cov}(X, Y)=\Sigma_{12}=0$,以上有关两组变量典型相关的讨论就毫无意义.故在讨论两组变量间的相关关系之前,应首先对假设 $H_0$ 作统计检验.

设总体 $Z \sim N_{p+q}(\mu, \Sigma)$,用似然比方法可导出检验 $H_0$ 的似然比统计量

$$\Lambda=\frac{|S|}{|S_{11}|\ |S_{22}|},$$

其中 $p+q$ 阶方阵$S$ 是$\Sigma$ 的最大似然估计量,$S_{11}, S_{22}$ 分别是 $\Sigma_{11}$,$\Sigma_{22}$ 的最大似然估计.

统计量 $\Lambda$ 的精确分布已由 Hotelling(1936 年),Girshik(1939 年)和 Anderson(1958 年)给出,但表达式很复杂.以下我们给出 $\Lambda$ 的近似分布.

利用矩阵行列式及其分块行列式的关系,可得出

$$\Lambda=|I_p-S_{11}^{-1}S_{12}S_{22}^{-1}S_{21}|=\prod_{i=1}^{p}(1-\hat{\lambda}_i^2),$$

其中$\hat{\lambda}_i^2$ 是$\hat{T}\hat{T}'$ 的特征值($\hat{T}=S_{11}^{-1/2}S_{12}S_{22}^{-1/2}$).由 $\Lambda$ 统计量出发导出检验 $H_0$ 的近似检验方法,如 Willks 的 $\lambda$ 统计量,Pillai 的迹,Hotellintg-Lawley 迹和 Roy 的极大根等(近似检验统计量的公式这里省略了).

**2. 检验 $H_0^{(i)}: \lambda_i=0\ (i=2,\cdots,p)$**

当否定 $H_0$ 时,表明 $X, Y$ 相关,进而可得出至少第一个典型相关系数$\lambda_1 \neq 0$.相应的第一对典型相关变量 $V_1, W_1$ 可能已经提取了两组变量相关关系的绝大部分信息.两组变量余下的部分可

认为不相关,这时 $\lambda_i \approx 0(i=2,\cdots,p)$.故在否定 $H_0$ 后,有必要检验 $H_0^{(i)}(i=2,\cdots,p)$,即第 $i$ 个及以后的所有典型相关系数均为 0.利用似然比方法可导出检验 $H_0^{(i)}$ 的似然比统计量,并给出该统计量的近似分布.从 $i=2$ 开始逐个检验.直到某个 $i_0$,使 $H_0^{(i_0)}$ 相容时为止.这时说明第 $i_0$ 个及以后的所有典型相关系数均为 0.

### 三、样本典型变量的得分值

经检验,有 $r(r \leqslant p)$ 个典型相关系数显著不等于 0,这时可得 $r$ 对典型相关变量 $(V_i, W_i)(i=1,\cdots r)$. 将样品 $Z_{(t)} = \begin{pmatrix} X_{(t)} \\ Y_{(t)} \end{pmatrix}$ 代入第 $i$ 对典型变量中,令

$$\begin{aligned} v_{ti} &= a_i'(X_{(t)} - \overline{X}) \\ w_{ti} &= b_i'(Y_{(t)} - \overline{Y}) \end{aligned} \quad (t=1,2,\cdots,n),$$

称 $(v_{ti}, w_{ti})$ 为第 $t$ 个样品 $Z_{(t)}$ 的第 $i$ 对**样本典型变量的得分值**.

对每个 $i$,可用 $(v_{ti}, w_{ti})(t=1,2,\cdots,n)$ 来绘制散点图,散点应近似在一条直线上,若有异常值,则应分析原因.

## §10.3 CANCORR 过程与应用例子

CANCORR 过程是 SAS/STAT 软件中进行典型相关分析的过程.典型相关分析是研究两组变量间相关关系的一种统计方法,它能够揭示两组变量之间的内在联系,真正反映两组变量间的线性相关情况.CANCORR 过程完成典型相关,偏典型相关和典型冗余相关分析.该过程还可以产生包含典型系数和典型变量得分的输出数据集.

### 一、CANCORR 过程的功能

设 $X=(X_1, X_2, \cdots, X_p)'$ 和 $Y=(Y_1, Y_2, \cdots, Y_q)'$ 是两组随

机变量,典型相关分析是处理两组变量间相关关系的方法.简单相关和多重相关都是典型相关的特殊情况,此时两组变量中有一组或两组只含一个变量.CANCORR 过程可完成以下几方面计算:

① 完成两组变量间的典型相关分析.用户可根据实际问题的需要规定哪些变量构成第一组,哪些是第二组.典型变量的名字用户也可以自己规定.

② CANCORR 过程可以检验一些假设,如在总体中,每个典型相关及所有较小的典型相关为 0.进行检验时 CANCORR 过程使用 $F$ 近似统计量,在小样本情况下,$F$ 近似给出比使用 $\chi^2$ 近似较好的结果.进行检验时要求两组变量中至少有一组近似正态分布,以便得到的显著性概率值( $p$ 值)有效.

③ 该过程可以计算标准化和没有标准化的典型系数,典型变量和原始变量的所有相关;同时也可以进行典型冗余分析.

④ CANCORR 过程可以对这两组变量作回归分析.哪些变量是因变量,哪些是回归量用户可以自己决定.还可以要求输出一些特殊的回归结果.多元回归的结果可以帮助解释典型相关分析.

⑤ 该过程可以生成许多计算结果.包括简单统计量、相关阵、典型相关;检验典型相关系数为 0 的检验统计量,典型结构等;还有用一组变量预测另一组变量的回归结果.该过程还可以生成两个输出数据集:一个包含每个观测在典型变量上得分的数据集;另一个包含有关统计量的输出集.

⑥ CANCORR 过程可以在偏相关阵基础上进行典型相关分析.

## 二、语句说明

可以用下列语句来调用 CANCORR 过程:

```
PROC CANCORR    <options>;
    WITH    variables;            } 必需的语句

    VAR    variables;
    PARTIAL    variables;
    FREQ    variable;             } 可选择的语句.
    WEIGHT    variable;
    BY    variables;
```

通常只有 VAR 和 WITH 语句经常同 PROC CANCORR 语句一起使用,且 WITH 语句是必需.其余语句是可选择的语句.

**1. PROC CANCORR 语句的选项**

① DATA= *SAS-data-set* ——给出 CANCORR 过程分析的 SAS 集名字.它可以是原始 SAS 数据集或 TYPE=CORR, COV, FACTOR, SSCP, UCORR 或 UCOV 的数据集.

② OUT= *SAS-data-set* ——生成包含原始数据和典型变量得分的输出 SAS 数据集.当 DATA= 的数据集是类型 TYPE=CORR, COV, FACTOR, SSCP, UCORR 或 UCOV 时,不能使用此项选择.

③ OUTSTAT= *SAS-data-set* ——生成包含各种统计量的 SAS 数据集,它包括典型相关变量和系数,以及你要求的多元回归统计量.

④ VNAME=′*label*′|VN=′*label*′——在输出时对 VAR 语句中的变量规定最多 40 个字符长的字符常数作为变量的标签.必须用单引号把字符常数引起来.若省略,这些变量的标签为′VAR′ variables.

⑤ VPREFIX= *name* |VP= *name* ——规定来自 VAR 语句的典型变量名字的前缀.缺省时这些典型变量命名为 V1, V2 等等.若规定 VPREFIX=ABC,则典型变量的名字为 ABC1, ABC2

等等. 前缀加上要求的数字位数的字符总个数不能超过 8 个.

⑥ WNAME = ′*label*′|WN = ′*label*′ ——在输出时对WITH语句中的变量规定最多 40 个字符长的字符常数作为该变量的标签. 必须用单引号把字符常数引起来. 省略时这些变量的标签为 ′WITH′ variables.

⑦ WPREFIX = *name* |WP = *name* ——规定来自 WITH 语句的典型变量名字的前缀. 缺省时典型变量命名为 W1, W2 等等. 若规定 WPREFIX = XYZ, 则名字为 XYZ1, XYZ2 等等.

⑧ 控制打印输出的选项有: ALL(打印所有可选择的输出); CORR(输出原始变量之间的相关系数); NCAN = *n* (规定要求输出的典型变量的个数, 其中 *n* 必须小于或等于两组变量中较小一组的变量个数); NOPRINT(不输出结果); SHORT(除典型相关和多元统计列表外, 不显示典型相关分析所有缺省时的输出); SIMPLE|S(输出均值和标准差).

关于规定计算细节和指定回归统计量的选项省略了.

**2. WITH 语句**

WITH 语句用来列出被分析的两组变量中的第二组变量. 这些变量必须是数值变量. WITH 语句不能省略.

**3. VAR 语句**

VAR 语句用来列出被分析的两组变量中的第一组变量. 这些变量必须是数值变量. 如果省略 VAR 语句, 则在其他语句中没有涉及到的所有数值变量组成第一组变量集.

## 三、应用例子

**例 10.3.1** 为了了解某矿区下部矿 Pt(铂)、Pd(钯)与 Cu(铜)、Ni(镍)的共生组合规律. 我们从其钻孔中取出 27 个样品(数据见表 10.1). 试用典型相关分析研究 Pt(铂)、Pd(钯)与 Cu(铜)、Ni(镍)的相关关系.

**表 10.1　矿区下部矿 Pt(铂)、Pd(钯)与 Cu(铜)、Ni(镍)的数据**

| 序号 | Pt(铂) $X_1$ | Pd(钯) $X_2$ | Cu(铜) $Y_1$ | Ni(镍) $Y_2$ | 序号 | Pt(铂) $X_1$ | Pd(钯) $X_2$ | Cu(铜) $Y_1$ | Ni(镍) $Y_2$ |
|---|---|---|---|---|---|---|---|---|---|
| 1 | 0.14 | .30 | .03 | .14 | 15 | 0.43 | .90 | .13 | .22 |
| 2 | 0.20 | .50 | .14 | .22 | 16 | .47 | .97 | .26 | .22 |
| 3 | .06 | .11 | .03 | .02 | 17 | .49 | .79 | .21 | .20 |
| 4 | .07 | .11 | .04 | .13 | 18 | .47 | .77 | .51 | .22 |
| 5 | .12 | .22 | .06 | .12 | 19 | .40 | .88 | .33 | .19 |
| 6 | .52 | .87 | .19 | .20 | 20 | .66 | 1.30 | .21 | .30 |
| 7 | .23 | .47 | .14 | .10 | 21 | .63 | 1.30 | .45 | .28 |
| 8 | 1.19 | .38 | .09 | .11 | 22 | .52 | 1.43 | .31 | .23 |
| 9 | .37 | .66 | .14 | .15 | 23 | .44 | .87 | .17 | .25 |
| 10 | .36 | .60 | .12 | .14 | 24 | .03 | .07 | .05 | .08 |
| 11 | .42 | .77 | .17 | .10 | 25 | .20 | .28 | .04 | .08 |
| 12 | .35 | .85 | .30 | .19 | 26 | .04 | .10 | .11 | .07 |
| 13 | .50 | .87 | .23 | .22 | 27 | .17 | .28 | .15 | .09 |
| 14 | .56 | 1.15 | .29 | .28 | | | | | |

**解**　此例中 $p=q=2, n=27$. 下面 SAS 程序首先生成 SAS 数据集 D1031(在 DATA 步中定义的变量 n 用于记录观测序号,在PLOT过程中用到该变量),然后调用 CANCORR 过程进行典型相关分析. proc cancorr 语句中选项 simple 和 corr 要求输出均值、标准差和相关系数(见输出 10.3.1);选项vprefix = v 和 wprefix = w 规定典型变量的前缀名字(这里规定的典型变量前缀名字其实就是省略时的名字,故这两个选项可以省略);选项 out = O1031 要求生成名字为 O1031 的输出数据集,O1031 中包含原始数据和典型变量得分(见输出 10.3.7).

```
data D1031;
     input X1 X2 Y1 Y2;
     n=_n_;
     cards;
0.14   0.30   0.03   0.14  )
 …    …    …    …         } 共有 27 个数据行
0.17    0.28   0.15    0.09 )
;
proc cancorr data=D1031 simple corr vprefix=v
                wprefix=w out=O1031;
     var X1 X2;
     with Y1 Y2;
run;
```

```
proc print data=O1031;
    var V1 W1 X1 X2 Y1 Y2;
run;
proc plot data=o1031;
    plot W1*V1  $  n='*'/vref=0 href=0;
run;
```

以上 SAS 程序的输出结果见输出 10.3.1 至输出 10.3.8.

**输出 10.3.1　均值、标准差和两组变量间的相关系数**

```
                     Means and Standard Deviations

   2 'VAR' Variables
   2 'WITH' Variables
  27 Observations

           Variable              Mean            Std Dev

           X1                0.371852           0.249014
           X2                0.659259           0.396435
           Y1                0.181481           0.123870
           Y2                0.168519           0.073626

 Correlations Between the 'VAR' Variables and the 'WITH' Variables

                                Y1                 Y2

              X1            0.4477             0.5273
              X2            0.7471             0.8691
```

输出 10.3.2 给出第一典型相关系数为 $\lambda_1 = 0.8946$, 它比两组变量间最大的相关系数(即 $\rho(X_2, Y_2) = 0.8691$) 都大 .

**输出 10.3.2　典型相关系数及其他信息**

```
                  Canonical Correlation Analysis

                         Adjusted       Approx       Squared
          Canonical     Canonical     Standard     Canonical
        Correlation   Correlation        Error   Correlation

   1       0.894618      0.889469     0.039156      0.800341
   2       0.009496       .           0.196098      0.000090

                     Eigenvalues of INV(E)*H
                      = CanRsq/(1-CanRsq)

         Eigenvalue    Difference   Proportion    Cumulative

   1         4.0085        4.0084       1.0000        1.0000
   2         0.0001         .           0.0000        1.0000
```

输出 10.3.3 给出典型相关分析的一般结果. 检验假设 $H_0$: $\Sigma_{12} = 0$(即所有典型相关均为 0 的零假设) 时, 概率水平 $p$ 值为

0.0001(即 Pr > F 的值),故在 $\alpha = 0.01$ 的显著水平下,否定所有典型相关为 0 的假设.也就是至少有一个典型相关是显著的.从检验假设 $H_0^{(i)}: \lambda_i = 0\ (i = 1,2)$,即第 $i$ 个及以后所有典型相关系数均为 0 的结果中(见输出 10.3.3 的第一个表),由 '1' 所在的这一行,可得到似然比值为 0.19964,近似 $F$ 统计量值为 14.2379,概率水平 $p$ 值为 0.0001(即 Pr > F 的值),故在 $\alpha = 0.01$ 的显著水平下,这也同样否定第一典型相关为 0 的假设.由 '2' 所在的这一行,得到的结果说明第二个典型相关是不显著的 .

**输出 10.3.3　检验第 $i$ 个及以后的典型相关系数为 0 的结果($i = 1,2$)**

Test of H0: The canonical correlations in the current row and all that follow are zero

| | Likelihood Ratio | Approx F | Num DF | Den DF | Pr > F |
|---|---|---|---|---|---|
| 1 | 0.19964137 | 14.2379 | 4 | 46 | 0.0001 |
| 2 | 0.99990983 | 0.0022 | 1 | 24 | 0.9633 |

Multivariate Statistics and F Approximations

S=2　M=-0.5　N=10.5

| Statistic | Value | F | Num DF | Den DF | Pr > F |
|---|---|---|---|---|---|
| Wilks' Lambda | 0.19964137 | 14.2379 | 4 | 46 | 0.0001 |
| Pillai's Trace | 0.80043080 | 8.0072 | 4 | 48 | 0.0001 |
| Hotelling-Lawley Trace | 4.00862032 | 22.0474 | 4 | 44 | 0.0001 |
| Roy's Greatest Root | 4.00853014 | 48.1024 | 2 | 24 | 0.0001 |

NOTE: F Statistic for Roy's Greatest Root is an upper bound.
NOTE: F Statistic for Wilks' Lambda is exact.

**输出 10.3.4　关于两组变量的原始典型相关系数**

Raw Canonical Coefficients for the 'VAR' Variables

| | V1 | V2 |
|---|---|---|
| X1 | -0.105423586 | 5.1216636294 |
| X2 | 2.5630585828 | -1.945443218 |

Raw Canonical Coefficients for the 'WITH' Variables

| | W1 | W2 |
|---|---|---|
| Y1 | 2.6083711454 | -10.72223803 |
| Y2 | 10.205452167 | 15.508887379 |

输出 10.3.4 和输出 10.3.5 给出关于这两组变量原始的和标准化的典型相关变量的系数.下面给出第一对标准化典型变量($X_i^*$ 和 $Y_j^*$ 表示 $X_i$ 和 $Y_j$ 的标准化变量)

$$V_1 = -0.0263\ X_1^* + 1.0161\ X_2^*,$$
$$W_1 = 0.3231\ Y_1^* + 0.7514\ Y_2^*.$$

来自第一组变量的第一个典型变量 $V_1$ 主要代表 $X_2^*$(即元素 Pd 钯),而来自第二组的典型变量 $W_1$ 代表 $Y_2^*$(Ni 镍)和 $Y_1^*$(Cu 铜).

**输出 10.3.5　关于两组变量的标准化典型相关系数**

Standardized Canonical Coefficients for the 'VAR' Variables

| | V1 | V2 |
|---|---|---|
| X1 | -0.0263 | 1.2754 |
| X2 | 1.0161 | -0.7712 |

Standardized Canonical Coefficients for the 'WITH' Variables

| | W1 | W2 |
|---|---|---|
| Y1 | 0.3231 | -1.3282 |
| Y2 | 0.7514 | 1.1419 |

**输出 10.3.6　典型结构**

Canonical Structure

Correlations Between the 'VAR' Variables and Their Canonical Variables

| | V1 | V2 |
|---|---|---|
| X1 | 0.6046 | 0.7965 |
| X2 | 0.9998 | 0.0206 |

Correlations Between the 'WITH' Variables and Their Canonical Variables

| | W1 | W2 |
|---|---|---|
| Y1 | 0.8354 | -0.5497 |
| Y2 | 0.9717 | 0.2364 |

Correlations Between the 'VAR' Variables and the Canonical Variables of the 'WITH' Variables

| | W1 | W2 |
|---|---|---|
| X1 | 0.5409 | 0.0076 |
| X2 | 0.8944 | 0.0002 |

Correlations Between the 'WITH' Variables and the Canonical Variables of the 'VAR' Variables

| | V1 | V2 |
|---|---|---|
| Y1 | 0.7473 | -0.0052 |
| Y2 | 0.8693 | 0.0022 |

输出 10.3.6 给出典型结构,即原始变量和典型变量的相关系数.输出 10.3.7 给出第一对典型变量($V_1$, $W_1$)的标准化得分值

及原始变量的观测数据.

**输出 10.3.7　典型变量的得分**

| OBS | V1 | W1 | X1 | X2 | Y1 | Y2 |
|---|---|---|---|---|---|---|
| 1 | -0.89636 | -0.68616 | 0.14 | 0.30 | 0.03 | 0.14 |
| 2 | -0.39007 | 0.41719 | 0.20 | 0.50 | 0.14 | 0.22 |
| 3 | -1.37491 | -1.91082 | 0.06 | 0.11 | 0.03 | 0.02 |
| 4 | -1.37596 | -0.76214 | 0.07 | 0.11 | 0.04 | 0.13 |
| 5 | -1.09930 | -0.81202 | 0.12 | 0.22 | 0.06 | 0.12 |
| 6 | 0.52452 | 0.34350 | 0.52 | 0.87 | 0.19 | 0.20 |
| 7 | -0.47013 | -0.80746 | 0.23 | 0.47 | 0.14 | 0.10 |
| 8 | -0.80201 | -0.83583 | 1.19 | 0.38 | 0.09 | 0.11 |
| 9 | 0.00209 | -0.29719 | 0.37 | 0.66 | 0.14 | 0.15 |
| 10 | -0.15064 | -0.45141 | 0.36 | 0.60 | 0.12 | 0.14 |
| 11 | 0.27876 | -0.72921 | 0.42 | 0.77 | 0.17 | 0.10 |
| 12 | 0.49118 | 0.52837 | 0.35 | 0.85 | 0.30 | 0.19 |
| 13 | 0.52663 | 0.65195 | 0.50 | 0.87 | 0.23 | 0.22 |
| 14 | 1.23796 | 1.42078 | 0.56 | 1.15 | 0.29 | 0.28 |
| 15 | 0.61090 | 0.39111 | 0.43 | 0.90 | 0.13 | 0.22 |
| 16 | 0.78610 | 0.73020 | 0.47 | 0.97 | 0.26 | 0.22 |
| 17 | 0.32264 | 0.39567 | 0.49 | 0.79 | 0.21 | 0.20 |
| 18 | 0.27349 | 1.38229 | 0.47 | 0.77 | 0.51 | 0.22 |
| 19 | 0.56280 | 0.60662 | 0.40 | 0.88 | 0.33 | 0.19 |
| 20 | 1.61188 | 1.41621 | 0.66 | 1.30 | 0.21 | 0.30 |
| 21 | 1.61504 | 1.83811 | 0.63 | 1.30 | 0.45 | 0.28 |
| 22 | 1.95984 | 0.96267 | 0.52 | 1.43 | 0.31 | 0.23 |
| 23 | 0.53296 | 0.80161 | 0.44 | 0.87 | 0.17 | 0.25 |
| 24 | -1.47427 | -1.24632 | 0.03 | 0.07 | 0.05 | 0.08 |
| 25 | -0.95395 | -1.27241 | 0.20 | 0.28 | 0.04 | 0.08 |
| 26 | -1.39843 | -1.19188 | 0.04 | 0.10 | 0.11 | 0.07 |
| 27 | -0.95078 | -0.88343 | 0.17 | 0.28 | 0.15 | 0.09 |

**输出 10.3.8　第一对典型变量得分的散布图**

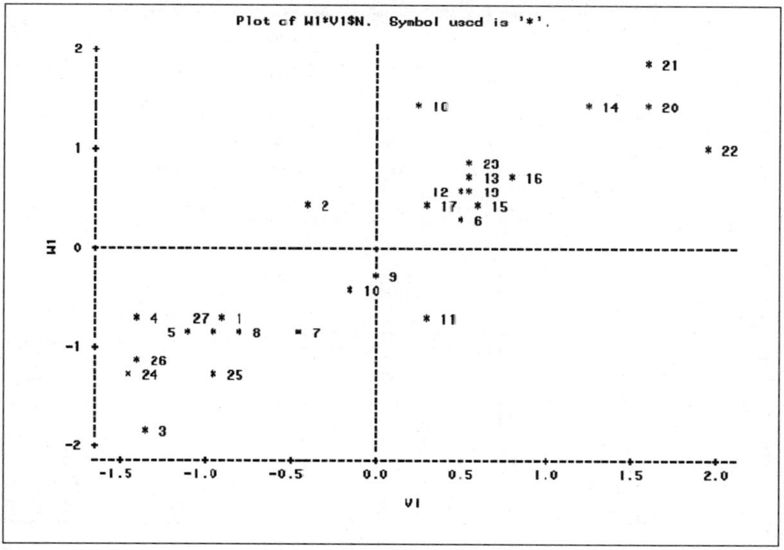

输出 10.3.8 绘制了第一对典型变量得分值的散布图,从图中可以看出散点在近似的一条直线上分布.

**例 10.3.2** 康复俱乐部测试数据的典型相关分析.

**解** 以下数据是康复俱乐部中对 20 名中年人测量的三个生理指标:weight(体重),waist(腰围),pulse(脉搏)和三个训练指标:chins(单杠),situps(仰卧起坐次数),jumps(跳高)的数据.用 CANCORR 过程分析生理指标和训练指标这两组变量间的相关性.SAS 程序如下:

```
title '康复俱乐部数据的典型相关分析';
data D1032;
     input weight waist pulse chins situps jumps @@;
     label weight='体重'       waist='腰围'
           pulse='脉搏'        chins='单杠'
           situps='仰卧起坐'   jumps='跳高';
     cards;
191  36  50   5  162   60    189  37  52   2  110   60
193  38  58  12  101  101    162  35  62  12  105   37
189  35  46  13  155   58    182  36  56   4  101   42
211  38  56   8  101   38    167  34  60   6  125   40
176  31  74  15  200   40    154  33  56  17  251  250
169  34  50  17  120   38    166  33  52  13  210  115
154  34  64  14  215  105    247  46  50   1   50   50
193  36  46   6   70   31    202  37  62  12  210  120
176  37  54   4   60   25    157  32  52  11  230   80
156  33  54  15  225   73    138  33  68   2  110   43
;
run;
proc cancorr data=D1032 all vprefix=PHYS wprefix=EXER
             vname='生理指标'   wname='训练指标';
     var weight waist pulse;
     with chins situps jumps;
run;
```

DATA 步创建康复俱乐部测试数据的 SAS 数据集(名为 D1032),它有 20 个观测,6 个变量.

CANCORR 过程用于对输入数据集 D1032 做典型相关分析.

选项 all 要求输出所有选择的计算结果; vprefix = 定义了来自 var 语句(即第一组变量)的典型变量名字的前缀为 PHYS, vname = 给出 var 语句中变量的标签为'生理指标'; wprefix = 和 wname = 对 with 语句的变量规定典型变量的前缀和第二组变量的标签. var 语句列出第一组变量的名字, with 列出第二组变量的名字. 输出结果省略了(见参考文献[11]).

在 SAS/STAT 软件 8 版本中, 可以使用菜单系统"分析员应用"来进行典型相关分析. 使用方法类似于第八章主分量分析中的例 8.3.1(见本书第 267～269 页), 这里省略了.

## 习 题 十

**10-1** 在某年级 44 名学生的期末考试中, 有的课程用闭卷, 有的课程用开卷(考试成绩见表 9.3). 试对闭卷( $X_1, X_2$) 和开卷 ($X_3, X_4, X_5$) 两组变量进行典型相关分析.

**10-2** 表 10.2 中是从 25 个家庭中测到的成年长子和次子的头宽、头长的数据. 试用典型相关分析方法分析长子和次子头宽、头长的相关情况.

**表 10.2 成年长子和次子的头宽、头长的数据**

| 样品号 | 长子头长 $X_1$ | 长子头宽 $X_2$ | 次子头长 $X_3$ | 次子头宽 $X_4$ | 样品号 | 长子头长 $X_1$ | 长子头宽 $X_2$ | 次子头长 $X_3$ | 次子头宽 $X_4$ |
|---|---|---|---|---|---|---|---|---|---|
| 1 | 191 | 155 | 179 | 145 | 14 | 190 | 159 | 195 | 157 |
| 2 | 195 | 149 | 201 | 152 | 15 | 188 | 151 | 187 | 158 |
| 3 | 181 | 148 | 185 | 149 | 16 | 163 | 137 | 161 | 130 |
| 4 | 183 | 153 | 188 | 149 | 17 | 195 | 155 | 183 | 158 |
| 5 | 176 | 144 | 171 | 142 | 18 | 186 | 153 | 173 | 148 |
| 6 | 208 | 157 | 192 | 152 | 19 | 181 | 145 | 182 | 146 |
| 7 | 189 | 150 | 190 | 149 | 20 | 175 | 140 | 165 | 137 |
| 8 | 197 | 159 | 189 | 152 | 21 | 192 | 154 | 185 | 152 |
| 9 | 188 | 152 | 197 | 159 | 22 | 174 | 143 | 178 | 147 |
| 10 | 192 | 150 | 187 | 151 | 23 | 176 | 139 | 176 | 143 |
| 11 | 179 | 158 | 186 | 148 | 24 | 197 | 167 | 200 | 158 |
| 12 | 183 | 147 | 174 | 147 | 25 | 190 | 163 | 187 | 150 |
| 13 | 174 | 150 | 185 | 152 | | | | | |

# 附录1　SAS系统入门

SAS系统是大型集成软件系统，具有完备的数据访问、管理、分析和呈现及应用开发功能．在数据处理和统计分析领域，SAS系统已经成为国际上的标准软件系统．本附录介绍SAS系统的入门知识：包括SAS系统的概况和产品、在Windows环境下SAS系统的使用及SAS菜单系统、SAS编程基础和SAS过程等．

## §1　SAS系统概况

### 一、SAS系统与美国SAS软件研究所

SAS系统于1966年由美国北卡罗来纳州(North Carolina)州立大学开始研制，1976年成立美国SAS软件研究所，并开始对SAS系统进行维护、开发、销售和培训等工作．1985年推出了SAS/PC(6.02)版本．自SAS系统推出以来，它的版本更新很快，功能也不断增加．如自1989年推出SAS/PC(6.04)版本后；1997年下半年推出适用于多种操作系统的6.12版本；2000年2月又正式推出最新版本SAS系统8版本．

SAS系统在20世纪60年代末及20世纪70年代用于统计分析，所以该系统早期的全称为“统计分析系统(Statistical Analysis System)”，这个全称的英文缩写“SAS”便成为开发此系统的公司名字(SAS研究所)及产品的商标．经过20多年的不断发展与完善，SAS系统已由最初的统计分析软件发展成为大型集成应用软件系统．

美国SAS软件研究所(SAS Institute Inc.)自创建以来，就以

SAS系统的卓越功能和可靠的技术支持著称于世,逐步发展成为全球十大独立软件开发商之一.目前SAS软件研究所在世界六大洲近50个国家或地区设有分公司及分支机构.目前SAS系统被成功应用于遍及120多个国家和地区(包括中国)的31 000多个机构中,直接用户超过3500000人.美国《幸福》杂志评选的全球100家最大公司中的98家都在应用SAS软件.国际上还有一个SAS协会SUGI(SAS User Group International),每年都召开交流会对SAS系统的使用进行交流和研究.SAS系统在世界范围内被广泛地应用于政府、科研、教育、生产和商业等不同领域,发挥着积极作用.

由于SAS软件研究所在中国市场持之以恒的努力,SAS系统赢得了越来越多国内用户的信任与支持,建立了完善的销售、服务体系,业务领域遍及金融、电信、政府、制造、能源、交通、环保、制药等各个行业.SAS公司于1989年在北京成立了办事处;1997年,SAS软件研究所正式宣布成立大中国区,并于1999年3月在国内设立独资公司——赛仕软件(上海)有限公司.

## 二、使用SAS系统的一个实例

为了让读者了解如何用SAS系统分析处理数据,本节介绍在Windows环境下使用SAS系统的简单实例.

**例1.1** 假定某公司生产两类机器:小型机器(如打印机、复印机)和计算机.这些机器由公司的职员负责在四个地区销售.表1给出的数据包括销售人员的名字(NAME),销售的地区(REGION),机器的类型(TYPE),和年销售量(SALES).利用这些资料,想知道每个地区的年销售总量是多少,每种类型的机器卖了多少?以及每类机器的人均销售量等问题.

表1中的每一项——如名字'stafer',地区'east',销售量22969,类型'c'(表示计算机)或'sm'(表示小型机器)都是数据值.

表1的每一行给出职员的名字、年销售量、销售的地区和卖出

的机器类型.每一行构成一个观测(observation).表1中每列的值构成一个变量(variable).例如这些职员的名字构成名字变量;所有年销售量构成销售变量等等.为了向SAS系统描述这些数据,对每个变量规定名字.比如规定描述这些职员姓名的变量名为NAME;年销售量为SALES,销售地区为REGION,卖出的机器类型为TYPE.每个变量的名字必须以字母开始,最多由8个字符组成.

**表1 销售数据**

| 序号 | NAME | SALES | REGION | TYPE |
|---|---|---|---|---|
| 1 | stafer | 9664 | east | sm |
| 2 | young | 22969 | east | sm |
| 3 | stride | 27253 | esat | sm |
| 4 | topin | 86432 | east | c |
| 5 | spark | 99210 | east | c |
| 6 | vetter | 38928 | west | c |
| 7 | curci | 21531 | west | sm |
| 8 | marco | 79345 | west | c |
| 9 | greco | 18523 | west | sm |
| 10 | ryan | 32915 | west | sm |
| 11 | tomas | 42109 | west | sm |
| 12 | thalman | 94320 | south | c |
| 13 | moore | 25718 | south | sm |
| 14 | allen | 64700 | south | c |
| 15 | steiam | 27634 | south | sm |
| 16 | farlow | 32719 | north | sm |
| 17 | smith | 38712 | north | sm |
| 18 | wilson | 97214 | north | c |

表1的所有销售信息组成一个数据集.它有18个观测和4个变量.

为了分析处理这些资料,用户要把这些数据读入并生成SAS数据集,然后调用有关的SAS过程分析处理它们.下面是使用SAS系统分析处理这些资料的几个步骤.

**1. 启动SAS系统**

在Windows环境下,利用微软的Windows系列操作系统提供的友好图形用户界面,以及与其他系统、数据的良好的互联性,在Windows环境下运行的SAS系统可充分利用Windows操作系统的良好图形界面,大大方便了程序编辑、数据操作并提供了多个不需编程而可以用菜单调用的交互统计分析模块.

在 Windows 3.xx 环境下启动 SAS 系统(6.12 版),一般是从 SAS 的程序组中双击 SAS 程序的图标启动. 在 Win95(或 Win98)下启动 SAS,可以从桌面上的 SAS 快捷方式启动,也可以从“开始”菜单的“程序”子菜单中找到 SAS 程序项启动. 还可以建立多个不同配置的图标(快捷键)以不同配置运行 SAS. 启动 SAS 后就可以进入 SAS 应用工作空间(AWS)内的 SAS 显示管理环境(如屏幕 1).

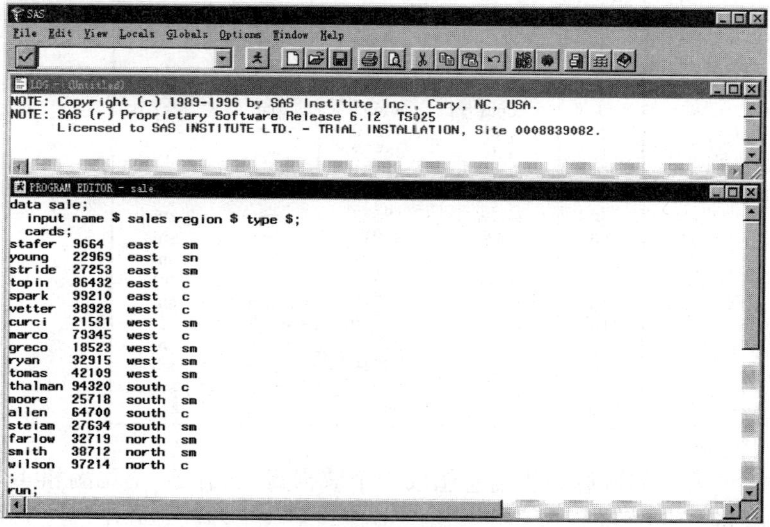


**屏幕 1　Windows 环境下的 SAS 系统及 PGM 窗口的 SAS 程序**

屏幕 1 上方 LOG 窗口的内容为 SAS 系统的信息及运行记录;下面的 PROGRAM EDITE(简称 PGM)窗口是用户编辑 SAS 源程序,存贮或调入文件,提交 SAS 程序给 SAS 系统执行的场所,它们是用户使用 SAS 系统的主要窗口.

屏幕出现这两个彩色的窗口后,光标位于 PGM 窗口,此时光标可以自由移动. 在 LOG 窗口还显示关于 SAS 系统的版本等信息. 至此 SAS 系统已启动完毕,等待用户输入程序和命令.

用 SAS 系统分析处理数据时,首先利用 DATA 步输入数据,把你要分析的数据组织成 SAS 系统能识别的文件—— SAS 数据集.然后利用 PROC 步根据用户的需要选择 SAS 系统提供的 SAS 过程来分析处理数据并编写报告.

SAS 系统要求用户把你想做什么通过一些近乎自然英语的指令—— SAS 程序在 PGM 窗口采用交互方式提交给 SAS 系统执行.执行过程中的记录信息(包括出错信息)在 LOG 窗口显示;SAS 过程产生的输出结果在 OUTPUT 窗口显示.这就是 SAS 会话系统.

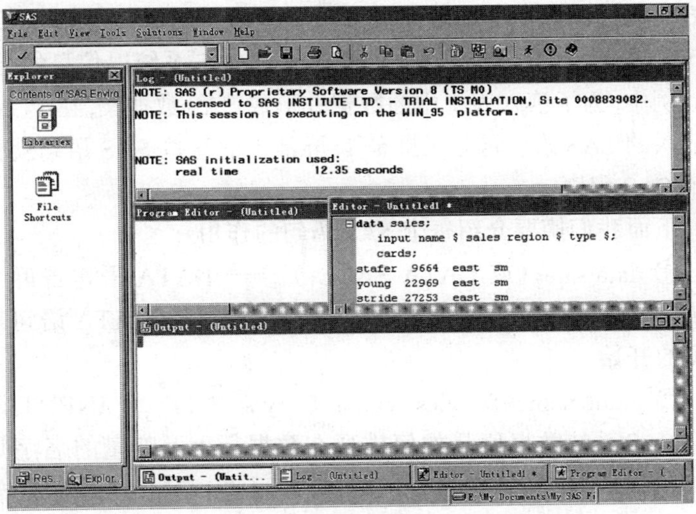


**图示 1　SAS 系统 8 版本的交互工作环境**

在 SAS 系统 8 版本,启动 SAS 系统后所显示的界面(见图示 1①与 SAS 系统 6.12 版本在外观上有较大差别.SAS 显示管理系统提供的基本窗口有六个,除6.12版本提供的PGM,LOG和OUTPUT窗口外,还提供浏览器(Explorer)窗、结果(Result)窗和强化编辑窗;屏幕上方菜单条中的菜单项及下拉菜单或弹出菜单也与 6.12 版本的菜单有变化;另在下方还有一窗口条,让用户更方便地切换窗口.新版本(8 版本)下 SAS 系统的交互工作环境更

① 本附录中凡是由 SAS 系统 8 版本产生的图形等结果,均用“图示×”来编号

方便了,且与 Window 更加接近.

本书所介绍的实用统计方法都是一些常用的方法,使用 SAS 8 版本或 6.12 版本都能完成.考虑到目前国内使用 6.12 版本的用户更多些,本书大部分的例子仍使用 SAS 系统(6.12 版本)来完成.涉及到 SAS 8 版本的有些增强功能时,我们将专门进行介绍.

**2. 输入 SAS 程序**

首先用 DATA 步把表 1 中的销售数据转换为 SAS 数据集,常用方法是在 PGM 窗口用键盘直接输入数据.DATA 步中的 SAS 语句是要求 SAS 系统执行一种操作或给 SAS 系统以信息的指令.在此例中,为了读入表 1 中的数据并形成 SAS 数据集,在 PGM 窗口输入的 SAS 语句可参见屏幕 1.屏幕 1 的这些 SAS 语句就构成一个 SAS 程序.

下面我们摘要介绍每个 SAS 语句的作用:

① data sale;(或 DATA SALE;) —— DATA 语句告诉 SAS 系统开始创建一个名字为 SALE 的 SAS 数据集.DATA 语句是数据步的开始.

② input name $ sales region $ type $; —— INPUT 语句告诉 SAS 系统数据值是如何排列在数据行上及变量的名字是什么.名字 NAME,REGION 和 TYPE 后面的 DOLLAR 号($)告诉 SAS 这三个变量是字符型变量.

③ cards; —— CARDS 语句告诉 SAS 系统下面就是数据行.

④ data lines(数据行) —— 从 CARDS 语句以后的第 4 行到第 21 行是数据行,每一行是一个观测,数值间用空格隔开.

⑤ ;(空语句) ——指示数据行的结束.

⑥ run; —— RUN 语句告诉 SAS 系统执行上述这些 SAS 语句.它标志在这个 SAS 会话中 DATA 步的结束.

**3. 提交 SAS 程序**

当你认为这些 SAS 语句和数据都已正确地被输入时,你可以提交这个 SAS 程序给 SAS 系统,以便创建 SAS 数据集.在

Windows环境下提交SAS程序的最简单办法是点击工具栏的提交图标.这时程序管理窗口中的程序消失,运行记录窗口(LOG)出现运行情况的记录(见屏幕2),如果SAS程序含PROC步,则输出窗口(OUTPUT)自动浮现到上面,并显示PROC步的结果(如屏幕4的输出结果).

SAS日志(LOG)信息告诉用户你的数据集有18个观测和四个变量.这18个观测对应18个职员的信息;四个变量是由INPUT语句读入的这些变量.运行记录还告诉用户SAS系统处理这个DATA步用了多少时间.

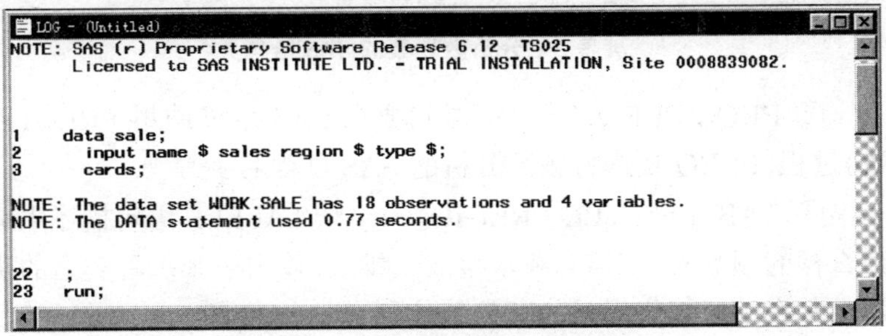


**屏幕2　LOG窗口显示的信息**

如果LOG窗口显示你输入的SAS语句有错误时,你必须返回到PGM窗口,重新调进刚才输入的SAS程序,并对错误的语句作修改.修改完毕后再重新提交SAS程序.SAS系统执行这个SAS程序后,产生一个名为SALE的SAS数据集.

**4. 分析数据**

用表1的销售数据生成SAS数据集后,接着我们准备对这些数据作分析计算.利用SAS系统提供的SAS过程对SAS数据集SALE中的数据作分析处理.屏幕3列出的这些SAS语句可完成四种分析计算.

① PROC PRINT;(或 proc print;)——这个语句要求SAS显示刚才创建的SAS数据集中的数据值.关键词PROC(PROCEDURE的缩写)指示一个PROC步开始了,PRINT是你要

使用的 SAS 过程的名字.

这个 PROC 步由 PROC PRINT 语句和 RUN 语句组成. RUN 语句告诉 SAS 执行这个 PROC 步.

```
PROGRAM EDITOR - sales
proc print;
run;
proc freq;
  tables type*region;
run;
proc sort;
  by type;
run;
proc means;
  title '两类销售数据的平均';
  by type;
run;
```

**屏幕 3　分析数据集的 SAS 语句**

② PROC PREQ; ——该语句要求 SAS 系统调用 FREQ(频数)过程, PREQ 是进行频数分析的 SAS 过程名字.

③ TABLES TYPE * REGION; —— TABLES 语句描述生成什么样的频数表. 该语句要求生成二维表, 输出一张每种类型的机器在每个地区销售人员的频数等信息表.

④ PROC SORT; ——该语句要求 SAS 对这个数据集中的数据进行分类排序.

⑤ BY TYPE; —— BY 语句规定对数据进行排序所依据的变量(也称该变量为 BY 变量). 这个语句告诉 SAS 按机器的类型重新排列数据, 同类型的观测放在一起; 类型为'c'的观测放在前面, 类型为'sm'的观测放在后面.

⑥ PROC MEANS; ——该语句要求对数值变量计算简单描述统计量.

⑦ TITLE '两类销售数据的平均'; ——要求在 MEANS 过程的输出中显示一条以单引号括起来的内容为标题的信息.

⑧ BY TYPE; ——该语句告诉 MEANS 过程, 按变量 TYPE 的值分成二组来分别计算描述统计量.

当提交屏幕 3 的这些语句后(点击工具栏的提交图标或用

SUBMIT命令),PGM 窗口的这些语句消失,LOG 窗口可以看到运行的记录;在 OUTPUT 窗口输出几个过程产生的结果.例如屏幕 4 是 PROC MEANS 的输出结果.

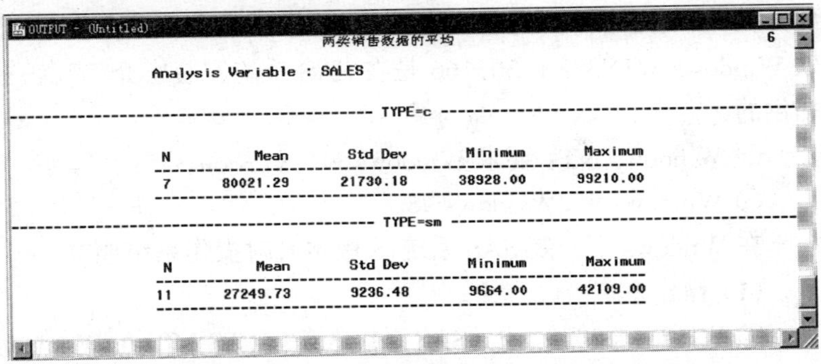

OUTPUT - (Untitled)

两类销售数据的平均 6

Analysis Variable : SALES

--- TYPE=c ---

| N | Mean | Std Dev | Minimum | Maximum |
|---|---|---|---|---|
| 7 | 80021.29 | 21730.18 | 38928.00 | 99210.00 |

--- TYPE=sm ---

| N | Mean | Std Dev | Minimum | Maximum |
|---|---|---|---|---|
| 11 | 27249.73 | 9236.48 | 9664.00 | 42109.00 |

**屏幕 4　OUTPUT 窗口给出的 MEANS 的输出结果**

### 5. 退出 SAS 系统

当数据的分析计算完成后,你想结束这次 SAS 会话,退出 SAS 系统.方法有两种:

方法一:在命令框用命令 BYE 或在 PGM 窗口提交语句 ENDSAS,都可以退出 SAS 系统并返回到 Windows 的桌面系统.

方法二:在 Windows 环境下退出 SAS 可以从 File 菜单选 Exit 退出,或用 Windows 关闭窗口的标准办法(Windows 3.xx 中是双击窗口控制盒,Win95 中还可以按图标)关闭 SAS 的主窗口也可以退出 SAS 系统.

这个简单例子给出使用 SAS 系统分析处理数据的几个步骤.

## 三、安装 SAS 系统对环境的要求及密码的更新

在不同的操作系统下安装和使用 SAS 系统有不同的要求.本节介绍在 Windows 环境下安装和使用 SAS 软件对系统的一些要求.

### 1. 软件要求

在 Wndows 下安装 SAS 系统(6.12),对操作系统要求:

① Windows WIN32s：要求在 DOS 5.0 或以上版本；如果在 Windows 3. xx 下安装 SAS 系统，需要先安装 32 位程序支持 Win32s 1.30.166(需 3.5M 硬盘空间)，原来低版本的 Win32s 需要升级，安装完后需要重新运行 SAS 下的 SETUP.EXE 程序．微软 Windows WIN32s 1.30.166 是在 SAS 系统安装媒介(光盘)上提供的．

② Windows NT：要求 Windows NT Version 3.51．

③ Windows 95，Windows 98．

在 Wndows 下安装 SAS 系统(8 版本)，对操作系统要求：

(1) 操作系统

① Windows 2000 —— SAS 系统 8 版本(TS M0)在 Windows 2000 中兼容．

② Windows NT 和 Windows NT Server —— 在 Windows NT 下运行 SAS 系统 8 版本(TS M0)需要：Windows NT 4.0 需要用 Service Pack 4 或更高的版本加以更新，加上更新由微软提供的 2000 年问题的更新软件．管理员在其权限下要求对所有的系统加以更新．为了保证 SAS 软件彻底和安全地安装，最好是安装者有管理员权限，在管理员权限下进行安装．

③ Windows —— SAS 系统 8 版本(TS M0)对微软的 Windows 95 和 Windows 98 操作系统都兼容，Windows 95 需要用微软提供的 2000 年问题的更新软件加以更新．Windows 98 需要用 Service pack 1 进行更新或者使用第二版的 Windows 98．

④ 文件系统要求：

• 推荐使用支持长文件名的文件系统；

• 对于 Windows NT，推荐文件系统为 NTFS 格式．

⑤ 网络安装—— 在 Windows NT Server 或 Novell Server 上进行服务器安装，推荐使用长文件名支持．

(2) 在线帮助浏览器

为了浏览 SAS 系统的在线帮助，要求计算机中安装 Internet

Explorer(IE)第五版或者Netscape Navigator 4.07 版.这两种软件的更新版本也可以使用.如果你的系统中没有 IE5,SAS 软件在安装时会提醒你安装 IE5.推荐用户使用 IE5 或更新的 IE,因为这样才能更新一些微软的系统文件,还可以减少 SAS 软件安装过程中的重新启动的次数.

**2. 硬件要求**

① 支持的计算机:支持使用 Intel 或 Intel 兼容的 80386 33 MHz 或较高 CPU 的 PC 机.如果使用 33 MHz 或更快的 80486 或奔腾机执行时效果更好.

② 协处理器:强烈地推荐使用协处理器(如 386 机的 Intel 80387).

③ 内存要求:Windows WIN32s 下根据用户应用问题的大小,至少要求 8MB,中等范围使用时要求 12MB,对于更大的问题要求 16MB 或以上.对于 Base SAS 软件,要求有 15MB 虚存空间.Windows NT 和 Windows 95 要求至少有 16MB 内存,如果内存更多执行时效果更好.

④ 支持的监视器有 VGA,8514,XGA,SVGA;不支持 EGA.

⑤ 要求鼠标.

在 Wndows 下安装 SAS 系统(V8),对硬件的要求:

① 机器支持—— Intel 或兼容于 Intel 的 Pentium 级处理器(最低要求);

② 浮点装置和数学协处理器——用户的 PC 机里应该有一个浮点运算装置和一个数学协处理器.SAS 软件在他们存在的基础上进行了优化.微软的 Windows 为没有浮点装置或数学协处理器的机器提供了性能稍逊于硬件的浮点模拟软件.

③ 内存要求:

(a) Windows 和 Windows NT 下最小内存 32 兆,若要较好的运行则需要更多一些内存,另交换文件需要至少 32 兆空间.

(b) Windows NT Server 下最小内存 64 兆,交换文件需要至

少64兆空间.

④ 支持的显示器——XGA或SVGA, 注意:显示器的分辨率至少为800×600.

**3. 硬盘存贮空间的要求**

SAS系统6.12版本的几个软件产品要求的存贮空间大约为: Base SAS软件产品要求17.8MB; SAS/STAT软件产品要求14.2MB; SAS/GRAPH软件产品要求18.9MB+41.6MB(地图数据库); SAS/ETS软件产品要求9.0MB等. 另外Microsoft Windows WIN32s modules要求约3.5MB存贮空间.

以安装SAS系统6.12版本为例, 只需从光盘的SAS子目录下运行其SETUP.EXE程序. 系统提供四种安装方式: 典型安装(Typical)、最小安装(Minimal)、定制安装(Custom)和客户端安装(Client). 最简单的安装方法可以用典型安装, 但需要硬盘空间280M左右. 最小安装只安装SAS的运行支持, 没有任何可运行的模块. 定制安装可以按自己的需要选择要安装的模块. 客户端安装可以不安装任何运行部分而只安装用户设置文件, 运行时从光盘或网络盘上调用程序. 安装将要结束时如果安装程序提示用户更新授权(license)信息, 可以插入软件附带的软盘然后选择该软驱作为授权信息存放的路径.

**4. 在Windows环境下更新授权(密码)的方法**

① 如果SAS系统仍可以启动, 把SETINIT.SAS文件调入PGM窗口后运行, 即可更新密码.

② (在Windows 95下)由菜单 开始 ⇒ 程序 ⇒ The SAS System ⇒ Update SAS License Information, 然后按屏幕提示的步骤更新密码.

③ 由菜单 开始 ⇒ 运行 ⇒在 打开 窗口输入如下命令(假定SAS系统安装在C:\SAS612目录下):

```
c:\sas612\sas.exe  -sysin  a:\setinit.sas  -setinit ↙
```

④ 运行\SAS612\CORE\SASINST\下的SIUPDATE.

EXE,然后按屏幕上提示的步骤更新密码.

## §2 SAS系统的产品介绍

### 一、Base SAS 软件

Base SAS 软件是 SAS 系统的核心,它的主要功能是数据管理和数据加工处理、交互应用环境管理和调用其他 SAS 模块,Base SAS 对 SAS 系统的数据库提供丰富的数据管理功能,还支持标准的 SQL 语言对数据进行操作.Base SAS 能够制作从简单列表到比较复杂的统计报表和用户自定义的式样复杂的报表;可进行基本的描述性统计量及变量间相关系数的计算,进行正态分布检验等;可对 SAS 数据集提供丰富和高效的数据管理功能,包括输入文本到 SAS 数据集的转换、数据集内容的增删、不同数据集的多种方式的拼接.Base SAS 软件可以单独使用,也可以同其他软件一起组成一个用户化的 SAS 系统.

具体地说,Base SAS 软件提供以下几方面功能:

**1. 数据管理功能**

SAS系统可读入任何格式的数据值,然后把数据组成 SAS 数据集.它具有很强的与外部文件交换信息的功能,用导入(Import)或导出(Export)菜单可实现常用的数据库、各种形式的电子表与 SAS数据集之间的转换.在 SAS 系统 8 版本,用菜单方法设定 SAS 库时通过规定引擎(如 ORACLE, SPSS 等)允许 SAS 访问许多数据库或其他软件格式的文件.

数据分析常常需要从几个数据集中抽取一些变量和观测进行组合.Base SAS 软件中有用于对数据进行编辑、整理、串接、合并及更新的功能,还能够同时处理多个输入文件,或者对一次输入的数据生成几种报表等.在 SAS 系统 8 版本,还可用菜单方法完成数据的转置、分拆、叠加等功能.

SAS 系统为用户提供完备的 SAS 语句和函数用于数据加工

处理;有些语句用于执行标准操作,如建立新变量,累加求和及修改错误;另外还提供了DO/END,IF-THEN/ELSE等控制语句,构成一套完整的语言系统.由于Base SAS软件具有非常强的数据管理功能,所以许多人亦把Base SAS软件作为数据库管理系统.

**2. 基础统计计算功能**

Base SAS软件中有一些基本过程和SAS函数能够完成基础统计计算.它包括:

① 计算简单的描述统计量,如均值、标准差、极差、总和、平方和、偏度、峰度、分位数和相关系数等.

② 对数据进行标准化、求秩及有关统计量.

③ 生成并分析列联表.

④ SAS函数可用于计算概率分布函数、分位数、样本统计量及产生随机数.

**3. 报表生成和图形显示功能**

① Base SAS软件输出数据与读入数据时同样可以采用任何格式.除了SAS过程产生的固定格式的报表外,用户可根据自己的需要来设计报表的输出格式,包括输出文件到磁盘上.

② SAS的一些基本过程可绘制水平的或垂直的直方图、饼图、块图和星形图,还可以画散布图、曲线图、层次图、时间序列图等.

## 二、SAS系统的其他软件产品

SAS系统是由众多模块灵活组成的模块化的大型集成软件系统,其中Base SAS软件是SAS系统的核心.其他模块均是在Base SAS软件提供的环境中运行.用户可根据自己的应用需要选择相应的模块或模块中的部分过程与Base SAS软件一起构成一个用户化的SAS系统.

SAS系统在中文操作系统环境下(如Win3.1或Win95中文版)支持中文文本信息的录入、存储和显示,并且自备GB2312中文矢量字库，可满足图形制作的中文要求.

以下是SAS系统的部分其他产品：

① **SAS/STAT** —— SAS/STAT是一个完整可靠的统计分析软件包，它几乎覆盖了所有的实用数理统计分析方法. SAS/STAT是国际统计分析领域的标准软件. 它提供的统计分析功能包括回归分析、方差分析及一般线性模型，多变量分析(主分量分析、因子分析和典型相关分析等)，判别分析与聚类分析，属性数据分析和生存分析等共40多个过程(8.1版本又增加13个过程). 每个过程还提供多种不同的算法及选项，可适应各种不同模型和不同特点数据的需要，从而组成一个庞大而完整的统计分析方法集.

SAS/STAT为多种试验设计模型提供了方差分析工具. 更一般的，它还有处理一般线性模型和广义线性模型的专用过程.

SAS/STAT包括的菜单系统Market Research将主分量分析、对应分析和方差分析等统计方法用于分析市场调研数据，分析结果用直观的图形和表格显示给用户，并根据用户对产品的评价提供新设计产品市场占有率的预测.

在SAS的桌面系统中有一个专用的统计分析系统——ANALYST. 它集成了SAS/STAT、SAS/QC和SAS/GRAPH的许多功能. 按常用统计分析的任务组织菜单，在统计分析方面包括描述统计计算、列联表分析、假设检验、方差分析、回归分析等. 在SAS V8，又增加了多变量分析、生存分析等. 在图形显示方面除了配合各种分析提供图形显示外，还可以用菜单设定制作三维散点图、三维曲面图和等高线图等. 在ANALYST子系统中，对各种检验法的功效函数计算和样本容量的确定提供了很方便的用法.

② **SAS/INSIGHT** ——该软件是SAS系统中一个完整的进行数据分析的子系统. 它为用户提供一个可进行交互式数据探索和分析的工具. 用户可以同时打开多个窗口对数据和图像进行比较、探索和分析.

INSIGHT是一个可视化的数据探索和分析的工具. 它将常用

的统计方法(比如常规统计量的计算,分布拟合,回归、方差及一般线性模型,多变量相关分析和主分量分析)与交互式的图形显示结合在一起,对数据进行探索研究;并通过多个窗口连续进行分析. INSIGHT还提供了可视化的非参数密度估计和非参数回归拟合环境,它使得这些统计方法变得非常方便直观. INSIGHT 的特色是强有力地图形表现功能.

在 INSIGHT 环境下,分析过程中始终可以浏览被分析的数据、统计分析的结果和相应的图形;用户可以随时对数据进行增删,并直接显示有关的分析结果和图形;用户还可以要求增加分析结果和图形显示的内容. INSIGHT 为用户提供一个全新的使用统计分析方法的环境.

③ **SAS/ASSIST** —— SAS/ASSIST 为 SAS 系统提供了面向任务的菜单驱动界面,借助它可以通过菜单系统来使用 SAS 的其他模块. 它自动生成的 SAS 程序既可辅助有经验的用户快速编写 SAS 程序,又可帮助用户学习 SAS 语言. 该软件是利用 SAS/AF 开发的产品,用户还可以根据自己的需要调用 SAS/ASSIST的不同部分或裁剪 SAS/ASSIST 的菜单来构成自己的应用系统.

④ **SAS/ETS** —— SAS/ETS 是用于计量经济与时间序列分析的专用软件. 它是研究复杂系统和进行预测的有力工具. 对于计量经济学中常用的一些分析方法(如 X11 季节调整,线性和非线性联立方程组的估计和模拟等)都有专用的过程进行处理.

对时间序列的建模和预测,为基于 ARIMA 和各种平滑化两大类模型提供完整的识别、估计和预测算法. 此外在功率谱分析和状态空间模型的 Kalman 滤波方法也都有专用的过程实现. 特别对于时间序列的建模和预测,它提供了一个菜单系统 FORECAST,使整个识别、估计和预测的过程变得十分直观和方便. 它也提供模拟按不同模型生成时间序列的功能. 这些都方便用户探索和使用对时间序列的建模和预测方法.

⑤ **SAS/OR** —— SAS/OR 是用于运筹学和工程管理的专用

软件.该软件提供全面的运筹学方法,是一种强有力的决策支持工具.它辅助人们实现对人力、时间以及其他各种资源的最佳利用.SAS/OR包含通用的线性规划、整数规划以及混合整数规划和非线性规划的求解,也为专门的规划问题(如网络流问题、运输问题和分配问题等)提供更为直接的解决办法.

SAS/OR还包含用于项目管理、时间安排和资源分配等问题的一整套方法,其中XPROJMAN菜单系统更方便地提供了项目管理优化方法的图形界面菜单操作法.而QSIM菜单系统提供了专门用于离散随机事件模拟的菜单系统.它让用户在图形界面上设定排队系统模型的构造和参数,启动模拟后将不断地记录和显示排队系统性能的各项统计结果.

⑥ **SAS/QC** —— SAS/QC是用于质量控制的专用软件.它为全面质量管理提供了一系列工具.它也提供一套全屏幕菜单系统SQC和XADX,引导用户进行标准的统计过程控制以及试验设计.

SQC提供了多种不同类型控制图的制作与分析,检测数据分布的拟合与检验(包括正态、对数正态、Gamma、指数、Weibull等参数分布和核估计等非参数分布的拟合与检验),可用于发现需优先考虑的因素的各种形式Pareto图(排列图)的制作,可用于直观地进行因果分析Ishikawa图(鱼骨图)的制作等.

XADX(ADX)菜单系统将实验设计的安排、试验结果的分析、分析结果的呈现为用户提供直观和使用方便的交互式操作界面.SAS/QC模块还包括了许多用于分析抽样方案的工具.

⑦ **SAS/IML** —— SAS/IML提供功能强大的面向矩阵运算的编程语言,它是用户研究新算法或解决SAS系统中没有现成方法的工具.SAS/IML中处理的基本数据元素是一个矩阵;它包含大量的针对矩阵的数学运算符、函数和例行程序,用户用很少的语句便可描述很复杂的计算过程.它允许用户直接用矩阵代数的记号来组成IML的程序语句.

⑧ **SAS/GRAPH** ——这个强有力的图形软件包 SAS/GRAPH 可将数据及其包含的深层信息以多种图形生动地呈现出来，如生成直方图、圆饼图、星形图、散点相关图、曲线图、三维曲面图、等值线图、地理图及各种映像图．它也可以直接制作用不同方法拟合的回归曲线和相应的置信曲线．这些图形非常形象、直观地表现各变量之间的关系及数据的分布状态，对解决各种实际问题起着重要的辅助作用．SAS/GRAPH 还有一个全屏幕图形编辑器，利用它可对已有图形进行编辑加工和修饰．SAS/GRAPH 还提供多种设备驱动程序，使生成的图形可用各种设备进行输出．

⑨ **SAS/FSP** —— SAS/FSP 是一个用来进行数据处理的交互式菜单系统．它具有全屏幕的数据录入、编辑、查询及数据文件的创建等功能，它也是一个开发工具．

⑩ **SAS/AF** —— 这是一个应用开发工具，利用 SAS/AF 的屏幕设计能力及 SCL 语言的处理能力可快速开发各种功能强大的应用系统．SAS/AF 采用先进的 OOP(面向对象编程)的技术，使用户可方便快速地实现各类具有图形用户界面(GUI)的应用系统．

⑪ **SAS/EIS** —— SAS/EIS 是决策支持表现工具，也是一个快速应用开发工具．SAS/EIS 完全采用新兴的面向对象的编程模式(OOP)．EIS 是以生动直观的方式(图或表)将关键性或总结性信息呈现给适当使用者的非常易用的系统．

⑫ **SAS/ACCESS** —— 该软件为用户提供了透明地访问其他数据库文件的功能，该软件可以访问目前流行的许多数据库管理系统文件，包括：ADABAS, AS/400, CA-DATACOM, CA-IDMS/R, DB2, DB2/2, DB2/6000, IMS-DL/I, Informix, INGRES, ODBC, ORACLE, PC File Formats, DEC Rdb, SQL/DS, SYBASE and SQL Server 和 SYSTEM 2000．

⑬ **SAS/LAB** ——该软件也是 SAS 系统中一个完整的进行数据分析的子系统。它为用户提供一个菜单驱动、面向任务的解释

引导式数据分析软件.

⑭ **SAS/TOOLKIT** ——这是 SAS 功能扩充工具.用户可使用各种高级语言编写 SAS 过程、函数和输入输出格式等,然后通过该软件转化为 SAS 的组成部分.

⑮ **SAS/WA** —— SAS/WA(Warehouse Administrator)是建立数据仓库的集成工具,它在其他 SAS 软件的基础上提供了一个建立数据仓库的管理层,包括:定义数据仓库和主题,数据转换和汇总,汇总数据的更新,Metadata 的建立、管理和查询,Data marts,Info marts 的实现.

⑯ **SAS/EM** ——这是一个用于数据挖掘的产品.它基于"SEMMA"这一理念,为用户提供了从抽样工具、数据重组、神经网络、数据回归到结果显示的许多新的过程,使 SAS 的分析功能得到了全新的发挥.

## §3　在 Windows 环境下运行 SAS 系统

### 一、在 Windows 环境下提交 SAS 程序

在 Windows 环境下启动 SAS 系统,只需双击 SAS 程序组或 Win95 的图标就可以进入 SAS 应用工作空间(AWS)内的 SAS 显示管理环境(如屏幕 1).在 PROGRAM EDITOR(PGM)窗口输入 SAS 程序,然后提交给 SAS 系统执行.提交 SAS 系统的最简单方法是点击工具栏的提交图标.此外还有以下方式可以提交 SAS 程序:

**1. 用显示管理方式提交**

在程序编辑窗口(PGM)输入程序后,通过按工具栏的提交图标提交程序去运行外,也可以从程序编辑窗口的 Locals 菜单选择 Submit来运行.提交的缺省快捷键是功能键 F8.还可以提交 Windows剪贴板的文本作为程序,只要从 Locals 菜单选择 Submit clipboard即可.用这种办法可以把用其他程序(如记事本)编写的

SAS 程序先复制到剪贴板然后从 SAS 提交运行.

**2. 用拖放方法提交**

从 Windows 3.xx 文件管理器把 SAS 程序文件拖到正在运行的 SAS 窗口或最小化的图标上将执行这个程序, 比如把 C: \ Myprog.sas 的图标拖到 SAS 窗口则相当于提交

%include 'C: \ Myprog.sas'

也可以依次选定几个程序拖到 SAS 窗口, 这几个程序依次运行, 次序由文件管理器决定.

在 Win95 中, 只能把程序拖到 SAS 的程序编辑窗, 然后用普通方法运行.

**3. 双击程序文件提交**

如果有扩展名为 SS2 或 SAS 的 SAS 程序文件, 你可以在 Windows 3.xx 的文件管理器双击文件的图标, 来运行这个程序; SAS 系统用批方式调用. 在 Windows 3.xx 中这样提交时 SAS 系统不能正在运行, 若 SAS 系统正在运行, 将得到一个错误信息.

在 Win95 的资源管理器中双击 SAS 程序文件的图标将新开一个 SAS 会话并把此程序放入程序编辑窗口而不自动运行.

**4. 中断 SAS 会话**

可以按 CTRL Break 键来中断 SAS 会话正在运行的程序. SAS 提示你是否中止. SAS 系统可能需要几秒钟来终止运行.

SAS 系统也支持 Windows 终止任务的方法: 可以关闭 SAS 窗口, 或从任务列表中选择结束任务.

## 二、Windows 下的 SAS AWS

为了利用 Windows 图形界面的窗口特性, SAS 系统开发出了在 Windows 环境下运行的版本. 与在 Windows 下开发的所有应用一样, SAS 系统提供了一个公共的图形界面, 以便用户学习新的应用, 并在应用间转换.

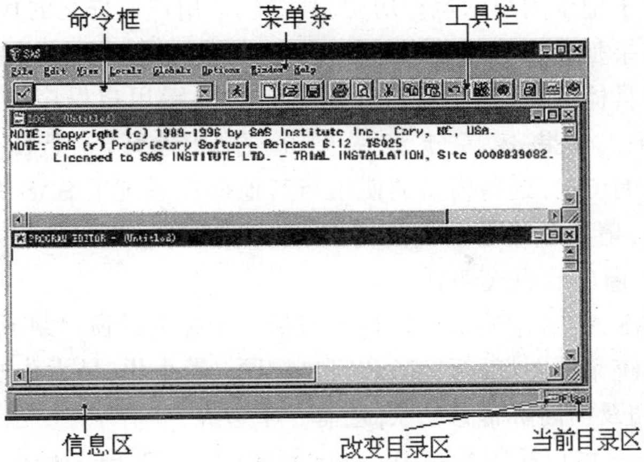


**屏幕 5　SAS AWS**

本节重点讲述在 Windows 下使用 SAS 显示管理系统(Display Manager System )来运行 SAS 系统，介绍 SAS 应用工作空间 AWS (Application Workspace)的使用.

**1. Windows 下的 SAS AWS 介绍**

SAS AWS 包含所有打开的 SAS 窗口及包括那些已被最小化的窗口.SAS AWS 的主要任务是为所有的 SAS 应用窗口提供基本框架.屏幕 5 显示了 SAS 系统刚启动时 AWS 的样子.除 SAS AWS 窗口外，SAS 系统还使用子窗口、对话框.SAS AWS 中还有菜单条、工具栏、命令框、状态栏等成分.

**2. 子窗口**

子窗口是 SAS AWS 中的各个单独的窗口，如 PROGRAM EDITOR，LOG 和 OUTPUT 窗口等.这些窗口像 Windows 图形界面中的其他子窗口一样，可被最大化、最小化、滚动及重置大小.但因为它们是 SAS AWS 中的子窗口，所以不能被移出 SAS AWS 窗口的边界.

程序编辑窗口(PROGRAM EDITOR)用于输入程序，其编辑输入方法类似 Windows 中的记事本程序的使用.运行记录(LOG)

窗口用于记录用户的运行历史,其中包括用户已提交的代码列表,运行结果是成功的还是失败的,如果出错的话发现错误的位置及错误的具体信息.输出窗口(OUTPUT)显示用户程序中PROC步的结果.如果有高分辨率图形的话另开一个图形窗口(GRAPHICS).这些窗口的使用与其他操作系统下SAS的使用基本相同,请参考其他SAS参考资料.

**3. 窗口的组成部分**

SAS AWS中的每一窗口都包括一个标准的窗口组成部分集,包含系统菜单图标,标题条和窗口标题,最小化、最大化及关闭按钮,纵向及横向屏幕移动条,还有一个边界.

A —— 窗口控制盒; B —— 标题栏; C —— 最小化按钮;
D —— 最大化按钮; E —— 关闭按钮 ;F —— 垂直滚动条;
G —— 水平滚动条; H —— 边界.

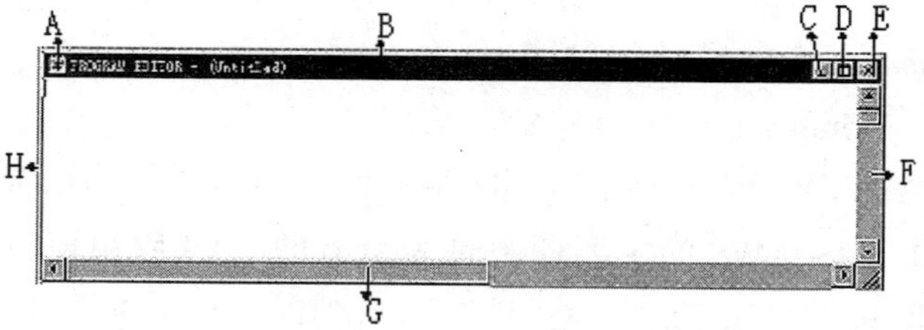


(1) 对话框

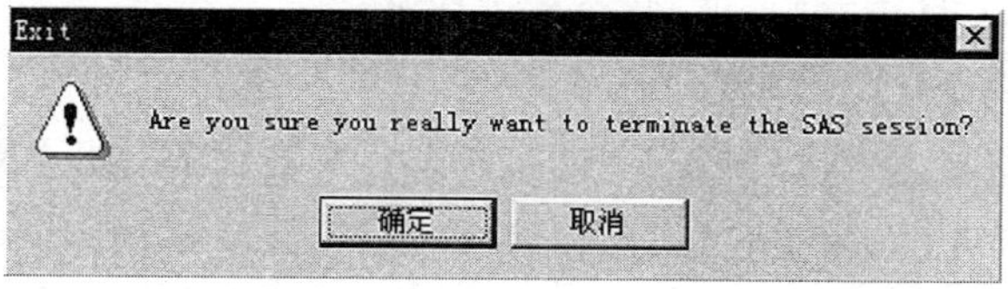


对话框在SAS系统需要用户提供更多信息以便执行某项操作时才出现,例如,当你退出SAS会话时,一个对话框会问你是否确定终止SAS会话(见上图).当SAS系统无法完成某项操作时,你也会看到一对话框(例如,当盘空间不够或通信线路中断时).在

这种情况下,一个提供了选择表列(如 Retry the operation, Abort, Ignore)的对话框会出现.当对话框出现时,必须在进行任何进一步的操作之前回答它,而且只有在对话完成后才能在 SAS 系统中切换窗口.

(2) 菜单条 

菜单条用于完成系统常见的任务和设置.菜单的调用与其他 Windows应用程序一样,可以用鼠标单击的方法选择.从 6.10 版开始,SAS AWS 的菜单条和工具栏变成了动态的,即菜单内容根据用户所处的窗口而不同.比如,光标在程序编辑窗口时(见屏幕 5),用 Locals 菜单中的 Submit 项可以提交窗口中的程序;但光标移动到运行记录窗口(Log)后 Locals 菜单根本就不存在了.

除 AWS 窗口上部的菜单条外,SAS 为每一个子窗口提供了右键弹出菜单.在窗口内单击右键可以弹出此窗口对应的菜单.

(3) 工具栏 

一些常见的任务可以不需调用菜单而直接用鼠标单击工具栏中的图标即可完成.把鼠标光标在图标上停留可以显示其功能.

工具栏上的各图标功能依次为:

 Submit ——提交编辑窗口中的程序.

 New ——清空编辑窗口.

 Open ——打开文件到编辑窗口.用户指定一个文件调入到编辑窗口内.这个文件从此与编辑窗口相关联,以后的存盘操作将自动存入这个文件.

 Save ——存盘,保存编辑窗口内容,注意如果此窗口已经与一个文件相联系的话此功能将覆盖文件的原有内容而不提示.

 Print ——打印当前窗口内容.

 Print preview ——打印预览.

 Cut ——剪切选定文本.

 Copy ——复制选定文本.

Paste ——粘贴. 注意这些操作是对 Windows 剪贴板进行的，可以用来与其他 Windows 应用程序交换文本、数据等. 剪切或复制到剪贴板的内容可以被其他应用程序粘贴，其他应用程序放到剪贴板的内容也可以粘贴到 SAS 的编辑窗口中.

Undo ——撤销刚才的编辑操作.

DOS prompt ——临时进入 DOS.

Browse ——打开 WWW 浏览器并进入 SAS 公司的主页 www.sas.com.

Directories ——进入 Directory(目录)窗口，可以浏览各 SAS 目录的内容，可以浏览目录中的数据集、SAS 目录的内容.

SAS/ASSIST ——启动 SAS 的菜单驱动界面SAS/ASSIST.

Help ——启动 Windows 的帮助系统进入 SAS 的帮助.

(4) 命令框 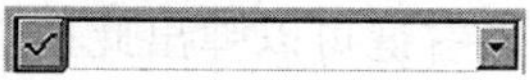

提供了快速输入 SAS 命令的方法，可以把插入光标点到这里输入任何显示管理(DM)命令后回车. 这里还能保留你输入的若干个命令，从右边的向下箭头打开下拉菜单可以选取你前面输入过的命令，单击左边的对号执行.

(5) 状态栏

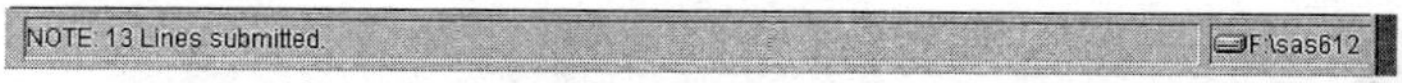


SAS AWS 窗口的下边框处提供了一个状态栏. 状态栏左边显示一些重要的帮助信息或提示. 右边有一个用于更改工作目录的图标，双击此图标可以改变 SAS 的工作目录，图标右边显示当前工作目录.

**4. 使用 SAS AWS 菜单条**

我们介绍重要的菜单功能. AWS 菜单是随当前窗口的不同而不同的，我们先假设当前窗口是程序编辑窗口(PROGRAM EDITOR).

(1) File 菜单

New ——清空程序编辑窗口.

Open ——打开外部文件到程序编辑窗口.

Import ——启动 SAS 的导入向导(import wizard)把其他格式的数据转换为 SAS 数据.

Save ——保存窗口内容到相关联的文件中.

Save as ——另存为,指定文件名保存窗口内容.

Export ——启动导出向导输出 SAS 数据集为其他文件格式,与 Import 一起完成外部文件与 SAS 数据集之间的相互转换.

(2) Edit 菜单

Undo ——撤销最后一个编辑命令.

Deselect ——取消选择.

Cut ——剪切,必须先选定文本(用鼠标左键拖动或用 Shift + 光标键).可用 Ctrl + X 快捷键.

Copy ——复制.快捷键 Ctrl + C.

Paste ——粘贴.快捷键 Ctrl + V.可以粘贴从 SAS 窗口剪切或复制的内容,也可以粘贴从其他应用程序放到 Windows 剪贴板的内容.

Clear selected text ——清除选定的内容.快捷键 Delete 键.

Clear text ——清除窗口内所有内容.

Select all ——选定整个窗口内容.

Find ——查找字符串.

Repeat find ——重复上一次查找.

Replace ——替换字符串.

Check spelling ——拼法检查子菜单.可以检查整个窗口文本,提示替换等等.主要用于英文书信等,不适用于程序.

Options ——设置本窗口的选项.对于程序编辑窗,选项如下:

① Numbers ——行号开关设置,设置为打开时程序编辑窗内有行号.对行号可以使用显示管理行编辑命令.

② Caps ——大写开关,设置为打开时输入行自动转换为大写.

③ Hor. Scroll ——设置水平滚动的列数，可选 HALF(一半)，PAGE(整页)，MAX(最大)，CURSOR(滚动到光标处)，N(滚动指定的列数，这时要输入 N 的值)．

④ Ver. Scroll ——设置垂直滚动的行数，可选项与水平滚动类似．

⑤ Autoadd ——设置在文件尾部按回车或向下键是否能自动增加行．

⑥ Autoflow ——设置自动流动开关．

⑦ Autosplit —— 设置按回车能否拆行和增加新行．

⑧ Autowrap ——设置输入时超右边界后能否自动换行．

⑨ Bounds ——设置左右边界．

⑩ Indent ——设置当文本自动流动时新行按左边界缩格．

⑪ Reset ——取消所有待执行的行命令．

(3) View 菜单

Save attributes ——保存与窗口有关的属性设置．

(4) Locals 菜单

这是每个窗口比较重要的菜单，它提供了该窗口特有的操作．对于程序编辑窗口，有如下选项：

Submit ——提交，即运行窗口内显示的程序代码．缺省快捷键为 F8．

Recall text ——当提交的程序有错误需要修改时就选此项，可以把最近一次提交的程序调回到程序编辑窗口．反复调回可以一直调回到 SAS 启动后的第一个程序．当然要重复运行也可以调回运行．缺省快捷键为 F4．提交和调回是我们用程序方式使用 SAS 系统最常用的操作．SAS 还提供了一些菜单引导型操作(如 SAS/ASSIST，SAS/ACCESS)，不需编程而由菜单系统自动生成所需的 SAS 程序代码，但在操作完成后用户可以把自动生成的代码用此菜单调回到程序编辑窗口学习．

Submit top line ——提交程序编辑窗口最上面的若干行，行数由对话框指定.

Submit clipboard ——提交存放在 Windows 剪贴板的程序代码.用这种办法可以在其他应用程序(如 Windows 的记事本)中生成程序代码,然后把代码复制到剪贴板,就可以在 SAS 中用这个选项提交了.

Signon ——用于连接远程主机.

Remote submit ——远程提交.

Disconnect ——断开同远程系统的连接.

(5) Globals 菜单

这个菜单不依赖于任何窗口.它提供了 SAS 的基本窗口和一些图形界面模块的入口.

Program editor ——进入程序编辑窗口.

Log ——进入运行记录窗口.

Output ——进入输出窗口.

Graphics ——进入图形输出窗口.当不慎关闭了上述 3 个窗口之一时可以从这里再打开.

SAS/ASSIST ——这是 SAS 提供的一个全面的不需编程而使用 SAS 的数据管理、报表生成、数据分析、作图、金融计划、填表方式调用各个 SAS 过程及设置的图形菜单软件模块.还可以自动生成 SAS 代码供用户学习.

Desktop ——进入 SAS 桌面.这是 SAS 仿照 Win95 的桌面做的一个系统管理界面,这里仿照 Win95 的资源管理器设了一个 SAS Explorer,可以从这里查看各个库(library)的内容;数据存取与查询组,这里提供了比较新的几个数据输入、转换、查询等界面的入口;查询与报表组提供了查询和报表设计的界面的入口;演示组提供了制作演示图形、图像及视频放映的工具;数据分析组包括统计分析(Analyst)、交互数据分析(INSIGHT)、导引数据分析(LAB)、市场调查(Market Research)、质量改进(SQC)、投资分析(Investment Analysis)、预报(FORECASTING)、时间序列浏览器、试验设计、三维直观分析、项目管理等;应用开发组;编程工具组等等.

Access——从这里可以进入库名窗口、文件名窗口、数据库存取(access)窗口、查询窗口(SQL QUERY).库名窗口(Libraries)显示现定义的各个库及其对应的操作系统子目录,并显示每个库存放了哪些数据集、目录(catalog)等.双击数据集可以进入查看表窗口(VIEWTABLE),在这里可以查看、编辑或新生成数据集.文件名窗口显示用 filename 语句关联的各外部文件.数据库存取窗口可以查询、转换其他(如 dBASE, SYBASE)数据库.查询用 SQL 过程综合查询 SAS 数据集.

Manage——提供了管理数据集、文件、图像、输入其他格式图像的功能.选 open table 可以进入查看表窗口(VIEWTABLE),开始编辑新数据集,或从 File 菜单选 Open 来打开一个已有数据集、用 File⇒Import 转换其他格式文件或数据集、用 File⇒Query建立一个查询并把查询结果显示在查看表窗口.选 open file可以打开外部文件.选 manage image 可以管理图像数据库.Import image可以把外部文件转换为 SAS 目录(catalog)格式的图像.

Analysis——各种利用图形界面操作的分析.Statistical analysis(统计分析)打开 STAT/Analyst 模块,可以完成输入数据及统计分析的全过程.Interactive data analysis(交互数据分析)打开 SAS/INSIGHT 模块,这里提供多种图形显示,可进行关于变量分布、相关、主分量、广义线性模型等分析.Guided data analysis(导引的数据分析)打开 SAS/LAB 模块,可以执行回归、方差分析等标准的分析并对结果进行解释.Spreadsheet(电子表格)打开 SAS/CALC模块,提供了电子表格的功能.Forecasting(预报)打开 FORECASTING模块,用于建立时间序列模型,可以自动建模和预报.Quality improvement(质量改进)打开 SQC 模块,提供了不需编程的质量管理图表和分析.Design of experiment(试验设计)打开 ADX 模块.Project management(项目管理)打开PROJMAN模块.

Present——演示结果. 选 view output(查看输出)可以进入输出管理窗口(OUTPUT MANAGER),这个窗口分别列出了各个过程的输出,在列表旁边选 E 可以编辑输出,选 B 可以浏览输出,选 P 可以打印输出,等等. 选 view graphs(查看图形)可以进入图形目录管理窗口,这里显示了已绘制的各个图形的列表,在左边的空白处填 S 后回车可以显示选定的图形. 选 view image(查看图像)进入图像编辑窗口. 选 play video(视频播放)进入视频播放程序,可以播放 AVI 和 MPEG 影像. 选 create graphs 可以编辑图形和图像. 选 create report 从数据集建立报表. 选 SAS/GIS 启动 SAS 的地理信息系统.

Develop——开发应用. 选 Application builder 启动 BUILD 模块,这是一个交互式的应用开发界面,用户可以自己设置窗口、菜单、数据表等图形成分. 选 EIS application builder 启动 SAS/EIS,用它可以创建图形界面的信息传送系统,从系统中提取各种原始信息经过分析后以报表和图表的形式呈现给决策层.

Options——设置一些 SAS 系统的选项. 选 Global options 可以进入 OPTIONS 窗口,在这里可以设置诸如行宽、页高、制表符号等一些用 options 语句可以设置的系统选项. 选 Titles 可以进入 TITLES窗口,在这里规定输出标题(等同于使用 title 语句). 选 Footnotes可以进入 FOOTNOTES 窗口,在这里规定输出脚注(等同于使用 footnote 语句). 选 Symbol 可以进入 SYMBOL 窗口,在这里规定绘图符号(等同于使用 symbol 语句,可以规定绘图符号、连线类型、颜色、字体、大小等等,输入问号可以给出提示). 选 Pattern可以进入 PATTERN 窗口,在这里规定填充方式(等同于使用 pattern 语句,可以用问号求助). 选 Legend 进入LEGEND窗口,在这里规定标注(等同于使用 legend 语句). 以上这几个窗口在填入值时需要设置光标为覆盖方式(用 Insert 键切换),填入值后用回车确认,退出并保存用 File 菜单的 End 命令,或直接关闭该窗口. 选 Color setup 进入 SASCOLOR 窗口,在这里用户可以设置自己的窗口颜色组合.选 Command 把光标移动到命令条,可以在这里输入命令.选 Command line 可以切换是否显示当前活动窗口内的命令行.

Accessories —— SAS 系统的一些附属功能.选 Notepad 可以进入 SAS 的记事本,这里可以记录一些自己需要以后查询的事情,在 6.12 版中它对中文支持还不够好.选 Graphic test pattern 运行 SAS/GRAPH 的 GTESTIT 过程,产生图形系统的测试页.选 Setinit 可以显示和修改 SAS 安装的软件授权信息(license).选 Games是几个小游戏,较粗糙.

(6) Options 菜单

这个菜单选择与操作系统有关的一些选项:

Fonts ——进入字体对话框,可以选择 SAS 使用的字体、字体样式、大小.

Preferences ——进入 Preferences(喜好)对话框,在这里可以设置界面的一些可选项,如有无滚动条,有无命令行,工具栏大小,状态栏显示,等等.

Edit tools ——进入工具编辑器(TOOL EDITOR),这个选项用于用户定制自己的工具栏.可以在工具栏添加新的工具图标或修改、删除工具图标.

DDE triplet ——显示剪贴板中的 DDE 三联组.

Save settings now ——保存当前的工作空间设置.

(7) Window 菜单

这个菜单与其他 Windows 应用程序的 Window 菜单起同样的作用,可以选择主窗口内各子窗口为活动窗口,可以使窗口级联或平铺显示.

Minimize all windows ——把所有子窗口最小化.

Cascade ——级联显示各未最小化的窗口.

Tile ——平铺显示各未最小化的窗口.

Resize ——恢复 SAS 系统缺省的窗口大小及位置设置,即运行记录窗口在上半部,程序窗口在下半部,输出窗口在下层.

Window 菜单还有一部分用序号 1,2,3 等来对应已打开的窗口,点击 1,2,3 就可切换到这个相应的窗口.

(8) Help 菜单

使用 Windows 的帮助系统为使用 SAS 系统提供详尽的帮助.应该说,SAS 的帮助已经有了长足的进步,但有时要查到一个技术细节还是不太容易.SAS 是一个迅速发展的大型软件系统,它要支持众多的操作系统平台,所以要把每一个细节都编制帮助是很难的.

Extended help ——显示关于活动窗口的详细帮助清单.可以从目录中查找分类内容,也可以用索引查找关键词.

Keys ——打开 KEYS 窗口,在这里可以显示或定义功能键的操作.

SAS system ——显示帮助系统的总目录.

How to ——显示如何完成常见任务的帮助目录.

Companion ——显示在微软 Windows 操作系统下使用 SAS 的特点的帮助目录.

Sample programs ——可以进入 SAS 提供的例子库,查询随软件安装的例子程序,并可把程序复制到程序窗口.

What's new ——新版本 SAS 系统(6.12 版本)增加的一些功能.

Utility application ——从这里启动附带的一些应用程序.6.12 版本提供了一个 SAS/GRAPH 字体管理功能,可以使用 Windows 中安装的字体而不是仅使用 SAS 自带的字体.

About SAS ——显示 SAS 的版本说明.

以上介绍了 Windows 环境下 SAS 系统(6.12 版本)的应用工作空间(AWS).在 8 版本下 SAS 系统的交互工作环境与 6.12 版本在外观上有较大变化.SAS V8 除包含 6.12 版本的所有功能外,还增加了不少新的功能(如浏览器窗、结果窗,Help).

## §4 SAS菜单系统(8版本)

在SAS系统统计分析功能的使用中,除通过编程方式外,对常用的分析功能SAS还提供简便的菜单系统,使得用户不用编程就可以方便地享用SAS的许多深入的分析功能.目前已提供的菜单系统有:

- SAS/INSIGHT:是一个进行探索性数据分析的菜单系统.
- SAS/STAT-Analyst Application(分析员应用):是一个为分析员设计的菜单系统.
- SAS/STAT-Marketing Research(市场调查):是一个为市场调查数据进行较深入的分析而开发的一个菜单系统.
- SAS/QC-SQC:是为企业使用各种质量控制方法而提供的菜单系统.
- SAS/QC-(X)ADX:是为安排各种试验和获得数据后进行分析的菜单系统.
- SAS/ETS-FORECAST:是在运用时间序列分析中为各种建模和预测功能而开发的菜单系统.

本书的目的是介绍常用统计方法及如何运用SAS系统进行统计分析,书中除介绍如何用编程来完成分析功能外,还涉及到菜单系统SAS/INSIGHT和"分析员应用".如何用这两个菜单系统进行数据分析在本书正文的例子中已经介绍,下面简单介绍SAS系统8版本下这两个菜单系统的功能和数据管理等方面的基本知识.

### 一、SAS/INSIGHT入门

SAS/INSIGHT是一个交互式的数据探索和分析的工具,利用该工具用户可以交互地通过各种密切联系的图形对数据进行探索研究;并通过多个窗口连续进行分析.比如用户可以进行单变量分析,研究多元分布,并使用方差分析、回归和广义线性模型拟合说明的模型.

**1. 调用 SAS/INSIGHT 的方法**

① 使用下拉菜单. 用户按以下步骤从下拉菜单进入 SAS/INSIGHT:

Sulutions ⇒ Analysis ⇒ Interactive data analysis

② 在命令框提交命令 INSIGHT:　　INSIGHT

③ 在程序编辑窗口(PGM)中把 SAS/INSIGHT 作为 SAS 过程提交给 SAS 系统,即在 PGM 窗口键入相应的 SAS 语句并提交给 SAS 系统执行. 使用此方法,用户可以根据具体情况加一些选项以满足用户的特殊要求. 比如用户启动 SAS/INSIGHT 后需要创建新的 SAS 数据集,可使用选项 DATA:

```
proc insight data;
run;
```

以上调用 SAS/INSIGHT 的这几种方法都是很简单方便的方法. 最好使用前两种方法(即由 Sulutions 菜单进入或由命令框提交命令),它可让用户在使用 SAS/INSIGHT 的同时还可以使用 SAS 系统的其他软件. SAS/INSIGHT 作为 SAS 过程用语句提交的第三种方法,在你退出该过程前不能使用 SAS 系统的其他过程. 但此种方法在启动 SAS/INSIGHT 的同时可以满足用户的一些特殊要求. 使用哪种方法启动 SAS/INSIGHT,用户可根据具体情况作出选择.

**2. SAS/INSIGHT 的功能**

SAS/INSIGHT 软件提供数据探索和分析中很广泛的一些方法. 在 INSIGHT 环境下的主菜单包括 File, Edit, Analyze, Tables, Graphs, Curves, Vars 和 Help 栏目,这些栏目提供INSIGHT的功能.

① File 栏目下提供打开数据集,存贮数据集、分析结果的表格和图形的管理.

② Edit 栏目下提供对打开数据集中的变量、观测进行增删，设定数据显示格式和窗口管理功能.

③ Analyze 栏目下提供分析和作图的功能.分析功能包括分布的拟合检验、线性模型(含回归分析、方差分析、Logistic 回归等)、多变量分析三大类.

④ Tables 栏目下提供显示分析结果的各种表格功能.

⑤ Graphs 栏目下提供生成与分析有关的各种图形，包括直方图、盒形图、马赛克(mosaic)图、线图和三维旋转图等.

⑥ Curves 栏目下提供与分析有关的各种曲线.包括拟合的分布密度函数和经验累计分布函数图、分位数-分位数图(Q-Q 图)等.

⑦ Vars 栏目下提供由分析结果形成新的变量.

**3. SAS/INSIGHT 的帮助信息**

SAS/INSIGHT 的帮助信息提供十分广泛的内容.Help 的菜单项目对应 SAS/INSIGHT 软件使用手册的有关部分.用户可以通过 Help 系统来得到帮助信息.Help(帮助)的下拉菜单(见左下图)如下：

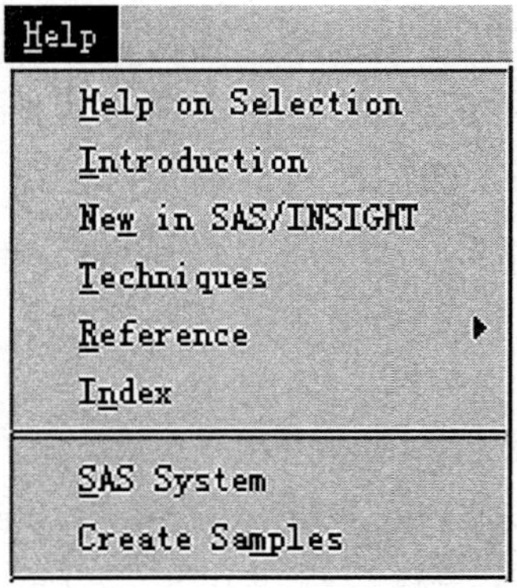


① Help on Selection ——提供与加亮区内容有关的帮助信息.

② Introduction ——学习 SAS/INSIGHT 软件的导引.

③ Techniques ——学习如何执行一项特殊任务，比如数据输入、坐标轴和标尺调整等.

④ Reference ▸——可以浏览由下拉菜单列出与 SAS/INSIGHT 系统有关的详细信息.

⑤ Index ——可快速查看 SAS/INSIGHT 专题的索引.

⑥ SAS System ——查看 SAS 系统专题的一般索引.

⑦ Create Samples ——在 SASUSER 库中建立样本数据集(即本使用手册所涉及的),执行过程的有关信息可从 LOG 窗查看.

**4. 数据的输入和整理**

为了使用 SAS/INSIGHT 软件,用户的数据必须存储为 SAS 数据集.在 SAS/INSIGHT 软件中用户的数据以表格形式显示,列表示变量,行表示观测.用户输入数据就如同在电子数据表中输入数据一样.

(1) 输入数据或打开数据集

使用下拉菜单进入 SAS/INSIGHT 后,则显示以下打开数据集的对话窗(见图示 2).

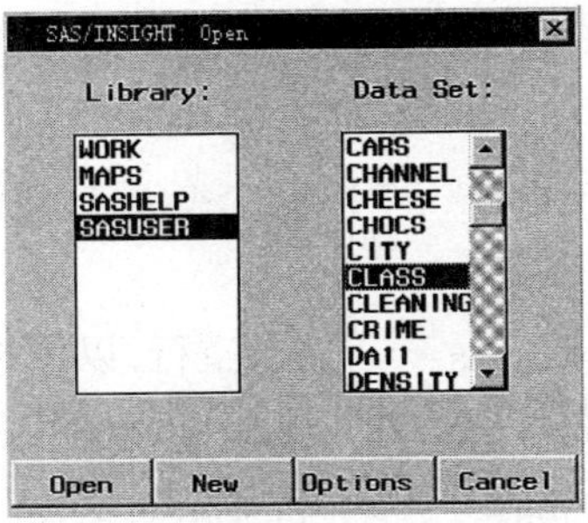


**图示 2　打开数据集对话窗**

如果数据没有生成 SAS 数据集,则在对话窗中选择New (即用鼠标单击在 New 按钮上),系统将打开一个供用户输入数据的新数据窗口,用户可在该窗口中方便地输入数据.

如果数据已生成 SAS 数据集,则从 Library:下选中存放数据集的库名字,再从 Data Set:下选中数据集名字,然后按 Open 即打开数据窗口,显示该数据集的数值表.数据窗口的左上角给出变量个数和观测个数;每个观测有一个观测序号,序号前的符号表示该观测在作图时使用的符号和颜色;数据表的上方除给出变量名外,还标明每个变量的类型是区间型(Int)或是名义型(Nom).

(2) 整理数据

点击数据窗口左上角的▷，弹出的菜单项为用户编辑数据表(如移动行或列的位置、增加变量和观测、定义变量、对观测排序等)提供许多选项.菜单项如下：

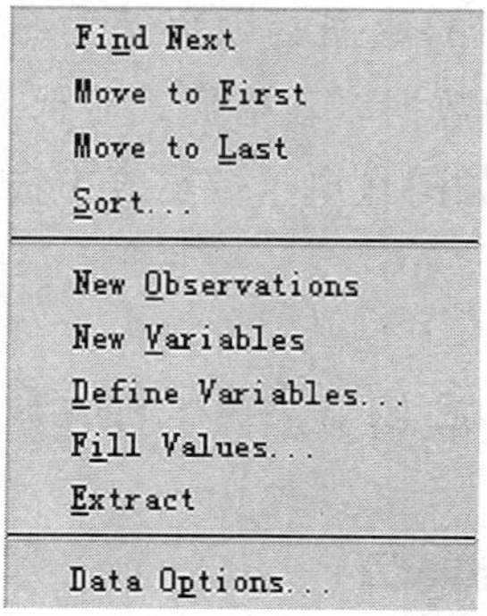


① Find Next ——翻卷数据窗口到下一个被选中的观测.若没有被选中的观测，则翻卷到一个观测.

② Move to First ——将选中的观测或变量分别移至数据窗口的第一行或第一列.

③ Move to Last ——将选中的观测或变量分别移至数据窗口的最后一行或最后一列.

④ Sort... ——根据一个或几个变量对观测按上升或下降的顺序进行排序.

⑤ New Observations ——插入空行，以便输入新观测.

⑥ New Variables ——加入空间，以便输入新变量.

⑦ Define Variables... ——将显示对话窗，让用户设置变量类型、缺省时的角色、量测水平、名字和标签.在这一对话窗内，用户可以改变一个变量或几个变量的名字等属性.

⑧ Fill Value... ——修改该数据窗口的数据值，它对生成常数或以常数为增量的变量值是特别方便的.

⑨ Extract ——从已存在的数据窗口抽取数据的子集来生成新的数据窗口.

⑩ Data Options... ——设置控制数据窗口外观和操纵的选项.

(3) 设置测量水平

在SAS数据集中，变量分为字符型和数值型.在INSIGHT中，为了区分变量在分析中的不同作用,变量又按其测量水平分为区间型(interval)和名义型(nominal).对于字符变量系统自动地设置为名义型;而对数值变量系统自动地设置为区间型.如果某个数值变量在分析中将作为分类变量,进行分析之前应先设置该变量为名义型(Nominal).

(4) 创建新变量

如果用户想对已有的数据产生新的变量,通过 Edit ⇒ Variables ⇒由生成新变量的计算公式来创建新变量.

如果用户想把分析计算的统计量添加到数据集中,分析计算后通过 Vars ⇒选择统计量作为数据集的新变量.

**5. SAS/INSIGHT 的统计分析功能**

当点击 INSIGHT 主菜单的 Analyze 栏目,由弹出的下拉菜单(见图示 3)可以看到 INSIGHT 的统计分析功能.除基本统计分析功能外,还有分布拟合(Distribution)、线性模型的拟合(Fit)和多变量分析(multivariate).下面以第九章表 9.3 的数据(学生闭卷与开卷考试的成绩)为例介绍多变量分析的功能.

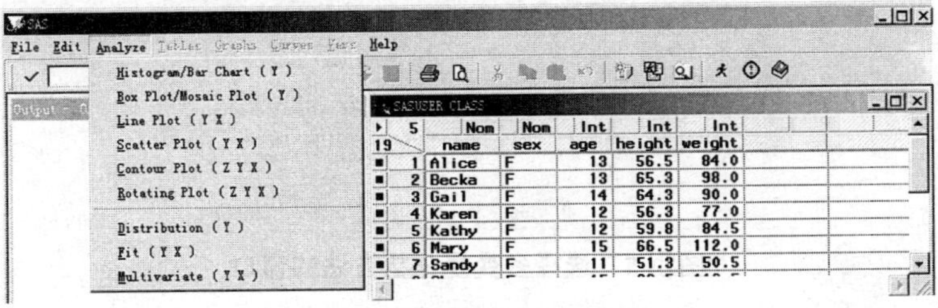


**图示 3 Analyze 的下拉菜单**

① 启动 INSIGHT,打开数据集 DC67(设表 9.3 的数据已生成 SAS 集 DC67);

② 在数据窗口通过 Analyze ⇒ Multivarite ,则显示多变量分析的主窗口(见图示 4);

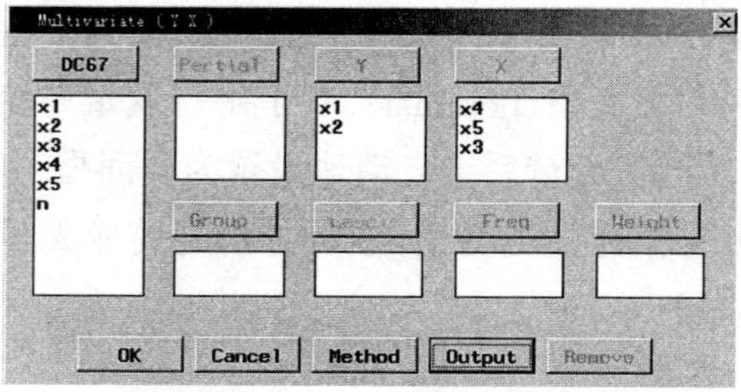


**图示 4　多变量分析的主窗口**

③ 按主窗口下方Method键，则弹出一选择多变量分析方法的窗口(见图示 5). 在这里用户可以选择分析的方法. 多变量分析提供抽取一组变量或两组变量之间相关性的一些方法. 一组变量的主分量分析方法可以选择从相关阵出发或是从协差阵出发进行分析；主分量的方差是等于特征值或等于 1；分量是否进行旋转等. 两组变量的典型相关分析和最大冗余分析可以选择用原始方差或标准化方差等.

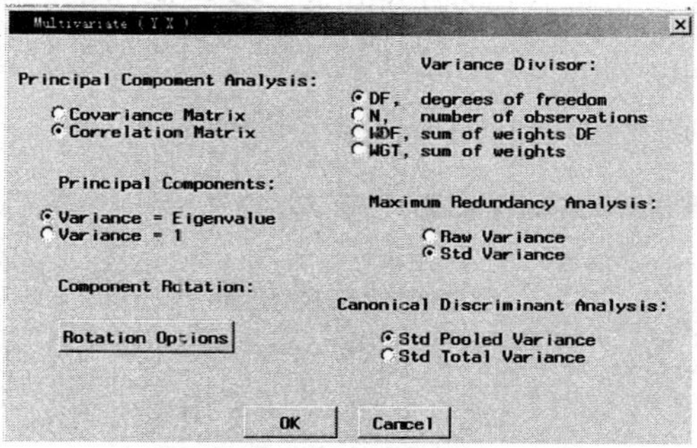


**图示 5　选择多变量分析方法的窗口**

④ 按主窗口下方Output键，则弹出一多变量分析的输出选项窗口(见图示 6). 在这里用户可以根据分析方法选择不同的输出结果. 除共同的输出描述统计量的选项外，不同的多变量方法有相应的输出选项.

⑤ 把学生开卷和闭卷考试成绩的数据作为两组变量进行典

型相关分析,通过点菜单的方法即可完成典型相关的计算(具体输出结果省略了).

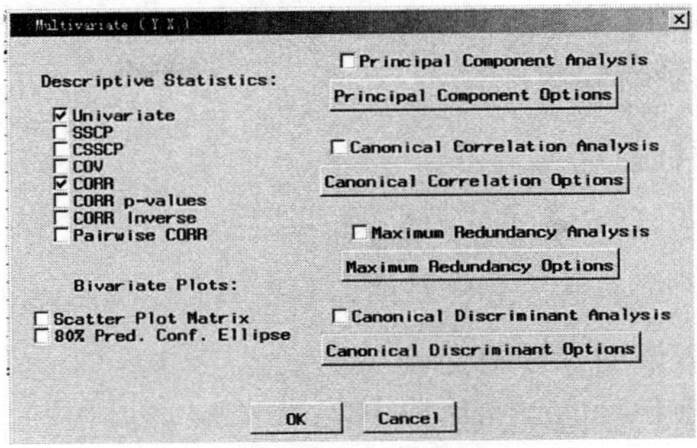


**图示 6　多变量分析的输出选项窗口**

### 6. 关闭数据窗口

当关闭数据窗口时,也即关闭使用这些数据的所有窗口.当关闭所有数据窗口时,即退出 SAS/INSIGHT 软件.

用户可以在每个窗口通过选择 File ⇒ End 来关闭该窗口.这时用户也可以用一对话窗来确认是否退出该数据窗口.在这个确认的对话窗内,通过击 OK 来关闭该数据窗口,并退出 SAS/INSIGHT 软件;而击 Cancel 将中断关闭的活动,并移走该对话窗.

## 二、"分析员应用"菜单系统

"分析员应用"菜单系统是为了完成一些常用统计分析功能而设计的一个菜单系统.可供 SAS 初学者及熟悉 SAS 系统的分析人员使用.

用户通过选择菜单系统的不同选项可以完成一些常用的分析功能和绘图功能.在完成每项分析计算后,不仅立即显示相应的结果,而且可提供完成该分析相应的程序.有关的图形和结果,在分析过程中随时可以调出浏览.

**1. 调用"分析员应用"菜单系统的方法**

① 使用下拉菜单. 用户按以下步骤从下拉菜单进入"分析员应用"菜单系统: Sulutions ⇒ Analysis ⇒ Analyst

② 在命令框提交命令 Analyst: ANALYST

③ 用图标启动.

(a) 建立 Analyst 的图标: 选菜单项 Tools ⇒ 从下拉菜单选 Customize ⇒进入定制工具对话窗口⇒ 建立 Analyst 的图标.

(b) 点击该图标即可启动 Analyst.

④ 在 SAS"校园学习版"中调用"分析员应用"只需在进入系统后击中"分析员应用"图标即可.

进入"分析员应用"菜单系统后屏幕显示的画面其右侧是一空白的数据表,供用户输入数据;在屏幕显示画面的左侧随着分析的进行将形成一棵目录树状图,树的第一级分枝记录着所进行的各项任务,第二级分枝包含该任务的输出结果、输出图形和产生结果的 SAS 程序. 用户可以像 Windows 资源管理器一样来查询所进行的分析结果.

**2. "分析员应用"菜单系统的主菜单**

"分析员应用"的主菜单(见图示 7)包括 File, Edit, View, Tools, Data, Reports, Graphs, Statistics, Window 和 Help 栏目,它提供了"分析员应用"的各种功能.

① File 栏目下是有关数据表的创建,访问和存贮文件、项目和数据集,及打印报表等功能.

② Edit 栏目下可转换数据为浏览或编辑模式,并可添加,拷贝和删除列和行.

③ View 栏目下对读入的数据表可以移动列、隐藏列和固定列,还可修改数据表的属性.

④ Data 栏目下对用户的数据筛选子集,排序,概括,串接和合并及进行计算.

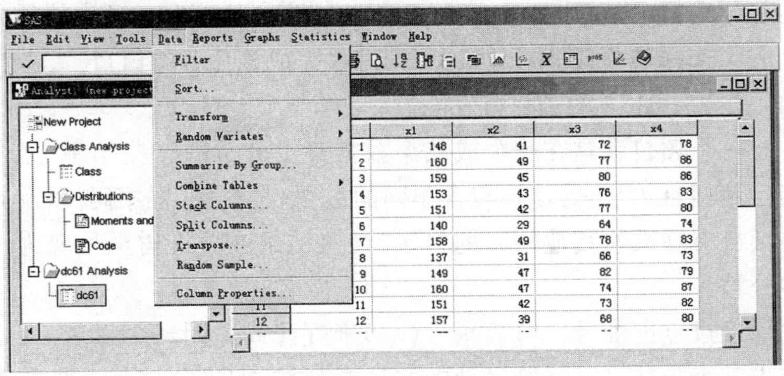

图示 7　Analyst 的主菜单

⑤ Graphs 栏目下是图形功能，包括直方图、盒形图、等高线图、三维散点图和曲面图等.

⑥ Statistics 栏目下可选择一些常用的统计方法及功效和样本容量的计算.统计方包括描述统计量的计算、列联表分析、假设检验、方差分析、回归分析、多变量分析和生存分析.

⑦ Help 栏目下显示 Analyst 和 SAS 系统的帮助信息.

### 3."分析员应用"菜单系统的实用功能

(1) Analyst 的工具条(Toolbar)

Analyst 的工具条包括 16 个图标(如产生新表，打开文件，存贮当前的表，打印数据表，预浏览，对行排序，取子集，计算新列，生成概括报表，生成直方图，生成二维散点图，计算概括统计量，计算相关系数，进行单因子方差分析，进行回归分析，帮助).

用户还可以定义其他工具条图标：选菜单项 Tools ⇒从下拉菜单选 Customize ⇒进入定制工具对话窗口⇒建立图标.

(2) Analyst 的索引(Index)

通过从 Statistics 栏目下选择 Index... 来使用索引.

使用索引来访问经常使用的一些统计任务和绘图任务.例如以下任务：Brown - Forsythe test，Bar chart horizontal，One - Way

ANOVA, N - Way ANOVA, Pie chart 等等. 从按字母顺序的任务列表中选择某项任务后⇒OK,则进入完成该任务的窗口.

(3) Analyst 的项目(Project)

一个项目就是在一个或几个数据集上分析的一些结果.一个项目用项目树显示,该树包含不同的数据表,报表,程序码,以及同该项目有联系的其他结果的目录.这些结果在项目树里呈现为一些分枝.

通过点击加号(+)或减号(-)来打开或关闭一个目录.通过点击某个分枝可以浏览目录中的这个分枝.如果分枝是一张数据表,可以浏览这张表,也可以打开这张表并进行分析.还可以从下拉菜单选择 Interactive Data Analysis 来启动 SAS/INSIGHT 并进行探索数据分析.

从 File 菜单选择 Projects,用户可以创建,打开,存贮或删除这个分析项目.

(4) 浏览和存贮程序码功能

用户在 Analyst 里对数据进行任何统计分析和绘图任务后,都可以浏览和存贮程序码.这些源程序可以拷贝到 PGM 窗口进行编辑,然后提交系统执行.

**4. 输入数据或打开数据集**

进入"分析员应用"菜单系统后屏幕显示的画面其右侧是一空白的数据表.如果用户的数据还没有生成 SAS 数据集,则可以像电子数据表中输入数据一样直接在相应单元中输入数值.

如果数据已生成 SAS 数据集,"分析员应用"菜单系统可以直接读入待分析的 SAS 数据集.首先从 File 栏目下选 Open by SAS Name,在弹出的窗口中从 Library 下选中存放数据集的库名字,再从 Data Set 下选中数据集名字,然后按 OK 即打开该数据集.

如果数据文件是非 SAS 文件(存放在操作系统的某个目录,

如 d:\MYDIR\BOOK中),则可从 File 栏目下选 Open... ,在弹出的打开窗口中首先搜索数据文件所在的目录(d:\MYDIR\BOOK),然后指定该数据文件的类型(可以是:SAS 数据文件、SPSS 文件、Excel 电子表、dBASE 文件、Lotus 电子表、用符号或逗号分隔开的文件等),选中待分析的数据文件名后再点 Open ,随即显示出该数据集的数据表.

**5. 整理数据**

对已打开的数据集,通过选择 Edit ⇒ Mode 可使该数据集处于浏览(Browse)或编辑(Shared Edit, Edit)两种不同的方式.浏览方式只允许显示变量名,隐去某些变量和改变变量的显示次序等.编辑方式又分为 Shared Edit(分行编辑)或Edit(全表编辑).分行编辑只允许对某一行进行编辑(这样有可能让多个用户共同对同一个数据集的不同行进行修改);全表编辑允许对整个数据表进行修改.

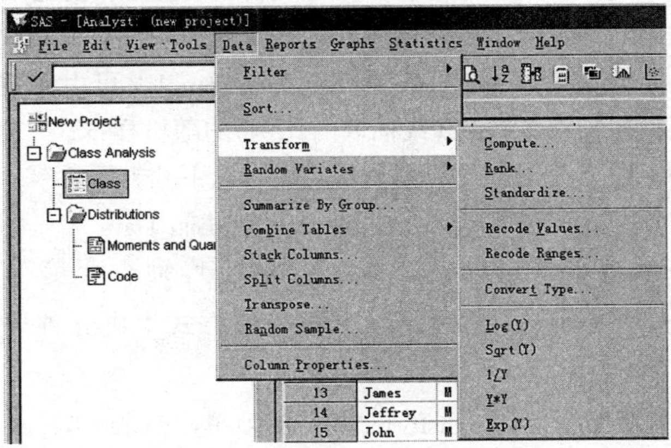


**图示 8　菜单项 Data 的下拉菜单**

在浏览方式下可以通过 View ⇒ Columns ▸ ⇒ Move 或 Hide, Hold, Labels 来改变数据表的浏览方式.

在编辑方式下通过 Edit ⇒ Insert Columns (或⇒ Add Rows)

来插入新列(或新行).

当选中某列(或某行)后,通过 Edit ⇒ Duplicate (或⇒ Delete )来拷贝(或删除)所选中的列或行.

由菜单项 Data 的下拉菜单(见图示 8),对数据表可完成一些数据整理的功能:

① 筛选子集:通过 Data ⇒ Filter ▸ ⇒ Subset Data 从数据集中应用 Wherer 条件来抽取数据集的子集.

② 排序:通过 Data ⇒ Sort ,对数据集按某一个或几个变量进行排序;

③ 产生某些分布的随机变量:通过 Data ⇒ Random Variates ,可生成基于某个分布的随机变量.分布包括正态分布,均匀分布,二项分布,$\chi^2$分布,泊松分布,贝塔分布,指数分布,伽码分布,几何分布,极值分布.

④ 分组概括数据:通过 Data ⇒ Summarize By Group ,可对数据表里的观测按分组变量所分成的几个组分别计算概括统计量.

⑤ 产生随机样本: Data ⇒ Random Sample ,可由原数据表生成用户指定样本个数 $n$ (或抽取的比例)的随机样本.

关于数据编辑整理的进一步功能有以下几方面:

(1) 生成汇总报表:通过 Reports ⇒ List Data... ,可用列表方式显示数据表里数据(可选择 id 变量,列表变量等).通过 Reports ⇒ Tables... ,可用汇总报表的方式生成五种形式的报表.

(2) 由 Data ⇒ Transform 的下拉菜单(见图示 8),还可以完成对数据表中的变量进行各种变换:

① 计算新变量:⇒ Compute... ,将显示计算对话窗,利用这个窗口来规定关系式、公式或表达式,以便在数据表中生成新的变量(列).

② 求秩:⇒ Rank... ,对选中的变量求秩得分.

③ 对变量标准化：⇒Standardize...，对选中的变量按给定的均值和标准差进行标准化.

④ 重新定义记录的值：⇒Recode Values...，对选中变量的取值重新规定新的值，也可以改变变量的类型.

⑤ 重新定义记录的范围：⇒Recode Ranges...，对选中变量的取值按指定范围重新规定新的值，也可以改变变量的类型.

⑥ 转换变量类型：⇒Convert Type...，将显示转换变量类型对话窗，利用这个窗口来指定将转换的变量(把数值型转换为字符型，或反之).

⑦ 计算对数：⇒Log(Y)，计算选中变量 Y 的对数.

⑧ 计算平方根：⇒Sqrt(Y)，计算选中变量 Y 的平方根.

⑨ 计算倒数：⇒1/Y，计算选中变量 Y 的倒数.

⑩ 计算平方：⇒Y * Y，计算选中变量 Y 的平方.

⑪ 计算指数：⇒Exp(Y)，计算选中变量 Y 的指数.

(3) 组合数据表功能，这是版本 8 新增加的功能. 可按列来合并数据表，或者按行连接数据表. 由 Data⇒Combine Tables ▸⇒Merge by Columns...，可将指定的几个数据表由 By 变量匹配合并. 由 Data⇒Combine Tables ▸⇒Concatenate by Rows ...，可将指定的几个数据表按行串接成新数据表.

(4) 堆叠列的功能，这是 8 版本的新功能. 把选中的几个(变量)列的数值堆叠为一列(即每一个观测行堆叠后变成几个观测行).

在浏览模式下，由 Data⇒Stacking Columns...，则显示叠加列的对话窗，在这里可以规定将要叠加为一列的所选几个变量列的名字；还可以规定叠加后新列的名字，及规定一个名字用于记录叠加的这些列名.

当数据表中每个观测的一些数值是对同一个对象重复几次测量得到的，叠加列的功能特别有用.

(5) 分拆列的功能,即把选中的一个将被分拆的(变量)列,按分拆 By 变量的不同值分拆为几个新列.新列的名字用户可以规定名字的前缀,也可以使用缺省的名字.

在浏览模式下,由 Data⇒Split Columns...,则显示分拆列的对话窗,在这里可以规定将被分拆的变量列名字;还可以规定分拆后新列的名字.比如想把数据表中某个数值变量 y 的值按性别的不同分拆为二列,则可用此项功能.

(6) 转置数据的功能,当希望把数据表中的某些列变为行,行变为列时,可用此项功能.在浏览模式下,由 Data ⇒ Transpose...,则显示转置对话窗,在这里可以规定将被转置的一些变量列(Transpose)名字;还可以规定一个变量(Group by),用于转置时按该变量的不同值进行转置.转置后新列的前缀用户可以规定,记录源变量名的列名也可以规定,当然也可以用缺省名字.

**6.绘制图形的功能**

由菜单项 Graphs 的下拉菜单,对数据表中的变量可以生成以下几种类型的图形:

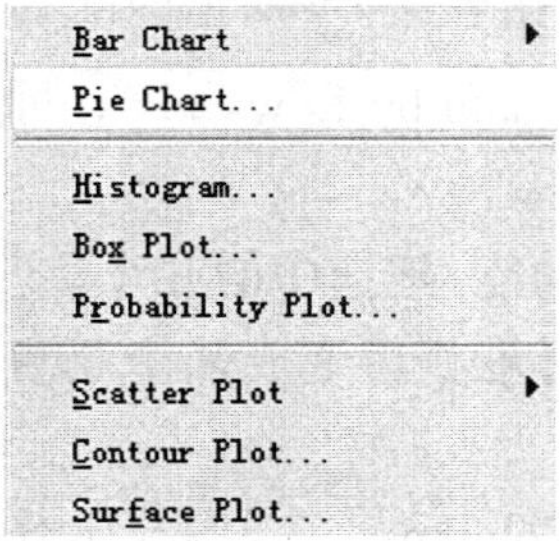


① 条形图:由 Graphs⇒Bar Chart ▸,对选中的图表变量生成水平或垂直的条形图.

② 饼图:由 Graphs⇒Pie Chart...,对选中的图表变量生成饼图.

③ 直方图:由 Graphs⇒Histogram...,对选中的数值变量生成直方图.

④ 盒形图:由 Graphs⇒Box Plot...,对选中的数值变量生成盒形图.

⑤ 概率图:由 Graphs⇒Probability Plot...,对选中的数值变量生成概率图.

⑥ 散点图：由 Graphs ⇒ Scatter Plot ▸，对选中的变量生成二维或三维的散点图.

⑦ 等高线图：由 Graphs ⇒ Contour Plot...，对选中的变量生成等高线图.

⑧ 曲面图：由 Graphs ⇒ Surface Plot...，对选中的变量生成曲面图.

**7. 统计分析功能**

由菜单项 Statistics 的下拉菜单(见图示 9)，对数据表中的一些变量可以执行以下一些常用统计分析：

(1) 描述统计(Descriptive)

① Summary Statistics... ——计算概括统计量；

② Distributions... ——研究变量的分布；

③ Correlations... ——计算变量间的相关；

④ Frequency Counts... ——产生频数表.

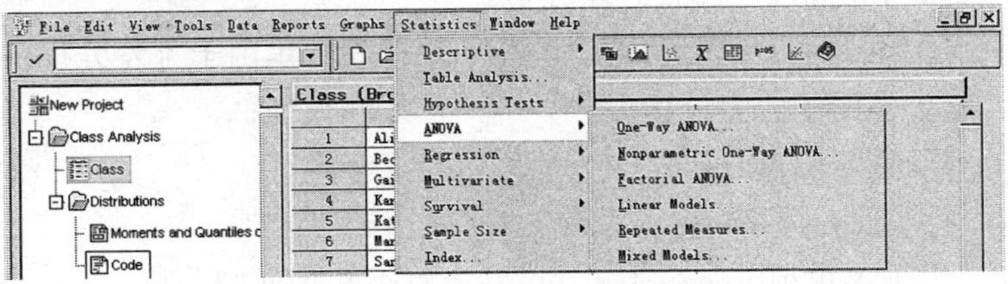


**图示 9　菜单项 Statistics 的下拉菜单**

(2) 列联表分析(Table Analysis )

对两个或两个以上属性变量生成交叉表(二维列联表). 在 Analyst中，由 Statistics ⇒ Table Analysis...，进入列联分析的主窗口选择列变量，行变量，分层变量(如果有)，及单元频数变量.

在列联表分析主窗口的下方，按 Input 键，选择变量值的次序. 按 Statistics 键，选择是否计算无关联性统计量，精确检验等. 按 Table 键来确定频数表中各单元所包含的内容.

(3) 假设检验(Hypothesis Tests)

由子菜单项 Hypothesis Tests ▸ 的弹出菜单，对数据表中的变量可以对单个总体和两个总体的几种假设检验：

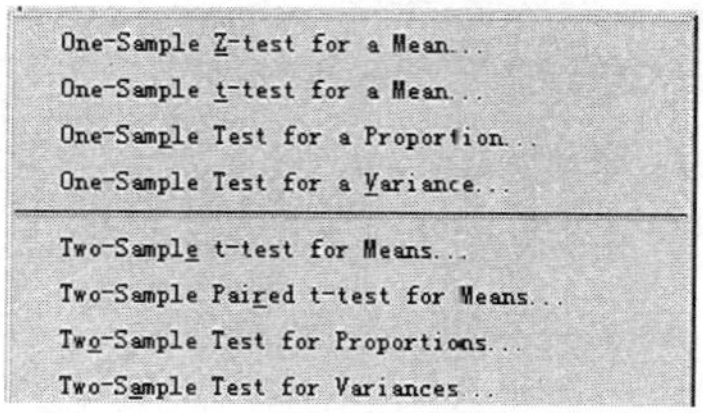


① 单样本均值的 $z$ 检验(总体方差已知)；
② 单样本均值的 $t$ 检验(总体方差不知道)；
③ 单样本比率检验；
④ 单样本方差的检验；
⑤ 两独立样本均值的 $t$ 检验；
⑥ 成对数据均值的 $t$ 检验；
⑦ 两样本比率的检验；
⑧ 两样本方差的检验.

(4) 方差分析(anova)

由子菜单项 ANOVA ▸ 的弹出菜单(见图示 9)，对数据表中的变量可完成以下几种方差分析：

① 单因子方差分析； ② 非参数单因子方差分析；
③ 多因子方差分析； ④ 线性模型；
⑤ 重复测量分析； ⑥ 混合模型.

(5) 回归分析(Regression)

由子菜单项 Regression ▸ 可完成以下几种回归分析：

① 简单回归分析(只有一个自变量)；
② 多元线性回归分析；
③ Logistic 回归分析.

(6) 多变量分析(Multivariate)

由子菜单项 Multivariate ▸ 对数据表中的一组或两组变量可完成以下两种多变量分析：

① 主分量分析(具体用法见第八章例 8.3.1)；
② 典型相关分析.

(7) 生存分析(Survival)

由子菜单项 Survival ▸ 对数据表中的变量可完成以下两种生存分析：

① 寿命表分析；

② 比例危险性模型(Proportional Hazards).

(8) 样本大小(Sample Size)

由子菜单项 Sample Size ▸ 的弹出菜单，对以下 10 种检验计算样本大小和功效函数值：

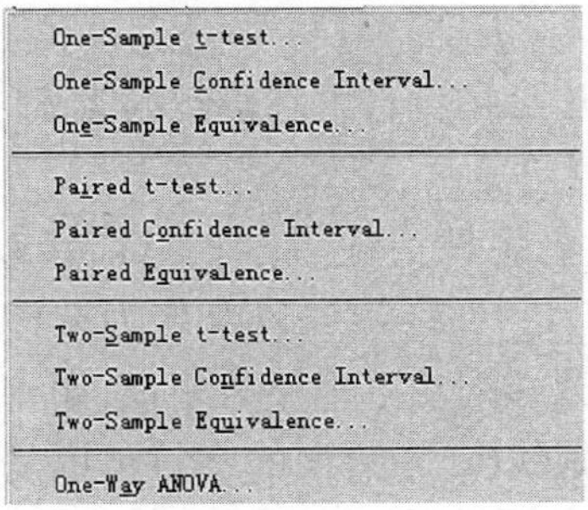


① 单样本 $t$ 检验；

② 单样本置信区间；

③ 单样本等价性；

④ 成对数据 $t$ 检验；

⑤ 成对数据置信区间；

⑥ 成对数据等价性；

⑦ 两样本 $t$ 检验；

⑧ 两样本置信区间；

⑨ 两样本等价性；

⑩ 单因子 ANOVA.

## §5 SAS 编程基础

在 Windows 环境下运用 SAS 系统进行常用的统计分析时，虽然§4 介绍的两个菜单系统可让用户不必编写程序而方便地使用 SAS 系统的一些统计分析功能，但目前并不是所有的统计方法都可以通过菜单系统来实现，如本书中第六章以后的一些统计方法以及一些特殊或深入的分析功能必须用编程实现. 编程是功能最强的使用 SAS 系统进行统计分析的方法.

### 一、使用 SAS 语言

同其他计算机语言一样，SAS 语言也有它自己的语汇和句法

——关键词和连结关键词与其他辅助信息的规则.用户使用 SAS 语言来定义数据和规定对数据怎样做统计分析的问题.由 SAS 语句组成的序列称为 SAS 程序.

**1. SAS 语句**

一个 SAS 语句是由 SAS 关键词、SAS 名字、特殊字符和运算符组成的字符串,并以分号(;)结尾,它要求 SAS 系统执行一种操作或给 SAS 系统提供信息.在 §1 使用 SAS 系统的简例中我们看到了一些 SAS 语句的例子.

许多 SAS 语句都是以关键词开始并用它识别语句的类型.如 DATA语句、PROC 语句、INPUT 语句等.

SAS 语句中可能出现的 SAS 名字种类很多,如变量名、SAS 数据集名、格式名、过程名、数组名、语句标号名、以及作为文件标记和库标记的特殊名字.SAS 名字最多可由 8 个字符组成,第一个字符必须是字母(A, B, …, Z)或下划线( _ ),后面的字符可以是字母,数字(0, 1, 2, …, 9)或下划线.

每个 SAS 语句都用分号(;)结束,出现在 SAS 语句中的其他特殊字符和算符有圆括号(),美元符号 $,小数点号.,等号 =,冒号:和加号 +.

**2. SAS 程序**

一序列 SAS 语句组成一个 SAS 程序.SAS 程序中的语句分别属于两类步骤:DATA 步和 PROC 步.这两类步骤是所有 SAS 程序的组成部分.通常用 DATA 步产生 SAS 数据集,而用 PROC 步对 SAS 数据集内的数据进行分析处理并输出结果.一个 SAS 程序可由一个 DATA 步或一个 PROC 步组成;或者由 DATA 步和 PROC步两部分组成;也可由多个 DATA 步和 PROC 步组成.

(1) DATA 步(数据步)

DATA 步包括要求 SAS 创建一个或几个新的 SAS 数据集的语句和对创建数据集所必须进行的运算操作语句.每个 DATA 步以 DATA 语句开头,可以包含任意多个 SAS 程序语句.编写报表、文件管理、信息检索等都在DATA步中进行处理.

(2) PROC步(过程步)

PROC步要求SAS从过程库中调出一个过程并执行这个过程,通常用SAS数据集作为输入.PROC步以PROC语句开始,在PROC步里的其他语句给出用户想得到有关结果的更多信息的程序语句.可以用在PROC步的语句依赖于你调用的这个特殊的过程.在以后每个过程的描述中我们都将给出可以和该过程的PROC语句一起使用的一些语句.

**3. SAS数据集**

一个SAS数据集是一批数据值,它排列成表1所显示的长方形形式.它的每一行称为一个观测,每一列称为一个变量.表1的数据生成的SAS数据集有18个观测4个变量.在SAS作业中使用的SAS数据集的大小仅仅受到计算机内存空间的限制.

**4. 编写SAS程序**

(1) SAS程序的例子

在本附录§1的例1.1中,屏幕1和3给出的都是SAS程序的例子.屏幕1的DATA语句告诉SAS创建名为SALE的SAS数据集;INPUT语句告诉SAS读入数据并规定数值的次序和类型;CARDS语句告诉SAS下面紧接着的是数据行;数据行后面的空语句(;)是数据行结束的标记.

屏幕3由四个PROC步构成一个SAS程序.

(2) SAS程序的书写方法

SAS语言允许用书写灵活的SAS语句来编写SAS程序.

① 书写格式——SAS语句可以从某一行的任意位置开始;几个SAS语句可以写在同一行上;一个语句也可以写成几行,只要语句中的单词不被断开就可以.在一个语句中各项之间至少要有一个空格.一些特殊的符号(如等号=,加号+)可以占据空格的位置.例如语句

```
total=a+10;     和     total=   a   +   10;
```

是等价的.SAS语句用大写字母、小写字母或两者混合书写均可以.

② 注释—— SAS语句中有一个注释(comment)语句,形式为

/ * 注释内容 * /

凡是空格可以出现的地方,以上形式的注释语句也能出现.例如下面语句

```
proc sort / * 对数据集排序 * / ;
```

是一个合法的语句.

③ 变量列表—— SAS系统允许用户使用缩写的变量列表.例如 input x1 - x12; 再如若INPUT语句给出

```
input weight waist pulse chins;
```

以后使用时可缩写为

```
var weight -- chins;
```

因INPUT语句已给出这些变量的次序,这里把中间的变量用"--"省略了.

**5. SAS程序的输出**

若干DATA步和几个PROC步构成一个SAS程序.SAS程序一般在PGM窗口采用全屏幕编辑方式输入.当程序输入完毕,检查修改后就可以提交给SAS系统执行.在程序执行的过程中,LOG窗口显示程序执行中记录的信息;它包括执行哪个语句;生成的数据集中变量个数及观测个数是多少;每一步花费的时间及出错信息等等.SAS过程产生的输出显示在OUTPUT窗口.

例1.1提交执行后,DATA步产生一个名为SALE的SAS数据集;后面的四个PROC步产生的结果输出到OUTPUT窗口.如屏幕4是MEANS过程的结果.

## 二、SAS表达式和SAS函数

### 1. SAS表达式

表达式是由一系列算符和运算对象形成的一个指令集,它被

执行后产生一个目标值.运算对象是变量和常数;算符是特殊的运算符、函数和括号.

表达式分为简单表达式(仅用一个算符)和复合的表达式(使用多个算符).在 DATA 步为了对变量作变换,建立新变量、条件处理、计算新数值及指定新数值时使用表达式编写程序语句.

**2. SAS 函数**

(1) SAS 函数及分类

在 SAS 系统 6.12 版本,SAS 函数分为十七种类型,它们是算术函数、截取函数、数学函数、三角和双曲函数、数学函数、概率和密度函数、分位数函数、非中心函数、样本统计函数、随机数函数、财政金融函数、字符函数、日期和时间函数、洲和 Zip 码(邮政编码)换算函数和特殊函数等,共有 178 个函数(在 SAS 系统 8.1 版本,SAS 函数分为二十二种类型,共有 319 个函数).

SAS 系统提供的 SAS 函数比一般高级语言的标准函数多得多.如此丰富的 SAS 函数,对用户编写 SAS 程序带来极大的方便.尤其是概率函数、分位数函数、非中心函数、样本统计函数、随机数函数,这几类函数是一般高级计算机语言所没有的,它们为统计分析计算提供更大的方便.

下面我们分类介绍一些 SAS 函数,主要介绍用于统计计算的 SAS 函数.

(2) 概率函数

SAS 系统提供一类计算常见分布的分布函数——概率函数(共有 10 个).

① PROBNORM( $x$ ) 计算标准正态分布函数.即计算服从标准正态分布的随机变量 $U$ 小于给定 $x$ 的概率( $P\{U < x\}$ ).

② PROBCHI( $x, df, nc$ ) 计算自由度为 $df$,非中心参数为 $nc$ 的 $\chi^2$ 分布的分布函数.如果 $nc$ 没有规定或取为 0,那么被计算的就是中心 $\chi^2$ 分布.自由度 $df$ 允许不是整数.例如:p = 1 - probchi(31.264,11);的结果为 1 - 0.999 = 0.001.

③ PROBGAM($x$, $a$) 计算形状参数 $a(a > 0)$ 的伽马分布的分布函数. 例如: p = probgam(7.5, 5.2); 的结果为 0.84885.

④ PROBBETA($x$, $a$, $b$) 计算贝塔分布的分布函数(其中: $0 \leqslant x \leqslant 1$, $a, b > 0$). 例如: p = probbeta(0.75, 4, 2.5); 的结果为0.7467.

⑤ PROBF($x$, $ndf$, $ddf$, $nc$) 计算 $F$ 分布分布函数(其中 $ndf$ 为分子自由度, $ddf$ 为分母自由度, $nc$ 是非中心参数). 当分布是中心 $F$ 分布时, 取 $nc = 0$ 或不规定这项自变量. 自由度可以是非整数. 例如: p = 1 - probf(3.32, 2, 30); 的结果是 0.04983.

⑥ PROBT($x$, $df$, $nc$) 计算 $t$ 分布分布函数(其中 $df$ 为自由度, $nc$ 为非中心参数). 若参数 $nc$ 没有规定或取为 0, 那么被计算的就是中心 $t$ 分布. 自由度 $df$ 允许非整数. 用 $t$ 分布作双边检验时, 用下式计算显著水平: (1 - probt(abs($x$), $df$)) * 2.

⑦ PROBBNML($p$, $n$, $m$) (其中: $0 \leqslant p \leqslant 1$, $n \geqslant 1$, $0 \leqslant m \leqslant n$) 计算二项分布的概率分布函数.

⑧ POISSON($lambda$, $n$) (其中 $lambda \geqslant 0$, $n \geqslant 0$) 计算柏松分布的概率分布函数.

⑨ PROBNEGB($p$, $n$, $m$) (其中 $0 \leqslant p \leqslant 1$, $n > 0$, $m \geqslant 0$) 计算负二项分布的概率分布函数.

⑩ PROBHYPR($nn$, $k$, $n$, $x$, $or$) (其中 $nn \geqslant 1$, $0 \leqslant k \leqslant nn$, $0 \leqslant n \leqslant nn$, $\max(0, k + n - nn) \leqslant x \leqslant \min(k, n)$) 计算超几何分布的概率分布函数.

(3) 分位数函数

设连续型随机变量 X 的分布函数为 $F(x)$, 对给定的 $p(0 \leqslant p \leqslant 1)$, 若有 $x_p$ 使得 $F(x_p) = p$, 则称 $x_p$ 为随机变量 $X$ 的 $p$ 分位数(或称分布 $F(x)$ 的 $p$ 分位数). SAS 系统提供计算六种常见连续分布分位数的函数.

① CINV ($p$, $df$, $nc$) (其中 $0 \leqslant p \leqslant 1$, 自由度 $df > 0$, 非中心参数 $nc \geqslant 0$) 计算 $\chi^2$ 分布的分位数. 例如:

```
data;
    q1 = cinv(0.95,3);put 'q1 = 'q1;
    q2 = cinv(0.95,3.5,4.5);put q2 = ;
run;
```

结果是 q1 = 7.8147, q2 = 17.505 (在 LOG 窗口显示).

② BETAINV ($p, a, b$) (其中:$0 \leqslant p \leqslant 1, a > 0, b > 0$) 计算贝塔分布的分位数. 例如: x = betainv(0.001, 2, 4); 的结果为 0.0101.

③ FINV( $p, ndf, ddf, nc$) (其中 $0 \leqslant p \leqslant 1$, 分子自由度 $ndf > 0$, 分母自由度 $ddf > 0$, 非中心参数 $nc \geqslant 0$ ) 计算 $F$ 分布的分位数. 例如以下 DATA 步计算的结果是 q1 = 4.1028, q2 = 7.5838.

```
data _null_;
    q1 = finv(0.95,2,10);put q1 = ;
    q2 = finv(0.95,2,10,3.2);put q2 = ;
run;
```

④ TINV( $p, df, nc$) (其中 $0 \leqslant p \leqslant 1$, 自由度 $df > 0$ ) 计算 $t$ 分布的分位数. 若 $nc$ 没有规定或取 $nc = 0$, 那么计算的就是中心 $t$ 分布的分位数. 若 $nc$ 的绝对值很大, 使用的算法可能失败. 这种情况函数得到一个缺失值.

⑤ PROBIT( $p$) ($0 \leqslant p \leqslant 1$) 计算标准正态分布的分位数. 它是概率函数 PROBNORM 的逆函数. 如果随机变量 $X \sim N(0,1)$, 则 $P\{X \leqslant \text{probit}(z)\} = z$, 这个函数产生的结果在 $-5$ 和 5 之间.

⑥ GAMINV( $p, a$) (其中:$0 \leqslant p \leqslant 1, a > 0$ ) 计算伽马分布的分位数. 例如: x = gaminv(0.75, 3.5); 的结果为 4.51857.

(4) 样本统计函数

设有一组观测数据: $x_1, x_2, \cdots, x_n$(存放在变量 $X1 \sim Xn$ 或 $X, Y, \cdots$ 中) . SAS 系统为我们提供一类函数(共 15 个), 用于计算这组样本值的有关统计量. 这类函数要求自变量是数值. 它们是:

① 均值：MEAN(of $x1 - xn$ ) 或 MEAN( $x, y, z, \cdots$ ).

例如：x = mean(2, ·, ·, 6)；结果为 4. x = mean(1, 2, 3, 2)；结果为 2.

② 最大值：MAX(of $x1 - xn$ ) 或 MAX( $x, y, \cdots$).

③ 最小值：MIN(of $x1 - xn$ ) 或 MIN( $x, y, \cdots$).

④ 非缺失数据的个数：N(of $x1 - xn$ ) 或 N ($x, y, \cdots$).

⑤ 缺失数据的个数：NMISS(of $x1 - xn$ )或 NMISS( $x1, x2, \cdots$).

⑥ 求和：SUM(of $x1 - xn$ ) 或 SUM( $x1, x2, \cdots$ ).

⑦ 方差：VAR(of $x1 - xn$ ) 或 VAR( $x1, x2, \cdots$).

⑧ 标准差：STD(of $x1 - xn$ ) 或 STD( $x1, x2, \cdots$). 例如：x = std(2, 6)；和 x = std(2, ·, 6)；的结果都是2.828427. x = std(2, 4, 6, 3, 1)；的结果为 1.923538.

⑨ 标准误：STDERR(of $x1 - xn$ ) 或 STDERR( $x1, x2, \cdots$). 例如：x = stderr(2, 6, 3, 4)；或 x = stderr(2, 6, 3, 4, ·)；的结果都是0.8539126.

⑩ 变异系数：CV(of $x1 - xn$ ) 或 CV( $x1, x2, \cdots$).

⑪ 极差：RANGE(of $x1 - xn$ ) 或 RANGE( $x1, x2, \cdots$).

⑫ 偏差平方和(校正平方和)：CSS(of $x1 - xn$ ) 或 CSS ( $x1, x2, \cdots$). 该函数计算非缺失自变量关于均值的偏差平方和.

⑬ 未校正的平方和：USS(of $x1 - xn$ ) 或 USS( $x1, x2, \cdots$). 该函数计算非缺失自变量的(未校正)平方和.

⑭ 偏斜度：SKEWNESS(of $x1 - xn$ ) 或 SKEWNESS( $x1, x2, \cdots$). 该函数计算非缺失自变量的偏斜度.

⑮ 峰度：KURTOSIS(of $x1 - xn$ ) 或 KURTOSIS( $x1, x2, \cdots$). 该函数产生非缺失自变量的峰度统计量. 它要求至少有 4 个非缺失自变量.

(5) 随机数函数

设随机变量 $\eta$ 的分布函数为 $F(x)$，称随机变量的抽样序列

$\eta_1, \eta_2, \cdots \eta_n \cdots$ 为 $F(x)$ 分布随机数.产生各种常用分布的随机数是随机模拟方法的基础.SAS 系统提供产生 11 种常见分布随机数的函数.

① 均匀分布随机数函数:UNIFORM(*seed*)和 RANUNI(*seed*).

② 标准正态分布随机数函数:NORMAL(*seed*)和 RANNOR(*seed*).

利用这个函数经变换还可以得到一般正态分布随机数及对数正态随机数.例如记

$$X = M + \text{sqrt}(SQ) * \text{rannor}(seed)$$

$$Y = \exp(M + \text{sqrt}(SQ) * \text{rannor}(seed)) = \exp(X)$$

那么 $X$ 是均值为 $M$、方差为 $SQ$ 的正态随机变量;$Y$ 是对数正态变量,均值为 $\exp(M + SQ/2)$,方差为 $\exp(2 * M + SQ) * (\exp(SQ) - 1)$.

③ 指数分布随机数函数: RANEXP( *seed* ).

④ 伽马分布随机数函数: RANGAM( *seed*, *alpha* ) (其中 $alpha > 0$).

⑤ 三角分布随机数函数: RANTRI( *seed*, *h* ) (其中 $0 < h < 1$).

⑥ 柯西分布随机数函数: RANCAU( *seed* ).

⑦ 二项分布随机数函数: RANBIN( *seed*, *n*, *p* ) (其中 $n > 0$ 为整数, $0 < p < 1$).

⑧ 泊松分布随机数函数: RANPOI( *seed*, *lambda* ) (其中 $lambda > 0$ ).

⑨ 离散分布随机数函数: RANTBL( *seed*, $p_1, \cdots, p_i, \cdots, p_n$) (其中 $0 \leqslant p_i \leqslant 1 (i = 1, 2, \cdots, n)$, $\sum p_i = 1$ )

(6) 其他函数

以下是截取函数、数学函数和三角函数的例子:

CEIL($x$)——取≥自变量 $x$ 的最小整数.如 CEIL(4.5)=5.

FLOOR($x$)——取≤自变量 $x$ 的最大整数.

INT($x$)——取 $x$ 的整数部分.如 INT(4.5) = 4.

DIGAMMA($x$)——对自变量 $x$ 计算 GAMMA 函数对数的导数.

ERF($x$)——计算误差函数.

EXP($x$)——计算 e 的 $x$ 次幂.EXP($x$) = $e^x$.

GAMMA($x$)——对自变量 $x$ 计算完全 GAMMA 函数,

$$\mathrm{GAMMA}(x) = \int_0^{\infty} t^{x-1} e^{-t} \mathrm{d}t \xlongequal{\mathrm{def}} \Gamma(x).$$

LOG($x$)——对自变量 $x$ 求以 e 为底的自然对数.

LOG2($x$)——对自变量 $x$ 求以 2 为底的对数.

LOG10($x$)——对自变量 $x$ 求以 10 为底的对数.

COS($x$)——计算余弦.

SIN($x$)——计算正弦.

## 三、DATA 步入门

使用 SAS 系统来准备好你要分析处理的数据,或者使用 SAS 过程来分析数据之前,你首先必须将这些数据转化为 SAS 数据集.一旦你的数据已经形成 SAS 数据集,你还可以用许多不同的方法把这个数据集和其他数据集结合在一起,并使用一些 SAS 过程进行处理.

### 1. 什么是 DATA 步

DATA 步是用 DATA 语句开始的一组 SAS 语句.

**例 5.1**

```
data DA1;
  input x1   x2   x3;
  y = x1 + x2 + x3;
  cards;
3  1.3  0.5
2  2.4  0.9
```

```
5  3.2  0.8
8  4.1  1.1
7  3.3  0.6
;
```

以上这些语句组成 DATA 步. 提交后, SAS 系统创建一个名为 DA1 的 SAS 数据集. 它包含 5 个观测、4 个变量.

例 5.1 中输入的数据是用户在作业时同 SAS 程序一起输入的, 这类数据称为在作业流中的数据. 有时要处理的数据已形成外部数据文件存放在磁盘中(如 C 语言、Fortran 语言、Basic 语言生成的数据文件或者用全屏幕编辑程序生成的数据文件); 有时要处理的数据已是 SAS 数据集. 对不同情况的数据, 生成新数据集的 DATA步所包含的 SAS 语句也不一样, 下面分几种情况介绍如何用 DATA 步来创建 SAS 数据集.

**2. 创建 SAS 数据集**

这里介绍在三种不同的情况下用 DATA 步产生 SAS 数据集的不同方法, 及输出报告的特殊 DATA 步.

(1) 数据在作业流中

例 5.1 就是用 SAS 语句从作业流中输入数据来产生 SAS 数据集的 DATA 步例子. 一般的形式为:

```
DATA 语句;
    INPUT 语句 ;
    (用于 DATA 步的其他 SAS 语句)
    CARDS;
    [数据行]
;
```

在上面 DATA 步中这些语句的功能为: DATA 语句表示 DATA步的开始, 并给出你要产生的 SAS 数据集的名字. INPUT 语句描述你输入的数据, 对每个变量给出名字及数据的类型和格式等. 如果你想对输入的数据进行一些加工, 根据你的愿望, 选择一些程序语句.CARDS 语句紧接着是数据行,它标志着语句的结束及DATA步中数据行开始.空语句(;)表示数据行的结束.

(2) 数据在磁盘上

**例 5.2**
```
data DA2;
   infile 'c:\f1.dat';
        /* 外部文件 f1.dat 已存放在 C 盘的根目录下 */
   input sex $ x1-x3;
          /* f1.dat 中每一行有一字符值和三个数值. */
   z=(x1+x2+x3)/3;
run;
```

从磁盘上读入数据文件产生 SAS 数据集的 DATA 步的一般形式为:

```
{DATA 语句;
    INFILE 语句;
    INPUT 语句;
    (用于 DATA 步的其他 SAS 语句)
 RUN;
```

所要求的语句与 1.中那些语句类似,不同之处是用 INFILE 语句打开包含数据的外部文件,且不需要 CARDS 语句.

(3) 数据来自其他 SAS 数据集

**例 5.3**
```
data DA3;
   set DA2;   /* da2 是存放在当前目录下的 SAS 集 */
   if sex='m';        /* 选择性别为 m(男)的观测 */
run;
```

从一个或几个已存在的数据集产生 SAS 数据集的 DATA 步的一般形式为:

```
{DATA 语句;
    SET | MERGE | UPDATE | MODIFY 语句;
    (用于 DATA 步的其他 SAS 语句)
 RUN;
```

你可以从一个或几个已存在的 SAS 数据集来产生一个新的

SAS 数据集。如例 5.3，你有一些调查资料已存贮在 SAS 数据集中，你想创建只包含男性答卷的另一个数据集，但你不愿意重新输入男性资料的原始数据行，这时应用 SET 语句来读入全部调查资料，然后只选择性别 sex 值为 m(男)的那些观测形成新数据集。

所用语句除上面已说明外，还有SET、MERGE、UPDATE或MODIFY语句识别已存在的 SAS 数据集. 竖条"|"表示用户可以使用 SET、MERGE、UPDATE、MODIFY 这四个语句中的一个.

(4) 把 SAS 数据集转换为外部数据文件或输出报表

**例 5.4**

```
data _null_;
     set DA3;
     file 'c:\fm.dat'; (或者 file 'prn';)
     put x1 x2;
run;
```

此例把例 5.3 中只包含男性的 SAS 数据集 DA3 转换为名为 FM.DAT 的外部文件(只含变量 X1 和 X2)，存放在 C 盘的根目录下(或者在打印机上输出报表).

把 SAS 数据集转换为外部数据文件或输出报表的 DATA 步的一般形式为

```
DATA  _NULL_;
   INPUT 和 CARDS 语句或者 INFILE 语句;
  (或者 SET|MERGE|UPDATE|MODIFY 语句;)
   FILE 语句;
   PUT 语句 ;
   (用于 DATA 步的其他 SAS 语句)
RUN;
```

如果你想按自己意愿输出一张报表或想把 SAS 数据集转换为外部文件，那么在 DATA 步你可以这样做：

① DATA 语句告诉 SAS 系统开始 DATA 步；使用特殊名字 _NULL_ 意味着不产生 SAS 数据集.

② 为输出报表提供数据，方法有以下几种：(a) 用 INPUT 和跟着数据行的 CARDS 语句；(b) 用 INFILE 语句；(c) 用 SET、MERGE、UPDATE 或 MODIFY 语句；(d) 用产生数据的程序语句.

③ FILE 语句告诉 SAS 这里要输出报表或存贮文件.

④ 你可以有选择地使用 SAS 程序语句来计算一些新变量.

⑤ 用一个或几个 PUT 语句输出这张报表或文件的一些行.

## 三、全程语句(用在任何地方的 SAS 语句)

有些 SAS 语句只能用在 DATA 步，另一些 SAS 语句只能用在 PROC 步. 这里将介绍的一些语句，它们既可以用在 DATA 步，也可以用在 PROC 步；既可以用在 DATA 步和 PROC 步的外部，也可以用在 DATA 步或 PROC 步的内部. 这些 SAS 语句可以用在 SAS 程序的任何地方，也称为**全程语句**.

### 1. 用在任何地方的 SAS 语句

用在任何地方的 SAS 语句(全程语句)可描述如下：

注释：允许用户同 SAS 语句一起输出注释作为程序的资料.

DM：允许用户发布显示管理命令或文本编辑命令作为 SAS 语句.

X：在 SAS 会话期间被用来发布主机操作系统(如 PC-DOS)的命令.

TITLE：规定同 SAS 输出一起被打印的标题行.

FOOTNOTE：规定同 SAS 输出一起被打印的脚注行.

RUN：让上述输入的 SAS 程序开始执行.

ENDSAS：执行 DATA 步或 PROC 步后终止 SAS 会话.

FILENAME：对一个外部文件定义文件标记.

LIBNAME：对一个 SAS 数据库定义库标记，这个库标记用来作为两级 SAS 文件名的第一级.

%INCLUDE：从外部文件等调出 SAS 语句和数据行.

%RUN：结束由加 * 号的 %INCLUDE 语句要求的从键盘输入源语句.

%LIST：列出在当前会话中输入的行.

MISSING：指定输入数据的一些字符，它们表示数值数据的特殊缺失值.

PAGE：让 SAS 日志跳到新的一页.

SKIP：让 SAS 日志跳过规定的行数.

OPTIONS：用于改变一个或几个 SAS 系统选项.

**2. 几个全程语句**

(1) TITLE 语句(标题语句)和 FOOTNOTE 语句(脚注语句)

标题语句规定被打印在 SAS 输出文件和其他 SAS 输出的一些标题行. 每一个 TITLE 语句规定一条标题行，最多可规定 10 个标题行. 例如：

```
title3 'this is the third title line';
title2 'YEAR"S END REPORT';
title5 "projected sales figures";
```

一旦你对某行规定了标题，它对后来所有的输出都有效，直到你取消这一标题或对这一行定义其他标题. 为了要取消已规定的标题，使用没有说明项的语句：title ;

为了取消第 3 行及以后的所有标题行，使用语句：title3 ;

脚注语句用来输出一些文本行在这个过程输出的每一页的底部. 它最多可产生 10 个脚注行. 用法与 TITLE 语句类似.

(2) LIBNAME 语句(库名字语句)

该语句规定用户的 SAS 程序所使用的一个或几个目录(或路径名字). 如果你想读入或创建永久的 SAS 文件，你必须用 LIBNAME语句定义使用的目录. LIBNAME 语句把一个 *libref* (库标记的缩写)和一个目录名字联系起来. 然后用户可在 SAS 语句中使用库标记来指示这个目录. 在引用这个库标记的 SAS 语句之前你必须引入 LIBNAME 语句.

**例 5.5**

```
libname store1 'c:\sas\dir1';
data storel.mar;
     input day mmddyy8. mean groc dairy;
     cards;
…(数据行)
;
```

此例产生一个永久的 SAS 数据集 storel.mar. 第一级名字 storel是存贮这个永久文件的库标记, LIBNAME 语句规定了库标记 storel 同 SAS 目录下的子目录 dir1 联系. 当这些语句执行后, 产生的永久 SAS 数据集 mar.sd2 被存贮在子目录 dir1 里. 永久 SAS 数据集的扩展名 * .sd2 是由 SAS 系统 6.12 版本创建数据集时自动生成的, 不同版本生成的永久 SAS 数据集, 其扩展名也不相同, 如 8 版本生成永久数据集的扩展名为 * .SAS7bdat.

**例 5.6**

```
libname stock 'c:\sas\dir2' food 'a:';
data stock.apples;
     set food.fruit;
     if item='GRANNY'|item='TOSH '
        then output;
run;
```

此例中, LIBNAME 语句定义了二个库标记(stock 和 food), DATA步从库标记 food 联系 A 驱动器中读永久 SAS 数据集, 并创建一个永久的 SAS 数据集存贮在库标记 stock 联系的目录下.

**例 5.7**

```
libname sales 'c:\sas\dir1';
proc append base=sales.yr1985 data=sales.feb;
run;
```

一旦库标记和目录之间的联系构成了, 你可以使用这个库标记作为永久 SAS 文件名的第一级, 任意地访问这个目录中的 SAS 文件. 此例在相同的目录中把一个 SAS 文件(feb)附加到另一个 SAS 文件(yr1985)上.

(3) FILENAME 语句(文件名语句)

该语句把 SAS 的文件标记( *fileref* ——一个 SAS 文件的逻辑名字)和一个外部文件的全名字(目录加上文件名)或输出设备联

系起来，然后这个文件标记在访问外部文件的这些 SAS 程序语句里(如 INFILE, FILE 和 %INCLUDE)和显示管理命令(如 FILE 和 INCLUDE)中被用来作为缩写的标记. 把一个文件标记和外部文件联系起来也称为定义这个文件. INFILE, FILE, 或 %INCLUDE语句中使用文件标记之前，首先使用 FILENAME 语句来定义文件.

文件标记和文件名字之间的联系只保持在 SAS 会话期间或者直到你用其他的 FILENAME 语句来改变它. 对一个文件你可以改变文件标记成为你所希望的.

**例 5.8**

```
filename food 'shopping.dat';
data marker;
    infile food;
    input day mmddyy8. meat groc dairy;
run;
```

此例从当前目录下用文件标记 food 识别的外部文件中读数据行，并创建一个临时数据集 marker.

**例 5.9**

```
filename food 'shopping.dat';
libname save 'allveg';
data save.marker;
    infile food;
    input day mmddy8.meat groc dairy;
run;
```

和例 5.8 比较：此例增加了 LIBNAME 语句，而且由 DATA 步创建的 SAS 数据集名字用两级名字. 此例执行的结果是创建一个永久的 SAS 数据集，它存贮在用 save 作为库标记所联系的目录下.

(4) OPTIONS 语句

OPTIONS 语句临时改变用户安装时设置的 SAS 系统选项中的一项或几项. 这些改变在以后的 SAS 会话或作业中保持有效，直到再次被改变.

下面的 OPTIONS 语句要求在 SAS 输出中不打印日期，并设

置每一行的大小为 72 列,每页的高度为 45 行:

```
options nodate linesize=72 ps=45;
```

## §6 SAS 过 程

当你用 DATA 步创建了 SAS 数据集后,你可以用 SAS 过程来分析和处理它.SAS 过程是这样一些程序:读 SAS 数据集,计算统计量,输出结果及产生其他 SAS 数据集.在 DATA 步(数据步),用户可以使用 SAS 语句来编写自己的程序,以便读入数据、处理数据及描述正被创建的 SAS 数据集.在 PROC 步(过程步),可以通过过程的名字来调用过程——一个已经为你写好的程序.

### 一、Base SAS 软件的过程

在 Base SAS 软件中的 Base SAS 过程可分为四类:SAS 基础统计过程、SAS 报表过程、SAS 得分过程和 SAS 实用过程.具体过程的内容请见参考文献[1].

### 二、SAS/STAT 软件的过程

SAS/STAT 软件是 SAS 系统的核心和精华,它用于数据的分析处理.该软件提供的八大类统计方法(回归、方差、属性数据、多变量、判别、聚类、实用方法和生存分析等)共有 44 个过程.SAS/STAT 软件 8 版本又增加了 10 多个过程.该软件内容极为丰富,它几乎覆盖了实用数理统计方法的所有方面,还包括近期在国际应用统计领域中正迅速发展的一些方面.

SAS/STAT 软件包括:回归分析过程,方差分析过程,属性数据分析过程,多变量过程,判别分析过程,聚类分析过程,得分和实用过程与生存分析过程.SAS 8 版本又增加了偏最小二乘、空间观测工具、调查数据分析及非参数建模等方面的过程.详细内容请见参考文献[20]和[21].

# 附录 2　部分习题参考解答

## 习　题　一

**1-2**　mean(均值) = 170.2010, std Dev(标准差) = 5.3363, CV(变异系数) = 3.1353, Skewness(偏度) = 0.1089, Kurtosis(峰度) = 0.6215.

## 习　题　二

**2-1**　(1) 均值 $\mu$ 的 90% 的置信区间为(169.31,171.09);方差 $\sigma^2$ 的 90% 置信区间为(22.878,36.591).

(3) 检验 $H_0:\mu = 170$ 时,统计量 $t = 0.377$, $p = 0.7072 > 0.05$,故 $H_0$ 相容;检验 $H_0:\sigma^2 = 30$ 时,统计量 $\chi^2 = 93.972$, $p = 0.7521 > 0.05$,故 $H_0$ 相容.

(4) 检验统计量 $W = 0.9891$,相应的 $p$ 值 $= 0.9355 > 0.05$,故在 $\alpha = 0.05$ 的显著性水平下不能拒绝该数据的正态性假设.

**2-3**　(1)

| 蛋白质含量 | 均值 | 标准差 | 最大值 | 最小值 |
|---|---|---|---|---|
| 化疗前: | 8.4700 | 6.7112 | 21.8 | 2.0 |
| 化疗后: | 20.5600 | 13.5140 | 42.6 | 1.6 |

(3) 这是成对组检验问题.化疗前后蛋白质含量的差值数据可认为是正态分布(因检验统计量 $W = 0.91$, $p$ 值 $= 0.2711$).检验统计量 $t$ 值 $= -2.6528$, $p$ 值 $= 0.0264 < 0.05$,故在 $\alpha = 0.05$ 的显著性水平下认为化疗前后平均蛋白质含量有显著差异.

**2-4**　假定男女生得分数据均为正态分布.男女生两组方差齐性检验:因检验统计量 $F' = 1.53$, $p = 0.6189 > 0.01$,故不能否定两组方差相等的假设.利用 $t$ 统计量来检验男女生得分是否相等;因 $T = 3.8288$, $p = 0.0024 < 0.01$,故在显著性水平 $\alpha = 0.01$ 的水平下认为男女生平均得分有显著差异.

## 习 题 三

**3-1** 因检验统计量 $F = 2.63$, $p = 0.0925 < 0.10$,故在显著性水平 $\alpha = 0.10$ 的水平下认为三个地区家庭平均人口有显著差异.而在 $\alpha = 0.05$ 的水平下"$H_0$:三个地区家庭平均人口相等"是相容的.

**3-2** (1) Type = A: $W = 0.9266$, $p = 0.0373 > 0.01$,在 0.01 水平下不能否定正常人群的 CEA 含量的正态性假设;Type = B: $W = 0.9652$, $p = 0.3999 > 0.01$,在 0.01 水平下不能否定萎缩性胃炎人群的 CEA 含量的正态性假设; Type = C: $W = 0.8711$, $p = 0.0023 < 0.01$,在 0.01 水平下认为胃癌人群的 CEA 含量与正态数据有显著差异.由 Levene 的方差齐性检验, $F = 4.5664$, $p = 0.0129 > 0.01$,故三个群体方差相等的假设相容.

(2) 因 $F = 40.61$, $p = 0.0001 < 0.01$,在 0.01 水平下认为三个人群的 CEA 平均含量有显著差异,且三个群体两两间在 0.05 的水平下都有显著性差异.使用非参数检验法(NPAR1WAY 过程),因 $\chi^2 = 4.9279$, $p = 0.0001 < 0.05$,结论与用 ANOVA 过程一致.

**3-3** (1) 因子 $A$ 的 $F = 9.33$, $p = 0.0036 < 0.01$,在 0.01 水平下不同稻种的平均产量有显著差异.最好的稻种是 $A_2$.

(2) 因子 $B$ 的 $F = 44.31$, $p = 0.0001 < 0.01$,在 0.01 水平下不同施肥量的平均产量有显著差异.最佳的施肥量为 $B_4$.

(3) 因 $0.0001 < 0.0036$,故施肥量多少比不同稻种对产量影响更大.

(4) 因子 $A * B$ 的 $F = 0.35$, $p = 0.8995 > 0.01$,在 0.01 水平下两因子没有交互作用.

(5) 使产量最高的生产条件为 $A_2$ 和 $B_4$ 或 $A_2$ 和 $B_3$(因 $B_4$ 与 $B_3$ 无显著差异).

## 习 题 四

**4-1** (1) 回归方程为

$$\hat{Y} = 66.5176 + 0.4139\ x_1 - 0.2698\ x_2$$

因 $F = 6.579, p = 0.0247 < 0.05$,故回归方程在 0.05 的水平下是显著的. $b_1 = 0.4139$ 表示当本厂价格不变而对手价格提高一元时,平均说来本厂的销售量将增加 0.4139 个; $b_2 = -0.2698$ 表示当对手价格不变而本厂价格提高一元时,平均说来本厂的销售量将减少 0.2698 个.

(2) 因所有观测点学生化残差的绝对值 $\leqslant 1.6$,故没有可疑点也没有异常点.

(3) 可预测该城市的年销售量为 93.7182 个.

(4) 用逐步回归得到的回归方程式($R^2 = 0.6884$)为

$$\hat{Y} = 131.7446 - 0.6837\ x_2 + 0.002638\ x_1 * x_2.$$

**4-2** 回归方程为

$$\hat{Y} = -17.6677 + 0.0901\ x_1 - 0.2313\ x_2 + 0.0181\ x_3 + 0.4207\ x_4.$$

回归方程在 0.05 水平下是显著的($F = 1021.408, p = 0.0001$);回归系数 $\beta_1, \beta_2, \beta_4$ 在 0.05 水平下都是显著的不为零($p$ 值分别为 0.0077, 0.0229, 0.0164);而 $\beta_3$ 在 0.05 水平下与零没有显著差异($p = 0.6633$).

**4-3** (1) $\hat{Y} = 83.2116 + 1.2985\ x_1 + 2.3372\ x_2$.

回归方程在 0.02 水平下是显著的($F = 24.941, p = 0.0025$);回归系数 $\beta_1, \beta_2$ 在 0.02 水平下都是显著的不为零($p$ 值分别为 0.0137, 0.0009); $b_1 = 1.2985$ 表示增加 1000 元电视广告费用,一般可增加 1298.5 元的收入;而 $b_2 = 2.3372$ 表示增加 1000 元报纸广告,一般可增加 2337.2 元的收入.

(2) 因所有观测点学生化残差的绝对值 $|r_i| \leqslant 2$,故没有可疑点也没有异常点.因 Cook $D_i$ 大于 $\frac{4}{n} = 0.5$ 的点有 $D_1 = 2.284, D_2 = 0.813, D_7 = 1.006$,故第 1,2,7 号观测点是强影响点.

(3) $R^2$(决定系数) = 0.9089, Root MSE(均方根误差) = 0.6998, MSE(均方误差) = 0.4897. $R^2$ 的值表示总收入 $Y$ 的全部变差中有 90.89% 是由于 $x_1$ 和 $x_2$ 的变化而引起的(即由回归变量决定的比例).

(4) 可预测该周的总收入为 92430.5 元.

**4-4** (2)

| 函数关系 | $\hat{a}$ | $\hat{b}$ | 相关指数 $R^2$ | 剩余标准差 $s$ |
|---|---|---|---|---|
| 双曲函数 | 0.008967 | 0.000829 | 0.9729 | 0.2285 |
| 对数函数 | 106.3147 | 3.9466 | 0.8773 | 0.4864 |
| 幂函数 | 106.3013 | 1.1947 | 0.7851 | 0.6437 |
| 负指数函数 | 111.5084 | 0.09029 | 0.9735 | 0.2259 |

(3) 根据相关指数 $R^2$ 最大或剩余标准差 $s$ 最小的原则,最佳的拟合曲线为负指数函数或双曲函数.

**4-5** (1)(3) 只有第一组数据 $Y^{(1)}$ 与 $X$ 线性相关;并基本符合线性回归模型的假定.

(2) 4 组数据的经典回归的拟合结果基本相同(见下表):

| | 截距项 $\hat{a}$ | 回归系数 $\hat{b}$ | 相关系数 $R^2$ | 标准差 $s$ |
|---|---|---|---|---|
| 第一组数据 | 3.0001 | 0.5001 | 0.6665 | 1.2366 |
| 第二组数据 | 3.0009 | 0.5000 | 0.6662 | 1.2372 |
| 第三组数据 | 3.0075 | 0.4994 | 0.6660 | 1.2362 |
| 第四组数据 | 3.0017 | 0.4999 | 0.6667 | 1.2357 |

**4-6** (1) 回归方程为

$$\hat{Y} = 14.4481 + 0.1054\,x \ (R^2 = 0.7759, s = 21.7293).$$

(2) 因 $W = 0.9423$, $p = 0.1523 > 0.05$,故在显著性水平 $\alpha = 0.05$ 的水平下不能拒绝学生化残差的正态性假设.

(3) 经回归诊断发现:① 残差随 $X$ 的增加有明显地变大趋势;② 第 27 号观测是异常点,也是强影响点.

(4) 变换后 $Y^*$ 与 $X$ 回归模型的残差随$X$的增加而变大的趋势稍有减少.

$$\sqrt{\hat{Y}} = 5.2654 + 0.005506\ x\ (R^2 = 0.7911, s = 1.0855).$$

## 习 题 五

**5-1** 因 $\chi^2 = 5.333, p = 0.069$,故在 $\alpha = 0.05$ 的水平下不能拒绝性别与喜爱的颜色无关联性(独立)的假设;而在 $\alpha = 0.10$ 的水平下认为性别与喜爱的颜色有关联性.

**5-2** 因 $\chi^2 = 8.046, p = 0.005 < 0.01$,故在 $\alpha = 0.01$ 的水平下认为不同方案与治愈情况有关联性.

**5-3** 因 $\chi^2 = 4.583, p = 0.032 < 0.05$,故在 $\alpha = 0.05$ 的水平下认为治疗方法与康复情况有关联性.

**5-4** 因 $\chi^2 = 39.078, p = 0.001 < 0.01$,故在 $\alpha = 0.01$ 的水平下认为哺育方式与经济情况有关联性.把这两个属性变量看成有序变量,还可得到关联性度量值:$\gamma = 0.303, \tau_b = 0.219, \tau_c = 0.230$.

**5-5** (1) 购买价值与年收入有关联性($\chi^2 = 10.640, p = 0.005$);从二维列联表可以看出:低、中收入的人群购买值 $< 100$ 的比例约占 68%;高收入的人群购买值 $< 100$ 或 $> 100$ 的比例基本相同.

购买价值与性别有关联性($\chi^2 = 4.667, p = 0.031$);从二维列联表可以看出:女性购买值 $> 100$ 的比例比男性大(女性高价消费占42.08%,男性占 31.94%).

(2) 考察男性人群:购买价值与年收入有关联性($\chi^2 = 19.976, p = 0.001$);从第一层(sex = 男)的二维列联表可以看出,低、中收入的人群购买值 $< 100$ 的比例约占 80%;高收入的人群购买值 $< 100$ 或 $> 100$ 的比例各约占 50%.

考察女性人群:购买价值与年收入无关联性($\chi^2=0.902$, $p=0.637$);从第二层(sex = 女)的二维列联表可以看出,购买值 < 100 的群体中不同收入的人群占的比例差不太多(约为 28% ~ 39%);而购买值 > 100 的群体中不同收入的人群占的比例更是差不多(约 30% ~ 35%).

(3) 有序变量购买价值与年收入有关联性(参见(1)).从二维列联表的每一行看列百分比可发现:低、中收入的人群购买值 < 100 的比例约占 68%,而高收入的占 52%;低、中收入的人群购买值 > 100 的比例约占 32%,高收入的约占 48%.

从二维列联表的每一列看行百分比可发现:购买值 > 100 的群体中低、中收入的人群占的比例约为 25% ~ 28%,而高收入的约占 46%.

还可得到关联性度量值:$\gamma=0.232$, $\tau_b=0.131$, $\tau_c=0.147$.

## 习 题 六

**6-1** (2) 两个三维总体均值相等的检验结果:$D=3.1977$, $F=3.1089$, $p=0.0756<0.10$,故在 0.10 水平下两总体的均值向量有显著差异(即讨论这两个三维总体的判别问题是意义的).

线性判别函数为:

$$Y_1=-28.7375+10.3139\,\mathrm{Cu}+8.9904\,\mathrm{Ag}+16.8578\,\mathrm{Bi},$$

$$Y_2=-31.1105+13.7895\,\mathrm{Cu}+8.2120\,\mathrm{Ag}+11.3311\,\mathrm{Bi}.$$

判别结果为错判二个观测:含矿的第 6 号错判为不含矿;而不含矿的第 7 号(总序号 13) 错判为含矿.

(2) 待判的样品被判为 Type = 0(不含矿).

**6-2** 判别结果为错判了 6 个申请者:序号为第 2,3,24 和 31 号被录取的申请者被错判为未定;序号为第 58 和 59 号没录取的申请者也被错判为未定.另一名待判的申请者被归未定类(第 3 类).

**6-3** (2) 判别结果为错判了 2 个观测:第 8 号原属 1 类的观测被错判为2类;第9号原属3类的观测被错判为1类. 待判的4个观测依次被判归 1,2,3,3 类.

(3) 经检验三总体协差阵不等,用二次判别函数,17 个观测全判对. 待判的 4 个观测依次被判归 1,1,3,3 类.

用 K = 1 或 R = 0.5 的非参数判别方法,17 个观测全判对. 待判的 4 个观测依次被判归 1,2,3,3 类.

用逐步判别法,当引入和剔除的临界值 = 0.18 时,选出 $x_2$ 和 $x_4$;用这两个变量建立的线性判别函数判别的结果把第9号原属3类的观测被错判为 1 类. 待判的 4 个观测依次被判归 1,2,3,3 类.

**6-4** (1) 判别结果:14 个监测点全判对了.

(2) 待判的 2 个单位(观测点) 分别被判归 2,3 类.

## 习 题 七

**7-1** (1)用类平均法和 WARD 法对 6 个弹头分为三个类的结果相同:第 1,2,6 号为一类,第 4 号为一类,第 3,5 号为一类.

当变量间的距离定义为 $d_{ij}^2 = 1 - c_{ij}^2$ 时,用系统聚类的类平均法把 7 种微量元素可分为三类:第一类含 $X_1, X_6$;第二类含 $X_2, X_3, X_4, X_7$,第三类只有 $X_5$. 用系统聚类的 Ward 法分类结果稍有不同,把 7 种微量元素也分为三类:第一类含 $X_1, X_6, X_7$;第二类含 $X_2, X_3, X_4$,第三类只有 $X_5$.

(2) 用 VARCLUS 过程的分类结果:把 7 种微量元素分为二类:第一类含 $X_1, X_6, X_7$;第二类含 $X_2, X_3, X_4, X_5$.

**7-2** (1) 对习题 6-1 用系统聚类的类平均法把 14 + 1 个岩石标本(观测)可细分为四类:{1, 2, 4, 7, 13}, {3, 5}, {8, 9, 10, 11, 12}, {6, 14, 15}. 用Ward法也可分为四类:{1, 4}, {2, 3, 5, 7, 13}, {8, 9, 10, 11, 12}, {6, 14, 15}. 前二类属含矿,后二类属不含矿.

(2) 对习题 6-3 用系统聚类的类平均和 Ward 法把 17 + 4 个研究对象可分为五类:{1, 4, 5, 6, 13, 14, 15, 16, 18}, {2, 7, 8, 9, 12,

17,20,21},{3,19},{10,11}.

(3) 对习题 6-4 用系统聚类的类平均和 Ward 法把 14+2 个监测点可分为四类:{1,2,7},{6,8,9,13},{3,10,14,15},{4,5,11,12,16}.

系统聚类的分类结果中有少数观测与实际所属类别有差别.

## 习 题 八

**8-1** (1) 八个指标若综合为三个主分量,可解释原变量信息的 86.66%.若综合为四个主分量,可解释原变量信息的94.68%.

(2) 按第一主分量得分由小到大对 13 个行业排的次序为:8,10,12,7,9,11,13,6,4,3,2,1,5.

**8-2** (1) 9 个变量综合为二个主分量,可解释原变量信息的95.08%.第一主分量表示综合收入水平;第二主分量表示 1986 年的收入相对于 1980 至 1986 年乡企业收入水平;

(2) 按第一主分量得分由小到大对 19 个乡排的次序为:10,13,8,7,11,12,9,15,17,5,16,19,6,14,4,1,18,2,3.

(3) 用系统聚类的类平均法对原始数据分为四类:{7,12,8,13,9,11,10},{1,4,5,17,16,19,15,14,6},{2,18},{3}.

用系统聚类的类平均法对前两个主分量得分数据分为五类:{10,13,8,7,11,12,9},{15,17,5,16,19,6,14,4,1},{18},{2},{3}.

**8-3** 六个指标若综合为两个主分量,可解释原变量信息的81.25%.若综合为三个主分量,可解释原变量信息的 91.38%.

按第一主分量得分由小到大对 16 个地区农民的生活水平排的次序为:山西,河北,河南,江西,内蒙,黑龙江,福建,安徽,山东,吉林,江苏,辽宁,天津,浙江,北京,上海.

## 习 题 九

**9-1** 因子分析(主分量解)的结果:取前 4 个公因子可反映原变量的 89.26%的信息.由方差最大正交旋转后的载荷阵可得出,

第一公因子主要代表 $X_1$ 和 $X_2$；第二公因子主要代表 $X_3$ 和 $X_6$；第三公因子主要代表 $X_4$；第四公因子主要代表 $X_5$.

**9-2** 取前两个公因子可反映原变量的 73.68% 的信息. 由因子载荷阵可看出，第一公因子主要代表学生的总成绩；第二公因子主要代表开、闭卷的成绩比较. 由方差最大正交旋转后的载荷阵可得出，第一公因子主要代表开卷的三门课的成绩；第二公因子主要代表闭卷的两门课的成绩.

**9-3** (1) 取前两个公因子可反映原变量的 94.92% 的信息. 由方差最大正交旋转后的载荷阵可得出，第一公因子主要代表变量 $X_2$ 和 $X_3$；第二公因子主要代表变量 $X_1$ 和 $X_4$.

(2) 按因子得分由小到大的顺序对 20 个行业排的次序为：3, 8, 6, 2, 18, 5, 12, 7, 15, 1, 4, 13, 16, 14, 20, 19, 10, 17, 11, 9.

用系统聚类的类平均法 20 个行业分为四类：{3, 8, 6}, {2, 12, 18, 1, 4, 7, 5}, {13, 14, 15, 16, 19}, {11, 17, 9, 10, 20}. 用 Ward 法 20 个行业分为五类：{3, 8, 6}, {1, 4, 7, 5, 2, 18, 12}, {13, 14, 15, 16, 19}, {11, 17}, {9, 10, 20}.

## 习 题 十

**10-1** 第一典型相关系数 = 0.6299，在 $\alpha = 0.01$ 的水平下它是显著地不为零(似然比为 0.5977, $p = 0.0022 < 0.05$). 第一对标准化的典型变量为：

$$V_1 = 0.6265\ X_1^* + 0.5560\ X_2^*,$$

$$W_1 = 0.8600\ X_3^* + 0.5018\ X_4^* - 0.5060\ X_5^*.$$

**10-2** 第一典型相关系数 = 0.7885，在 $\alpha = 0.01$ 的水平下它是显著地不为零(似然比为 0.3772, $p = 0.0003 < 0.05$). 第一对标准化的典型变量为：

$$V_1 = 0.5522\ X_1^* + 0.5215\ X_2^*.$$

$$W_1 = 0.5044\ X_3^* + 0.5383\ X_4^*$$

# 参 考 文 献


[1] 高惠璇、李东风、耿直等,SAS 系统与基础统计分析,北京大学出版社,1995.

[2] 方开泰,实用多元统计分析,华东师范大学出版社,1989.

[3] 王学仁等,实用多元统计分析,上海科学技术出版社,1990.

[4] 吴国富等,实用数据分析方法,中国统计出版社,1992.

[5] 王玲玲、周纪芗等,常用统计方法,华东师范大学出版社,1994.

[6] 卢崇飞、高惠璇等,环境数理统计学应用及程序,高等教育出版社,1988.

[7] 方开泰,实用回归分析,科学出版社,1988.

[8] 周纪芗,回归分析,华东师范大学出版社,1993.

[9] 王学民,应用多元分析,上海财经大学出版社,1999.

[10] 高惠璇等,SAS 系统·Base SAS 软件使用手册,中国统计出版社,1997.

[11] 高惠璇等,SAS 系统·SAS/STAT 软件使用手册,中国统计出版社,1997.

[12] 高惠璇等,SAS 系统·SAS/ETS 软件使用手册,中国统计出版社,1998.

[13] 美国 SAS 软件研究所上海办事处,SAS 基础教程,上海科学技术出版社,1997.

[14] 倪勤,SAS 最优化软件速成,科学出版社,1998.

[15] 李东风、高惠璇等,Windows 环境下 SAS 系统,内部资料,1998.

[16] SAS 软件(上海)有限公司,SAS 应用统计教程,内部资料,1999.

[17] 上海 SAS 办事处,实用统计分析教程(SAS/INSIGHT),内部资料,1998.

[18] SAS Institute Inc., SAS/STAT User's Guide, Version 6, Fourth Edition, Volume 1. 4th printing, June 1994.

[19] SAS Institute Inc., SAS/STAT User's Guide, Version 6, Fourth Edition, Volume 2. 4th printing, June 1994.

[20] SAS Institute Inc., SAS/STAT Software: Changes and Enhancements through Release 6.11. 1st printing, January 1996.

[21] 北京大学数学科学院概率统计系,SAS V8 基础与统计方法及 SAS/STAT软件(8.0)资料,2000.

# 北京大学出版社数学重点教材书目

## 1. 大学生基础课教材

| 书　　名 | 编著者 | 定价(元) |
|---|---|---|
| 数学分析新讲(第一册) | 张筑生 | 12.50 |
| 数学分析新讲(第二册) | 张筑生 | 15.00 |
| 数学分析新讲(第三册) | 张筑生 | 17.00 |
| 高等数学简明教程(第一册)<br>(教育部2000优秀教学成果二等奖) | 李　忠等 | 13.50 |
| 高等数学简明教程(第二册)<br>(教育部2000优秀教学成果二等奖) | 李　忠等 | 15.00 |
| 高等数学简明教程(第三册)<br>(教育部2000优秀教学成果二等奖) | 李　忠等 | 14.00 |
| 高等数学(物理类)(第一册) | 文　丽等 | 20.00 |
| 高等数学(物理类)(第二册) | 文　丽等 | 16.00 |
| 高等数学(物理类)(第三册) | 文　丽等 | 14.00 |
| 高等数学习题课教材(物理类)上、下册 | 邵士敏等 | 25.20 |
| 高等数学(生化类)上册(第二版) | 周建莹等 | 12.00 |
| 高等数学(生化类)下册(第二版) | 张锦炎等 | 12.00 |
| 高等数学习题课讲义(生化类) | 周建莹　李正元 | 24.50 |
| 大学文科基础数学(第一册) | 姚孟臣 | 16.50 |
| 大学文科基础数学(第二册) | 姚孟臣 | 11.00 |
| 数学的思想、方法和应用<br>(教育部"九五"重点教材) | 张顺燕 | 17.50 |
| 线性代数引论(第二版) | 蓝以中等 | 16.50 |
| 解析几何(第二版) | 丘维声 | 15.00 |
| 微分几何初步(95'教育部优秀教材一等奖) | 陈维桓 | 12.00 |
| 基础拓扑学 | M. A. Armstrong | 11.00 |
| 基础拓扑学讲义 | 尤承业 | 13.50 |

| 书　　名 | 编著者 | 定价(元) |
|---|---|---|
| 初等数论(95'教育部优秀教材二等奖) | 潘承洞　潘承彪 | 25.00 |
| 简明数论 | 潘承洞　潘承彪 | 14.50 |
| 模形式导引(2002年3月出版) | 潘承彪 | 15.00 |
| 实变函数论(教育部"九五"重点教材) | 周民强 | 16.00 |
| 复变函数教程 | 方企勤 | 13.50 |
| 简明复分析 | 龚　昇 | 10.00 |
| 常微分方程几何理论与分支问题(第三版) | 张锦炎等 | 19.50 |
| 调和分析讲义(实变方法) | 周民强 | 13.00 |
| 傅里叶分析及其应用 | 潘文杰 | 13.00 |
| 泛函分析讲义(上册)(91'国优教材) | 张恭庆等 | 11.00 |
| 泛函分析讲义(下册)(91'国优教材) | 张恭庆等 | 12.00 |
| 有限群和紧群的表示论 | 丘维声 | 15.50 |
| 微分拓扑讲义(教育部99'科技进步教材二等奖) | 张筑生 | 13.50 |
| 数值线性代数 | 徐树方等 | 13.00 |
| 数学模型讲义(教育部"九五"重点教材) | 雷功炎 | 15.00 |
| 概率论引论 | 汪仁官 | 11.50 |
| 高等统计学 | 郑忠国 | 15.00 |
| 随机过程论(第二版) | 钱敏平等 | 20.00 |
| 应用随机过程 | 钱敏平等 | 20.00 |
| 随机微分方程引论(第二版) | 龚光鲁 | 25.00 |
| 非参数统计讲义 | 孙山泽 | 12.50 |
| 实用统计方法与SAS系统 | 高惠旋 | 18.00 |
| 统计计算 | 高惠璇 | 15.00 |
| 数学与文化 | 邓东皋等 | 16.50 |

## 2. 高职高专、学历文凭考试和自考教材

| 书　　名 | 编著者 | 定价(元) |
|---|---|---|
| 高等数学(上、下册)(高职高专) | 刘书田 | 32.00 |
| 高等数学学习辅导(上、下册)(高职高专) | 刘书田 | 25.00 |

| 书　　名 | 编著者 | 定价（元） |
|---|---|---|
| 线性代数（高职高专） | 胡显佑 | 9.00 |
| 线性代数学习辅导（高职高专） | 胡显佑 | 9.00 |
| 概率统计（高职高专） | 高旅端 | 12.00 |
| 概率统计学习辅导（高职高专） | 高旅端 | 10.00 |
| 高等数学（学历文凭考试） | 姚孟臣 | 10.50 |
| 高等数学（学习指导书）（学历文凭考试） | 姚孟臣等 | 9.50 |
| 高等数学（同步练习册）（学历文凭考试） | 姚孟臣等 | 12.00 |
| 高等数学（一）考试指导与模拟试题（自考）（财经类、经济管理类专科段用书） | 姚孟臣 | 18.00 |
| 高等数学（二）考试指导与模拟试题（自考）（财经类、经济管理类专升本用书） | 姚孟臣 | 20.00 |
| 组合数学（自考） | 屈婉玲 | 11.00 |
| 离散数学（上）（自考） | 陈进元等 | 10.00 |
| 离散数学（下）（自考） | 耿素云等 | 11.50 |
| 概率统计（第二版）（自考） | 耿素云等 | 16.00 |
| 概率统计题解（自考） | 耿素云等 | 16.00 |

## 3. 研究生基础课教材

| 书　　名 | 编著者 | 定价（元） |
|---|---|---|
| 微分几何讲义（北京大学数学丛书）（第二版） | 陈省身等 | 21.00 |
| 黎曼几何初步（北京大学数学丛书） | 伍鸿熙等 | 13.50 |
| 黎曼几何选讲（北京大学数学丛书） | 伍鸿熙等 | 8.50 |
| 代数学（上册）（北京大学数学丛书） | 莫宗坚等 | 16.00 |
| 代数学（下册）（北京大学数学丛书） | 莫宗坚等 | 12.80 |
| 代数曲线（北京大学数学丛书） | P・格列菲斯 | 12.00 |
| 二阶矩阵群的表示与自守形式（北京大学数学丛书） | 黎景辉等 | 12.50 |
| 微分动力系统导引（北京大学数学丛书） | 张锦炎等 | 10.50 |
| 无限元方法（北京大学数学丛书） | 应隆安 | 8.50 |

| 书　　名 | 编著者 | 定价(元) |
|---|---|---|
| $H^p$ 空间论(北京大学数学丛书) | 邓东皋 | 13.40 |
| 李群讲义(北京大学数学丛书) | 项武义等 | 12.50 |
| 矩阵计算的理论与方法(北京大学数学丛书) | 徐树方 | 19.30 |
| 位势论(北京大学数学丛书) | 张鸣镛 | 16.50 |
| 数论及其应用(北京大学数学丛书) | 李文卿 | 20.00 |
| 模形式与迹公式 | 叶扬波 | 15.00 |
| 复半单李代数引论(天元研究生数学丛书) | 孟道骥 | 18.00 |
| 群表示论(天元研究生数学丛书) | 曹锡华等 | 12.50 |
| 模形式讲义(天元研究生数学丛书) | 陆洪文等 | 20.00 |
| 高等概率论(天元研究生数学丛书) | 程士宏 | 20.00 |
| 近代分析引论(天元研究生数学丛书) | 苏维宜 | 15.50 |

## 4. 研究生入学考试应试指导丛书

| 书　　名 | 编著者 | 定价(元) |
|---|---|---|
| 高等数学(工学类) | 徐兵、刘书田 | 26.00 |
| 微积分(经济学类) | 范培华、刘书田 | 25.00 |
| 线性代数 | 李永乐 | 17.00 |
| 概率论与数理统计 | 姚孟臣 | 18.00 |
| 概率统计讲义 | 姚孟臣 | 14.00 |
| 数学模拟试卷(经济学类) | 范培华等 | 16.00 |
| 数学模拟试卷(工学类) | 邵士敏等 | 15.00 |
| 数学冲刺(经济学类) | 范培华、李永乐 | 18.00 |
| 数学冲刺(工学类) | 邵士敏等 | 20.00 |